Ausgeschieden

Bruno Tietz
unter Mitarbeit von
Erich Greipl

**Das Leistungsprofil
des Großhandels in Bayern**

**Zukunft im Handel
Band 1**

Herausgegeben
von
Bruno Tietz

Das Leistungsprofil des Großhandels in Bayern

– Eine Struktur- und Funktionsanalyse unter besonderer Berücksichtigung der Dienstleistungsbereiche

Struktur- und Funktionswandel im Großhandel

von Bruno Tietz
unter Mitarbeit von
Erich Greipl

Deutscher Fachverlag

Die Deutsche Bibliothek – CIP-Einheitsaufnahme
Tietz Bruno:
Zukunft im Handel: (Studien für die Praxis)/hrsg. von Bruno Tietz. – Frankfurt am Main: Dt. Fachverl.
Bd. 1. Tietz, Bruno: Das Leistungsprofil des Großhandels in Bayern. – 1994
Tietz Bruno/Greipl Erich:
Das Leistungsprofil des Großhandels in Bayern
– Eine Struktur- und Funktionsanalyse unter besonderer Berücksichtigung der Dienstleistungsbereiche; Struktur- und Funktionswandel im Großhandel/von Bruno Tietz. Unter Mitarb. von Erich Greipl. – Frankfurt am Main
Dt. Fachverl.
(Zukunft im Handel; Bd. 1)
ISBN 3-87150-474-4

ISBN 3-87150-474-4
© 1994 by Landesverband des Bayerischen Groß- und Außenhandels e.V., München
Alle Rechte vorbehalten.
Nachdruck, auch auszugsweise, nur mit Genehmigung
des Landesverbandes.
Druck + Bindung: Druckhaus Beltz, Hemsbach

Inhaltsverzeichnis

Vorwort   5

Erstes Kapitel: Gegenstand und Abgrenzungsprobleme   7

A. Die Zielsetzung der Untersuchung   7
B. Das methodische Vorgehen   9
C. Die Abgrenzungen des Großhandels in der Statistik   9

Zweites Kapitel: Die Bedeutung und die Stellung des Großhandels in der bayerischen Wirtschaft   15

A. Der Überblick   15
B. Die Bevölkerungsentwicklung   15
C. Die Wirtschaftskraft Bayerns im Vergleich zu den alten Bundesländern   16
    I. Die Gesamtentwicklung   16
    II. Die Bruttowertschöpfung nach Wirtschaftsbereichen   20
    III. Die Erwerbstätigkeit nach Wirtschaftsbereichen   25
    IV. Die Infrastruktur in Bayern   25
D. Der Großhandel in der bayerischen Wirtschaft   28
    I. Der Überblick   28
    II. Die Ergebnisse der Arbeitsstättenzählung   30
    III. Die Ergebnisse der Handels- und Gaststättenzählung   31
    IV. Die Ergebnisse der Umsatzsteuerstatistik   39
    V. Die Ergebnisse der laufenden Großhandelsberichterstattung   41
E. Die Regionalstruktur des Großhandels   43

Drittes Kapitel: Empirische Befunde zu ausgewählten Branchen des Konsumgütergroßhandels und des Produktionsverbindungshandels mit segmentspezifischen Struktur- und Leistungsprofilen   45

A. Die Erhebungsgrundlagen   45
B. Ausgewählte Strukturkennzahlen des Großhandels   49
    I. Die Umsatzverteilung auf Vertriebstypen   49
    II. Die regionale Umsatzverteilung   52
    III. Die Umsatzstruktur nach der Kundenbedeutung   54
C. Die Logistikfunktionen - Die Logistikaktivitäten   57
    I. Der Überblick   57
    II. Die Intensität der Erfüllung der Logistikfunktionen   58
    III. Die Intensität der Fuhrparknutzung   63
    IV. Die Bedeutung der Logistikfunktionen   66
D. Die Serviceleistungen gegenüber Kunden   78
    I. Der Überblick   78
    II. Die Wahrnehmung der Serviceleistungen gegenüber Kunden   79
    III. Die Bedeutung der Serviceleistungen gegenüber Kunden   83

E.	Die Kommunikationsleistungen gegenüber Kunden		94
	I.	Der Überblick	94
	II.	Die Wahrnehmung der Kommunikationsleistungen gegenüber Kunden	94
	III.	Die Bedeutung der Kommunikationsleistungen gegenüber Kunden	97
F.	Die Sortimentsleistungen		101
	I.	Der Überblick	101
	II.	Die Wahrnehmung der Sortimentsfunktion	101
	III.	Die Bedeutung der Sortimentsfunktion	103
G.	Die Produktmanipulationsleistungen		106
	I.	Der Überblick	106
	II.	Die Wahrnehmung der Produktmanipulationsleistungen	106
	III.	Die Bedeutung der Produktmanipulationsleistungen	108
H.	Die Marktforschungsleistungen		111
	I.	Der Überblick	111
	II.	Die Wahrnehmung der Marktforschungsleistungen	111
	III.	Die Bedeutung der Marktforschungsleistungen	113
J.	Die Finanzierungsleistungen		117
	I.	Der Überblick	117
	II.	Die Wahrnehmung von Finanzierungsleistungen	117
	III.	Die Bedeutung von Finanzierungsleistungen	117
K.	Die Lieferantenbindung und die Einkaufskooperation		121
	I.	Die Lieferantenbindung	121
	II.	Die Einkaufskooperation	125
L.	Der Informationsverbund der Großhandelsunternehmen zu Marktpartnern		127
	I.	Die Wahrnehmung von Informationsleistungen zu Marktpartnern	127
	II.	Die Bedeutung des Informationsverbundes zu Marktpartnern	131
M.	Die Internationalisierungstendenzen im bayerischen Großhandel		134
N.	Die Über- und Untererfüllung ausgewählter Funktionen und Aktivitäten		136
	I.	Der Gegenstand	136
	II.	Die Auswertung nach Schwerpunktwarengruppen	137
	III.	Die Auswertung nach Schwerpunktkundengruppen	142
	IV.	Die Auswertung nach der Unternehmensgröße	144
O.	Der Vergleich der Bedeutung ausgewählter Funktionen und Aktivitäten des Großhandels von 1987 bis 1997		147
	I.	Die Auswertung nach Schwerpunktwarengruppen	147
	II.	Die Auswertung nach Schwerpunktkundengruppen	164
	III.	Die Auswertung nach der Unternehmensgröße	177
	IV.	Der Vergleich der ungewichteten und gewichteten Veränderungen der Funktionsbedeutung nach Warengruppen	187
P.	Die Zukunftsstrategien des bayerischen Großhandels		193
	I.	Die Bedeutung ausgewählter Zukunftsstrategien	193
	II.	Die geplante Umsetzung ausgewählter Zukunftsstrategien	196
Q.	Die Zusammenfassung		199

Viertes Kapitel: Veränderte Marktbedingungen und strategische Anpassungen in ausgewählten Branchen des Großhandels — 203

- A. Die Abgrenzungen — 203
- B. Eine Kurzanalyse der strategischen Herausforderungen in ausgewählten Branchen des Großhandels — 204
  - I. Der Großhandel mit technischen Chemikalien und Mineralöl — 204
  - II. Der Landhandel — 206
  - III. Der Landmaschinenhandel — 207
  - IV. Der Stahlhandel — 208
  - V. Der Großhandel mit Metallen, Eisenwaren, Werkzeugen und Maschinen — 209
  - VI. Der Großhandel mit technischem Bedarf — 211
  - VII. Der Großhandel mit Baustoffen — 212
  - VIII. Der Elektrogroßhandel — 213
  - IX. Der Sanitär- und Heizungsgroßhandel — 215
  - X. Der Farben- und Lackegroßhandel — 217
  - XI. Der Dentalbedarfsgroßhandel — 218
  - XII. Der Großhandel mit medizinischem Bedarf — 219
  - XIII. Der Papiergroßhandel — 220
  - XIV. Der Verpackungsmittelgroßhandel — 221
  - XV. Der Wert- und Reststoffgroßhandel — 222
  - XVI. Der Lebensmittelgroßhandel — 224
    1. Der Lebensmittelspezialgroßhandel — 224
    2. Der Lebensmittelsortimentsgroßhandel — 226
  - XVII. Der Textilgroßhandel — 228
  - XVIII. Der pharmazeutische Großhandel — 230
  - XIX. Der Pressegrosso — 231
  - XX. Der Buchgroßhandel - Das Barsortiment — 232
- C. Die Entwicklungsstrategien von Unternehmen des Großhandels in ausgewählten Branchen — 233
  - I. Zum Auswertungsprogramm — 233
  - II. Der Landmaschinenhandel — 233
  - III. Der Stahlhandel — 235
  - IV. Der Elektrogroßhandel — 237
  - V. Der Sanitär- und Heizungsgroßhandel — 243
  - VI. Der Papiergroßhandel — 251
  - VII. Der Farben- und Lackegroßhandel — 252
  - VIII. Der Dentalbedarfsgroßhandel und der Großhandel mit medizinischem Bedarf — 254
  - IX. Der Lebensmittelgroßhandel — 256
    1. Der Lebensmittelspezialgroßhandel — 256
    2. Der Lebensmittelsortimentsgroßhandel — 259
  - X. Der Textilgroßhandel — 262
  - XI. Der pharmazeutische Großhandel — 264
- D. Allgemeine strategische Konsequenzen — 266
  - I. Zu den Zielen der Großhandelsunternehmen — 266
  - II. Zur Zukunft der Hersteller-Handels-Beziehungen — 267

Fünftes Kapitel: Die Funktionen und Institutionen des modernen Großhandels — 269

A. Der Gegenstand — 269
B. Ein komplexes Erscheinungsbild des Großhandels — 270
    I. Zur Akzeptanz und Verdrängung des Großhandels — 270
    II. Die Vertikalisierung — 273
    III. Die Leistungserweiterung — 274
C. Zur Abgrenzung des Großhandels nach der Unternehmensgröße — 276
D. Eine Typologie des Großhandels — 277
E. Die Kooperation und Konzentration im Großhandel — 290
F. Die Konsequenzen der zunehmenden Serviceorientierung — 292
G. Ein neuer und erweiterter Definitionsansatz des Großhandels — 293

Sechstes Kapitel: Herausforderungen und strategische Konsequenzen für die Wirtschafts- und Verbandspolitik — 297

A. Wirtschaftssektorale Rahmenbedingungen — 297
    I. Die Probleme — 297
    II. Wettbewerbsleitbild und Regulierungsnormen — 302
B. Die Grundlagen der Verbandspolitik — 306
    I. Die Abgrenzungen — 306
    II. Die Verbandsaufgaben des Landesverbandes des Bayerischen Groß- und Außenhandels — 307
C. Konsequenzen für die Verbandspolitik — 309
    I. Die kategoriale Neuorientierung — 309
    II. Die Öffentlichkeitsarbeit für den Handel — 310
    III. Die Abschichtung der Mitgliedschaft — 310

Schlußbemerkungen — 312

Anhang — 315

Literaturverzeichnis — 323

Stichwortverzeichnis — 325

Vorwort

In den letzten Jahren sind im Großhandel erhebliche Struktur- und Funktionswandlungen eingetreten. Beispiele sind die Ausgliederung von Vertriebsgesellschaften aus der Industrie, die Entstehung neuer Importgroßhandlungen oder die Integration von Großhandlungen in Einzelhandelssysteme.

Überdies hat der Großhandel zusätzliche Aufgaben übernommen und ist dabei teilweise horizontal enge Verbindungen mit intermediären Serviceunternehmen eingegangen.

Daraus entstand das Interesse des Landesverbandes des Bayerischen Groß- und Außenhandels, mit Unterstützung durch das Bayerische Staatsministerium für Wirtschaft und Verkehr eine Strukturanalyse des Großhandels in Bayern erstellen zu lassen, um daraus Anregungen für die künftige Wirtschafts- und Verbandspolitik zu gewinnen.

Diese Studie hatte den Titel: "Das Leistungsprofil des Großhandels in Bayern - Eine Struktur- und Funktionsanalyse unter besonderer Berücksichtigung der Dienstleistungsbereiche". Sie wurde im Handelsinstitut im Institut für empirische Wirtschaftsforschung an der Universität des Saarlandes erarbeitet.

Mein Dank gilt an dieser Stelle Herrn Professor Dr. Erich Greipl, der an der Konzeption des Projektes mitwirkte und in der Phase der Gutachtenerstellung in zahlreichen Diskussionen wertvolle Anregungen gegeben hat.

Die Bearbeitung des vorliegenden Gutachtens erfolgte in enger Zusammenarbeit mit der Geschäftsführung des Landesverbandes des Bayerischen Groß- und Außenhandels. Dadurch wurden die Arbeitsschritte im engen Kontakt mit dem Auftraggeber gestaltet. Ich möchte mich vor allem bei Herrn Dipl.-Kfm. Werner Sattel und Herrn Dipl.-Betriebswirt Werner Ehrler bedanken.

Für die Leitung der Erhebungen an diesem Projekt und die Mitarbeit an den Auswertungen sowie an der Primäranalyse danke ich Herrn Dipl.-Kfm. Peter Porbeck. Weiter haben an den teilweise wiederholten Kontakten zu Großhandelsunternehmen Herr Dipl.-Kfm. Joseph Frechen, Herr Dipl.-Wi.-Ing. Andreas Fröhlich, Herr Dipl.-Kfm. Joachim Hurth und Herr Dipl.-Kfm. Benedikt Ortmann mitgewirkt.

An der technischen Fertigstellung waren Frau Brigitte Düren, Frau Carmen Hoffmann und Frau Helga Oster beteiligt.

Ich bedanke mich bei allen Mitarbeitern für ihr Interesse und Engagement im Rahmen dieser Untersuchung.

Saarbrücken, im Juni 1994   Bruno Tietz

Erstes Kapitel

Gegenstand und Abgrenzungsprobleme

A. Die Zielsetzung der Untersuchung

Der deutsche Großhandel hat in den letzten Jahrzehnten gravierenden funktionalen und institutionalen Wandlungen unterlegen. Funktionen des institutionalen Großhandels sind an Spezialisten ausgegliedert worden, früher unbekannte und neue Funktionen wurden vom Großhandel oder arbeitsteilig von speziellen Dienstleistungsunternehmen übernommen. Das Funktions- und Strukturbild des Großhandels steht vor weiteren existentiellen Herausforderungen durch die Dienstleistungs-, Kommunikations- und Ökologiegesellschaft.

Mit dieser Untersuchung sollen das derzeitige und künftige Leistungsprofil und das Strukturbild des Großhandels in Bayern, insbesondere mit dem Schwerpunkt der Dienstleistungen, ermittelt werden. Dazu ist auch eine zeitgemäße funktionale und definitorische Abgrenzung des Dienstleistungsbereiches Großhandel im Rahmen des gesamten tertiären Sektors erforderlich.

Weiter ist auf die künftigen Entwicklungstendenzen im bayerischen Großhandel einzugehen. Dabei sind die wichtigen Rahmendaten zu berücksichtigen, insbesondere

- die Realisierung des europäischen Binnenmarktes und der Europäischen Union,
- die Öffnung Osteuropas und die Eröffnung von Marktpotentialen in Osteuropa,
- die Veränderung sonstiger großhandelsrelevanter gesellschaftlicher und rechtlicher Rahmenbedingungen,
- die fortgesetzten Strukturverschiebungen bei Anbietern und Nachfragern, die zu einer Funktionsverschiebung und einem Funktionsausbau des Großhandels führen müssen.

Die Untersuchung hat drei wesentliche Bereiche:

1. Es ist herauszuarbeiten, wie sich die Stellung des Großhandels in der Wirtschaft Bayerns entwickelt hat. Dabei lassen die statistischen Abgrenzungen zwischen der Verbandsstatistik und der amtlichen Statistik viele Fragen offen. Somit sind Kriterien zu entwickeln, anhand derer der dynamische funktionale Großhandelsbereich in

einer allgemeinverbindlichen und konsensfähigen Definition erfaßt und abgegrenzt werden kann.
2. Es wird ein Strategieszenario entwickelt, das funktionale, strukturelle und organisatorische Anforderungen an den Großhandel vor dem Hintergrund veränderter Marktanforderungen herauszuarbeiten versucht.
3. Die im ersten Analyseschritt ermittelten Struktur- und Leistungsprofile des Großhandels werden mit dem Anforderungsprofil des Strategieszenarios verglichen, um eine Bewertung des strategischen Anpassungs- und Neustrukturierungsprozesses zu ermöglichen. Im einzelnen geht es um die Beantwortung der folgenden Fragen:
   a) Ist der Großhandel strukturell und funktional auf die bereits veränderten und sich weiter wandelnden gesellschaftlichen und wirtschaftlichen Umfeld- und Marktbedingungen eingerichtet?
   b) Welche Dienstleistungen weisen eine hohe Großhandelsaffinität auf?
   c) Welche Allianzen und wirtschaftsbereichsübergreifenden Integrationsvorgänge sind absehbar und marktanforderungsgerecht?
   d) Wie werden sich die dispositiven und physischen Großhandelsfunktionen in ihrer Gewichtung im Rahmen des gesamten Funktionenprofils weiterentwickeln?
   e) Welche Wettbewerbskonstellationen prägen heute und künftig das Erscheinungsbild des Großhandels im nationalen und internationalen Rahmen als Folge der Vorwärtsintegration der Lieferanten und der Rückwärtsintegration der Kunden, z. B. Großhandelsaktivitäten des Einzelhandels bzw. der Industrie, oder durch eine weitere Spezialisierung, z. B. im Bereich der Frachtführer?

Die vorliegende Studie versucht, Funktionsprofile des Großhandels in ihrer Wertigkeit für die bayerische Wirtschaft herauszuarbeiten und aufbauend auf den gewonnenen Erkenntnissen über die Marktgerechtigkeit von Großhandelsstruktur und -leistung den möglichen Handlungsbedarf zu definieren. Dabei geht es nicht nur um eine Statusaufnahme, sondern um eine zukunftsgerichtete Analyse von Umfeld und Marktleistung.

Aus den Schlußfolgerungen über die Funktionen und Institutionen des Großhandels werden die strategischen Konsequenzen an die Unternehmenspolitik und die Wirtschafts- und Verbandspolitik abgeleitet. Der Umfang dieser Herausforderungen ergibt sich aus der Um- oder Neudefinition des Strukturprofils des Großhandels aufgrund der Ergebnisse der empirischen Untersuchung.

Damit befaßt sich die Studie über die typisch warenbezogenen Funktionen des Großhandels hinaus eingehend mit Integrationsstand und -notwendigkeit sonstiger transaktionsbezogener Dienstleistungen in das Leistungspaket dieses Wirtschaftsbereiches.

Die spezialisierten Unternehmen, die teilweise eng mit dem Großhandel zusammenarbeiten, so Logistikspezialisten, Kommunikationsagenturen, Kooperationszentralen oder Schulungseinrichtungen, wurden nicht untersucht. Wegen der zunehmenden Bedeutung dieser Dienstleistungsbereiche wäre eine spezielle Analyse mit systematischer Erfassung der Bezugs- und Absatzbeziehungen der intermediär ausgerichteten Spezialdienstleister wünschenswert.

Gleicherweise wäre es zu begrüßen, die heute vielfach aus früheren reinen Produktions- und Absatzunternehmen ausgegliederten Vertriebsgesellschaften zu analysieren, zumal diese zunehmend fremderstellte Waren und Dienste in das Sortiment nehmen.

B. Das methodische Vorgehen

Die Untersuchung stützt sich zunächst auf die Auswertung der amtlichen Statistik sowie weiterer Sekundärstatistiken zur Ermittlung der derzeitigen Bedeutung des Großhandels.

Eine weitere Grundlage dieser Untersuchung bildet eine empirische Erhebung bei 118 Unternehmen des Großhandels in Bayern, die in Form von Intensivgesprächen mit Inhabern bzw. Vertretern der Geschäftsleitung in den Unternehmen durchgeführt wurde. Ein Teil dieser Erhebungen stützt sich auf eher quantitative bzw. quantifizierte Ergebnisse, auf die im Dritten Kapitel eingegangen wird. Ein anderer Teil ist primär an qualitativen Aussagen zur bisherigen und künftigen Entwicklung des Großhandels orientiert. Darauf wird im Vierten Kapitel eingegangen.

Die Auswahl der zu befragenden Unternehmen des Großhandels richtete sich zunächst nach dem Kriterium der Betriebsgröße. Die Erhebung wurde schichtspezifisch nach dem Konzentrationsprinzip durchgeführt, d. h. durch eine verstärkte Einbeziehung der jeweils größeren Unternehmen wurde die Abdeckung eines möglichst hohen Umsatzanteils des Großhandels in Bayern angestrebt.

In einer weiteren Abschichtung wurden wichtige Teilbranchen aus dem Konsumgütergroßhandel und dem Produktionsverbindungshandel ausgewählt, um branchentypische und segmentspezifische Struktur- und Funktionsbilder des Großhandels herausarbeiten zu können.

C. Die Abgrenzungen des Großhandels in der Statistik

Die amtliche Statistik enthält Aussagen über den Großhandel in verschiedenen Erhebungen. Die wesentlichen Quellen sind dabei die Handels- und Gaststättenzählung, die Arbeitsstättenzählung und die Umsatzsteuerstatistik. Dazu kommt die Großhandelsberichterstattung in Bayern. Die diesen Quellen zugrundeliegenden Abgrenzungskonzepte werden in den folgenden Abschnitten diskutiert.

Die Abgrenzungen in der Handels- und Gaststättenzählung

Der Begriff Handel steht für Großhandel, Handelsvermittlung und Einzelhandel.

"Zum Großhandel gehören alle Institutionen, die überwiegend Handelsware in eigenem Namen für eigene Rechnung an Wiederverkäufer absetzen. Ebenfalls als Großhandel einzustufen ist der Absatz von Handelsware an Wiederverkäufer, der in eigenem Namen für fremde Rechnung vorgenommen wird (Kommissionshandel). Großhandel liegt in der Regel auch dann vor, wenn die belieferten Kunden die bezogenen Waren nicht zum Verkauf, sondern zur Weiterverarbeitung oder für sonstige betriebliche Zwecke verwenden. Das gleiche gilt für Verkäufe an sonstige Abnehmer, wie z. B. an Gebietskörperschaften und Sozialversicherungsträger.

Firmen, die vorwiegend Abnehmer beliefern, von denen die eingekauften Waren nicht weiterverkauft werden, zählen nicht nur dann zum Großhandel, wenn ihre Kunden die Waren überwiegend in größeren Mengen beziehen." (1)

Unterschieden werden im Rahmen der amtlichen Statistik die folgenden Arten des Großhandels:

"- Binnengroßhandel, wenn sowohl von den Warenbezügen als auch von den Großhandelsumsätzen höchstens 50 % auf Geschäfte mit dem Ausland entfallen.
- Außenhandel, wenn von den Warenbezügen oder den Umsätzen des Großhandels mehr als 50 % auf Geschäfte mit dem Ausland entfallen.

Der Außenhandel gliedert sich in den Einfuhr-, den Ausfuhr- und den Globalhandel:

- Einfuhrhandel, wenn mehr als die Hälfte der Waren aus dem Ausland bezogen wird, während der Umsatz im Ausland 50 % des Gesamtumsatzes nicht übersteigt.
- Ausfuhrhandel, wenn mehr als die Hälfte der Waren im Ausland abgesetzt wird, während die Warenbezüge aus dem Ausland 50 % der Gesamtbezüge nicht übersteigen.
- Globalhandel, wenn mehr als die Hälfte aller Waren aus dem Ausland bezogen werden und mehr als die Hälfte aller Waren auch im Ausland abgesetzt werden." (2)

Die Bedienungsformen im Großhandel sind der Liefergroßhandel, der die herkömmliche Form des Großhandels darstellt, und der Selbstbedienungsgroßhandel (Cash-and-carry). Dabei wird der Großhandel überwiegend in Form der Selbstbedienung betrieben, d. h. der Käufer übernimmt selbst die Zusammenstellung und den Transport der Ware. Die Ware wird bar bezahlt. Bei Unternehmen mit mehreren Arbeitsstätten müssen mehr als 50 % des Unternehmensumsatzes auf Cash-and-carry-Märkte entfallen. (3)

---

1) Statistisches Bundesamt (Hrsg.): Fachserie 6: Handels- und Gaststättenzählung 1985, Heft 1: Unternehmen des Großhandels, (Verlag W. Kohlhammer) Mainz 1987, S. 16-18.
2) Bayerisches Landesamt für Statistik und Datenverarbeitung (Hrsg.): Unternehmen des Handels und Gastgewerbes in Bayern - Ergebnisse der Handels- und Gaststättenzählung 1985, Nr. 423 der Beiträge zur Statistik Bayerns, München 1987, S. 17.
3) Vgl. Bayerisches Landesamt für Statistik und Datenverarbeitung (Hrsg.): Unternehmen des Handels und Gastgewerbes in Bayern - Ergebnisse der Handels- und Gaststättenzählung 1985, Nr. 423 der Beiträge zur Statistik Bayerns, München 1987, S. 17.

Die Arbeitsstättenzählung

Die allgemeine Arbeitsstättenzählung ist eine stichtagsbezogene Totalerhebung, d. h. eine umfassende Bestandsaufnahme von Arbeitsstätten und Unternehmen aller Wirtschaftsbereiche, bei der nur eng begrenzte Teilbereiche ausgenommen werden. Die Zählung ermöglicht eine Gesamtübersicht über Zahl und Größe der Arbeitsstätten bzw. Unternehmen mit Angaben über Wirtschaftszweig, tätige Personen und gezahlte Lohn- und Gehaltsummen. Die Ergebnisse werden in tiefer fachlicher und regionaler Gliederung erstellt.

Die Erhebungseinheit ist die Arbeitsstätte. Bei einer Totalerhebung, die sich auf den Einsatz von Zählern stützt, ist das Prinzip der örtlichen Erhebungseinheit maßgebend, auch wenn dabei verschiedene Betriebe bzw. Unternehmen zunächst nicht als Ganzes, sondern nach Arbeitsstätten erfaßt werden. Falls auf einem Grundstück mehrere Unternehmen gesonderte Arbeitsstätten unterhalten, so wird jeweils ein eigener Fragebogen ausgefüllt.

Bei der Darstellung der Ergebnisse werden Arbeitsstätten und Unternehmen ausgewiesen. Als Arbeitsstätte gilt jede örtliche Einheit (ein Grundstück oder eine abgegrenzte Räumlichkeit), in der eine oder mehrere Personen unter einheitlicher Leitung regelmäßig haupt- oder nebenberuflich erwerbstätig sind. Schiffe und Baustellen zählen nicht als gesonderte Arbeitsstätten.

Von den Arbeitsstätten zu unterscheiden sind die Unternehmen (wirtschaftliche Einheiten). Als Unternehmen gilt die kleinste rechtlich selbständige Einheit, die aus handels- und/oder steuerrechtlichen Gründen Bücher führt und den Ertrag ermittelt. Man unterscheidet Ein- und Mehrbetriebsunternehmen, wobei ein Betriebsteil ggf. aus mehreren gesonderten Arbeitsstätten bestehen kann.

In den meisten Fällen sind Arbeitsstätten und Unternehmen identisch, d. h. das Unternehmen besteht nur aus einer Arbeitsstätte (einzige Niederlassung). Ein Mehrbetriebsunternehmen umfaßt dagegen mehrere örtliche Einheiten, die in eine Haupt- und in eine oder mehrere Zweigniederlassungen eingeteilt werden. Firmenzusammenschlüsse in Form von Konzernen, Holdings usw. werden nicht gesondert erfaßt und dargestellt.

Die Arbeitsstättenzählung erstreckt sich auf alle Arbeitsstätten

- der gewerblichen Landwirtschaft,
- der Produktion,
- des Groß- und Einzelhandels,
- des Verkehrs,
- der Banken und Versicherungen,
- des Gastgewerbes,
- der Reinigung und Körperpflege, so Friseure,
- der Wissenschaft,
- der Bildung, Kultur und Publizistik, so Schulen, Theater, Schriftsteller,
- des Gesundheitswesens, so Ärzte und Hebammen, Krankenhäuser,

- der Rechts- und Wirtschaftsberatung, so Rechtsanwälte,
- der Steuerberater,
- der Wirtschaftsberater und -prüfer,
- der Kirchen,
- der Verbände,
- der sonstigen Organisationen ohne Erwerbszweck,
- der Behörden und der Sozialversicherung.

Die Zuordnung der erhobenen Unternehmen richtet sich bei der Arbeitsstättenzählung nach dem Schwerpunkt der wirtschaftlichen Tätigkeit der Arbeitsstätte bzw. des Unternehmens. Daher werden Angaben über Art und Schwerpunkt der Wirtschaftstätigkeit verlangt, und zwar über die Art der hergestellten bzw. gehandelten Waren, vermittelten Waren oder Leistungen, Transporttätigkeiten oder sonstigen Dienstleistungen von Unternehmen und freien Berufen. Die Angaben dienen der Kennzeichnung und Zuordnung der Arbeitsstätte bzw. des Unternehmens gemäß der Wirtschaftssystematik des Statistischen Bundesamtes.

Maßgebend für die letzte Arbeitsstättenzählung war der Stichtag 25. Mai 1987. Arbeitsstätten, die an diesem Tag nicht mehr existierten oder erst später gegründet wurden, wurden nicht gezählt. Falls die tätigen Personen zum Stichtag nicht feststellbar waren, galt der nächstmögliche Zeitpunkt vor oder nach diesem Tag.

Die Umsatzsteuerstatistik

Die Umsatzsteuerstatistik baut auf den Unterlagen der Finanzbehörden über die Voranmeldungen der Unternehmen zur Umsatzsteuer auf. Seit 1986 werden die Daten den Statistischen Landesämtern vollständig auf Magnetbändern zur Verfügung gestellt, wo sie mit einem einheitlichen Programm aufbereitet werden. Es handelt sich somit um eine Sekundärstatistik, die im Verwaltungsvollzug ohnehin anfallende Angaben auswertet. Dieser kostengünstige Erhebungsweg hat zum Nachteil, daß die für die Statistik maßgeblichen Abgrenzungen und Begriffe durch das Steuerrecht fest vorgegeben und nicht im Hinblick auf das Erkenntnisinteresse definiert sind.

Zum Berichtskreis der Umsatzsteuerstatistik zählen umsatzsteuerpflichtige Unternehmen im Sinne des § 2 Abs. 1 UStG. Unternehmer ist dabei, wer eine selbständige Tätigkeit gewerblich oder beruflich, d. h. nachhaltig und grundsätzlich auf die Erzielung von Einnahmen ausgerichtet, ausübt.

Als Unternehmen wird die Zusammenfassung sämtlicher Betriebe oder beruflicher Tätigkeiten desselben Unternehmers bezeichnet. Von der Umsatzsteuerstatistik wird ein Unternehmer bzw. sein Unternehmen erfaßt, wenn er:

- einen Jahresumsatz von mehr als 25 000 DM tätigt und

- abhängig von der zu erwartenden jährlichen Steuerschuld, monatlich (bei über 6 000 DM Umsatzsteuer) oder vierteljährlich (bei über 600 DM Umsatzsteuer) dem Finanzamt eine Umsatzsteuer-Voranmeldung abgeben muß.

Unternehmer, die diese Bedingungen nicht erfüllen, bleiben in der Umsatzsteuerstatistik unberücksichtigt.

Das bedeutendste Erhebungsmerkmal der Umsatzsteuerstatistik ist der Umsatz. Vom UStG erfaßt und von der Statistik erhoben wird der steuerbare Umsatz. Nach § 1 UStG rechnen hierzu die Lieferungen und sonstigen Leistungen, die ein Unternehmer im Erhebungsgebiet gegen Entgelt im Rahmen seines Unternehmens ausführt, sowie der Eigenverbrauch des Unternehmers. Nicht von der Umsatzsteuerstatistik erfaßt wird die ebenfalls zum steuerbaren Umsatz zählende Einfuhr von Gegenständen ins Zollgebiet, da diese der Einfuhrumsatzsteuer unterliegt.

Lieferungen und sonstige Leistungen sind nur dann steuerbar, wenn ein Leistungsaustausch im rechtlichen und wirtschaftlichen Sinne vorliegt. Die Bemessungsgrundlage für die Umsatzsteuer ist grundsätzlich das vereinbarte Entgelt (§ 16 Abs. 1 UStG).

Die Großhandelsberichterstattung (4)

Die monatliche Großhandelsstatistik wird als Repräsentativerhebung auf der Grundlage des Gesetzes über die Statistik im Handel und Gastgewerbe (Handelsstatistikgesetz - HdlStatG) durchgeführt. Einbezogen in die Erhebung sind Unternehmen, die aus dem Material der Handels- und Gaststättenzählung nach dem Zufallsprinzip ausgewählt werden und die einen Jahresumsatz von 250 000 DM und mehr erzielen. Die Landesergebnisse werden aus den Angaben der Berichtslinien hochgerechnet.

Die Darstellung der Ergebnisse erfolgt entsprechend der Systematik der Wirtschaftszweige und wird für diejenigen Wirtschaftsgruppen, -untergruppen und -klassen ausgewiesen, für die unter stichprobentechnischen Gesichtspunkten ein Nachweis vertretbar erscheint.

Die ermittelten Meßzahlen, die der Beobachtung des saisonalen und konjunkturellen Geschäftsverlaufs dienen, beziehen sich auf das Basisjahr 1986.

Der ausgewiesene Umsatz in der Großhandelsberichterstattung ist der Gesamtbetrag der abgerechneten Lieferungen und sonstigen Leistungen einschließlich Eigenverbrauch, Verkäufen an Betriebsangehörige sowie gesondert in Rechnung gestellter Kosten für Fracht, Porto, Verpackung u. ä., unabhängig vom Zahlungseingang und der Steuerpflicht.

---

4) Vgl. Bayerisches Landesamt für Statistik und Datenverarbeitung (Hrsg.): Beschäftigte und Umsatz im bayerischen Großhandel, H G32-J91, München 1993, S. 2.

Die Zusammenfassung

Die dargelegten Informationsgrundlagen der amtlichen Statistik unterscheiden sich sowohl hinsichtlich ihrer jeweiligen primären Zielsetzung wie auch aufgrund der unterschiedlichen Abgrenzungskonzepte der Erhebungseinheiten und deren Merkmale. Hinzu kommen die Unterschiede der Erhebungshäufigkeit und -regelmäßigkeit, die dazu führen, daß die Umsatzsteuerstatistik - trotz der Zuordnungsprobleme von Unternehmen - am ehesten für die zeitnahe Verfolgung von Entwicklungen im Großhandel herangezogen wird.

Aus wirtschaftswissenschaftlicher wie wirtschaftspolitischer und unternehmerischer Sicht ist ein Defizit der Aussagefähigkeit insbesondere hinsichtlich der institutionellen Abgrenzung des Großhandels in allen dargestellten Informationsgrundlagen festzustellen. Die gesamtwirtschaftliche Bedeutung der Großhandelsfunktion wird nur zu einem Teil statistisch abgedeckt, da die in selbständigen Unternehmen erbrachten, großhandelsaffinen Leistungen, z. B. Logistikleistungen oder Informationsleistungen, nicht dem Sektor Großhandel zugerechnet sind.

Zweites Kapitel

Die Bedeutung und die Stellung des Großhandels in der bayerischen Wirtschaft

A. Der Überblick

In dem vorliegenden Kapitel wird zunächst die Entwicklung der Rahmendaten für den Großhandel in Bayern skizziert. Hierzu zählen die Entwicklung der Bevölkerung, des Bruttoinlandsprodukts und der Bruttowertschöpfung. Bei diesen Meßgrößen werden jeweils die Entwicklungen in Bayern und in den alten Bundesländern seit 1960 bzw. 1970 gegenübergestellt.

Anschließend wird die Entwicklung des Großhandels in den alten Bundesländern und in Bayern anhand ausgewählter Kennzahlen illustriert und die Entwicklung des Großhandels in Bayern der Entwicklung der sonstigen Wirtschaftsbereiche in Bayern vergleichend gegenübergestellt.

Für die Wirtschaftspolitik hat neben der Betrachtung des Großhandels insgesamt und nach Branchen zudem die regionale Struktur dieses Bereiches Bedeutung. Den Abschluß des Kapitels bildet daher eine regionale Differenzierung der Position des Großhandels in der Wirtschaft Bayerns.

B. Die Bevölkerungsentwicklung

Demographische und geographische Ausgangsbedingungen bleiben eine wichtige Grundlage zur Beurteilung der Entwicklungspotentiale einer Region. Daher werden hier kurz die Grunddaten der Bevölkerung in Bayern im Vergleich zu den alten Bundesländern skizziert.

Von 1980 bis Ende 1992 (1991) hat die Bevölkerung in Bayern von 10,93 auf 11,77 (11,60 Mill.) Einwohner zugenommen, d. s. + 7,7 %. In den alten Bundesländern war dagegen nur eine Zunahme von 61,66 Mill. 1980 auf 65,29 Mill. (64,48 Mill.) 1992 (1991) um 4,5 % zu verzeichnen. Durch die überdurchschnittliche Zunahme der Bevölkerung in Bayern innerhalb des Betrachtungszeitraumes nahm der Anteil der Bevölkerung Bayerns an der Bevölkerung in den alten Bundesländern von 16,9 % im Jahre 1960 auf 18,3 % im Jahre 1992 zu.

Tabelle 2.1: Die Bevölkerungsentwicklung in Bayern und in den alten Bundesländern von 1960 bis 1992[1])

Jahr	Bayern		alte Bundesländer		Anteil Bayerns an alten Bundesländern in %
	absolut in 1 000	1960 = 100,0	absolut in 1 000	1960 = 100,0	
1960	9 448	100,0	55 785	100,0	16,9
1970	10 561	111,8	61 001	109,3	17,3
1980	10 928	115,7	61 658	110,5	17,7
1990	11 449	121,2	63 254	113,4	18,1
1991	11 596	122,7	64 485	115,5	18,0
1992	11 770	124,6	65 289	117,0	18,3

1) Stand: jeweils 31.12.

Quelle: Statistisches Bundesamt (Hrsg.): Statistisches Jahrbuch 1993, (Verlag Metzler Poeschel) Stuttgart 1993, S. 50 f.; eigene Berechnungen.

C. Die Wirtschaftskraft Bayerns im Vergleich zu den alten Bundesländern

I. Die Gesamtentwicklung

Für eine Beurteilung der Wirtschaftskraft dient das Bruttoinlandsprodukt als allgemeiner Maßstab. Dabei interessieren im interregionalen Vergleich, so zwischen Bundesländern oder zwischen Bayern und den alten Bundesländern, zum einen die Niveauunterschiede und zum anderen die Wachstumsunterschiede des Bruttoinlandsprodukts.

Von 1970 bis 1991 hat sich das Bruttoinlandsprodukt zu konstanten Preisen von 1985 in Bayern um 91,9 % und in den alten Bundesländern insgesamt um 65,9 % erhöht. Die wirtschaftliche Entwicklung in Bayern war damit überdurchschnittlich. Der Anteil des Bruttoinlandsprodukts Bayerns an dem der alten Bundesländer hat sich von rd. 16 % im Jahre 1970 auf über 18 % im Jahre 1991 erhöht.

Übersicht 2.1: Die regionale Struktur der Bevölkerungsentwicklung in Deutschland von 1989 bis 2000

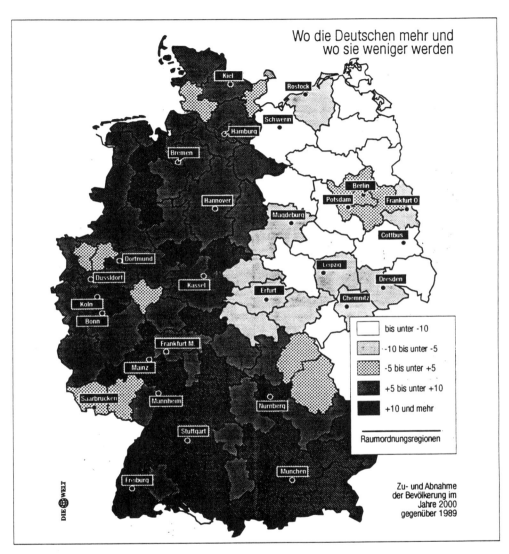

Quelle: Die Welt.

Tabelle 2.2: Die Entwicklung des Bruttoinlandsprodukts in Bayern und in den alten Bundesländern von 1970 bis 1991 - Angaben zu Preisen von 1985 -

Jahr	Bayern		alte Bundesländer		Anteil Bayerns an den alten Bundesländern in %
	in Mrd. DM	1970 = 100,0	in Mrd. DM	1970 = 100,0	
1970	209	100,0	1 321	100,0	15,8
1975	239	114,4	1 471	111,4	16,3
1980	293	140,2	1 728	130,9	17,0
1985	323	154,5	1 823	138,0	17,7
1989	368	176,1	2 024	153,2	18,2
1990	387	185,2	2 118	160,3	18,3
1991	401	191,9	2 191	165,9	18,3

Quelle: Statistisches Landesamt Baden-Württemberg (Hrsg.): Volkswirtschaftliche Gesamtrechnungen der Länder, Heft 20: Entstehung des Bruttoinlandsprodukts, Stuttgart 1992, S. 23.

Tabelle 2.3: Die Entwicklung des Bruttoinlandsprodukts in Bayern und in den alten Bundesländern von 1970 bis 1991 - Angaben zu jeweiligen Preisen -

Jahr	Bayern		alte Bundesländer		Anteil Bayerns an den alten Bundesländern in %
	in Mrd. DM	1970 = 100,0	in Mrd. DM	1970 = 100,0	
1970	108	100,0	675	100,0	16,0
1975	168	155,6	1 027	152,1	16,3
1980	251	232,4	1 472	218,1	17,1
1985	323	299,1	1 823	270,1	17,7
1989	405	375,0	2 221	329,0	18,3
1990	441	408,0	2 403	356,0	18,4
1991	479	443,5	2 599	385,0	18,4

Quelle: Statistisches Landesamt Baden-Württemberg (Hrsg.): Volkswirtschaftliche Gesamtrechnungen der Länder, Heft 20: Entstehung des Bruttoinlandsprodukts, Stuttgart 1992, S. 21.

Zu jeweiligen Preisen wuchs das Bruttoinlandsprodukt von 1970 bis 1991 in Bayern um 343 % und in den alten Bundesländern insgesamt um 285 %.

Beim Bruttoinlandsprodukt je Einwohner zu konstanten Preisen von 1985 ist folgende Veränderung eingetreten: (1)

Jahr	Bayern		alte Bundesländer	
	in DM	1970 = 100,0	in DM	1970 = 100,0
1970	18 023	100,0	21 655	100,0
1980	26 811	148,7	23 875	110,2
1990	33 373	185,1	33 484	154,6
1991	34 069	189,0	33 977	156,9

Beim Bruttoinlandsprodukt je Einwohner hatte Bayern im Jahre 1970 noch einen spürbaren Rückstand gegenüber den alten Bundesländern. Aufgrund der im Berichtszeitraum überdurchschnittlichen Zunahme des Bruttoinlandsprodukts je Einwohner in Bayern von rd. 89 % gegenüber rd. 57 % im Durchschnitt der alten Bundesländer hat Bayern inzwischen das Niveau der alten Bundesländer leicht überschritten.

Das Bruttoinlandsprodukt je Erwerbstätiger hatte in Bayern im Jahre 1970 gegenüber den alten Bundesländern einen Rückstand von 13 % und lag im Jahre 1991 mit 96 % fast am Bundesdurchschnitt. Absolut erreichte Bayern 1991 einen Wert von 72 200 DM gegenüber 75 100 DM im Durchschnitt der alten Bundesländer.

Tabelle 2.4: Die Entwicklung des Bruttoinlandsprodukts je Erwerbstätiger in Bayern und den alten Bundesländern von 1970 bis 1991 - Angaben zu Preisen von 1985 -

Jahr	Bayern		alte Bundesländer		Niveau Bayerns im Vergleich zum Bundesdurchschnitt in %
	absolut in 1 000 DM	1970 = 100,0	absolut in 1 000 DM	1970 = 100,0	
1970	43,2	100,0	49,8	100,0	87
1975	50,6	117,1	56,5	113,5	89
1980	58,8	136,1	64,0	128,5	92
1985	64,2	148,6	68,8	138,2	93
1989	69,8	161,6	73,3	147,2	95
1990	71,3	165,1	74,5	149,6	96
1991	72,2	167,0	75,1	150,8	96

Quelle: Statistisches Landesamt Baden-Württemberg (Hrsg.): Volkswirtschaftliche Gesamtrechnungen der Länder, Heft 20: Entstehung des Bruttoinlandsprodukts, Stuttgart 1992, S. 21; eigene Berechnungen.

1) Vgl. Statistisches Landesamt Baden-Württemberg (Hrsg.): Volkswirtschaftliche Gesamtrechnungen der Länder, Heft 20: Entstehung des Bruttoinlandsprodukts, Stuttgart 1992, S. 21; eigene Berechnungen.

Der Vergleich der Bundesländer

Neben Hessen hatte Bayern von 1970 bis 1992 die vergleichsweise günstigste reale Wirtschaftsentwicklung aller westdeutschen Bundesländer zu verzeichnen. Einer Zunahme von 96 % in Bayern entsprach ein Bundesdurchschnitt von 70 %, dies bedeutet für Bayern in den letzten 22 Jahren einen relativen Vorsprung von 37 %.

Der reale Anstieg des Bruttoinlandsprodukts von 1970 bis 1992 in % erreichte in den alten Bundesländern folgende Werte: (2)

Hessen	99	Rheinland-Pfalz	64
Bayern	96	Saarland	59
Baden-Württemberg	82	Hamburg	54
Schleswig-Holstein	71	Nordrhein-Westfalen	47
Niedersachsen	66	Bremen	43
Berlin-West	64		

II. Die Bruttowertschöpfung nach Wirtschaftsbereichen

Die Bruttowertschöpfung aller Wirtschaftsbereiche in Bayern betrug im Jahre 1970 zu Preisen von 1985 199,2 Mrd. DM gegenüber 394,0 Mrd. DM im Jahre 1991; dies entspricht einer Steigerung um rd. 98 %. Im gleichen Zeitraum nahm die Bruttowertschöpfung aller Wirtschaftsbereiche in den alten Bundesländern von 1 259,4 auf 2 134,9 Mrd. DM bzw. um 70 % zu.

Da ein getrennter Ausweis der Bruttowertschöpfung der Wirtschaftsbereiche Handel einerseits sowie Verkehr und Nachrichtenübermittlung andererseits für die Jahre 1990 und 1991 nicht vorliegt, kann für den Bereich Handel nur der Zeitraum von 1970 bis 1985 analysiert werden. In diesem Zeitraum nahm die Bruttowertschöpfung im Handel in Bayern zu Preisen von 1985 von 16,4 auf 26,7 Mrd. DM bzw. um 63 % zu; in den alten Bundesländern von 118,5 Mrd. DM im Jahre 1970 auf 156,4 Mrd. DM bzw. um 32 %. Damit hat sich der Handel in Bayern gegenüber dem Handel in den alten Bundesländern überdurchschnittlich entwickelt. Entsprechend nahm in diesem Zeitraum auch der Wertschöpfungsanteil des bayerischen Handels am westdeutschen Handel von 13,9 auf 17,1 % zu.

Der Anteil des Handels an der Bruttowertschöpfung aller Wirtschaftsbereiche betrug in Bayern 8,2 % im Jahre 1970 und 8,5 % im Jahre 1985. Damit hat der Handel in Bayern seinen Anteil an der Bruttowertschöpfung insgesamt leicht ausbauen können. Dagegen

---

2) Vgl. Statistisches Bundesamt (Hrsg.): Statistisches Jahrbuch, verschiedene Jahrgänge; eigene Berechnungen.

hat der Anteil des Handels an der Bruttowertschöpfung in den alten Bundesländern von 9,4 % im Jahre 1970 auf 8,8 % im Jahre 1985 abgenommen.

Von 1985 bis 1991 hat sich die Bruttowertschöpfung der Bereiche Handel und Verkehr in Bayern zu konstanten Preisen um 39,4 % gegenüber 37,4 % in den alten Bundesländern erhöht.

Tabelle 2.5: Die Entwicklung der Bruttowertschöpfung nach Wirtschaftsbereichen in Bayern und in den alten Bundesländern von 1970 bis 1991 - Angaben zu Preisen von 1985 -

Jahr	Wertschöpfung in Mill. DM		Anteil Bayerns an den alten Bundesländern in %	1970 = 100,0		Anteil an der Wertschöpfung insgesamt in %	
	Bayern	alte Bundesländer		Bayern	alte Bundesländer	Bayern	alte Bundesländer
			- Wirtschaftsbereiche insgesamt -				
1970	199 193	1 259 480	15,8	100,0	100,0	100,0	100,0
1975	229 360	1 407 660	16,3	115,0	112,0	100,0	100,0
1980	283 277	1 663 500	17,0	142,0	132,0	100,0	100,0
1985	316 030	1 774 340	17,8	159,0	141,0	100,0	100,0
1990	379 416	2 061 970	18,4	190,0	164,0	100,0	100,0
1991	394 013	2 134 860	18,5	198,0	170,0	100,0	100,0
			- Land- und Forstwirtschaft, Fischerei -				
1970	5 901	25 770	22,9	100,0	100,0	3,0	2,0
1975	6 769	28 730	23,6	115,0	111,0	3,0	2,0
1980	6 959	29 310	23,7	118,0	114,0	2,5	1,8
1985	7 213	31 920	22,6	122,0	124,0	2,3	1,8
1990	9 039	37 580	24,1	153,0	146,0	2,4	1,8
1991	7 909	34 220	23,1	134,0	133,0	2,0	1,6
			- Produzierendes Gewerbe -				
1970	95 018	616 690	15,4	100,0	100,0	47,7	49,0
1975	100 948	638 730	15,8	106,0	104,0	44,0	45,4
1980	121 428	735 030	16,5	128,0	119,0	42,9	44,2
1985	130 236	740 190	17,6	137,0	120,0	41,2	41,7
1990	151 069	821 020	18,4	159,0	133,0	39,8	39,8
1991	155 499	841 500	18,5	164,0	136,0	39,5	39,4
			- Handel -				
1970	16 428	118 470	13,9	100,0	100,0	8,2	9,4
1975	19 194	130 500	14,7	117,0	110,0	8,4	9,3
1980	25 171	153 080	16,4	153,0	129,0	8,9	9,2
1985	26 739	156 410	17,1	163,0	132,0	8,5	8,8
1990	.	.	.	.	.	.	.
1991	.	.	.	.	.	.	.
			- Verkehr, Nachrichtenübermittlung -				
1970	10 010	64 160	15,6	100,0	100,0	5,0	5,1
1975	10 724	70 250	15,3	107,0	109,0	4,7	5,0
1980	14 682	93 970	15,6	147,0	146,0	5,2	5,6
1985	16 021	105 050	15,3	160,0	164,0	5,1	5,9
1990	.	.	.	.	.	.	.
1991	.	.	.	.	.	.	.

- Fortsetzung -

Fortsetzung Tabelle 2.5

Jahr	Wertschöpfung in Mill. DM		Anteil Bayerns an den alten Bundesländern in %	1970 = 100,0		Anteil an der Wertschöpfung insgesamt in %	
	Bayern	alte Bundesländer		Bayern	alte Bundesländer	Bayern	alte Bundesländer
	- Dienstleistungsunternehmen -						
1970	44 731	268 760	16,6	100,0	100,0	22,5	21,3
1975	58 516	334 650	17,5	131,0	125,0	25,5	23,8
1980	77 338	419 930	18,4	173,0	156,0	27,3	25,2
1985	94 211	490 830	19,2	211,0	183,0	29,8	27,7
1990	122 080	619 620	19,7	273,0	231,0	32,2	30,0
1991	129 066	654 340	19,7	289,0	243,0	32,8	30,7
	- Staat, private Haushalte und private Organisationen ohne Erwerbszweck -						
1970	27 105	165 630	16,4	100,0	100,0	13,6	13,2
1975	33 209	204 800	16,2	123,0	124,0	14,5	14,5
1980	37 699	232 180	16,2	139,0	140,0	13,3	14,0
1985	41 609	249 940	16,6	154,0	151,0	13,2	14,1
1990	46 002	269 750	17,1	170,0	163,0	12,1	13,1
1991	47 074	275 520	17,1	174,0	166,0	11,9	12,9

Quelle: Statistisches Landesamt Baden-Württemberg (Hrsg.): Volkswirtschaftliche Gesamtrechnungen der Länder, H. 20: Entstehung des Bruttoinlandsprodukts, Stuttgart 1992, S. 64-65; eigene Berechnungen.

Tabelle 2.6: Die Entwicklung der Bruttowertschöpfung nach Wirtschaftsbereichen in Bayern und in den alten Bundesländern von 1970 bis 1991 - Angaben zu jeweiligen Preisen -

Jahr	Wertschöpfung in Mill. DM		Anteil Bayerns an den alten Bundesländern in %	1970 = 100,0		Anteil an der Wertschöpfung insgesamt in %	
	Bayern	alte Bundesländer		Bayern	alte Bundesländer	Bayern	alte Bundesländer
	- Wirtschaftsbereiche insgesamt -						
1970	103 630	645 910	16,0	100,0	100,0	100,0	100,0
1975	162 765	995 920	16,3	157,0	154,0	100,0	100,0
1980	242 763	1 415 930	17,1	234,0	219,0	100,0	100,0
1985	316 030	1 774 340	17,8	305,0	275,0	100,0	100,0
1990	428 905	2 318 440	18,5	414,0	359,0	100,0	100,0
1991	463 826	2 498 060	18,6	448,0	387,0	100,0	100,0
	- Land- und Forstwirtschaft, Fischerei -						
1970	5 052	21 780	23,2	100,0	100,0	4,9	3,4
1975	6 764	28 660	23,6	134,0	132,0	4,2	2,9
1980	7 317	30 520	24,0	145,0	140,0	3,0	2,2
1985	7 213	31 920	22,6	143,0	147,0	2,3	1,8
1990	9 242	38 350	24,1	183,0	176,0	2,2	1,7
1991	7 337	32 180	22,8	145,0	148,0	1,6	1,3

- Fortsetzung -

Fortsetzung Tabelle 2.6

Jahr	Wertschöpfung in Mill. DM		Anteil Bayerns an den alten Bundesländern in %	1970 = 100,0		Anteil an der Wertschöpfung insgesamt in %	
	Bayern	alte Bundesländer		Bayern	alte Bundesländer	Bayern	alte Bundesländer
			- Produzierendes Gewerbe -				
1970	52 742	333 720	15,8	100,0	100,0	50,9	51,7
1975	71 859	453 080	15,9	136,0	136,0	44,1	45,5
1980	104 623	624 780	16,7	198,0	187,0	43,1	44,1
1985	130 236	740 190	17,6	247,0	222,0	41,2	41,7
1990	174 930	941 480	18,6	332,0	282,0	40,8	40,6
1991	186 681	999 780	18,7	354,0	300,0	40,2	40,0
			- Handel -				
1970	9 133	65 400	14,0	100,0	100,0	8,8	5,9
1975	14 030	95 010	14,8	154,0	145,0	8,6	6,0
1980	21 988	133 250	16,5	241,0	204,0	9,1	6,0
1985	26 739	156 410	17,1	293,0	239,0	8,5	5,9
1990	.	.	.	.	.	.	.
1991	.	.	.	.	.	.	.
			- Verkehr, Nachrichtenübermittlung -				
1990	5 855	38 070	15,4	100,0	100,0	5,7	5,9
1975	9 239	59 940	15,4	158,0	157,0	5,7	6,0
1980	13 462	133 250	15,8	230,0	224,0	5,5	6,0
1985	16 021	156 410	15,3	274,0	276,0	5,1	5,9
1990	.	.	.	.	.	.	.
1991	.	.	.	.	.	.	.
			- Dienstleistungsunternehmen -				
1970	18 958	114 390	16,6	100,0	100,0	18,3	17,7
1975	37 746	216 650	17,4	199,0	189,0	23,2	21,8
1980	62 312	338 250	18,4	329,0	296,0	25,7	23,9
1985	94 211	490 830	19,2	497,0	429,0	29,8	27,7
1990	137 148	694 350	19,8	723,0	607,0	32,0	29,9
1991	152 736	771 450	19,8	806,0	674,0	32,9	30,9
			- Staat, private Haushalte und private Organisationen ohne Erwerbszweck -				
1970	11 890	72 550	16,4	100,0	100,0	11,5	11,2
1975	23 128	142 580	16,2	195,0	197,0	14,2	14,3
1980	33 061	203 700	16,2	278,0	281,0	13,6	14,4
1985	41 609	249 940	16,6	350,0	345,0	13,2	14,1
1990	53 142	311 120	17,1	447,0	429,0	12,4	13,4
1991	57 439	335 450	17,1	483,0	462,0	12,4	13,4

Quelle: Statistisches Landesamt Baden-Württemberg (Hrsg.): Volkswirtschaftliche Gesamtrechnungen der Länder, H. 20: Entstehung des Bruttoinlandsprodukts, Stuttgart 1992, S. 65; eigene Berechnungen.

Tabelle 2.7: Die Entwicklung des Bruttoinlandsprodukts und der Bruttowertschöpfung in Bayern und in den alten Bundesländern von 1970 bis 1991 - 1970 = 100 -

Jahr	Brutto-inlands-produkt		Bruttowertschöpfung									
			Unternehmen insgesamt		Land- und Forstwirtschaft		Produzierendes Gewerbe		Handel und Verkehr		Dienstleistungs-unternehmen	
	Bayern	alte Bundes-länder	Bayern	alte Bundes-länder	Bayern	alte Bundes-länder	Bayern	alte Bundes-länder	Bayern	alte Bundes-länder	Bayern	alte Bundes-länder
1970	100	100	100	100	100	100	100	100	100	100	100	100
1975	117	114	120	116	146	144	115	116	106	107	113	107
1980	136	129	144	136	182	183	131	132	134	128	126	115
1985	149	138	163	150	222	234	145	144	144	138	131	122
1990	165	150	184	164	353	343	157	153	162	154	139	128
1991	167	151	-	-	-	-	-	-	-	-	-	-

Quelle: Statistisches Landesamt Baden-Württemberg (Hrsg.): Volkswirtschaftliche Gesamtrechnungen der Länder, H. 20: Entstehung des Bruttoinlandsprodukts, Stuttgart 1992, S. 40-41; eigene Berechnungen.

Tabelle 2.8: Die Entwicklung des Bruttoinlandsprodukts und der Bruttowertschöpfung insgesamt und des Handels in Bayern von 1970 bis 1991 - Angaben zu jeweiligen Preisen -

Jahr	Angaben zu jeweiligen Preisen			Angaben zu Preisen von 1985		
	Brutto-inlands-produkt	Bruttowertschöpfung		Brutto-inlands-produkt	Bruttowertschöpfung	
		insgesamt	Handel		insgesamt	Handel
	- Angaben in Mrd. DM -					
1970	108,2	100,7	9,1	208,7	192,8	16,4
1975	167,6	156,7	14,0	239,4	220,9	19,2
1980	251,5	233,4	22,5	293,2	270,9	25,2
1985	323,0	300,9	26,7	323,0	300,9	26,7
1989	405,3	378,3	31,4	368,0	342,4	29,0
1990	441,5	411,3	.	387,0	359,5	.
1991	479,0	444,5	.	401,2	372,0	.
	- Anteil am Bundesgebiet in % -					
1970	16,0	16,0	14,0	15,8	15,8	13,9
1975	16,3	16,3	14,8	16,3	16,3	14,7
1980	17,1	17,1	16,5	17,0	17,0	16,4
1985	17,7	17,8	17,1	17,7	17,8	17,1
1989	18,3	18,4	16,8	18,2	18,3	16,7
1990	18,4	18,5	.	18,3	18,4	.
1991	18,4	18,6	.	18,3	18,4	.

Quelle: Statistisches Landesamt Baden-Württemberg (Hrsg.): Volkswirtschaftliche Gesamtrechnungen der Länder, H. 20: Entstehung des Bruttoinlandsprodukts, Stuttgart 1992, S. 65; eigene Berechnungen.

Zu konstanten Preisen nahm die Bruttowertschöpfung des Handels in Bayern von 1985 bis 1989 um 8,3 % und in den alten Bundesländern um 11,2 % zu. Zu jeweiligen Preisen waren es 17,6 % bzw. 19,8 %. Der Anteil der Bruttowertschöpfung des Handels in Bayern an der der alten Bundesländer dürfte sich daher real wie auch zu jeweiligen Preisen leicht rückläufig entwickelt haben.

III. Die Erwerbstätigkeit nach Wirtschaftsbereichen

Im Jahre 1990 gab es in Bayern rd. 5,56 Mill. Erwerbstätige, d. s. 19,1 % aller in den alten Bundesländern beschäftigten Erwerbstätigen (vgl. Tabelle 2.9).

In bezug auf den Anteil der Erwerbstätigen hat Bayern von 1970 bis 1990 seine Bedeutung von 18,2 % um rd. einen Prozentpunkt steigern können. Der Handel in Bayern verzeichnete von 1970 bis 1990 eine überdurchschnittliche Steigerung der Erwerbstätigen von 15 % gegenüber 10 % in den alten Bundesländern.

Die Anzahl der Erwerbstätigen im Bereich Handel und Verkehr in Bayern betrug im Jahre 1990 rd. 884 000 gegenüber 738 000 im Jahre 1970. Dieser Zunahme von rd. 20,0 % standen 15 % im Durchschnitt aller Wirtschaftsbereiche gegenüber.

IV. Die Infrastruktur in Bayern

Als Wettbewerbs- und Wachstumsfaktor gilt neben der privaten Kapitalausstattung zunehmend der Kapitalstock der öffentlichen Infrastruktur. Darunter versteht man die Gesamtheit des vom Staat investierten Sachkapitals, das zur Erstellung von öffentlichen Dienstleistungen bereitsteht. Die Infrastruktur besteht aus Verkehrsanlagen, den Ver- und Entsorgungseinrichtungen, den Kindergarten-, Schul- und Universitätsbauten, den öffentlichen Freizeit- und Kultureinrichtungen.

Eine leistungsfähige Infrastrukturversorgung wirkt sich auf die Produktivität der privaten Wirtschaft positiv aus und schafft Kosten- und Allokationsvorteile, die zu einer Verbesserung der Wettbewerbsfähigkeit von Betrieben in infrastrukturreichen Regionen im Vergleich zu Betrieben in Städten, Regionen oder Ländern mit einer geringerwertigen Infrastrukturausstattung führen. Ein überdurchschnittliches Infrastrukturangebot bedeutet einen Standortvorteil, der Standortnachteile in anderen Bereichen, so höhere Arbeitskosten, höhere Gewerbesteuersätze usw., überkompensieren, ausgleichen, zumindest aber teilweise kompensieren kann.

Tabelle 2.9: Die Entwicklung der Erwerbstätigen nach Wirtschaftsbereichen in Bayern und in den alten Bundesländern von 1970 bis 1991

Jahr	Erwerbstätige in 1 000		Anteil Bayerns in %	1970 = 100,0	
	Bayern	alte Bundesländer		Bayern	alte Bundesländer
- Wirtschaftsbereiche insgesamt -					
1970	4 828	26 560	18,2	100	100
1975	4 735	26 020	18,2	98	98
1980	4 990	26 980	18,5	103	102
1985	5 029	26 489	19,0	104	100
1990	5 427	28 433	19,1	112	107
1991	5 560	29 173	-	115	110
- Land- und Forstwirtschaft, Fischerei -					
1970	735	2 262	32,5	100	100
1975	579	1 749	33,1	79	77
1980	476	1 403	33,9	65	62
1985	405	1 196	33,8	55	53
1990	319	961	33,2	43	42
1991	-	-	-	-	-
- Produzierendes Gewerbe -					
1970	2 268	12 987	17,5	100	100
1975	2 101	11 624	18,1	93	90
1980	2 219	11 721	18,9	98	90
1985	2 140	10 800	19,8	94	83
1990	2 303	11 321	20,3	102	87
1991	-	-	-	-	-
- Handel und Verkehr -					
1970	738	4 755	15,5	100	100
1975	785	4 872	16,1	106	102
1980	829	5 032	16,5	112	106
1985	827	4 919	16,8	112	103
1990	884	5 316	16,6	120	112
1991	-	-	-	-	-
- Dienstleistungsunternehmen -					
1970	480	2 933	16,4	100	100
1975	555	3 424	16,2	116	117
1980	656	2 970	16,5	137	135
1985	769	4 391	17,5	160	150
1990	944	5 268	17,9	197	180
1991	-	-	-	-	-
- Staatliche private Haushalte und private Organisationen ohne Erwerbszweck -					
1970	607	3 623	16,8	100	100
1975	715	4 351	16,4	118	120
1980	810	4 854	16,7	133	134
1985	888	5 183	17,1	146	143
1990	977	5 567	17,6	161	154
1991	-	-	-	-	-

Quelle: Statistisches Bundesamt (Hrsg.): Statistisches Jahrbuch 1993, (Verlag Metzler Poeschel) Stuttgart 1993; Angaben des Statistischen Bundesamtes, eigene Berechnungen.

Aus einer Analyse von Seitz (3) über einen Städtevergleich ist zu entnehmen:

Der Infrastruktur-Kapitalstock in Bayern ist im Zeitraum von 1980 bis 1990 mit 26,8 % um rd. 10 Prozentpunkte stärker angestiegen als der Durchschnitt aller westdeutschen Städte mit 16,9 %. Im Infrastruktur-Kapitalstock je Einwohner bzw. je Arbeitnehmer liegt Bayern im Niveau des Bundesdurchschnitts.

Bezogen auf die Einwohner ergibt sich ein gewisses Süd-Nord-Gefälle: So weist Schleswig-Holstein mit einem Infrastruktur-Kapitalstock von rd. 9 600 DM im Jahre 1990 die niedrigste Ausstattung auf, Bayern verfügt neben Baden-Württemberg und Hessen mit rd. 14 200 DM über die zweithöchste Ausstattung.

Tabelle 2.10: Die Infrastrukturausstattung der Bundesländer und Städte in den alten Bundesländern im Jahre 1990 im Vergleich zu 1980

Gebiet	Wachstum des Infrastruktur-Kapitalstocks[1] von 1980 bis 1990 in %[2]	Infrastruktur-Kapitalstock[1] 1990 in DM[3]	
		je Einwohner	je Arbeitnehmer
Städte insgesamt[4]	16,9	13 400	27 600
Schleswig-Holstein	12,2	9 600	22 700
Niedersachsen	10,8	11 800	18 800
Nordrhein-Westfalen	12,3	13 000	32 600
Hessen	25,7	15 200	24 000
Rheinland-Pfalz	13,3	13 100	25 100
Baden-Württemberg	22,2	15 200	25 900
Bayern	26,8	14 200	24 700

1) Der Infrastruktur-Kapitalstock ist definiert als reales Nettoanlagevermögen der Städte (Preisbasis 1980 = 100).
2) Berechnungen unter Zugrundelegung der kommunalen Investitionsdaten von 1949 bis 1990.
3) zu Preisen von 1980.
4) Angaben für 99 westdeutsche Städte.

Quelle: Seitz, Helmut: Die Städte in Baden-Württemberg: Beschäftigung, Infrastruktur und kommunale Finanzen, in: ZEW-Wirtschaftsanalysen, 1994, Nr. 1.

Trotz des hohen Infrastrukturniveaus ist es in Bayern gelungen, die kommunale Pro-Kopf-Verschuldung wesentlich niedriger zu halten als im Bundesdurchschnitt. Entsprechend gering sind auch die Relationen Kommunalverschuldung zu Bruttogewerbesteuer und Zinsausgaben zu Kommunalinvestitionen.

Die Relation Kommunalverschuldung zu Bruttogewerbesteueraufkommen ist als ein Maßstab für die lokale Wirtschaftskraft im Vergleich zur kommunalen Verschuldung zu interpretieren. Die Relation Zinsausgaben zu Kommunalinvestitionen ist ein Maßstab dafür, in welchem Umfang die durch die Schulden bedingten Zinsausgaben die Investitionskraft der Städte einschränken.

3) Vgl. Seitz, Helmut: Die Städte in Baden-Württemberg: Beschäftigung, Infrastruktur und kommunale Finanzen, in: ZEW-Wirtschaftsanalysen, 1994, Nr. 1.

Tabelle 2.11: Die Verschuldung der Bundesländer und Städte in den alten Bundesländern in den Jahren 1980 und 1990

Gebiet	kommunale Pro-Kopf-Verschuldung in DM		Relation Kommunalverschuldung zu Bruttogewerbesteueraufkommen in %		Relation Zinsausgaben zu Kommunalinvestitionen in %[1]	
	1980	1990	1980	1990	1980	1990
Städte insgesamt[2]	1 870	2 830	296	300	22,0	33,8
Schleswig-Holstein	1 560	2 570	358	497	27,0	43,3
Niedersachsen	2 150	2 940	357	578	23,4	45,3
Nordrhein-Westfalen	1 960	2 860	392	560	26,1	35,7
Hessen	2 540	5 080	1259	298	23,7	56,3
Rheinland-Pfalz	2 750	2 800	387	280	31,6	42,8
Baden-Württemberg	1 340	2 270	167	215	12,7	21,8
Bayern	1 250	2 120	169	195	13,4	17,7

1) Berechnungen unter Zugrundelegung der kommunalen Investitionsdaten von 1949 bis 1990.
2) Die Kennziffern sind berechnet aus Angaben im Statistischen Jahrbuch Deutscher Gemeinden und gelten nur für die 99 in die Untersuchung einbezogenen Städte.

Quelle: Seitz, Helmut: Die Städte in Baden-Württemberg: Beschäftigung, Infrastruktur und kommunale Finanzen, in: ZEW-Wirtschaftsanalysen, 1994, Nr. 1.

Alles in allem hat Bayern hinsichtlich der Infrastruktur und der Beschäftigtenentwicklung von 1980 bis 1990 die günstigste Entwicklung aller Bundesländer zu verzeichnen. Dies ist auch eine positive Grundlage für die Entwicklung des Großhandels.

D. Der Großhandel in der bayerischen Wirtschaft

I. Der Überblick

Der Handel trägt im Freistaat Bayern mit über 9 % zur Bruttowertschöpfung der gewerblichen Wirtschaft bei. Er bietet einem Neuntel aller Beschäftigten Arbeit und bildet ein Zehntel aller Auszubildenden aus. Die Umsatzzunahmen, die dieser Wirtschaftsbereich in den vergangenen Jahren erzielen konnte, unterstreichen sein hohes Leistungsvermögen.

Die Anzahl der Unternehmen im Großhandel nahm von 21 641 in 1986 auf 21 701 in 1988 und 22 085 in 1990 zu.

Gemessen an der Anzahl der Unternehmen dominieren im Handel nach wie vor die kleinen und mittleren Anbieter mit einem Anteil von 97,1 % im Einzelhandel und 96,4 % im Großhandel. Ein Vergleich der Umsatzsteuerstatistik für 1986 und 1990 zeigt, daß die Anteile der größeren Unternehmen und der Großunternehmen im Großhandel steigen. Hinter dieser Zunahme verbirgt sich nicht nur eine Konzentrationsentwicklung: Im Zeitraum von 1986 bis 1990 wuchs der Umsatz des Großhandels um 24,7 %. Dementsprechend sind viele Unternehmen in höhere Umsatzklassen hineingewachsen.

Tabelle 2.12: Die Entwicklung der Anteile der Unternehmen und Umsätze nach Unternehmensgrößenklassen im Großhandel Bayerns von 1984 bis 1990

Unternehmensgrößenklasse	Angaben in %			
	1984	1986	1988	1990
Kleinstbetriebe unter 1 Mill. DM				
- Anzahl der Unternehmen	60,9	60,6	59,7	57,0
- ohne Kleinstbetriebe	-	-	-	-
- Umsätze	3,9	3,8	3,6	3,0
- ohne Kleinstbetriebe	-	-	-	-
Kleinbetriebe 1 Mill. - 5 Mill. DM				
- Anzahl der Unternehmen	25,9	26,0	26,4	27,4
- ohne Kleinstbetriebe	66,2	65,9	65,4	63,7
- Umsätze	11,8	11,6	11,1	10,1
- ohne Kleinstbetriebe	12,3	12,0	11,5	10,4
Mittelbetriebe 5 Mill. - 25 Mill. DM				
- Anzahl der Unternehmen	10,4	10,6	10,8	12,0
- ohne Kleinstbetriebe	26,6	27,0	26,9	27,9
- Umsätze	22,2	22,2	21,1	20,7
- ohne Kleinstbetriebe	23,1	23,1	21,9	21,3
größere Betriebe 25 Mill. - 100 Mill. DM				
- Anzahl der Unternehmen	2,3	2,2	2,5	2,8
- ohne Kleinstbetriebe	5,8	5,6	6,1	6,6
- Umsätze	20,8	19,9	20,8	20,6
- ohne Kleinstbetriebe	21,6	20,6	21,6	21,2
Großbetriebe über 100 Mill. DM				
- Anzahl der Unternehmen	0,6	0,6	0,6	0,8
- ohne Kleinstbetriebe	1,4	1,5	1,5	1,9
- Umsätze	41,3	42,6	43,4	45,6
- ohne Kleinstbetriebe	42,9	44,3	45,0	47,0

Quelle: Bayerisches Staatsministerium für Wirtschaft und Verkehr (Hrsg.): Mittelstandsbericht 1992, Bericht der Bayerischen Staatsregierung über die Lage der mittelständischen Wirtschaft und der Freien Berufe in Bayern, München 1993, S. 62.

II. Die Ergebnisse der Arbeitsstättenzählung (4)

Hinsichtlich der Anzahl der Arbeitsstätten ergab sich in Bayern von 1970 bis 1987 eine Zunahme von 22 144 auf 24 265 oder um 9,6 %, in den alten Bundesländern dagegen eine Abnahme von 133 535 auf 129 741 Betriebe oder um 2,8 %. Im Jahre 1987 lag der Anteil der Arbeitsstätten in Bayern bei 18,8 % der alten Bundesländer.

Tabelle 2.13: Die Anzahl der Arbeitsstätten und Beschäftigten des Großhandels in Bayern und in den alten Bundesländern in den Jahren 1970 und 1987

Großhandel mit ...	Bayern						alte Bundesländer			
	Arbeitsstätten			Beschäftigte			Arbeitsstätten		Beschäftigte	
	1970	1987	Veränderung in %	1970	1987	Veränderung in %	1970	1987	1970	1987
Getreide, Futter- und Düngemitteln, Tieren	3 147	3 799	20,7	19 814	21 295	7,5	15 361	14 841	92 650	83 234
textilen Rohstoffen und Halbwaren, Häuten usw.	293	155	-47,1	1 718	822	-52,2	1 499	879	9 166	5 187
technischen Chemikalien, Rohdrogen, Kautschuk	131	199	51,9	905	1 504	66,2	1 045	1 562	10 300	12 533
festen Brennstoffen, Mineralölerzeugnissen	615	447	-27,3	7 098	4 934	-30,5	4 070	2 541	55 961	31 127
Erzen, Stahl, NE-Metallen usw.	270	320	18,5	6 114	5 068	-17,1	2 174	2 835	68 185	55 875
Holz, Baustoffen, Installationsbedarf	1 756	2 108	20,0	17 940	22 684	26,4	11 516	11 936	126 396	123 737
Altmaterial, Reststoffen	1 261	1 106	-12,3	4 257	4 476	5,1	8 465	5 040	33 964	25 499
Nahrungsmitteln, Getränken, Tabakwaren	5 022	3 436	-31,6	36 102	31 691	-12,2	33 966	21 439	265 172	219 242
Textilien, Bekleidung, Schuhen, Lederwaren	1 304	1 846	41,6	11 179	13 689	22,5	7 534	9 199	68 732	67 030
Metallwaren, Einrichtungsgegenständen	2 706	3 563	31,7	28 658	33 654	17,4	16 123	18 661	174 020	174 099
feinmechanischen und optischen Erzeugnissen, Schmuck usw.	739	862	16,6	5 784	6 295	8,8	3 870	4 220	25 442	27 445
Fahrzeugen, Maschinen, technischem Bedarf	3 403	4 292	26,1	33 502	39 452	17,8	17 978	24 203	200 420	220 767
pharmazeutischen, kosmetischen u. ä. Erzeugnissen	639	1 006	57,4	8 953	11 661	30,2	4 219	5 641	61 725	70 546
Papier, Druckerzeugnissen, Waren verschiedener Art	858	1 126	31,2	8 457	14 643	73,1	5 715	6 744	57 380	82 770
Großhandel insgesamt	22 144	24 265	9,6	190 481	211 868	11,2	133 535	129 741	1 249 513	1 199 091

Quelle: Bayerisches Landesamt für Statistik und Datenverarbeitung (Hrsg.): Arbeitsstätten und Unternehmen in Bayern, Heft 448 der Beiträge zur Statistik Bayerns, München 1989, S. 162; eigene Berechnungen.

Als Maßstab der wirtschaftlichen Bedeutung des Großhandels eignet sich die Anzahl der Beschäftigten besser als die Anzahl der Arbeitsstätten. Von 1970 bis 1987 hat sich die Anzahl der im Großhandel Beschäftigten in Bayern von 190 481 auf 211 868 oder um

---

4) Bayerisches Landesamt für Statistik und Datenverarbeitung (Hrsg.): Arbeitsstätten und Unternehmen in Bayern, Heft 448 der Beiträge zur Statistik Bayerns, München 1989, S. 162; eigene Berechnungen.

11,2 % erhöht. In den alten Bundesländern war dagegen ein Rückgang von 1 249 511 auf 1 199 091 Beschäftigte oder um 4,0 % zu verzeichnen.

Entsprechend hat sich der Anteil der Großhandelsbeschäftigten in Bayern an den Beschäftigten des Großhandels in den alten Bundesländern insgesamt von 15,2 % im Jahre 1970 auf 17,7 % im Jahre 1987 erhöht.

Nach Branchen zeigt sich im Vergleich zu den alten Bundesländern ein hochdifferenziertes Bild. Mit 25,6 % der Beschäftigten und Arbeitsstätten ist der Anteil des Großhandels mit Getreide-, Futter- und Düngemitteln in Bayern weit überdurchschnittlich vertreten, dies wegen der hohen Bedeutung der Landwirtschaft.

Bemerkenswert hoch ist auch die Bedeutung des Großhandels in einigen Konsumgüterbereichen mit folgenden Beschäftigtenanteilen:

- Textilien, Bekleidung, Schuhe, Lederwaren   20,4 %,
- Metallwaren, Einrichtungsgegenstände   19,3 %,
- feinmechanische und optische Erzeugnisse, Schmuck   22,9 %.

Eine stark unterdurchschnittliche Bedeutung haben in Bayern dagegen der Großhandel mit Erzen, Stahl und NE-Metallen mit 9,1 % der Beschäftigten oder der Großhandel mit technischen Chemikalien, Rohdrogen und Kautschuk (12,0 %).

III. Die Ergebnisse der Handels- und Gaststättenzählung

Nach der Handels- und Gaststättenzählung wurden im Großhandel Bayerns im Jahre 1984 23 228 Arbeitsstätten mit 196 555 Beschäftigten ermittelt, gegenüber 118 745 Arbeitsstätten mit 1 137 179 Beschäftigten in den alten Bundesländern insgesamt. Daraus errechnen sich für Bayern Anteile von 19,6 % bzw. 17,2 %.

Der Umsatz des Großhandels in Bayern betrug 1984 112,5 Mrd. DM, in den alten Bundesländern 952,2 Mrd. DM. Damit belief sich der Anteil des bayerischen Großhandels am Großhandel der alten Bundesländer insgesamt auf 13,2 %.

Der Großhandel in Bayern repräsentierte im Jahre 1984 rd. 19,6 % der Arbeitsstätten, 17,3 % der Beschäftigten und 13,2 % des Umsatzes des gesamten westdeutschen Großhandels. Diese Zahlen bestätigen die im Vergleich zum Bundesdurchschnitt geringe durchschnittliche Betriebsgröße der bayerischen Unternehmen des Großhandels (vgl. dazu Tabelle 2.16).

Tabelle 2.14: Die Arbeitsstätten, die Beschäftigten und der Umsatz des Großhandels nach Wirtschaftszweigen und Umsatzgrößenklassen in Bayern und den alten Bundesländern im Jahre 1984

Großhandel mit .../ Umsatz in DM	Bayern			alte Bundesländer		
	Arbeits-stätten	Beschäf-tigte	Umsatz in 1 000 DM	Arbeits-stätten	Beschäf-tigte	Umsatz in 1 000 DM
Getreide, Futter- und Düngemitteln, Tieren						
- unter 1 Mill.	1 635	2 780	605 372	4 536	8 870	1 793 503
- 1 Mill. - 10 Mill.	1 218	6 148	3 983 348	15 099	22 141	15 508 241
- 10 Mill. und mehr	292	10 349	9 125 957	3 354	46 357	72 688 142
- Neugründungen	82	206	51 964	365	827	188 388
insgesamt	3 227	19 483	13 766 640	13 354	78 195	90 178 274
textilen Rohstoffen und Halbwaren, Häuten usw.						
- unter 1 Mill.	68	135	18 900	314	817	107 568
- 1 Mill. - 10 Mill.	33	237	134 692	307	1 696	1 040 832
- 10 Mill. und mehr	20	433	625 739	168	2 950	6 727 088
- Neugründungen	4	6	302	32	96	38 872
insgesamt	125	811	779 632	821	5 559	7 914 360
technischen Chemikalien, Rohdrogen, Kautschuk						
- unter 1 Mill.	77	173	22 942	445	976	148 775
- 1 Mill. - 10 Mill.	36	228	127 447	370	2 432	1 348 015
- 10 Mill. und mehr	21	656	741 802	354	8 599	21 423 960
- Neugründungen	3	4	124	54	174	61 267
insgesamt	137	1 061	892 315	1 223	12 181	22 982 017
festen Brennstoffen, Mineralölerzeugnissen						
- unter 1 Mill.	79	165	19 687	415	1 018	138 751
- 1 Mill. - 10 Mill.	152	695	702 335	607	2 997	2 339 070
- 10 Mill. und mehr	151	3 094	14 038 167	1 380	24 589	138 545 392
- Neugründungen	3	11	5 970	50	205	213 233
insgesamt	385	3 965	14 766 159	2 452	28 809	141 236 446
Erzen, Stahl, NE-Metallen usw.						
- unter 1 Mill.	106	258	34 192	530	1 261	204 424
- 1 Mill. - 10 Mill.	125	957	469 143	1 018	8 068	3 829 012
- 10 Mill. und mehr	100	4 092	4 258 320	1 298	45 495	81 539 137
- Neugründungen	11	25	13 749	118	737	611 158
insgesamt	342	5 332	4 775 403	2 964	55 561	86 183 731

- Fortsetzung -

Fortsetzung Tabelle 2.14

Großhandel mit .../ Umsatz in DM	Bayern			alte Bundesländer		
	Arbeitsstätten	Beschäftigte	Umsatz in 1 000 DM	Arbeitsstätten	Beschäftigte	Umsatz in 1 000 DM
Holz, Baustoffen, Install.bedarf						
- unter 1 Mill.	699	1 574	234 827	3 136	7 735	1 182 948
- 1 Mill. - 10 Mill.	722	7 177	2 777 385	4 225	38 634	13 883 281
- 10 Mill. und mehr	231	11 723	5 403 800	2 088	66 013	32 932 361
- Neugründungen	57	180	40 808	379	2 016	296 635
insgesamt	1 709	20 654	8 456 820	9 828	114 398	48 295 225
Altmaterial, Reststoffen						
- unter 1 Mill.	787	1 517	128 187	3 237	6 824	469 929
- 1 Mill. - 10 Mill.	132	1 438	403 282	929	7 267	2 728 908
- 10 Mill. und mehr	40	1 019	1 093 459	272	8 341	9 385 329
- Neugründungen	49	87	2 390	280	808	182 212
insgesamt	1 008	4 061	1 627 317	4 718	23 240	12 766 378
Rohstoffen und Halbwaren						
- unter 1 Mill.	3 451	6 602	1 064 105	15 691	27 501	4 241 973
- 1 Mill. - 10 Mill.	2 418	16 880	8 597 631	12 555	84 235	40 677 360
- 10 Mill. und mehr	855	31 366	35 287 243	5 836	201 344	363 045 336
- Neugründungen	209	519	115 307	1 278	4 863	1 591 765
insgesamt	6 933	55 367	45 064 286	35 360	317 943	409 556 434
Nahrungsmitteln, Getränken, Tabakwaren						
- unter 1 Mill.	1 439	3 332	511 358	7 679	18 673	3 052 262
- 1 Mill. - 10 Mill.	1 118	8 681	3 802 825	7 939	52 047	22 947 232
- 10 Mill. und mehr	401	20 800	19 291 736	4 447	137 418	144 518 582
- Neugründungen	90	299	90 238	704	4 120	2 870 893
insgesamt	3 048	33 112	23 696 157	20 769	212 258	173 388 969
Textilien, Bekleidung, Schuhen, Lederwaren						
- unter 1 Mill.	1 040	2 476	288 429	4 031	9 948	1 332 865
- 1 Mill. - 10 Mill.	545	4 709	1 798 200	2 947	22 886	8 562 737
- 10 Mill. und mehr	102	4 845	3 184 980	906	29 051	19 229 788
- Neugründungen	94	259	37 208	570	1 697	340 653
insgesamt	1 781	12 289	5 308 817	8 454	63 582	29 466 043
Metallwaren, Einrichtungsgegenständen						
- unter 1 Mill.	1 912	4 353	514 079	7 605	18 999	2 480 230
- 1 Mill. - 10 Mill.	1 093	11 137	3 665 333	5 797	53 773	16 609 475
- 10 Mill. und mehr	259	15 226	8 622 899	2 527	90 960	50 217 045
- Neugründungen	182	826	160 318	987	3 932	545 218
insgesamt	3 446	31 542	12 962 629	16 916	167 664	69 851 968

- Fortsetzung -

Fortsetzung Tabelle 2.14

Großhandel mit .../ Umsatz in DM	Bayern			alte Bundesländer		
	Arbeits- stätten	Beschäf- tigte	Umsatz in 1 000 DM	Arbeits- stätten	Beschäf- tigte	Umsatz in 1 000 DM
feinmechanischen und opti- schen Erzeugnissen, Schmuck						
- unter 1 Mill.	459	1 061	119 466	2 070	4 900	657 225
- 1 Mill. - 10 Mill.	230	1 889	706 918	1 156	8 727	3 191 188
- 10 Mill. und mehr	50	2 270	1 418 003	316	10 992	6 450 385
- Neugründungen	39	131	10 386	221	606	56 070
insgesamt	778	5 351	2 254 772	3 763	25 225	10 354 868
Fahrzeugen, Maschinen, technischem Bedarf						
- unter 1 Mill.	2 172	5 674	745 201	8 671	22 770	3 152 261
- 1 Mill. - 10 Mill.	1 642	16 875	4 992 914	7 904	70 479	21 654 044
- 10 Mill. und mehr	234	12 545	9 291 208	3 679	110 298	71 927 705
- Neugründungen	170	651	122 631	1 270	5 032	830 324
insgesamt	4 218	35 745	15 151 954	21 524	208 579	97 564 334
pharmazeutischen, kosmetischen und ähnlichen Erzeugnissen						
- unter 1 Mill.	1 463	2 671	154 607	3 543	7 516	737 944
- 1 Mill. - 10 Mill.	230	2 310	785 500	1 277	12 288	3 963 178
- 10 Mill. und mehr	72	6 282	3 478 262	650	39 611	21 087 320
- Neugründungen	129	259	12 802	566	1 509	154 049
insgesamt	1 894	11 522	4 431 171	6 036	60 924	25 942 491
Papier, Druckerzeugnissen, Waren verschiedener Art						
- unter 1 Mill.	674	1 787	167 013	2 966	7 695	921 034
- 1 Mill. - 10 Mill.	332	4 054	1 130 016	1 797	19 488	5 205 659
- 10 Mill. und mehr	74	5 677	2 356 235	863	52 885	29 882 128
- Neugründungen	50	109	3 536	297	936	109 935
insgesamt	1 130	11 627	3 656 800	5 926	81 004	36 118 756
Fertigwaren						
- unter 1 Mill.	9 159	21 354	2 500 152	36 565	90 501	12 333 820
- 1 Mill. - 10 Mill.	5 190	49 655	16 881 706	28 817	392 654	82 133 512
- 10 Mill. und mehr	1 192	67 645	47 643 324	13 388	318 249	343 312 957
- Neugründungen	754	2 534	437 118	4 615	17 832	4 907 141
insgesamt	16 295	141 188	67 462 300	83 385	819 236	442 687 430

Quelle: Bayerisches Landesamt für Statistik und Datenverarbeitung (Hrsg.): Unternehmen des Handels- und Gaststättengewerbes in Bayern - Ergebnisse der Handels- und Gaststättenzählung 1985, München 1987, S. 39-40; Statistisches Bundesamt (Hrsg.): Fachserie 6: Handels- und Gaststättenzählung 1985, Heft 3: Arbeitsstättenzählung des Großhandels, (Verlag W. Kohlhammer) Mainz 1987, S. 94-131; eigene Berechnungen.

Tabelle 2.15: Die Arbeitsstätten, die Beschäftigten und der Umsatz des Großhandels nach Umsatzgrößenklassen in Bayern und den alten Bundesländern im Jahre 1984

Großhandel mit .../ Umsatz in DM	Bayern			alte Bundesländer		
	Arbeits-stätten	Beschäf-tigte	Umsatz in 1 000 DM	Arbeits-stätten	Beschäf-tigte	Umsatz in 1 000 DM
- unter 2 Mill.	15 475	42 514	7 631 876	63 950	190 633	36 204 348
- 2 Mill. - 5 Mill.	3 084	25 736	9 765 524	16 908	130 253	48 053 692
- 5 Mill. - 10 Mill.	1 659	26 241	11 646 195	9 692	121 039	55 128 626
- 10 Mill. - 25 Mill.	1 278	38 186	19 687 947	9 101	172 929	95 700 648
- 25 Mill. - 50 Mill.	436	22 975	15 193 515	4 292	124 446	78 246 470
- 50 Mill. - 100 Mill.	188	15 718	12 678 244	2 706	100 115	76 744 855
- 100 Mill. - 250 Mill.	116	15 924	17 497 721	2 086	98 438	98 823 166
- 250 Mill. - 1 Mrd.	26	5 505	12 440 591	1 928	102 981	145 682 873
- 1 Mrd. und mehr	3	703	5 432 549	2 189	73 650	211 160 279
- Neugründungen	963	3 053	552 425	5 893	22 695	6 498 906
insgesamt	23 228	196 555	112 526 586	118 745	1 137 179	852 243 863

Quelle: Bayerisches Landesamt für Statistik und Datenverarbeitung (Hrsg.): Unternehmen des Handels- und Gastgewerbes in Bayern, H. 423 der Beiträge zur Statistik Bayerns, München 1987, S. 39-40.

Tabelle 2.16: Die Arbeitsstätten, die Beschäftigten und der Umsatz des Großhandels nach Umsatzgrößenklassen in Bayern im Jahre 1984

Großhandel mit .../ Umsatz in DM	Anteile an den alten Bundesländern in %		
	Arbeitsstätten	Beschäftigte	Umsatz
- unter 2 Mill.	24,2	22,3	21,1
- 2 Mill. - 5 Mill.	18,2	19,8	20,3
- 5 Mill. - 10 Mill.	17,1	21,7	21,1
- 10 Mill. - 25 Mill.	14,0	22,1	20,6
- 25 Mill. - 50 Mill.	10,2	18,5	19,4
- 50 Mill. - 100 Mill.	6,9	15,7	16,5
- 100 Mill. - 250 Mill.	5,6	16,2	17,7
- 250 Mill. - 1 Mrd.	1,3	5,4	8,5
- 1 Mrd. und mehr	0,1	0,1	2,6
- Neugründungen	16,3	13,5	8,5
insgesamt	19,6	17,3	13,2

Quelle: Bayerisches Landesamt für Statistik und Datenverarbeitung (Hrsg.): Unternehmen des Handels- und Gastgewerbes in Bayern, H. 423 der Beiträge zur Statistik Bayerns, München 1987, S. 39 f.; eigene Berechnungen.

Ein weiterer Beleg für die überdurchschnittliche Bedeutung der kleinen und mittleren Betriebe des Großhandels in Bayern im Vergleich zu den alten Bundesländern ist der Anteil der kleineren Unternehmen am Gesamtumsatz des westdeutschen Großhandels.

Bei einem durchschnittlichen Umsatzanteil des bayerischen Großhandels am westdeutschen Großhandel in Höhe von 13,2 % repräsentieren die kleineren Unternehmen schichtspezifisch jeweils ein überdurchschnittliches Gewicht, so bei einem Jahresumsatz

- unter 2 Mill. DM   21,2 %,
- zwischen 2 Mill. DM und 5 Mill. DM   20,3 %,
- zwischen 5 Mill. DM und 10 Mill. DM   21,1 %,
- zwischen 10 Mill. DM und 25 Mill. DM   20,6 %.

Erst ab einer Jahresumsatzgrößenordnung von mehr als 250 Mill. DM ergeben sich unterdurchschnittliche Anteile für den Großhandel in Bayern.

Überdurchschnittlich hohe Umsatzanteile am gesamten Großhandel in den alten Bundesländern haben die bayerischen Unternehmen des Großhandels mit

- feinmechanischen und optischen Erzeugnissen, Schmuck   21,8 %.
- Metallwaren, Einrichtungsgegenständen   18,6 %,
- Holz, Baustoffen, Installationsbedarf   17,5 %.

Einen unterdurchschnittlichen Umsatzanteil am westdeutschen Großhandel repräsentieren die bayerischen Unternehmen des Großhandels mit technischen Chemikalien, Rohdrogen, Kautschuk (3,9 %) sowie Eisen, Stahl und NE-Metallen (5,5 %).

Tabelle 2.17: Die Arbeitsstätten, die Beschäftigten und der Umsatz des Großhandels nach Wirtschaftszweigen und Umsatzgrößenklassen in Bayern im Jahre 1984

Großhandel mit .../ Umsatz in DM	Anteile an den alten Bundesländern in %		
	Arbeitsstätten	Beschäftigte	Umsatz
Getreide, Futter- und Düngemitteln, Tieren			
- unter 1 Mill.	36,0	31,3	33,8
- 1 Mill. - 10 Mill.	8,1	27,8	25,7
- 10 Mill. und mehr	8,7	22,3	12,6
- Neugründungen	9,9	24,9	27,6
insgesamt	24,2	24,9	15,3
textilen Rohstoffen und Halbwaren, Häuten usw.			
- unter 1 Mill.	21,7	16,5	17,6
- 1 Mill. - 10 Mill.	10,8	14,0	12,9
- 10 Mill. und mehr	11,9	14,7	9,3
- Neugründungen	12,5	6,3	0,8
insgesamt	15,2	14,6	9,9

- Fortsetzung -

Fortsetzung Tabelle 2.17

Großhandel mit .../ Umsatz in DM	Anteile an den alten Bundesländern in %		
	Arbeitsstätten	Beschäftigte	Umsatz
technischen Chemikalien, Rohdrogen, Kautschuk			
- unter 1 Mill.	17,3	17,7	15,4
- 1 Mill. - 10 Mill.	9,7	9,4	9,5
- 10 Mill. und mehr	5,9	7,6	3,5
- Neugründungen	1,7	2,3	0,2
insgesamt	11,2	8,7	3,9
festen Brennstoffen, Mineralölerzeugnissen			
- unter 1 Mill.	19,0	16,2	14,2
- 1 Mill. - 10 Mill.	25,0	23,2	30,0
- 10 Mill. und mehr	10,9	12,6	10,1
- Neugründungen	6,0	5,4	2,8
insgesamt	11,2	13,8	10,5
Erzen, Stahl, NE-Metallen usw.			
- unter 1 Mill.	20,0	20,5	16,7
- 1 Mill. - 10 Mill.	12,3	11,9	12,3
- 10 Mill. und mehr	7,7	9,0	5,2
- Neugründungen	9,3	3,4	2,3
insgesamt	11,5	9,6	5,5
Holz, Baustoffen, Installationsbedarf			
- unter 1 Mill.	22,3	20,4	19,9
- 1 Mill. - 10 Mill.	17,1	18,6	20,0
- 10 Mill. und mehr	11,6	17,8	16,4
- Neugründungen	15,0	8,9	13,8
insgesamt	17,4	18,1	17,5
Altmaterial, Reststoffen			
- unter 1 Mill.	24,3	22,2	27,3
- 1 Mill. - 10 Mill.	14,2	19,8	14,8
- 10 Mill. und mehr	14,7	12,2	11,7
- Neugründungen	17,5	10,8	1,3
insgesamt	21,4	17,5	12,8
Rohstoffen und Halbwaren			
- unter 1 Mill.	22,0	24,0	25,1
- 1 Mill. - 10 Mill.	19,3	20,0	21,1
- 10 Mill. und mehr	14,7	15,6	9,7
- Neugründungen	16,4	10,7	7,2
insgesamt	19,6	17,4	11,0
Nahrungsmitteln, Getränken, Tabakwaren			
- unter 1 Mill.	18,7	17,8	16,8
- 1 Mill. - 10 Mill.	14,1	16,7	16,6
- 10 Mill. und mehr	9,0	15,1	13,4
- Neugründungen	12,8	7,3	3,1
insgesamt	14,7	15,6	13,7

- Fortsetzung -

Fortsetzung Tabelle 2.17

Großhandel mit .../ Umsatz in DM	Anteile an den alten Bundesländern in %		
	Arbeitsstätten	Beschäftigte	Umsatz
Textilien, Bekleidung, Schuhen, Lederwaren			
- unter 1 Mill.	25,8	24,9	21,6
- 1 Mill. - 10 Mill.	18,5	20,6	21,0
- 10 Mill. und mehr	11,3	16,7	16,6
- Neugründungen	16,5	15,3	10,9
insgesamt	21,1	19,3	18,0
Metallwaren, Einrichtungsgegenständen			
- unter 1 Mill.	25,1	22,9	20,7
- 1 Mill. - 10 Mill.	18,9	20,7	22,1
- 10 Mill. und mehr	10,3	16,7	17,2
- Neugründungen	18,4	21,0	29,4
insgesamt	20,4	18,8	18,6
feinmechanischen und optischen Erzeugnissen, Schmuck			
- unter 1 Mill.	22,2	21,7	18,2
- 1 Mill. - 10 Mill.	19,9	21,7	22,2
- 10 Mill. und mehr	15,8	20,7	22,0
- Neugründungen	17,7	21,6	18,5
insgesamt	20,7	21,2	21,8
pharmazeutischen, kosmetischen und ähnlichen Erzeugnissen			
- unter 1 Mill.	41,3	35,5	21,0
- 1 Mill. - 10 Mill.	18,0	18,0	19,8
- 10 Mill. und mehr	11,1	15,9	16,5
- Neugründungen	22,8	17,2	8,3
insgesamt	31,4	18,9	17,1
Papier, Druckerzeugnissen, Waren verschiedener Art			
- unter 1 Mill.	22,7	23,2	18,1
- 1 Mill. - 10 Mill.	18,5	20,9	21,7
- 10 Mill. und mehr	8,6	10,7	7,9
- Neugründungen	16,8	11,7	3,2
insgesamt	19,1	14,4	10,1
Fertigwaren			
- unter 1 Mill.	25,1	23,6	20,3
- 1 Mill. - 10 Mill.	18,0	12,7	20,6
- 10 Mill. und mehr	8,9	21,3	13,9
- Neugründungen	16,3	14,2	8,9
insgesamt	19,5	17,2	15,2

Quelle: Statistisches Bundesamt (Hrsg.): Fachserie 6: Handels- und Gaststättenzählung 1985, Heft 3: Arbeitsstättenzählung des Großhandels, (Verlag W. Kohlhammer) Mainz 1987, S. 94-131; eigene Berechnungen.

IV. Die Ergebnisse der Umsatzsteuerstatistik

Eine Analyse der Umsatzsteuerstatistik bestätigt die im Durchschnitt aller Großhandelsbranchen kleinteilige Unternehmensgrößenstruktur des Großhandels in Bayern.

Der Großhandelsumsatzanteil Bayerns erreichte im Jahre 1990 mit 14,9 % nicht den Anteil am Bruttoinlandsprodukt mit 18,4 %.

Im Jahre 1984 war der Umsatzanteil auf der Basis von Werten der Handels- und Gaststättenzählung mit 13,2 % noch niedriger, dies jedoch bei 17,1 % Beschäftigtenanteil.

Weiter läßt die Analyse der Umsatzsteuerstatistik darauf schließen, daß Großhandel in Bayern in beachtlichem Umfange von Unternehmen mit Sitz außerhalb Bayerns getätigt wird. Das Verhältnis bayerischer Unternehmen mit Niederlassungen in anderen Bundesländern zu Unternehmen anderer Bundesländer mit Niederlassungen in Bayern geht spürbar zu Lasten des mit dem Hauptsitz in Bayern ansässigen Großhandels. Bayern hat somit mehr Großhandelsunternehmen zur Errichtung von Filialen angezogen als andere Bundesländer bayerische Unternehmen.

Nach Branchen ergeben sich extreme Abweichungen. Die Unterschiede zeigen sich dabei stärker auf der Ebene der Dreiersystematik der Wirtschaftszweige des Statistischen Bundesamtes als auf der stärker aggregierten zweistelligen Ebene.

Hohe Umsatzanteile haben in Bayern im Vergleich zu den alten Bundesländern der Großhandel mit

- elektrotechnischen Erzeugnissen   32,2 %,
- Möbeln, Kunstgegenständen u. ä.   25,5 %,
- Getreide, Futter- und Düngemitteln   25,3 %,
- Textilien, Bekleidung, Schuhen, Lederwaren   24,2 %,
- Metall- und Kunststoffwaren   22,6 %,
- lebenden Tieren, zoologischem Bedarf   20,3 %.

Niedrigere Umsatzanteile haben in Bayern im Vergleich zu den alten Bundesländern der Großhandel mit

- NE-Metallen und Halbzeugen   1,5 %,
- Getränken   4,8 %,
- technischen Chemikalien, Rohdrogen, Kautschuk   5,1 %,
- Erzen, Stahl, NE-Metallen usw.   5,4 %,
- Büchern, Zeitschriften, Musikalien   6,5 %,
- Eisen (ohne Roheisen), Stahl und Halbzeug   6,8 %,
- Fertigwaren   8,6 %.

Die Ergebnisse auf der Ebene der Dreiersystematik sind in der folgenden Tabelle dargestellt.

Tabelle 2.18: Die Unternehmen und der Umsatz des Großhandels nach Wirtschaftszweigen in Bayern im Vergleich zu den alten Bundesländern im Jahre 1990

Großhandel mit ...	alte Bundesländer		Bayern			
	Anzahl steuerpfl. Unternehmen in 1 000	steuerbarer Umsatz in Mill. DM	Anzahl steuerpfl. Unternehmen		steuerbarer Umsatz	
			absolut in 1 000	alte Bundesländer = 100,0	in Mill. DM	alte Bundesländer = 100,0
Getreide, Futter- und Düngemitteln, Tieren	11,1	72 047,6	2,5	22,8	14 362,7	19,9
technischen Chemikalien, Rohdrogen, Kautschuk	1,1	14 220,2	0,1	9,3	729,2	5,1
festen Brennstoffen, Mineralölerzeugnissen	2,0	93 879,2	0,4	17,5	11 593,2	12,3
Erzen, Stahl, NE-Metallen usw.	2,5	62 677,9	0,3	12,5	3 392,9	5,4
Holz, Baustoffen, Installationsbedarf	12,5	76 504,4	2,2	17,6	10 824,9	14,1
Altmaterial, Reststoffen	4,2	10 130,6	0,7	16,1	1 643,8	16,2
Nahrungsmitteln, Getränken, Tabakwaren	19,0	237 200,5	3,0	15,7	27 224,6	11,5
Textilien, Bekleidung, Schuhen, Lederwaren	9,1	37 874,9	1,8	20,2	6 463,0	17,1
Metallwaren, Einrichtungsgegenständen	15,8	115 401,3	3,1	19,7	25 567,7	22,6
feinmechanischen und optischen Erzeugnissen, Schmuck	4,2	16 829,1	0,9	21,2	3 332,2	19,8
Fahrzeugen, Maschinen, technischem Bedarf	22,0	142 256,7	4,4	20,0	19 625,2	13,8
pharmazeutischen, kosmetischen u. ä. Erzeugnissen	4,2	42 948,5	0,9	20,5	4 683,3	10,9
Papier, Druckerzeugnissen, Waren verschiedener Art	8,6	77 243,6	1,6	18,6	7 676,1	9,9
Großhandel insgesamt	117,4	1 005,4	22,1	18,8	137 976,7	13,7
Handel insgesamt	589,1	1 690,2	117,8	20,0	252 063,0	14,9

Quelle: Statistisches Bundesamt (Hrsg.): Fachserie 14: Finanzen und Steuern, Reihe 8: Umsatzsteuern, (Verlag Metzler Poeschel) Stuttgart 1992, S. 168, S. 173; eigene Berechnungen.

V. Die Ergebnisse der laufenden Großhandelsberichterstattung

Den aktuellsten Überblick über die Entwicklung des Umsatzes und der Beschäftigten gibt die laufende Großhandelsberichterstattung. Demnach hat der Umsatz des Großhandels in Bayern im Jahre 1991 gegenüber 1986 um 35,0 % zu jeweiligen und 32,4 % zu konstanten Preisen zugenommen.

Tabelle 2.19: Die Entwicklung des Umsatzes im bayerischen Großhandel nach Wirtschaftszweigen von 1989 bis 1991

Großhandel mit ...	1986 = 100,0					
	1989		1990		1991	
	zu jeweiligen Preisen	zu Preisen von 1985	zu jeweiligen Preisen	zu Preisen von 1985	zu jeweiligen Preisen	zu Preisen von 1985
Getreide, Futter- und Düngemitteln, Tieren	104,3	108,1	100,0	108,4	99,4	109,6
textilen Rohstoffen und Halbwaren, Häuten usw.	118,2	110,0	111,0	118,9	100,0	144,7
technischen Chemikalien, Rohdrogen, Kautschuk	131,7	129,0	125,4	125,8	139,3	138,6
festen Brennstoffen, Mineralölerzeugnissen	98,7	98,8	111,6	106,3	159,7	145,7
Erzen, Stahl, NE-Metallen usw.	123,2	111,7	122,5	114,3	120,5	117,1
Holz, Baustoffen, Installationsbedarf	116,8	111,0	130,0	118,7	148,2	130,1
Altmaterial, Reststoffen	173,5	129,5	162,2	174,6	152,6	230,3
Rohstoffen und Halbwaren	111,3	106,5	116,7	113,3	135,7	135,5
Nahrungsmitteln, Getränken, Tabakwaren	105,3	105,8	114,8	113,5	124,2	119,6
Textilien, Bekleidung, Schuhen, Lederwaren	93,3	91,3	102,3	99,4	113,0	107,7
Metallwaren, Einrichtungsgegenständen	116,0	114,5	132,2	128,6	141,6	133,8
feinmechanischen und optischen Erzeugnissen, Schmuck, Spielwaren, Sportartikeln	110,4	110,7	121,9	119,8	128,3	123,0
Fahrzeugen, Fahrzeugteilen, -zubehör und -reifen	117,5	123,7	130,6	135,9	148,4	153,4
pharmazeutischen, kosmetischen u. ä. Erzeugnissen	116,8	110,7	134,3	128,0	159,9	150,1
Papier, Druckerzeugnissen, Waren verschiedener Art	112,8	109,4	122,6	118,1	130,4	123,5
Fertigwaren	110,7	111,0	122,6	121,5	134,6	130,8
Großhandel insgesamt	110,9	109,4	120,8	118,6	135,0	132,4

Quelle: Bayerisches Landesamt für Statistik und Datenverarbeitung (Hrsg.): Beschäftigte und Umsatz im bayerischen Großhandel, H. GI2-j91, München 1993, S. 6-9.

Zu konstanten Preisen hat sich insbesondere der Großhandel mit Altmaterial und Reststoffen mit + 130 % stark expansiv entwickelt. Vergleichsweise schwache Entwicklungen ergaben sich hingegen für den Großhandel mit Textilien, Bekleidung, Schuhen und Lederwaren sowie im Großhandel mit Getreide, Futter- und Düngemitteln und Tieren.

Eine Analyse der Entwicklung des Umsatzes der bayerischen Großhandelsunternehmen von 1986 bis 1991 zu jeweiligen Preisen relativiert insbesondere die überdurchschnittliche Entwicklung des Großhandels mit Altmaterial und Reststoffen sowie mit textilen Rohstoffen und Halbwaren, Häuten etc. In diesen Branchen ergaben sich durch einen insgesamt zu verzeichnenden Preisrückgang geringere Zuwächse als zu Preisen von 1985.

Tabelle 2.20: Die Entwicklung der Beschäftigten im bayerischen Großhandel nach Wirtschaftszweigen von 1989 bis 1991

Großhandel mit ...	1986 = 100,0					
	1989		1990		1991	
	insgesamt	Teilzeitbeschäftigte	insgesamt	Teilzeitbeschäftigte	insgesamt	Teilzeitbeschäftigte
Getreide, Futter- und Düngemitteln, Tieren	96,8	101,1	92,4	90,6	86,6	83,6
textilen Rohstoffen und Halbwaren, Häuten usw.	108,3	110,2	109,4	98,4	107,8	105,7
technischen Chemikalien, Rohdrogen, Kautschuk	118,0	97,8	119,6	94,1	131,6	128,9
festen Brennstoffen, Mineralölerzeugnissen	86,9	100,1	87,1	103,7	107,9	127,2
Erzen, Stahl, NE-Metallen usw.	103,5	102,1	111,3	120,1	112,6	140,3
Holz, Baustoffen, Installationsbedarf	103,9	119,5	110,1	129,0	118,5	152,4
Altmaterial, Reststoffen	107,8	139,2	111,7	139,6	113,7	96,6
Rohstoffen und Halbwaren	101,6	108,4	105,0	108,4	110,5	115,7
Nahrungsmitteln, Getränken, Tabakwaren	90,2	94,3	95,1	106,1	105,7	130,2
Textilien, Bekleidung, Schuhen, Lederwaren	90,5	105,5	88,1	103,3	91,6	115,3
Metallwaren, Einrichtungsgegenständen	104,5	114,6	110,3	124,1	115,9	139,1
feinmechanischen und optischen Erzeugnissen, Schmuck, Spielwaren, Sportartikeln	99,8	104,8	108,5	124,5	110,5	137,6
Fahrzeugen, Fahrzeugteilen, -zubehör und -reifen	114,2	135,6	117,9	133,4	124,7	141,8
pharmazeutischen, kosmetischen u. ä. Erzeugnissen	105,1	107,8	112,7	116,1	128,1	134,9
Papier, Druckerzeugnissen, Waren verschiedener Art	107,3	117,1	111,1	122,1	115,8	131,3
Fertigwaren	102,8	110,7	107,2	116,9	114,3	132,7
Großhandel insgesamt	102,5	109,7	106,7	115,1	113,5	129,0

Quelle: Bayerisches Landesamt für Statistik und Datenverarbeitung (Hrsg.): Beschäftigte und Umsatz im bayerischen Großhandel, H. GI2-j91, München 1993, S. 6-9.

E. Die Regionalstruktur des Großhandels in Bayern

Für die Regionalpolitik hat eine Analyse der Regionalstruktur des Großhandels Relevanz. Daher werden in diesem Abschnitt die Arbeitsstätten und die Beschäftigten im bayerischen Großhandel nach Regierungsbezirken sowie Kreisen und kreisfreien Städten dargestellt. Grundlage für die Anzahl der Arbeitsstätten und die Anzahl der Beschäftigten sind die Ergebnisse der Arbeitsstättenzählung aus dem Jahre 1987.

Auf dieser Basis wurden drei Quotienten errechnet und für die Regierungsbezirke, Kreise und kreisfreien Städte ausgewiesen:

1. der Beschäftigungsquotient insgesamt, der die Gesamtzahl der Beschäftigten in Relation zur Anzahl der Einwohner des jeweiligen Gebietes setzt,
2. der Beschäftigungsquotient Großhandel, der die Anzahl der Beschäftigten im Großhandel in Relation zur Anzahl der Einwohner des jeweiligen Gebietes setzt,
3. der anteilige Beschäftigungsquotient des Großhandels, der die Anzahl der Beschäftigten im Großhandel in Relation zu der Anzahl der Beschäftigten insgesamt in der jeweiligen Region setzt.

Die Ergebnisse im Überblick

Der durchschnittliche Beschäftigungsgrad in Bayern betrug im Jahre 1987 rd. 43,7 %. Überdurchschnittliche Beschäftigungsanteile ergaben sich mit jeweils gut 47 % in Oberbayern und in Mittelfranken, vergleichsweise niedrige Anteile der Erwerbstätigen finden sich in Niederbayern (37,6 %) und der Oberpfalz (39,1 %).

Der Anteil der Beschäftigten des Großhandels an der Bevölkerung erreichte in Bayern im Jahre 1987 insgesamt 1,9 %. Wie auch bei dem Beschäftigungsgrad über alle Wirtschaftsbereiche ergaben sich auch bei den Beschäftigten im Großhandel überdurchschnittliche Anteile in Oberbayern (2,4 %) und in Mittelfranken (2,1 %).

Bei einem durchschnittlichen Anteil der Beschäftigten im Großhandel an der Gesamtzahl der Beschäftigten von 4,2 % für Bayern weisen die Regierungsbezirke Oberbayern (5,1 %) und Mittelfranken (5,5 %) überdurchschnittlich hohe Beschäftigtenanteile im Großhandel auf. Der geringste Anteil der im Großhandel Beschäftigten an der Gesamtzahl der Beschäftigten ergibt sich in der Oberpfalz (3,0 %) und in Oberfranken (3,1 %).

Die Einzelergebnisse

Die Einzelergebnisse nach Regierungsbezirken, Kreisen und kreisfreien Städten Bayerns sind im Anhang aufgeführt.

Tabelle 2.21: Die Grunddaten über den Großhandel in den Regierungsbezirken Bayerns nach der Arbeitsstättenzählung von 1987

Gebiet	Einwohner 1990	Arbeitsstätten			Beschäftigte	
		insgesamt	einzige Niederlassung	Zweigniederlassung	insgesamt	weiblich
1 Oberbayern	3 801 448	9 836	7 308	1 810	92 005	33 543
2 Niederbayern	1 078 110	1 872	1 413	341	13 894	4 320
3 Oberpfalz	1 008 999	1 612	1 164	345	11 715	3 672
4 Oberfranken	1 074 867	1 846	1 382	318	14 382	4 454
5 Mittelfranken	1 598 869	3 665	2 655	776	33 353	11 609
6 Unterfranken	1 258 997	2 170	1 595	395	19 819	6 614
7 Schwaben	1 627 533	3 264	2 420	618	26 700	9 238
Bayern insgesamt	11 448 823	24 265	17 937	4 603	211 868	73 450

Quelle: Bayerisches Landesamt für Statistik und Datenverarbeitung (Hrsg.): Arbeitsstätten in den Regierungsbezirken, kreisfreien Städten und Landkreisen Bayerns - Ergebnisse der nichtlandwirtschaftlichen Arbeitsstättenzählung am 25. Mai 1987, Heft 499 der Beiträge zur Statistik Bayerns, München 1990, S. 2-143; Angaben des Bayerischen Landesamtes für Statistik und Datenverarbeitung; eigene Berechnungen.

Tabelle 2.22: Die Kennzahlen über den Großhandel in den Regierungsbezirken Bayerns nach der Arbeitsstättenzählung von 1987

Gebiet	Beschäftigungsquotient insgesamt[1]	Beschäftigungsquotient Großhandel[2]	Anteil Beschäftigungsquotient Großhandel[3]
1 Oberbayern	0,474	0,024	5,1
2 Niederbayern	0,376	0,013	3,4
3 Oberpfalz	0,391	0,012	3,0
4 Oberfranken	0,430	0,013	3,1
5 Mittelfranken	0,470	0,021	4,4
6 Unterfranken	0,408	0,016	3,9
7 Schwaben	0,415	0,016	4,0
Bayern insgesamt	0,437	0,019	4,2

1) Beschäftigte : Einwohner.
2) Beschäftigte im Großhandel : Einwohner.
3) Beschäftige im Großhandel : Beschäftigte insgesamt.

Quelle: Bayerisches Landesamt für Statistik und Datenverarbeitung (Hrsg.): Arbeitsstätten in den Regierungsbezirken, kreisfreien Städten und Landkreisen Bayerns - Ergebnisse der nichtlandwirtschaftlichen Arbeitsstättenzählung am 25. Mai 1987, Heft 499 der Beiträge zur Statistik Bayerns, München 1990, S. 2-143; Angaben des Bayerischen Landesamtes für Statistik und Datenverarbeitung; eigene Berechnungen.

Drittes Kapitel

Empirische Befunde zu ausgewählten Branchen des Konsumgütergroßhandels und des Produktionsverbindungshandels mit segmentspezifischen Struktur- und Leistungsprofilen

A. Die Erhebungsgrundlagen

Zur Ermittlung des derzeitigen und künftigen Leistungsprofils und Strukturbildes des Großhandels in Bayern, insbesondere mit dem Schwerpunkt der Dienstleistungen, wurde eine persönliche Befragung von Inhabern bzw. Vertretern der Geschäftsleitung von Großhandelsunternehmen in Bayern im Frühjahr und Sommer 1993 durchgeführt. Außer den in Bayern ansässigen Unternehmen wurden einige Großhändler in angrenzenden Regionen von Baden-Württemberg einbezogen.

Im Rahmen der Befragung wurden unterschieden:

- Muß-Interviewpartner, die wegen ihrer Bedeutung für die jeweilige Branche unbedingt in die Analyse eingebunden werden sollten,
- Kann-Interviewpartner, von denen eine Auswahl zur Absicherung der Repräsentanz in die Analyse einbezogen wurde.

Der Landesverband des Bayerischen Groß- und Außenhandels stellte Adressen und Ansprechpartner der Muß-Interviewpartner zur Verfügung und hat in einem Schreiben an die Mitglieder, die für die Befragung ausgewählt wurden, um kooperative Unterstützung geworben. In Baden-Württemberg wurden die Unternehmen mit separatem Anschreiben des Landesverbandes informiert und um Kooperation gebeten.

Insgesamt wurden in die Erhebung 118 Unternehmen aus 22 Branchen einbezogen. Das Befragtenprofil des Projektes nach Branchen und Teilbereichen läßt sich wie folgt zusammenfassen:

Großhandel mit ...	Anzahl der Befragten	Großhandel mit ...	Anzahl der Befragten
technischen Chemikalien	3	Heimbedarf, Farben, Bodenbelägen	4
Mineralölerzeugnissen, Schmierstoffen	4	Hotelausstattern	2
Stahl	7	Pharmazeutika	2
Maschinen und Werkzeugen	9	Dentalbedarf	2
technischem Bedarf	9	medizinischem Bedarf	2
Baustoffen	7	Papier	4
Elektro	10	Verpackung	2
Sanitär, Heizung	7	Druckerzeugnissen	4
Altmaterial, Rest- und Wertstoffen	7	Software	2
Nahrungsmitteln	20	Verlagserzeugnissen	3
Textilien, Bekleidung	4	Landwaren (Landmaschinen)	4

Bei der Darstellung der Ergebnisse nach der Branchenzugehörigkeit wurde eine Aggregation der Branchen vorgenommen:

Großhandel mit ...	Anzahl der Befragten
Rohstoffen, Rest- und Wertstoffen	21
technischem Bedarf, Maschinen und Werkzeugen	54
Nahrungsmitteln	20
Textilien und Hausbedarf	10
Papier, Druckerzeugnissen und Verpackung	13
insgesamt	118

Wegen des großen Spektrums der Stichprobe wurden die befragten Unternehmen nach dem Kriterium "Umsatzleistung des Unternehmens im Jahre 1992" in die folgenden drei Klassen eingeteilt:

Jahresumsatz 1992	Anzahl der Befragten
unter 50 Mill. DM	46
zwischen 50 und 250 Mill. DM	45
über 250 Mill. DM	27
insgesamt	118

Um die Struktur und das Funktionsprofil des Großhandels im Verhältnis zur Kundenstruktur analysieren zu können, wurden die Befragten nach Hauptkundengruppen differenziert. Hauptkundengruppe wurde die Abnehmergruppe, die mehr als 50 % des Umsatzes des jeweiligen befragten Unternehmens repräsentiert. Dabei wurden die folgenden Abnehmergruppen des Großhandels unterschieden:

Kundengruppe	Anzahl der Befragten
Handwerk	40
Groß- und Einzelhandel	34
Industrie	20
sonstige Institutionen, insbesondere der öffentlichen Hand	4
Befragte mit Schwerpunktabnehmergruppe insgesamt	98
Befragte ohne Schwerpunktabnehmergruppe	20
Befragte insgesamt	118

Die Befragten hatten die folgenden Funktionen:

Befragte	Anzahl	Befragte	Anzahl
Geschäftsführer	68	pers. haftender Gesellschafter	2
Inhaber	13	Öffentlichkeitsarbeit	2
Niederlassungsleiter	12	Beiratsmitglied	1
Vertriebsleiter, Prokurist	6	Objektbearbeitung/Preise, EDV	1
geschäftsführender Inhaber	4	ehemaliger Geschäftsführer	1
Verkaufsleiter	4	Einkaufsleiter	1
kfm. Leiter	3		

Zur Bedeutung und Intensität der Funktionen

Ein wesentliches Ziel der Erhebung im bayerischen Großhandel war die Analyse des Einschaltungsgrades und die Intensität der Erfüllung in ausgewählten großhandelsgemeinen und großhandelsaffinen Funktionen. Die Befragten antworteten nach den spezifisch vorgegebenen Funktionsbereichen auf einer Fünferskala von

- 1 = sehr intensiv,
- 2 = intensiv,
- 3 = durchschnittlich intensiv,
- 4 = wenig intensiv,
- 5 = nicht intensiv.

Wenn eine Funktion von dem befragten Unternehmen nicht wahrgenommen wurde, erfuhr dieses Merkmal keine Berücksichtigung im Mittelwert.

Im allgemeinen haben große Unternehmen ein weitaus besseres und tieferes Funktionsspektrum als kleine Unternehmen. Anhand spezieller Einzelauswertungen wurde deutlich, daß die einfachen differenzierten Mittelwerte höher sind und damit eine geringere

Funktionsintensität ausweisen als umsatzgewogene arithmetische Mittelwerte. Mittelwerte mit Antworten zwischen 3 und 4 bringen ohne Berücksichtigung der Unternehmensgröße eine beachtliche Einschaltung des bayerischen Großhandels in die jeweilige Funktion zum Ausdruck.

In einem weiteren Befragungspaket wurde unabhängig von der aktuellen - auf das Erhebungsjahr 1992 bezogenen - Einschaltung und Wahrnehmung der Großhandelsfunktionen deren Bedeutung aus der Sicht der Befragten ermittelt. Dabei zeigen sich mehrere denkbare Alternativen:

Merkmal		Bedeutung		
		hoch	mittel	niedrig
Einschaltung und Intensität der Erfüllung	hoch			
	mittel			
	niedrig			

Der Handlungsbedarf

Es spricht zwar wenig dafür, daß eine hohe Intensität der Erfüllung mit einer geringen Bedeutung korreliert. Aber es zeigt sich sehr deutlich, daß beachtliche Abweichungen zwischen Bedeutung und Erfüllung einer Funktion bestehen können. Dabei gibt es - vereinfacht - folgende Fälle:

Differenzkriterium	Differenzmaß	Differenzbewertung
Bedeutung im Verhältnis zur Intensität der Erfüllung	viel höher	hoher aktiver Handlungsbedarf
	höher	aktiver Handlungsbedarf
	gleich	kein Handlungsbedarf
	niedriger	potentieller reduzierender Handlungsbedarf
	viel niedriger	potentieller hoher reduzierender Handlungsbedarf

Der Zeitvergleich

Die Bedeutung der einzelnen Funktionen wird jeweils für drei Zeitpunkte gemessen, um einen Zeitvergleich vornehmen zu können:

- 1987 als Zeitpunkt der Vergangenheit,
- 1992 als Zeitpunkt der Erhebungsnähe,
- 1997 als annähernd gut überschaubarer künftiger Zeitpunkt.

Aus der Analyse der Bedeutung im Zeitvergleich läßt sich nachweisen, wie sich das Funktionsgefüge im Großhandel geändert hat und in Zukunft voraussichtlich ändern wird. Auch hier seien die theoretischen Alternativen kurz skizziert:

Bewertung		Bedeutung zu einem Zeitpunkt in der Zukunft		
		höher	gleich	niedriger
Bedeutung zu einem Zeitpunkt in der Vergangenheit	niedriger	╱	╱‾	╱╲
	gleich	╱	──	╲
	höher	╲╱	╲	╲

B. Ausgewählte Strukturkennzahlen des Großhandels

I. Die Umsatzverteilung auf Vertriebstypen

Der dominierende Vertriebstyp der beteiligten Großhandelsunternehmen war im Jahre 1992 mit rd. 72 % Umsatzanteil der Zustellgroßhandel. Auf den Abholgroßhandel und den Streckengroßhandel entfielen im Jahre 1992 jeweils rd. 13 %.

Die befragten Großhandelsunternehmen erwarten für die künftige Entwicklung eine weitere Zunahme des Umsatzanteils des Zustellgroßhandels zu Lasten des Abholgroßhandels. Der Anteil des Streckengroßhandels wird sich nach Ansicht der Befragten auch künftig auf dem Niveau von 1992 bewegen.

Die Auswertung nach der Branchenzugehörigkeit

Eine unterdurchschnittliche Bedeutung hat der Zustellgroßhandel im Großhandel mit Rohstoffen (58,3 %) sowie Textilien und Hausbedarf (61,7 %). Der Streckengroßhandel erreicht einen Umsatzanteil von rd. 29,3 % im Großhandel mit Rohstoffen und der Abholgroßhandel von rd. 34,7 % im Großhandel mit Textilien und Hausbedarf.

Tabelle 3.1: Die Entwicklung des Großhandelsumsatzes nach Branchen und Vertriebstypen in Bayern von 1987 bis 1997 - Mittelwerte in % -

Vertriebstyp	Großhandel mit ...					
	Rohstoffen	technischem Bedarf	Nahrungsmitteln	Textilien und Hausbedarf	Papier und Verpackung	insgesamt
1987						
- Zustellgroßhandel	61,33	75,17	80,89	58,89	67,67	71,49
- Abholgroßhandel	12,44	13,23	9,33	40,33	5,08	13,83
- Streckengroßhandel	26,17	10,89	9,50	0,78	23,75	13,90
1992						
- Zustellgroßhandel	58,30	76,00	83,11	61,67	71,42	72,20
- Abholgroßhandel	12,65	12,73	9,17	37,56	4,83	13,31
- Streckengroßhandel	29,05	10,94	7,44	0,78	23,58	14,27
Perspektive 1997						
- Zustellgroßhandel	58,65	75,25	87,88	64,38	72,33	72,97
- Abholgroßhandel	12,00	12,85	6,71	34,75	4,17	12,37
- Streckengroßhandel	29,35	11,33	4,94	0,88	23,33	14,30

Die Auswertung nach der Kundenstruktur

Mit einem Umsatzanteil von rd. 61,4 % hat der Zustellgroßhandel in den Großhandelsunternehmen, die überwiegend die Industrie beliefern, eine unterdurchschnittliche Bedeutung, der Streckengroßhandel mit rd. 29,4 % eine überdurchschnittliche Bedeutung.

In den überwiegend das Handwerk bedienenden Großhandelsunternehmen hat der Abholgroßhandel mit einem Umsatzanteil von 16,0 % einen um rd. drei Prozentpunkte höheren Anteil als der Durchschnitt der befragten Unternehmen. Die kundengruppenspezifische Ausrichtung auf geringe Mengen und häufige Anforderungen der Kunden, insbesondere der kleinen Handwerks-, Einzelhandels- und Dienstleistungsbetriebe, führt zu hohen Abholanteilen und oft auch zu Niederlassungen und Stützpunkten in Kundennähe.

Tabelle 3.2: Die Entwicklung des Großhandelsumsatzes nach der Kundenstruktur und nach Vertriebstypen in Bayern von 1987 bis 1997 - Mittelwerte in % -

Vertriebstyp	Hauptabnehmergruppe				insgesamt
	Handwerk	Groß- und Einzelhandel	Industrie	sonstige	
1987					
- Zustellgroßhandel	67,82	77,15	65,65	69,82	71,49
- Abholgroßhandel	16,67	13,88	8,29	13,94	13,83
- Streckengroßhandel	14,61	8,82	25,94	13,65	13,90
1992					
- Zustellgroßhandel	68,62	78,76	61,44	74,06	72,20
- Abholgroßhandel	16,00	13,03	9,06	13,11	13,31
- Streckengroßhandel	15,00	8,06	29,39	12,67	14,27
Perspektive 1997					
- Zustellgroßhandel	68,82	80,41	62,00	73,12	72,97
- Abholgroßhandel	14,70	12,76	8,44	13,29	12,37
- Streckengroßhandel	15,73	6,59	29,44	13,47	14,30

Die Auswertung nach der Unternehmensgröße

Bei einer Analyse der Vertriebstypen nach der Umsatzgröße zeigen sich mit zunehmender Bedeutung der Unternehmen eine klare Zunahme des Umsatzanteils des Zustellgroßhandels und ein Rückgang des Anteils des Abholgroßhandels.

Tabelle 3.3: Die Entwicklung des Großhandelsumsatzes nach Unternehmensgröße und nach Vertriebstypen in Bayern von 1987 bis 1997 - Mittelwerte in % -

Vertriebstyp	Unternehmensumsatz			insgesamt
	bis 50 Mill. DM	bis 250 Mill. DM	250 Mill. DM und mehr	
1987				
- Zustellgroßhandel	70,03	70,54	75,74	71,49
- Abholgroßhandel	18,05	12,22	9,35	13,83
- Streckengroßhandel	10,80	16,44	14,78	13,90
1992				
- Zustellgroßhandel	69,91	71,05	78,29	72,20
- Abholgroßhandel	17,07	12,20	8,50	13,31
- Streckengroßhandel	12,91	16,37	13,13	14,27
Perspektive 1997				
- Zustellgroßhandel	70,93	70,95	79,83	72,97
- Abholgroßhandel	15,51	11,90	7,79	12,37
- Streckengroßhandel	13,44	16,40	12,29	14,30

So betrug der Umsatzanteil des Abholgroßhandels der Unternehmen mit einem Jahresumsatz unter 50 Mill. DM im Jahre 1992 rd. 17,1 %, bei den Unternehmen mit mehr als 250 Mill. DM Jahresumsatz nur noch rd. 8,5 %.

II. Die regionale Umsatzverteilung

Die Gesamtauswertung

Die befragten Unternehmen realisierten im Jahre 1992 gut zwei Drittel des Umsatzes (67,6 %) in Bayern, rd. 23,5 % in den übrigen alten Bundesländern, knapp 5 % in den neuen Bundesländern und knapp 4 % im Ausland.

Für die Zukunft wird ein Rückgang des in Bayern realisierten Umsatzanteils um rd. zwei Prozentpunkte erwartet. Zunehmen wird hingegen die Bedeutung der neuen Bundesländer (7,2 %) und des Auslandes (5,0 %). Jedoch sind die Erwartungen über die Veränderungen eher gering.

Die Auswertung nach der Branchenzugehörigkeit

Die Exportorientierung war im Großhandel mit Rohstoffen im Jahre 1992 mit einem Umsatzanteil von 12,2 % am größten. Stark regional orientiert sind hingegen die Unternehmen des Großhandels mit technischem Bedarf und mit Nahrungsmitteln, die im Jahre 1992 jeweils rd. 72 % des Umsatzes in Bayern realisierten. Das stärkste Engagement in den neuen Bundesländern ergab sich mit einem durchschnittlichen Umsatzanteil von rd. 6,3 % im Großhandel mit technischem Bedarf (vgl. Tabelle 3.4).

Die Auswertung nach der Kundenstruktur

Die größte Bedeutung hat Bayern als Absatzgebiet für die befragten Unternehmen, die überwiegend das Handwerk beliefern. Diese Unternehmen tätigten im Jahre 1992 rd. 79,6 % des Umsatzes in Bayern, sind jedoch auch vergleichsweise stark in den neuen Bundesländern engagiert (6,7 %).

Die Exportorientierung ist mit 13,8 % Umsatzanteil bei den Unternehmen am größten, die schwerpunktmäßig die Industrie beliefern. Bayern hat als Absatzgebiet für diese Unternehmen mit 49,2 % Umsatzanteil eine unterdurchschnittliche Bedeutung, die übrigen Bundesländer haben mit 34,0 % aber eine deutlich überdurchschnittliche Bedeutung (vgl. Tabelle 3.5).

Tabelle 3.4: Die Entwicklung des Großhandelsumsatzes nach Absatzgebieten und Branchen in Bayern von 1987 bis 1997 - Mittelwerte in % -

Absatzgebiet	Großhandel mit ...					
	Rohstoffen	technischem Bedarf	Nahrungsmitteln	Textilien und Hausbedarf	Papier und Verpackung	insgesamt
1987						
- Bayern	65,39	77,92	78,33	66,25	52,42	71,91
- sonstige alte Bundesländer	21,56	21,46	17,67	33,50	46,58	24,79
- neue Bundesländer	0,28	0,40	-	0,25	-	0,26
- Ausland	12,78	0,22	4,00	-	1,08	3,05
1992						
- Bayern	63,86	72,78	72,28	63,50	49,17	67,62
- sonstige alte Bundesländer	20,05	20,38	18,33	30,80	44,08	23,49
- neue Bundesländer	3,90	6,34	3,17	4,20	3,75	4,89
- Ausland	12,19	0,50	6,11	1,50	2,83	3,96
Perspektive 1997						
- Bayern	61,95	69,08	68,68	62,22	52,73	65,52
- sonstige alte Bundesländer	19,58	19,72	20,16	27,22	37,45	22,20
- neue Bundesländer	6,42	9,48	3,42	6,11	5,82	7,22
- Ausland	12,05	1,66	7,63	4,44	4,00	5,01

Tabelle 3.5: Die Entwicklung des Großhandelsumsatzes nach Absatzgebieten und nach der Kundenstruktur in Bayern von 1987 bis 1997 - Mittelwerte in % -

Absatzgebiet	Hauptabnehmergruppe				insgesamt
	Handwerk	Groß- und Einzelhandel	Industrie	sonstige	
1987					
- Bayern	86,18	66,30	50,67	70,00	71,91
- sonstige alte Bundesländer	13,68	30,93	35,28	29,56	24,79
- neue Bundesländer	-	0,81	0,28	-	0,26
- Ausland	0,13	1,96	13,83	0,44	3,05
1992					
- Bayern	79,65	66,25	49,20	63,61	67,62
- sonstige alte Bundesländer	13,08	27,31	34,00	26,61	23,49
- neue Bundesländer	6,73	3,63	3,05	6,50	4,89
- Ausland	0,54	2,75	13,80	3,11	3,96
Perspektive 1997					
- Bayern	77,70	65,26	48,95	55,76	65,52
- sonstige alte Bundesländer	10,62	26,58	32,11	28,29	22,20
- neue Bundesländer	9,65	4,23	5,26	11,29	7,22
- Ausland	1,95	3,87	13,68	4,65	5,01

Die Auswertung nach der Unternehmensgröße

Wie zu erwarten, ist grundsätzlich die regionale Orientierung bei den kleinen Unternehmen stärker ausgeprägt als bei den großen Unternehmen, bei der interregionalen und internationalen Orientierung haben die größeren Unternehmen ein stärkeres Gewicht.

Die mittleren Unternehmen mit einem Jahresumsatz zwischen 50 und 250 Mill. DM hatten die vergleichsweise geringsten Exportanteile (2,5 %), erzielten aber überdurchschnittliche Umsatzanteile in Bayern (71,3 %) und in den neuen Bundesländern (6,8 %).

Tabelle 3.6: Die Entwicklung des Großhandelsumsatzes nach Absatzgebieten und nach der Unternehmensgröße in Bayern von 1987 bis 1997 - Mittelwerte in % -

Absatzgebiet	Unternehmensumsatz			insgesamt
	bis 50 Mill. DM	bis 250 Mill. DM	250 Mill. DM und mehr	
1987				
- Bayern	70,87	76,26	64,95	71,91
- sonstige alte Bundesländer	24,69	21,63	31,43	24,79
- neue Bundesländer	0,56	-	0,24	0,26
- Ausland	3,90	2,12	3,38	3,05
1992				
- Bayern	67,59	71,27	60,23	67,62
- sonstige alte Bundesländer	24,43	19,42	29,91	23,49
- neue Bundesländer	3,16	6,80	4,45	4,89
- Ausland	4,80	2,51	5,27	3,96
Perspektive 1997				
- Bayern	66,15	67,36	60,83	65,52
- sonstige alte Bundesländer	23,23	18,98	26,74	22,20
- neue Bundesländer	4,72	9,91	6,30	7,22
- Ausland	5,85	3,69	6,13	5,01

III. Die Umsatzstruktur nach der Kundenbedeutung

Die Gesamtauswertung

Im Durchschnitt über alle befragten Großhandelsunternehmen betrug der Umsatzanteil des jeweils größten Kunden im Jahre 1992 rd. 7,1 %, auf die drei größten Kunden entfielen kumuliert 12,6 %. Die zehn größten Kunden hatten im Jahre 1992 im Durchschnitt einen Umsatzanteil von insgesamt 21,2 %.

Die Befragten erwarten nicht, daß sich die Bedeutung des größten bzw. der drei größten Kunden weiterhin erhöhen wird. Vielmehr wird insgesamt mit einem leichten Bedeutungsrückgang dieser Hauptkunden gerechnet; die Umsatzanteile der 20 bzw. der 50 größten Kunden werden sich hingegen kumuliert leicht erhöhen.

Die Auswertung nach der Branchenzugehörigkeit

Eine überdurchschnittliche Umsatzbedeutung hat der jeweils größte Kunde mit einem Umsatzanteil von jeweils 11 % bei den Großhandelsunternehmen mit Rohstoffen und Nahrungsmitteln. Unterdurchschnittliche Umsatzanteile des größten Kunden ergeben sich hingegen im Großhandel mit Textilien und Hausbedarf (3,2 %), mit Papier und Verpackung (4,7 %) und im Großhandel mit technischem Bedarf (5,4 %).

Daraus lassen sich branchenspezifische unterschiedliche Gegebenheiten der Kundenkonzentration erkennen.

Tabelle 3.7: Die Entwicklung des Großhandelsumsatzes nach der Kundenbedeutung und nach Branchen in Bayern von 1987 bis 1997 - Mittelwerte in % -

Kundenbedeutung	Großhandel mit ...					
	Rohstoffen	technischem Bedarf	Nahrungsmitteln	Textilien und Hausbedarf	Papier und Verpackung	insgesamt
1987						
- der größte Kunde	7,38	5,46	8,00	3,25	4,58	5,85
- die drei größten Kunden	14,50	10,49	14,20	6,88	9,00	11,23
- die zehn größten Kunden	26,36	18,66	20,23	10,83	18,09	19,54
- die 50 größten Kunden	52,20	28,11	46,80	19,00	20,00	33,24
1992						
- der größte Kunde	10,65	5,40	11,00	3,20	4,75	7,05
- die drei größten Kunden	18,75	10,00	18,17	6,90	9,42	12,63
- die zehn größten Kunden	33,00	17,57	26,73	9,63	19,18	21,25
- die 50 größten Kunden	56,83	28,11	50,80	16,50	20,00	34,91
Perspektive 1997						
- der größte Kunde	11,00	5,07	10,93	3,75	4,75	6,93
- die drei größten Kunden	19,95	9,82	18,33	7,75	9,42	12,84
- die zehn größten Kunden	33,44	16,38	25,85	10,00	19,18	20,95
- die 50 größten Kunden	56,83	30,17	54,00	15,25	25,00	36,47

Die Auswertung nach der Kundenstruktur

Die Umsatzkonzentration auf den größten Kunden ist bei den Großhandelsunternehmen am stärksten ausgeprägt, die schwerpunktmäßig die Industrie (11,6 %) und den Groß- bzw. Einzelhandel (9,7 %) beliefern. Bei den Großhandelsunternehmen, die überwiegend das Handwerk beliefern, hat der jeweils größte Kunde mit einem durchschnittlichen Umsatzanteil von rd. 3,1 % eine vergleichsweise geringe Bedeutung.

Tabelle 3.8: Die Entwicklung des Großhandelsumsatzes nach der Kundenbedeutung und nach der Kundenstruktur in Bayern von 1987 bis 1997 - Mittelwerte in % -

Kundenbedeutung	Hauptabnehmergruppe				insgesamt
	Handwerk	Groß- und Einzelhandel	Industrie	sonstige	
1987					
- der größte Kunde	3,22	8,93	8,31	3,92	5,85
- die drei größten Kunden	7,05	16,57	16,19	6,38	11,23
- die zehn größten Kunden	17,15	21,17	31,15	12,33	19,54
- die 50 größten Kunden	28,93	38,13	56,50	22,00	33,24
1992					
- der größte Kunde	3,13	9,66	11,58	4,86	7,05
- die drei größten Kunden	6,46	17,16	20,37	7,73	12,63
- die zehn größten Kunden	15,46	22,60	38,64	14,73	21,25
- die 50 größten Kunden	27,93	40,63	57,75	31,67	34,91
Perspektive 1997					
- der größte Kunde	3,08	10,07	11,56	5,23	6,93
- die drei größten Kunden	6,11	18,78	21,17	9,21	12,84
- die zehn größten Kunden	13,67	24,27	21,17	9,21	20,95
- die 50 größten Kunden	29,93	41,50	56,50	34,17	36,47

Die Auswertung nach der Unternehmensgröße

Bei der Betrachtung nach Umsatzgrößenklassen ergibt sich ein uneinheitliches Bild.

Tabelle 3.9: Die Entwicklung des Großhandelsumsatzes nach der Kundenbedeutung und nach der Unternehmensgröße in Bayern von 1987 bis 1997 - Mittelwerte in % -

Kundenbedeutung	Unternehmensumsatz			insgesamt
	bis 50 Mill. DM	bis 250 Mill. DM	250 Mill. DM und mehr	
1987				
- der größte Kunde	8,00	4,00	5,22	5,85
- die drei größten Kunden	15,18	8,15	9,63	11,23
- die zehn größten Kunden	24,45	14,75	20,67	19,54
- die 50 größten Kunden	36,93	32,85	23,20	33,24
1992				
- der größte Kunde	9,36	4,95	6,19	7,05
- die drei größten Kunden	17,40	8,32	10,91	12,63
- die zehn größten Kunden	27,97	13,53	23,05	21,25
- die 50 größten Kunden	42,13	30,54	23,20	34,91
Perspektive 1997				
- der größte Kunde	9,23	4,56	7,05	6,93
- die drei größten Kunden	17,41	8,52	12,55	12,84
- die zehn größten Kunden	26,42	13,77	25,26	20,95
- die 50 größten Kunden	43,88	32,46	23,20	36,47

So realisieren die kleinen Unternehmen mit einem Jahresumsatz von unter 50 Mill. DM und die großen Unternehmen mit einem Jahresumsatz von mehr als 250 Mill. DM überdurchschnittlich hohe Umsatzanteile mit dem jeweils größten Zulieferer (9,4 % bzw. 6,2 %). Bei den mittleren Unternehmen liegt dieser Wert mit rd. 5,0 % deutlich niedriger.

C. Die Logistikfunktionen - Die Logistikaktivitäten

I. Der Überblick

Zunächst wird die Intensität der Erfüllung der Logistikfunktionen durch den Großhandel in Bayern erörtert. Es wird dargestellt, wie die Befragten die von ihnen wahrgenommene Intensität der Erfüllung der Funktionen einschätzen. Darin kommt auch zum Ausdruck, welches Leistungsprofil sie durch ihre unternehmerischen Entscheidungen gewählt haben.

Die Großhandlungen in Bayern erbringen Logistikdienstleistungen sehr differenziert. Eine sehr hohe Bedeutung hat die Lagerhaltung auf Zentrallagerebene der Großhandlungen. Fast alle befragten Großhandlungen unterhalten eigene Zentralläger. Etwa zwei Drittel aller Befragten halten zudem die Anwesenheit in der Fläche durch Regionalläger für wichtig. Dies gilt vor allem für den Großhandel mit Nahrungs- und Genußmitteln und mit technischem Bedarf.

Fast zwei Fünftel der Großhandlungen sind in die Abholung von Waren bei Lieferanten eingeschaltet, am meisten der Handel mit Nahrungs- und Genußmitteln und der Rohstoffhandel.

Die Bedeutung der Eigenverteilung vom Zentrallager des eigenen Unternehmens an Regionalläger des eigenen Unternehmens entspricht erwartungsgemäß der Bedeutung, die die eigenen Regionalläger und Niederlassungen für Großhandlungen haben.

Transport zum Kunden erledigen etwa vier Fünftel der Großhandlungen, dabei tendenziell in erheblich höherem Umfang vom eigenen Zentrallager als vom eigenen Regionalläger aus, dies wegen der großen Bedeutung der Zentralläger gegenüber Regionallägern im Großhandel.

Die Streckenlieferung ist stark branchenabhängig. Sie ist vorherrschend im Rohstoffhandel und im Papierhandel, bei Konsumgütern hat sie wenig Bedeutung.

II. Die Intensität der Erfüllung der Logistikfunktionen

Die Auswertung nach der Branchenzugehörigkeit

Die Lagerhaltung auf Zentralgroßhandelsebene erreicht insbesondere im Großhandel mit Textilien und Hausbedarf eine hohe Intensität. Eine eher unterdurchschnittliche Logistikeinbindung ergab sich im Großhandel mit Papier und Verpackung.

Eine vergleichsweise starke Bündelung hat der Transport vom Lager der Großhandelsunternehmen zum Verbrauchspunkt des Kunden, dies sowohl an Verkaufsstellen, Werkstätten wie Baustellen der Kunden. Der Großhandel mit Papier und Verpackung und - jedoch mit deutlichem Abstand - der Großhandel mit Nahrungsmitteln weisen überdurchschnittliche Transportintensitäten auf.

Tabelle 3.10: Die Intensität der Logistikfunktionen des bayerischen Großhandels nach Branchen im Jahre 1992 - Angaben in Mittelwerten einer 5er-Skala -[1])

Logistikaktivitäten	Großhandel mit ...					
	Rohstoffen	technischem Bedarf	Nahrungsmitteln	Textilien und Hausbedarf	Papier und Verpackung	insgesamt
Die Lagerhaltung - auf Zentralgroßhandelsebene - auf Regionalgroßhandelsebene	1,47 3,19	1,41 2,52	1,25 2,56	1,13 2,50	1,73 3,20	1,41 2,68
Der Transport vom Lieferanten zum Zentrallager des eigenen Unternehmens	4,00	4,54	4,00	4,29	4,33	4,32
Der Transport vom eigenen Zentrallager - zum lokalen/regionalen Lager des eigenen Unternehmens - zum Lager des Kunden - zum Verbrauchs- bzw. Verkaufspunkt (auch Bau- und Montagestelle) des Kunden	3,91 2,87 2,53	3,36 2,79 2,08	4,00 2,50 2,00	3,25 3,17 2,57	1,67 2,33 1,17	3,47 2,78 2,14

- Fortsetzung -

Fortsetzung Tabelle 3.10

Logistikaktivitäten	Großhandel mit ...					
	Rohstoffen	technischem Bedarf	Nahrungsmitteln	Textilien und Hausbedarf	Papier und Verpackung	insgesamt
Der Transport vom eigenen Regionallager - zum regionalen Lager des Kunden - zum Verbrauchs- bzw. Verkaufspunkt beim Kunden	3,85 4,15	2,53 2,57	2,53 2,54	3,00 2,43	5,00 1,00	2,83 2,79
Die Streckenbelieferung des Kunden	3,47	4,29	4,20	4,63	4,25	4,17
Die Logistikintensität gegenüber Kunden - Warenannahme am Verbrauchs- bzw. Verkaufspunkt	4,35	4,62	4,47	5,00	3,00	4,48
- Plazierung im Warenträger (nur bei Einzelhandelsbelieferung) - Warenauspreisung beim Kunden (nur bei Einzelhandelsbelieferung)	4,50 4,69	4,89 5,00	4,40 4,71	5,00 4,00	3,20 3,33	4,62 4,71
Die Lagerung von Ersatzteilen - auf Zentralgroßhandelsebene - auf Regionalgroßhandelsebene	4,69 4,79	3,21 3,83	5,00 5,00	5,00 5,00	4,67 5,00	3,96 4,33
Der Transport von Ersatzteilen zum Verbrauchs- bzw. Verkaufspunkt	4,54	3,23	5,00	5,00	4,00	3,88

1) 1 = sehr intensiv; 5 = nicht intensiv.

Die Auswertung nach der Kundenstruktur

Die Großhandelsunternehmen, die überwiegend Industrieunternehmen beliefern, sind mit einem Mittelwert der Nennungen von 1,2 intensiver in die Lagerhaltungsfunktion eingebunden als der Durchschnitt der befragten Großhandelsunternehmen mit 1,4.

In die Belieferung des Verbrauchspunktes bzw. der Baustelle der Kunden sind insbesondere die Großhandelsunternehmen intensiver eingeschaltet, die schwerpunktmäßig das Handwerk beliefern.

Tabelle 3.11: Die Intensität der Logistikfunktionen des bayerischen Großhandels nach der Kundenstruktur im Jahre 1992 - Angaben in Mittelwerten einer 5er-Skala -[1])

Logistikaktivitäten	Hauptabnehmergruppe				insgesamt
	Handwerk	Groß- und Einzelhandel	Industrie	sonstige	
Die Lagerhaltung					
- auf Zentralgroßhandelsebene	1,59	1,48	1,20	1,19	1,41
- auf Regionalgroßhandelsebene	2,21	2,96	3,50	2,80	2,68
Der Transport vom Lieferanten zum Zentrallager des eigenen Unternehmens	4,68	3,79	4,23	4,38	4,32
Der Transport vom eigenen Zentrallager					
- zum lokalen/regionalen Lager des eigenen Unternehmens	3,19	3,86	4,45	1,57	3,47
- zum Lager des Kunden	2,68	2,72	3,08	2,43	2,78
- zum Verbrauchs- bzw. Verkaufspunkt (auch Bau- und Montagestelle) des Kunden	1,93	2,37	2,80	1,93	2,14
Der Transport vom eigenen Regionallager					
- zum regionalen Lager des Kunden	2,29	2,82	4,45	2,55	2,83
- zum Verbrauchs- bzw. Verkaufspunkt beim Kunden	2,24	3,05	4,70	2,50	2,79
Die Streckenbelieferung des Kunden	4,03	4,60	4,07	3,67	4,17
Die Logistikintensität gegenüber Kunden					
- Warenannahme am Verbrauchs bzw. Verkaufspunkt	4,52	4,68	4,46	4,23	4,48
- Plazierung im Warenträger (nur bei Einzelhandelsbelieferung)	4,88	4,22	4,75	4,62	4,62
- Warenauspreisung beim Kunden (nur bei Einzelhandelsbelieferung)	5,00	4,28	5,00	4,69	4,71

- Fortsetzung -

Fortsetzung Tabelle 3.11

Logistikaktivitäten	Hauptabnehmergruppe				insgesamt
	Handwerk	Groß- und Einzelhandel	Industrie	sonstige	
Die Lagerung von Ersatzteilen					
- auf Zentralgroßhandelsebene	3,66	4,50	4,08	3,27	3,96
- auf Regionalgroßhandelsebene	4,14	4,58	4,46	4,00	4,33
Der Transport von Ersatzteilen zum Verbrauchs- bzw. Verkaufspunkt	3,47	4,50	3,92	3,54	3,88

1) 1 = sehr intensiv; 5 = nicht intensiv.

Die Auswertung nach der Unternehmensgröße

Bei der Wahrnehmung der Lagerhaltungsfunktionen auf Zentralgroßhandelsebene läßt sich keine eindeutige Abhängigkeit von der Unternehmensgröße beobachten. So sind für die mittleren Unternehmen eher überdurchschnittliche, für die großen Unternehmen hingegen eher leicht unterdurchschnittliche Aktivitäten zu verzeichnen.

Eine einheitliche Tendenz ergibt sich bei der Wahrnehmung der Regionalgroßhandelslagerfunktion. Hier nimmt die Intensität der Einbindung mit der Unternehmensgröße zu.

Eine mit zunehmender Unternehmensgröße intensivere Einschaltung der Unternehmen des Großhandels war auch bei der Transportfunktion festzustellen. Bei einem Mittelwert der Nennungen aller befragten Unternehmen von 2,14 ergab sich bei den Unternehmen mit einem Jahresumsatz unter 50 Mill. DM ein Mittelwert der Nennungen von 2,38 gegenüber 1,94 bei denen mit mehr als 250 Mill. DM.

Tabelle 3.12: Die Intensität der Logistikfunktionen des bayerischen Großhandels nach der Unternehmensgröße im Jahre 1992 - Angaben in Mittelwerten einer 5er-Skala -1)

Logistikaktivitäten	Unternehmensumsatz			insgesamt
	bis 50 Mill. DM	bis 250 Mill. DM	250 Mill. DM und mehr	
Die Lagerhaltung				
- auf Zentralgroßhandelsebene	1,41	1,31	1,60	1,41
- auf Regionalgroßhandelsebene	2,79	2,65	2,55	2,68

- Fortsetzung -

Fortsetzung Tabelle 3.12

Logistikaktivitäten	Unternehmensumsatz			insgesamt
	bis 50 Mill. DM	bis 250 Mill. DM	250 Mill. DM und mehr	
Der Transport vom Lieferanten zum Zentrallager des eigenen Unternehmens	4,35	4,55	3,88	4,32
Der Transport vom eigenen Zentrallager				
- zum lokalen/regionalen Lager des eigenen Unternehmens	4,06	3,44	2,75	3,47
- zum Lager des Kunden	2,96	2,81	2,44	2,78
- zum Verbrauchs- bzw. Verkaufspunkt (auch Bau- und Montagestelle) des Kunden	2,38	2,03	1,94	2,14
Der Transport vom eigenen Regionallager				
- zum regionalen Lager des Kunden	3,00	2,63	2,93	2,83
- zum Verbrauchs- bzw. Verkaufspunkt beim Kunden	2,89	2,65	2,92	2,79
Die Streckenbelieferung des Kunden	4,25	4,28	3,78	4,17
Die Logistikintensität gegenüber Kunden				
- Warenannahme am Verbrauchs- bzw. Verkaufspunkt	4,66	4,42	4,25	4,48
- Plazierung im Warenträger (nur bei Einzelhandelsbelieferung)	4,69	4,75	4,25	4,62
- Warenauspreisung beim Kunden (nur bei Einzelhandelsbelieferung)	4,87	4,77	4,35	4,71
Die Lagerung von Ersatzteilen				
- auf Zentralgroßhandelsebene	4,34	3,85	3,25	3,96
- auf Regionalgroßhandelsebene	4,59	4,06	4,46	4,33
Der Transport von Ersatzteilen zum Verbrauchs- bzw. Verkaufspunkt	4,27	3,69	3,38	3,88

1) 1 = sehr intensiv; 5 = nicht intensiv.

III. Die Intensität der Fuhrparknutzung

Die Fuhrparkkapazitäten der befragten Unternehmen des bayerischen Großhandels wurden überwiegend für den Transport zu Kunden ab Zentrallager (53,1 %) bzw. ab Regionallager (36,6 %) eingesetzt. Für die Abholung von Waren beim Hersteller bzw. beim Lieferanten wurden im Durchschnitt rd. 10,3 % der Fuhrparkkapazität genutzt.

Die Auswertung nach der Branchenzugehörigkeit

Der Einsatz des Fuhrparks für die Abholung von Waren beim Lieferanten hat insbesondere beim Großhandel mit Rohstoffen Bedeutung (30 %), in allen anderen besuchten Großhandelsbranchen liegt dieser Wert um bzw. unter 5 %.

Tabelle 3.13: Die Intensität der Fuhrparknutzung des bayerischen Großhandels nach Branchen im Jahre 1992 - Angaben in Mittelwerten -

Transportaktivitäten	Großhandel mit ...					
	Rohstoffen	technischem Bedarf	Nahrungsmitteln	Textilien und Hausbedarf	Papier und Verpackung	insgesamt
vom Lieferanten davon	30,00	5,25	6,06	3,57	20,83	10,32
- zum eigenen Zentrallager	30,00	30,50	60,00	50,00	66,67	39,94
- zum eigenen Regionallager	50,00	34,88	19,60	40,00	-	31,81
- zum Zentrallager des Kunden	-	6,44	-	-	-	3,32
- zum Regionallager der Kunden	-	18,25	0,40	10,00	33,33	13,35
- zum Verbrauchs- bzw. Verkaufspunkt des Kunden	-	18,25	0,40	10,00	33,33	13,35
vom eigenen Zentrallager davon	58,00	54,11	46,88	45,71	59,17	53,08
- zum Lager des Kunden	43,13	40,48	49,44	58,33	21,14	40,85
- zum Verbrauchs- bzw. Verkaufspunkt (auch Bau- oder Montagestelle) des Kunden	55,00	44,48	33,89	35,00	64,57	46,35
- zum eigenen lokalen/ regionalen Lager	1,88	15,00	16,67	6,67	14,29	12,78
vom eigenen Regionallager davon	11,79	40,64	47,06	50,71	20,00	36,56
- zum regionalen Lager des Kunden	75,50	55,80	72,22	77,50	-	59,67
- zum Verbrauchs- bzw. Verkaufspunkt des Kunden	24,50	44,20	27,78	22,50	100,00	40,33

Die Unternehmen des Großhandels mit Rohstoffen setzen die Fuhrparkkapazitäten weiterhin überwiegend für die Verteilung ab Zentrallager ein, die Regionallagerdistribution hat in diesem Bereich eine nur unterdurchschnittliche Bedeutung.

Eine überdurchschnittliche Fuhrparknutzung für die Verteilung ab Regionallager war im Großhandel mit Nahrungsmitteln sowie mit Textilien und Hausbedarf festzustellen.

Die Auswertung nach der Kundenstruktur

Eine überdurchschnittliche Bedeutung hat die Abholung von Waren vom Lieferanten bei den Großhandelsunternehmen, die überwiegend die Industrie beliefern (29,1 %), die geringste Bedeutung bei denen, die schwerpunktmäßig das Handwerk beliefern.

Tabelle 3.14: Die Intensität der Fuhrparknutzung des bayerischen Großhandels nach der Kundenstruktur im Jahre 1992 - Angaben in Mittelwerten -

Transportaktivitäten	Hauptabnehmergruppe				insgesamt
	Handwerk	Groß- und Einzelhandel	Industrie	sonstige	
vom Lieferanten	4,75	14,25	29,09	4,64	10,32
davon					
- zum eigenen Zentrallager	1,88	58,33	38,00	55,50	39,94
- zum eigenen Regionallager	29,00	24,83	60,20	25,83	31,81
- zum Zentrallager des Kunden	12,50	-	0,60	-	3,32
- zum Regionallager der Kunden	37,50	0,17	0,60	18,17	13,35
- zum Verbrauchs- bzw. Verkaufspunkt des Kunden	37,50	0,17	0,60	18,17	13,35
vom eigenen Zentrallager	50,81	46,75	68,82	57,86	53,08
davon					
- zum Lager des Kunden	39,19	36,33	56,33	45,45	40,85
- zum Verbrauchs- bzw. Verkaufspunkt (auch Bau- oder Montagestelle) des Kunden	44,33	53,67	42,00	37,73	46,35
- zum eigenen lokalen/regionalen Lager	16,43	10,00	1,67	16,82	12,78
vom eigenen Regionallager	44,44	39,00	1,82	37,50	36,56
davon					
- zum regionalen Lager des Kunden	50,71	75,00	100,00	54,56	59,67
- zum Verbrauchs- bzw. Verkaufspunkt des Kunden	49,29	25,00	-	45,44	40,33

Wegen der geringeren Bedeutung von Regionallägern bei den an die Industrie liefernden Großhandelsunternehmen werden die Verteilfunktionen schwerpunktmäßig ab Zentrallager wahrgenommen.

Bei den handwerksorientierten Großhandelsunternehmen hat die Regionallagerhaltung eine höhere Bedeutung, so daß hier auch die Anteile des Fuhrparkeinsatzes für die Verteilung ab Regionallager überdurchschnittlich hoch sind.

Die Auswertung nach der Unternehmensgröße

Der Einsatz des Fuhrparks für die Abholung von Waren beim Lieferanten hat bei den kleinen und den großen Unternehmen des bayerischen Großhandels eine mittlere bzw. überdurchschnittliche Bedeutung, die mittleren Unternehmen des Großhandels in Bayern mit einem Jahresumsatz zwischen 50 und 250 Mill. DM setzen ihren Fuhrpark für diesen Transport dagegen nur in geringerem Umfang ein.

Tabelle 3.15: Die Intensität der Fuhrparknutzung des bayerischen Großhandels nach der Kundenstruktur im Jahre 1992 - Angaben in Mittelwerten -

Transportaktivitäten	Unternehmensumsatz			insgesamt
	bis 50 Mill. DM	bis 250 Mill. DM	250 Mill. DM und mehr	
vom Lieferanten	10,93	6,08	16,91	10,32
davon				
- zum eigenen Zentrallager	44,44	28,25	49,90	39,94
- zum eigenen Regionallager	48,67	37,33	10,00	31,81
- zum Zentrallager des Kunden	-	0,25	10,00	3,32
- zum Regionallager des Kunden	0,22	25,92	10,10	13,35
- zum Verbrauchs- bzw. Verkaufspunkt des Kunden	0,22	25,92	10,10	13,35
vom eigenen Zentrallager davon	46,44	55,58	56,91	53,08
- zum Lager des Kunden	64,08	38,26	24,29	40,85
- zum Verbrauchs- bzw. Verkaufspunkt (auch Bau- oder Montagestelle) des Kunden	34,38	53,56	43,57	46,35
- zum eigenen lokalen/regionalen Lager	1,54	8,15	32,14	12,78
vom eigenen Regionallager davon	42,63	38,26	26,18	36,56
- zum regionalen Lager des Kunden	70,00	49,29	70,17	59,67
- zum Verbrauchs- bzw. Verkaufspunkt des Kunden	30,00	50,71	29,83	40,33

Hinsichtlich des Einsatzes der Transportkapazitäten ergibt sich eine klare Tendenz nach der Unternehmensgröße. So nimmt die Bedeutung der Verteilung ab Zentrallager mit zunehmender Unternehmensgröße zu, der Einsatz der Fuhrparkkapazität ab Regionallager hingegen ab.

IV. Die Bedeutung der Logistikfunktionen

Die Gesamtauswertung

Wie zu Beginn dieses Kapitels dargestellt, brauchen die Intensität der Erfüllung einer Funktion und die ihr zugemessene Bedeutung nicht parallel bewertet zu werden. Außerdem kann die Bedeutung besser als die Erfüllung in einer Zeitraumbetrachtung bewertet werden. Daher wird hier die Bedeutung und damit der Bedeutungswandel für den Zeitraum von 1987 bis 1997 betrachtet.

Als Profilierungsinstrument im Bereich der Logistik nennen die befragten Unternehmen des bayerischen Großhandels die Lagerhaltung auf Zentralgroßhandelsebene an erster Stelle (1,56); es folgt die Transportleistung zum Verbrauchspunkt bzw. Verkaufspunkt des Kunden (1,88).

Diese beiden Aktivitäten werden auch künftig maßgeblich für die Logistikprofilierung eines Großhandelsunternehmens sein.

Die Auswertung nach der Branchenzugehörigkeit

Die hohe Bedeutung der Lagerhaltungsfunktion als Profilierungsinstrument wird insbesondere von den Unternehmen des Großhandels mit technischem Bedarf (1,26) betont. Auch für den Großhandel mit Nahrungsmitteln ist die Bedeutung groß, jedoch eher auf Regional- als auf Zentralgroßhandelsebene (vgl. Tabelle 3.16).

Der Transport zum Verbrauchs- oder Verkaufspunkt des Kunden hat insbesondere im Großhandel mit Textilien und Hausbedarf sowie mit Papier und Verpackung Bedeutung, wobei die Unterschiede zwischen den Branchen sich in engen Grenzen halten. Die Streckenbelieferung des Kunden wird lediglich im Großhandel mit Rohstoffen als Logistikprofilierungsinstrument eingestuft, alle übrigen Branchen sehen hierin nur geringe bis gar keine Profilierungsmöglichkeiten.

Die Auswertung nach der Kundenstruktur

Die Logistikdienstleistungen haben als Profilierungsinstrument insbesondere bei den Großhandelsunternehmen Bedeutung, die an das Handwerk liefern. Diese sehen bei den meisten der zur Beurteilung vorgelegten Statements eine höhere Bedeutung als die übrigen befragten bayerischen Großhandelsunternehmen. Es folgen die überwiegend auf Industrieabnehmer orientierten Großhandelsunternehmen. Die vergleichsweise geringste

Bedeutung haben Logistikdienstleistungen bei den Unternehmen, die überwiegend den Groß- bzw. Einzelhandel beliefern (vgl. Tabelle 3.17).

Tabelle 3.16: Die Bedeutung der Logistikdienstleistungen des bayerischen Großhandels als Profilierungsinstrument nach Branchen von 1987 bis 1997 - Angaben in Mittelwerten einer 5er-Skala -[1)]

Logistikaktivitäten	Großhandel mit ...					
	Rohstoffen	technischem Bedarf	Nahrungsmitteln	Textilien und Hausbedarf	Papier und Verpackung	insgesamt
1987						
Die Lagerhaltung						
- auf Zentralgroßhandelsebene	1,88	1,67	2,00	1,38	1,91	1,76
- auf Regionalgroßhandelsebene	3,41	2,55	2,56	2,75	3,14	2,78
Der Transport vom Lieferanten zum Zentrallager des eigenen Unternehmens	3,63	3,62	3,31	3,50	3,80	3,58
Der Transport vom eigenen Zentrallager						
- zum lokalen/regionalen Lager des eigenen Unternehmens	4,00	3,44	3,90	4,17	3,83	3,75
- zum Lager des Kunden	2,20	2,75	3,08	2,63	2,00	2,65
- zum Verbrauchs- bzw. Verkaufspunkt (auch Bau- und Montagestelle) des Kunden	1,80	2,10	2,91	1,75	1,89	2,10
Der Transport vom eigenen Regionallager						
- zum regionalen Lager des Kunden	3,00	2,84	2,47	3,38	4,00	2,87
- zum Verbrauchs- bzw. Verkaufspunkt beim Kunden	3,14	2,73	2,36	3,13	2,00	2,72
Die Streckenbelieferung des Kunden	2,47	3,52	4,19	4,38	3,00	3,47

- Fortsetzung -

Fortsetzung Tabelle 3.16

Logistikaktivitäten	Großhandel mit ...					
	Rohstoffen	technischem Bedarf	Nahrungsmitteln	Textilien und Hausbedarf	Papier und Verpackung	insgesamt
Die Logistikintensität gegenüber Kunden						
- Warenannahme am Verbrauchs- bzw. Verkaufspunkt	4,29	4,56	5,00	5,00	3,40	4,56
- Plazierung im Warenträger (nur bei Einzelhandelsbelieferung)	4,50	4,85	4,53	4,63	2,60	4,55
- Warenauspreisung beim Kunden (nur bei Einzelhandelsbelieferung)	5,00	4,85	4,59	4,13	4,25	4,70
Die Lagerung von Ersatzteilen						
- auf Zentralgroßhandelsebene	4,77	3,10	5,00	5,00	5,00	3,96
- auf Regionalgroßhandelsebene	4,86	3,80	5,00	5,00	5,00	4,38
Der Transport von Ersatzteilen zum Verbrauchs- bzw. Verkaufspunkt	4,85	3,35	5,00	5,00	5,00	4,06
1992						
Die Lagerhaltung						
- auf Zentralgroßhandelsebene	1,89	1,26	1,93	1,38	1,82	1,56
- auf Regionalgroßhandelsebene	3,56	2,35	2,33	2,75	2,57	2,64
Der Transport vom Lieferanten zum Zentrallager des eigenen Unternehmens	3,47	3,57	3,31	3,50	3,60	3,51
Der Transport vom eigenen Zentrallager						
- zum lokalen/regionalen Lager des eigenen Unternehmens	4,07	3,16	3,90	4,17	3,33	3,61
- zum Lager des Kunden	2,13	2,50	3,00	2,63	2,00	2,49
- zum Verbrauchs- bzw. Verkaufspunkt (auch Bau- und Montagestelle) des Kunden	1,75	1,79	2,73	1,63	1,67	1,88

- Fortsetzung -

Fortsetzung Tabelle 3.16

Logistikaktivitäten	Großhandel mit ...					
	Rohstoffen	technischem Bedarf	Nahrungsmitteln	Textilien und Hausbedarf	Papier und Verpackung	insgesamt
Der Transport vom eigenen Regionallager - zum regionalen Lager des Kunden - zum Verbrauchs- bzw. Verkaufspunkt beim Kunden	3,13 3,27	2,65 2,57	2,35 2,36	3,38 3,13	4,00 1,83	2,78 2,66
Die Streckenbelieferung des Kunden	2,44	3,45	4,25	4,25	3,00	3,42
Die Logistikintensität gegenüber Kunden - Warenannahme am Verbrauchs- bzw. Verkaufspunkt - Plazierung im Warenträger (nur bei Einzelhandelsbelieferung) - Warenauspreisung beim Kunden (nur bei Einzelhandelsbelieferung)	4,33 4,50 5,00	4,56 4,94 4,91	5,00 4,33 4,59	5,00 4,88 4,13	3,40 2,40 3,75	4,57 4,56 4,70
Die Lagerung von Ersatzteilen - auf Zentralgroßhandelsebene - auf Regionalgroßhandelsebene	4,77 4,86	3,10 3,77	5,00 5,00	5,00 5,00	4,33 4,33	3,95 4,35
Der Transport von Ersatzteilen zum Verbrauchs- bzw. Verkaufspunkt	4,85	3,26	5,00	5,00	4,67	4,01
Perspektive 1997						
Die Lagerhaltung - auf Zentralgroßhandelsebene - auf Regionalgroßhandelsebene	1,83 3,61	1,38 2,50	1,81 2,59	1,25 2,75	1,82 2,50	1,58 2,76
Der Transport vom Lieferanten zum Zentrallager des eigenen Unternehmens	3,41	3,49	3,31	3,50	3,50	3,45

- Fortsetzung -

Fortsetzung Tabelle 3.16

Logistikaktivitäten	Großhandel mit ...					
	Rohstoffen	technischem Bedarf	Nahrungsmitteln	Textilien und Hausbedarf	Papier und Verpackung	insgesamt
Der Transport vom eigenen Zentrallager						
- zum lokalen/regionalen Lager des eigenen Unternehmens	4,13	3,16	4,30	4,33	2,86	3,65
- zum Lager des Kunden	2,13	2,60	2,92	2,63	2,00	2,53
- zum Verbrauchs- bzw. Verkaufspunkt (auch Bau- und Montagestelle) des Kunden	1,69	2,10	2,64	1,50	1,56	1,98
Der Transport vom eigenen Regionallager						
- zum regionalen Lager des Kunden	3,13	2,87	2,76	3,38	4,00	2,99
- zum Verbrauchs- bzw. Verkaufspunkt beim Kunden	3,38	2,62	3,07	3,13	2,00	2,84
Die Streckenbelieferung des Kunden	2,47	3,47	4,31	4,13	2,88	3,42
Die Logistikintensität gegenüber Kunden						
- Warenannahme am Verbrauchs- bzw. Verkaufspunkt	4,41	4,58	5,00	5,00	3,40	4,60
- Plazierung im Warenträger (nur bei Einzelhandelsbelieferung)	4,56	4,86	4,31	5,00	2,50	4,53
- Warenauspreisung beim Kunden (nur bei Einzelhandelsbelieferung)	5,00	4,89	4,47	4,00	3,80	4,66
Die Lagerung von Ersatzteilen						
- auf Zentralgroßhandelsebene	4,79	3,08	5,00	5,00	4,00	3,93
- auf Regionalgroßhandelsebene	4,87	3,80	5,00	5,00	4,00	4,36
Der Transport von Ersatzteilen zum Verbrauchs- bzw. Verkaufspunkt	4,86	3,32	5,00	5,00	4,00	4,02

1) 1 = sehr wichtig; 5 = nicht wichtig.

Tabelle 3.17: Die Bedeutung der Logistikdienstleistungen des bayerischen Großhandels als Profilierungsinstrument nach der Kundenstruktur von 1987 bis 1997 - Angaben in Mittelwerten einer 5er-Skala -[1]

Logistikaktivitäten	Hauptabnehmergruppe				insgesamt
	Handwerk	Groß- und Einzelhandel	Industrie	sonstige	
1987					
Die Lagerhaltung					
- auf Zentralgroßhandelsebene	1,60	1,86	2,00	1,67	1,76
- auf Regionalgroßhandelsebene	2,19	2,84	3,81	3,00	2,78
Der Transport vom Lieferanten zum Zentrallager des eigenen Unternehmens	3,54	3,36	4,00	3,53	3,58
Der Transport vom eigenen Zentrallager					
- zum lokalen/regionalen Lager des eigenen Unternehmens	3,10	3,93	4,33	3,90	3,75
- zum Lager des Kunden	2,58	2,82	2,27	2,57	2,65
- zum Verbrauchs- bzw. Verkaufspunkt (auch Bau- und Montagestelle) des Kunden	2,04	2,16	2,00	2,21	2,10
Der Transport vom eigenen Regionallager					
- zum regionalen Lager des Kunden	2,75	2,68	3,42	2,92	2,87
- zum Verbrauchs- bzw. Verkaufspunkt beim Kunden	2,43	2,90	3,62	2,55	2,72
Die Streckenbelieferung des Kunden	3,34	4,04	3,06	3,06	3,47
Die Logistikintensität gegenüber Kunden					
- Warenannahme am Verbrauchs bzw. Verkaufspunkt	4,50	4,74	4,57	4,11	4,56
- Plazierung im Warenträger (nur bei Einzelhandelsbelieferung)	4,83	4,38	4,75	4,00	4,55
- Warenauspreisung beim Kunden (nur bei Einzelhandelsbelieferung)	4,87	4,42	5,00	4,58	4,70

- Fortsetzung -

Fortsetzung Tabelle 3.17

Logistikaktivitäten	Hauptabnehmergruppe				insgesamt
	Handwerk	Groß- und Einzelhandel	Industrie	sonstige	
Die Lagerung von Ersatzteilen					
- auf Zentralgroßhandels- ebene	3,55	4,32	4,36	3,64	3,96
- auf Regionalgroßhandels- ebene	4,04	4,56	4,83	4,20	4,38
Der Transport von Ersatzteilen zum Verbrauchs- bzw. Verkaufs- punkt	3,63	4,40	4,45	3,92	4,06
1992					
Die Lagerhaltung					
- auf Zentralgroßhandels- ebene	1,17	1,89	1,94	1,31	1,56
- auf Regionalgroßhandels- ebene	2,00	2,88	3,81	2,71	2,64
Der Transport vom Lieferanten zum Zentrallager des eigenen Unternehmens	3,39	3,36	3,87	3,50	3,51
Der Transport vom eigenen Zen- trallager					
- zum lokalen/regionalen Lager des eigenen Unternehmens	2,86	3,93	4,17	3,73	3,61
- zum Lager des Kunden	2,42	2,82	2,13	2,13	2,49
- zum Verbrauchs- bzw. Ver- kaufspunkt (auch Bau- und Montagestelle) des Kunden	1,81	2,12	1,87	1,67	1,88
Der Transport vom eigenen Regio- nallager					
- zum regionalen Lager des Kunden	2,64	2,68	3,25	2,77	2,78
- zum Verbrauchs- bzw. Ver- kaufspunkt beim Kunden	2,37	2,90	3,46	2,58	2,66
Die Streckenbelieferung des Kunden	3,30	4,12	3,06	2,78	3,42

- Fortsetzung -

Fortsetzung Tabelle 3.17

Logistikaktivitäten	Hauptabnehmergruppe				insgesamt
	Handwerk	Groß- und Einzelhandel	Industrie	sonstige	
Die Logistikintensität gegenüber Kunden					
- Warenannahme am Verbrauchs- bzw. Verkaufspunkt	4,46	4,74	4,57	4,30	4,57
- Plazierung im Warenträger (nur bei Einzelhandelsbelieferung)	4,91	4,17	4,75	4,33	4,56
- Warenauspreisung beim Kunden (nur bei Einzelhandelsbelieferung)	4,96	4,25	5,00	4,75	4,70
Die Lagerung von Ersatzteilen					
- auf Zentralgroßhandelsebene	3,62	4,32	4,25	3,45	3,95
- auf Regionalgroßhandelsebene	4,04	4,56	4,69	4,10	4,35
Der Transport von Ersatzteilen zum Verbrauchs- bzw. Verkaufspunkt	3,60	4,40	4,42	3,69	4,01
Perspektive 1997					
Die Lagerhaltung					
- auf Zentralgroßhandelsebene	1,27	1,89	2,00	1,19	1,58
- auf Regionalgroßhandelsebene	2,03	3,12	3,94	2,57	2,76
Der Transport vom Lieferanten zum Zentrallager des eigenen Unternehmens	3,46	3,32	3,73	3,25	3,45
Der Transport vom eigenen Zentrallager					
- zum lokalen/regionalen Lager des eigenen Unternehmens	2,86	4,20	4,08	3,67	3,65
- zum Lager des Kunden	2,46	2,82	2,20	2,20	2,53
- zum Verbrauchs- bzw. Verkaufspunkt (auch Bau- und Montagestelle) des Kunden	2,11	2,08	1,93	1,73	1,98

- Fortsetzung -

Fortsetzung Tabelle 3.17

Logistikaktivitäten	Hauptabnehmergruppe				insgesamt
	Handwerk	Groß- und Einzelhandel	Industrie	sonstige	
Der Transport vom eigenen Regionallager					
- zum regionalen Lager des Kunden	2,72	2,96	3,46	2,86	2,99
- zum Verbrauchs- bzw. Verkaufspunkt beim Kunden	2,29	3,18	3,64	2,93	2,84
Die Streckenbelieferung des Kunden	3,26	4,20	2,94	2,83	3,42
Die Logistikintensität gegenüber Kunden					
- Warenannahme am Verbrauchs- bzw. Verkaufspunkt	4,53	4,75	4,57	4,33	4,60
- Plazierung im Warenträger (nur bei Einzelhandelsbelieferung)	4,96	4,12	4,77	4,14	4,53
- Warenauspreisung beim Kunden (nur bei Einzelhandelsbelieferung)	5,00	4,12	5,00	4,62	4,66
Die Lagerung von Ersatzteilen					
- auf Zentralgroßhandelsebene	3,59	4,32	4,17	3,58	3,93
- auf Regionalgroßhandelsebene	4,04	4,56	4,62	4,27	4,36
Der Transport von Ersatzteilen zum Verbrauchs- bzw. Verkaufspunkt	3,65	4,40	4,25	3,86	4,02

1) 1 = sehr wichtig; 5 = nicht wichtig.

Die Auswertung nach der Unternehmensgröße

Die Betrachtung der Ergebnisse nach Umsatzgrößenklassen ergibt kein einheitliches Bild. Die Lagerhaltung auf Zentralgroßhandelsebene wird von den kleinen Unternehmen als bedeutender für die Profilierung im Bereich der Logistikleistungen als von den mittleren und großen Unternehmen eingestuft, die eher auch über Regionalläger verfügen.

Der Transport zum Verbrauchs- bzw. Verkaufspunkt des Kunden wird mit zunehmender Größe des Unternehmens wesentlich bedeutender; so ergab sich bei den kleinen Unternehmen ein Mittelwert der Nennungen von 2,26 gegenüber 1,73 bei den mittleren und 1,53 bei den großen Unternehmen.

Tabelle 3.18: Die Bedeutung der Logistikdienstleistungen des bayerischen Großhandels als Profilierungsinstrument nach der Unternehmensgröße von 1987 bis 1997 - Angaben in Mittelwerten einer 5er-Skala -[1)]

Logistikaktivitäten	Unternehmensumsatz			insgesamt
	bis 50 Mill. DM	bis 250 Mill. DM	250 Mill. DM und mehr	
1987				
Die Lagerhaltung				
- auf Zentralgroßhandelsebene	1,62	1,86	1,83	1,76
- auf Regionalgroßhandelsebene	2,88	2,71	2,75	2,78
Der Transport vom Lieferanten zum Zentrallager des eigenen Unternehmens	3,87	3,76	2,85	3,58
Der Transport vom eigenen Zentrallager				
- zum lokalen/regionalen Lager des eigenen Unternehmens	4,16	3,89	2,93	3,75
- zum Lager des Kunden	2,62	2,79	2,41	2,65
- zum Verbrauchs- bzw. Verkaufspunkt (auch Bau- und Montagestelle) des Kunden	2,40	2,09	1,63	2,10
Der Transport vom eigenen Regionallager				
- zum regionalen Lager des Kunden	2,78	3,06	2,65	2,87
- zum Verbrauchs- bzw. Verkaufspunkt beim Kunden	2,72	2,79	2,59	2,72
Die Streckenbelieferung des Kunden	3,73	3,32	3,29	3,47
Die Logistikintensität gegenüber Kunden				
- Warenannahme am Verbrauchs- bzw. Verkaufspunkt	4,80	4,58	4,12	4,56
- Plazierung im Warenträger (nur bei Einzelhandelsbelieferung)	4,55	4,58	4,68	4,55
- Warenauspreisung beim Kunden (nur bei Einzelhandelsbelieferung)	4,83	4,59	4,67	4,70
Die Lagerung von Ersatzteilen				
- auf Zentralgroßhandelsebene	4,17	3,94	3,54	3,96
- auf Regionalgroßhandelsebene	4,59	4,14	4,46	4,38
Der Transport von Ersatzteilen zum Verbrauchs- bzw. Verkaufspunkt	4,27	4,09	3,42	4,06

- Fortsetzung -

Fortsetzung Tabelle 3.18

Logistikaktivitäten	Unternehmensumsatz			insgesamt
	bis 50 Mill. DM	bis 250 Mill. DM	250 Mill. DM und mehr	
1992				
Die Lagerhaltung				
- auf Zentralgroßhandelsebene	1,62	1,86	1,83	1,76
- auf Regionalgroßhandelsebene	2,79	2,45	2,75	2,64
Der Transport vom Lieferanten zum Zentrallager des eigenen Unternehmens	3,74	3,68	2,85	3,51
Der Transport vom eigenen Zentrallager				
- zum lokalen/regionalen Lager des eigenen Unternehmens	4,10	3,59	2,93	3,61
- zum Lager des Kunden	2,57	2,48	2,35	2,49
- zum Verbrauchs- bzw. Verkaufspunkt (auch Bau- und Montagestelle) des Kunden	2,26	1,73	1,53	1,88
Der Transport vom eigenen Regionallager				
- zum regionalen Lager des Kunden	2,82	2,88	2,53	2,78
- zum Verbrauchs- bzw. Verkaufspunkt beim Kunden	2,73	2,64	2,59	2,66
Die Streckenbelieferung des Kunden	3,68	3,22	3,33	3,42
Die Logistikintensität gegenüber Kunden				
- Warenannahme am Verbrauchs- bzw. Verkaufspunkt	4,81	4,58	4,12	4,57
- Plazierung im Warenträger (nur bei Einzelhandelsbelieferung)	4,61	4,79	4,06	4,56
- Warenauspreisung beim Kunden (nur bei Einzelhandelsbelieferung)	4,87	4,66	4,47	4,70
Die Lagerung von Ersatzteilen				
- auf Zentralgroßhandelsebene	4,13	3,94	3,54	3,95
- auf Regionalgroßhandelsebene	4,53	4,10	4,46	4,35
Der Transport von Ersatzteilen zum Verbrauchs- bzw. Verkaufspunkt	4,26	3,97	3,42	4,01

- Fortsetzung -

Fortsetzung Tabelle 3.18

Logistikaktivitäten	Unternehmensumsatz			insgesamt
	bis 50 Mill. DM	bis 250 Mill. DM	250 Mill. DM und mehr	
Perspektive 1997				
Die Lagerhaltung				
- auf Zentralgroßhandelsebene	1,67	1,42	1,70	1,58
- auf Regionalgroßhandelsebene	2,91	2,51	2,95	2,76
Der Transport vom Lieferanten zum Zentrallager des eigenen Unternehmens	3,68	3,62	2,80	3,45
Der Transport vom eigenen Zentrallager				
- zum lokalen/regionalen Lager des eigenen Unternehmens	4,00	3,59	3,21	3,65
- zum Lager des Kunden	2,57	2,61	2,29	2,53
- zum Verbrauchs- bzw. Verkaufspunkt (auch Bau- und Montagestelle) des Kunden	2,19	1,97	1,65	1,98
Der Transport vom eigenen Regionallager				
- zum regionalen Lager des Kunden	3,10	2,97	2,83	2,99
- zum Verbrauchs- bzw. Verkaufspunkt beim Kunden	3,00	2,52	3,11	2,84
Die Streckenbelieferung des Kunden	3,66	3,23	3,35	3,42
Die Logistikintensität gegenüber Kunden				
- Warenannahme am Verbrauchs- bzw. Verkaufspunkt	4,82	4,59	4,21	4,60
- Plazierung im Warenträger (nur bei Einzelhandelsbelieferung)	4,59	4,69	4,17	4,53
- Warenauspreisung beim Kunden (nur bei Einzelhandelsbelieferung)	4,88	4,57	4,38	4,66
Die Lagerung von Ersatzteilen				
- auf Zentralgroßhandelsebene	4,13	3,90	3,54	3,93
- auf Regionalgroßhandelsebene	4,52	4,14	4,46	4,36
Der Transport von Ersatzteilen zum Verbrauchs- bzw. Verkaufspunkt	4,23	4,00	3,54	4,02

1) 1 = sehr wichtig; 5 = nicht wichtig.

Zur künftigen Entwicklung

Die Logistikleistungen des bayerischen Großhandels werden auch in Zukunft einen hohen Stellenwert behalten. Dabei ist jedoch festzustellen, daß die Zunahme der Bedeutung der Leistungen im Bereich der Logistik von 1992 bis 1997 als insgesamt schwächer angenommen wird als in der Phase von 1987 bis 1992. Dies ist als Indiz dafür anzusehen, daß die Einschaltung des bayerischen Großhandels in diese Leistungen bereits sehr intensiv ist und die Logistik als originäre Funktion des Großhandels eingestuft wird. Eine weitere überdurchschnittliche Steigerung des Profilierungspotentials kann aus der Sicht der Befragten dadurch nicht erreicht werden.

D. Die Serviceleistungen gegenüber Kunden

I. Der Überblick

Bei der Analyse der Serviceleistungen wurde zunächst die Bedeutung des Außendienstes betrachtet. Dabei zeigte sich, daß der Akquisitionsaußendienst eine herausragende Bedeutung hat, die bei Konsumgütern noch stärker ist als bei Produktionsgütern. Alle anderen Außendienstaktivitäten, so für Installation und Montage, Wartung, Reparatur oder Regalpflege, gelten für das traditionelle Großhandelsfunktionsprofil als vergleichsweise weniger wichtig.

Nur ein kleinerer Teil der Großhandlungen empfindet die Übernahme von Garantieverpflichtungen, die Produkthaftung oder die Befassung mit Gebrauchtwaren als wichtig.

Der Ökologiebereich, so der Einsatz von Mehrwegverpackungen oder die Übernahme von Entsorgungsaufgaben, spielt in technischen Branchen bereits eine gewisse Rolle.

Eine mittlere Intensität erreicht die Beratung in Marketing und Absatz. Weniger herausgefordert fühlt sich der bayerische Großhandel bisher im Bereich der EDV-Beratung und der Logistikberatung; hier bearbeiten Dienstleistungsspezialisten das Kundenpotential, oft in enger Verbindung mit dem Großhandel.

Eine vergleichsweise hohe Bedeutung haben dagegen alle technischen Beratungen durch Großhandelsunternehmen.

Zu Finanzierungsberatungen und betriebswirtschaftlichen Beratungen fühlt sich der Großhandel nur in geringem Umfang veranlaßt. Eine beachtliche Akzeptanz finden dagegen Verkaufspersonalschulungen und Fachseminare für Kunden.

Zwar läßt sich aus den folgenden tabellarischen Auswertungen der Befragung ableiten, daß einige beachtliche Unterschiede zwischen dem Konsumgütergroßhandel und dem Produktionsverbindungshandel bestehen. Letztlich stehen aber alle Services, die nicht unmittelbar mit der Akquisition und damit mit der Förderung der Transaktionen oder mit der Wartung und Reparatur der Waren zu tun haben, bisher im Großhandel nicht im Vordergrund des Interesses. Die Bedeutung nahm jedoch bereits bisher spürbar zu. Die Befragten gehen auch bei den Perspektiven für die nächsten Jahre davon aus, daß die Dienstleistungsintensität zunimmt.

II. Die Wahrnehmung der Serviceleistungen gegenüber Kunden

Die Gesamtauswertung

Hinsichtlich der Intensität der Serviceleistungen gegenüber Kunden dominiert der persönliche Kontakt durch den Akquisitionsaußendienst des Großhandels, gefolgt von Beratungsleistungen, so insbesondere technische Beratungen. Aber auch Marketingleistungen sowie Leistungen im Bereich der Ökologie erreichen beachtliche Intensitätsgrade.

Darüber hinaus zählt auch die Schulung von Verkaufspersonal der Kunden zu den Bereichen, in denen sich der bayerische Großhandel stärker engagiert.

Die Auswertung nach der Branchenzugehörigkeit

Der Akquisitionsaußendienst wird insbesondere im Großhandel mit Textilien und Hausbedarf und mit technischem Bedarf eingesetzt, eine geringe Intensität ergibt sich dagegen im Großhandel mit Papier und Verpackung. Jedoch nimmt der Außendienst im Großhandel mit Papier und Verpackung Aufgaben der Regal- und Warenträgerpflege bei Kunden wahr.

Die warenbezogenen Leistungen der Produkthaftung und Garantieübernahme werden schwerpunktmäßig vom Großhandel mit Rohstoffen angeboten, in den anderen Branchen haben diese Leistungen eine geringe bzw. keine Bedeutung.

Ökologieleistungen und dabei Entsorgungstransporte werden insbesondere sowohl vom Großhandel mit Rohstoffen als auch vom Großhandel mit Papier und Verpackung erbracht. Die Beratung der Kunden in den Bereichen Marketing und Absatz wird in erster Linie von den befragten Unternehmen des Großhandels mit Nahrungsmitteln geleistet. Ansätze zu EDV-Beratungen der Kunden zeigen sich eher beim Großhandel mit Papier und Verpackung. Diese Aktivitäten beziehen sich auch auf EDV-Schulungen der Kunden.

Technische Beratungen der Kunden durch den Großhandel werden schwerpunktmäßig vom Großhandel mit technischem Bedarf angeboten.

Tabelle 3.19: Die Intensität der Servicefunktionen des bayerischen Großhandels nach Branchen im Jahre 1992 - Angaben in Mittelwerten einer 5er-Skala -[1]

Serviceaktivitäten	Großhandel mit ...					
	Rohstoffen	technischem Bedarf	Nahrungsmitteln	Textilien und Hausbedarf	Papier und Verpackung	insgesamt
Akquisitionsaußendienst	2,00	1,58	1,94	1,13	3,33	1,79
Außendienst zur Installation/Anschluß/ Montage/Inbetriebnahme	4,06	4,13	5,00	4,71	4,75	4,33
Wartungsaußendienst	4,40	4,11	4,93	5,00	5,00	4,41
Reparaturaußendienst	4,40	4,23	4,93	5,00	4,67	4,45
Außendienst zur Regal-/ Warenträgerpflege	5,00	4,88	4,47	5,00	2,50	4,71
Übernahme von Garantieverpflichtungen	3,44	4,06	4,28	4,33	4,00	4,01
Produkthaftung	3,05	3,84	3,68	4,33	5,00	3,73
Angebot von Versicherungsleistungen	4,75	4,89	4,59	4,63	4,25	4,75
Inzahlungnahme von Gebrauchtwaren	4,19	4,70	5,00	5,00	4,33	4,66
Wiederaufbereitung von Gebrauchtwaren	4,24	4,72	5,00	5,00	4,33	4,68
Vermarktung von Gebrauchtwaren	3,71	4,65	5,00	5,00	4,33	4,53
Einsatz von Mehrwegverpackungen	3,11	3,33	2,76	4,44	3,75	3,33
Entsorgungstransporte	3,20	4,65	4,19	4,67	2,57	4,13
Entsorgungsdienstleistungen (z. B. Sortieren, Kompaktieren)	3,68	4,21	4,38	4,88	3,00	4,14
Beratung in Marketing und Absatz	4,06	3,10	2,89	3,20	3,18	3,23
EDV-Beratung	4,69	3,87	4,63	3,75	3,00	4,07
Beratungen in der Logistik	4,41	4,77	4,57	4,67	3,71	4,58
Technische Beratungen	2,63	2,08	4,18	3,13	3,14	2,67
Finanzierungsberatung	4,50	4,09	4,44	4,44	4,29	4,27
Beratung im Rechnungswesen, Controlling	4,44	4,75	4,47	4,75	4,50	4,63
Beratung bei Kundenbetriebsvergleichen, Erfa-Gruppen	4,76	4,89	4,56	4,78	3,86	4,72
EDV-Schulungen	5,00	4,16	4,80	4,25	3,33	4,36
Verkaufspersonal-Schulungen	4,60	3,52	4,06	4,50	3,13	3,84
Fachseminare	4,07	2,94	4,13	3,30	3,11	3,35

1) 1 = sehr intensiv; 5 = nicht intensiv.

Die Auswertung nach der Kundenstruktur

Im Bereich der Servicepolitik ergaben sich kundenstrukturabhängige und kundenstrukturunabhängige Aspekte.

Tabelle 3.20: Die Intensität der Servicefunktionen des bayerischen Großhandels nach der Kundenstruktur im Jahre 1992 - Angaben in Mittelwerten einer 5er-Skala -[1)]

Serviceaktivitäten	Hauptabnehmergruppe				insgesamt
	Handwerk	Groß- und Einzelhandel	Industrie	sonstige	
Akquisitionsaußendienst	1,61	2,08	2,00	1,59	1,79
Außendienst zur Installation/ Anschluß/Montage/Inbetriebnahme	4,64	4,74	3,64	3,47	4,33
Wartungsaußendienst	4,33	4,77	4,14	4,13	4,41
Reparaturaußendienst	4,39	4,91	4,07	4,07	4,45
Außendienst zur Regal-/Warenträgerpflege	4,96	4,25	4,67	5,00	4,71
Übernahme von Garantieverpflichtungen	4,35	4,27	3,12	3,67	4,01
Produkthaftung	4,00	4,07	2,72	3,53	3,73
Angebot von Versicherungsleistungen	4,90	4,62	4,85	4,56	4,75
Inzahlungnahme von Gebrauchtwaren	4,67	5,00	4,23	4,43	4,66
Wiederaufbereitung von Gebrauchtwaren	4,78	5,00	3,86	4,71	4,68
Vermarktung von Gebrauchtwaren	4,70	4,82	3,50	4,62	4,53
Einsatz von Mehrwegverpackungen	3,26	3,12	3,61	3,39	3,33
Entsorgungstransporte	4,69	3,86	3,39	4,13	4,13
Entsorgungsdienstleistungen (z. B. Sortieren, Kompaktieren)	4,18	4,46	3,41	4,13	4,14
Beratung in Marketing und Absatz	2,95	2,91	4,07	3,74	3,23
EDV-Beratung	3,69	4,08	4,77	4,00	4,07
Beratungen in der Logistik	4,69	4,56	4,29	4,75	4,58
Technische Beratungen	2,15	3,92	2,33	2,21	2,67
Finanzierungsberatung	4,25	4,07	4,46	4,28	4,27
Beratung im Rechnungswesen, Controlling	4,70	4,26	4,69	4,94	4,63
Beratung bei Kundenbetriebsvergleichen, Erfa-Gruppen	4,83	4,48	4,50	5,00	4,72
EDV-Schulungen	4,00	4,35	5,00	4,44	4,36
Verkaufspersonal-Schulungen	3,32	3,80	4,54	4,12	3,84
Fachseminare	2,84	3,81	3,77	3,22	3,35

1) 1 = sehr intensiv; 5 = nicht intensiv.

Von der Kundenstruktur weitgehend unabhängige Aspekte sind z. B. der Wartungs- und Reparaturaußendienst. Unterschiede hinsichtlich des Angebotes von Serviceleistungen ergeben sich z. B. im Bereich des Akquisitionsaußendienstes, der Beratung in Marketing und Absatz, der EDV-Beratung, der technischen Beratung sowie den EDV- und Verkaufspersonal-Schulungen. Diese werden von den handwerksorientierten Großhandel vergleichsweise intensiver gegenüber seinen Kunden erbracht als von den Großhandlungen mit einem Schwerpunkt auf anderen Kundengruppen.

Von den überwiegend an die Industrie liefernden Unternehmen des Großhandels werden in überdurchschnittlichem Umfang Garantieverpflichtungen und Produkthaftungsleistungen übernommen. Auch Ökologieleistungen haben hier eine vergleichsweise hohe Bedeutung. Technische Beratungen werden den Kunden im industrieorientierten Großhandel ebenfalls intensiv angeboten.

Die Auswertung nach der Unternehmensgröße

Die kleinen Großhandelsunternehmen sind in die Serviceaktivitäten gegenüber Kunden weniger intensiv eingebunden als die mittleren und großen Unternehmen.

Tabelle 3.21: Die Intensität der Servicefunktionen des bayerischen Großhandels nach der Kundenstruktur im Jahre 1992 - Angaben in Mittelwerten einer 5er-Skala -[1]

Serviceaktivitäten	Unternehmensumsatz			insgesamt
	bis 50 Mill. DM	bis 250 Mill. DM	250 Mill. DM und mehr	
Akquisitionsaußendienst	2,03	1,62	1,63	1,79
Außendienst zur Installation/Anschluß/Montage/Inbetriebnahme	4,41	4,14	4,53	4,33
Wartungsaußendienst	4,47	4,35	4,38	4,41
Reparaturaußendienst	4,54	4,42	4,29	4,45
Außendienst zur Regal-/Warenträgerpflege	4,81	4,66	4,63	4,71
Übernahme von Garantieverpflichtungen	3,98	4,51	3,06	4,01
Produkthaftung	3,83	3,90	3,20	3,73
Angebot von Versicherungsleistungen	4,91	4,86	4,22	4,75
Inzahlungnahme von Gebrauchtwaren	4,66	4,65	4,69	4,66
Wiederaufbereitung von Gebrauchtwaren	4,66	4,69	4,69	4,68
Vermarktung von Gebrauchtwaren	4,29	4,72	4,69	4,53
Einsatz von Mehrwegverpackungen	3,93	3,12	2,59	3,33
Entsorgungstransporte	4,18	4,43	3,52	4,13
Entsorgungsdienstleistungen (z. B. Sortieren, Kompaktieren)	4,03	4,25	4,16	4,14
Beratung in Marketing und Absatz	3,54	3,24	2,71	3,23
EDV-Beratung	4,25	4,18	3,41	4,07
Beratungen in der Logistik	4,57	4,77	4,26	4,58
Technische Beratungen	2,98	2,50	2,43	2,67
Finanzierungsberatung	4,31	4,38	3,94	4,27
Beratung im Rechnungswesen, Controlling	4,73	4,66	4,37	4,63
Beratung bei Kundenbetriebsvergleichen, Erfa-Gruppen	4,61	4,84	4,72	4,72
EDV-Schulungen	4,77	4,14	4,00	4,36
Verkaufspersonal-Schulungen	4,19	3,66	3,53	3,84
Fachseminare	3,84	3,05	3,05	3,35

1) 1 = sehr intensiv; 5 = nicht intensiv.

Der Vergleich zwischen den mittleren und den großen Unternehmen des bayerischen Großhandels ist zwar weniger einheitlich, tendenziell nehmen die Serviceaktivitäten jedoch mit der Unternehmensgröße zu. Signifikante Beispiele dafür sind die Übernahme von Garantieverpflichtungen, die Produkthaftung, Ökologieleistungen sowie die Marketing-, Absatz- und EDV-Beratung.

III. Die Bedeutung der Serviceleistungen gegenüber Kunden

Die Gesamtauswertung

Der Akquisitionsaußendienst wird von den befragten Unternehmen als das dominierende Instrument zur Profilierung gegenüber Kunden im Bereich der Services eingestuft. In der Bedeutung folgen technische Beratungen sowie Beratung in Marketing und Absatz.
   Alle Serviceleistungen werden künftig an Bedeutung zunehmen.

Die Auswertung nach der Branchenzugehörigkeit

Der über alle Unternehmen hinweg bedeutende Akquisitionsaußendienst wird im Branchenvergleich sehr unterschiedlich eingestuft. Während die Großhandelsunternehmen mit Textilien und Hausbedarf sowie mit Nahrungsmitteln diesem Instrument eine sehr hohe Bedeutung beimessen, stufen der Großhandel mit Rohstoffen und mit Papier und Verpackung die Profilierungsleistung dieses Instrumentes als wesentlich geringer ein (vgl. Tabelle 3.22).
   Die Branche mit einer insgesamt überdurchschnittlichen Serviceorientierung ist der Großhandel mit technischem Bedarf. Aus der Sicht der übrigen Großhandelsbranchen hingegen kommt der Wahrnehmung der Serviceleistungen durch den Großhändler als Profilierungsinstrument keine signifikante Rolle zu.

Die Auswertung nach der Kundenstruktur

Die Möglichkeit, sich über Serviceleistungen zu profilieren, wird schwerpunktmäßig von Großhandelsunternehmen gesehen, zu deren Hauptkundengruppen das Handwerk und die Industrie zählen. Gegenüber dem Einzel- bzw. Großhandel als Abnehmergruppe wird die Profilierungsmöglichkeit über Serviceleistungen vergleichsweise geringer eingestuft (vgl. Tabelle 3.23).

Tabelle 3.22: Die Bedeutung der Servicefunktionen des bayerischen Großhandels gegenüber Kunden als Profilierungsinstrument nach Branchen von 1987 bis 1997 - Angaben in Mittelwerten einer 5er-Skala -[1])

Serviceaktivitäten	Großhandel mit ...					
	Rohstoffen	technischem Bedarf	Nahrungsmitteln	Textilien und Hausbedarf	Papier und Verpackung	insgesamt
1987						
Akquisitionsaußendienst	2,53	1,70	2,06	1,25	3,17	1,97
Außendienst zur Installation/Anschluß/ Montage/Inbetriebnahme	4,17	4,00	4,86	4,57	4,25	4,23
Außendienst zur Wartung	4,38	4,00	4,50	5,00	4,50	4,26
Reparaturaußendienst	4,38	4,11	4,77	5,00	5,00	4,37
Außendienst zur Regal-/ Warenträgerpflege	5,00	4,75	4,43	5,00	3,60	4,68
Übernahme von Garantieverpflichtungen	4,29	4,23	4,06	4,78	4,40	4,27
Produkthaftung	4,29	4,20	3,61	4,40	4,50	4,15
Angebot von Versicherungsleistungen	5,00	4,70	4,87	4,75	4,50	4,77
Inzahlungnahme von Gebrauchtwaren	4,27	4,54	5,00	5,00	5,00	4,63
Wiederaufbereitung von Gebrauchtwaren	4,00	4,59	5,00	5,00	5,00	4,59
Vermarktung von Gebrauchtwaren	4,00	4,60	5,00	5,00	5,00	4,60
Einsatz von Mehrwegverpackungen	3,95	4,18	3,65	4,67	4,00	4,08
Entsorgungstransporte	3,60	4,46	4,81	4,56	3,14	4,26
Entsorgungsdienstleistungen (z. B. Sortieren, Kompaktieren)	3,89	4,61	4,94	4,63	4,50	4,52
Beratung in Marketing und Absatz	4,19	3,78	3,24	3,60	3,91	3,75
EDV-Beratung	4,80	4,05	4,56	4,11	3,14	4,20
Beratungen in der Logistik	4,63	4,71	5,00	4,75	3,86	4,68
Technische Beratungen	3,33	2,65	4,25	3,25	3,43	3,12
Finanzierungsberatung	4,71	4,00	4,36	5,00	4,57	4,32
Beratung im Rechnungswesen, Controlling	4,67	4,53	4,62	4,88	4,50	4,60
Beratung bei Kundenbetriebsvergleichen, Erfa-Gruppen	4,69	4,76	4,71	4,88	4,43	4,72
EDV-Schulungen	4,67	4,25	4,64	4,13	3,57	4,32
Verkaufspersonal-Schulungen	4,53	3,76	3,75	4,50	4,44	4,01
Fachseminare	4,07	3,19	3,56	3,50	3,56	3,45

- Fortsetzung -

Fortsetzung Tabelle 3.22

Serviceaktivitäten	Großhandel mit ...					
	Rohstoffen	technischem Bedarf	Nahrungsmitteln	Textilien und Hausbedarf	Papier und Verpackung	insgesamt
1992						
Akquisitionsaußendienst	2,31	1,53	1,94	1,25	3,00	1,81
Außendienst zur Installation/Anschluß/ Montage/Inbetriebnahme	4,08	4,02	4,86	4,57	4,25	4,23
Außendienst zur Wartung	4,43	4,07	4,50	5,00	4,50	4,30
Reparaturaußendienst	4,43	4,13	4,77	5,00	5,00	4,38
Außendienst zur Regal-/ Warenträgerpflege	5,00	4,89	4,43	5,00	3,40	4,74
Übernahme von Garantieverpflichtungen	4,11	4,31	4,06	4,78	4,20	4,27
Produkthaftung	3,94	4,22	3,56	4,30	4,17	4,06
Angebot von Versicherungsleistungen	5,00	4,84	4,87	4,75	4,33	4,83
Inzahlungnahme von Gebrauchtwaren	4,00	4,73	5,00	5,00	5,00	4,68
Wiederaufbereitung von Gebrauchtwaren	4,00	4,76	5,00	5,00	5,00	4,68
Vermarktung von Gebrauchtwaren	3,75	4,76	5,00	5,00	4,75	4,62
Einsatz von Mehrwegverpackungen	3,74	3,63	3,29	4,56	3,13	3,63
Entsorgungstransporte	3,15	4,35	4,63	4,44	2,86	4,06
Entsorgungsdienstleistungen (z. B. Sortieren, Kompaktieren)	3,44	4,60	4,81	4,63	3,25	4,35
Beratung in Marketing und Absatz	3,94	3,45	3,12	3,30	3,27	3,44
EDV-Beratung	4,80	3,75	4,50	3,89	3,14	4,02
Beratungen in der Logistik	4,63	4,67	4,93	4,75	3,86	4,64
Technische Beratungen	2,88	2,31	3,94	3,25	3,00	2,80
Finanzierungsberatung	4,43	4,05	4,29	4,88	4,43	4,26
Beratung im Rechnungswesen, Controlling	4,67	4,60	4,62	4,88	4,38	4,62
Beratung bei Kundenbetriebsvergleichen, Erfa-Gruppen	4,69	4,83	4,71	4,75	4,43	4,74
EDV-Schulungen	4,67	4,02	4,79	4,13	3,57	4,23
Verkaufspersonal-Schulungen	4,27	3,61	3,81	4,50	3,89	3,85
Fachseminare	3,67	2,96	3,50	3,20	2,89	3,18

- Fortsetzung -

Fortsetzung Tabelle 3.22

Serviceaktivitäten	Großhandel mit ...					
	Rohstoffen	technischem Bedarf	Nahrungsmitteln	Textilien und Hausbedarf	Papier und Verpackung	insgesamt
Perspektive 1997						
Akquisitionsaußendienst	2,19	1,59	1,94	1,13	2,33	1,77
Außendienst zur Installation/Anschluß/ Montage/Inbetriebnahme	4,38	4,00	4,88	4,57	3,75	4,26
Außendienst zur Wartung	4,47	4,02	4,56	5,00	4,25	4,28
Reparaturaußendienst	4,47	4,02	4,81	5,00	5,00	4,35
Außendienst zur Regal-/ Warenträgerpflege	5,00	4,76	4,50	5,00	3,33	4,67
Übernahme von Garantieverpflichtungen	4,00	4,17	4,00	4,33	4,00	4,11
Produkthaftung	3,67	4,06	3,50	4,00	4,00	3,88
Angebot von Versicherungsleistungen	5,00	4,61	4,81	4,50	4,33	4,68
Inzahlungnahme von Gebrauchtwaren	4,20	4,50	5,00	5,00	5,00	4,60
Wiederaufbereitung von Gebrauchtwaren	4,00	4,55	5,00	5,00	4,50	4,55
Vermarktung von Gebrauchtwaren	3,75	4,56	5,00	5,00	4,00	4,49
Einsatz von Mehrwegverpackungen	3,63	3,18	2,88	4,00	2,88	3,26
Entsorgungstransporte	2,85	3,88	4,38	4,00	2,57	3,68
Entsorgungsdienstleistungen (z. B. Sortieren, Kompaktieren)	3,17	4,17	4,63	4,63	2,75	4,03
Beratung in Marketing und Absatz	3,94	3,16	2,71	2,50	2,36	3,07
EDV-Beratung	4,75	3,57	4,19	3,33	2,57	3,78
Beratungen in der Logistik	4,59	4,47	4,80	4,75	3,43	4,49
Technische Beratungen	2,65	2,06	3,88	3,13	2,43	2,57
Finanzierungsberatung	4,40	3,96	4,31	4,00	4,43	4,13
Beratung im Rechnungswesen, Controlling	4,63	4,43	4,60	4,25	4,38	4,47
Beratung bei Kundenbetriebsvergleichen, Erfa-Gruppen	4,65	4,57	4,67	4,25	4,14	4,54
EDV-Schulungen	4,63	3,80	4,75	4,00	3,57	4,11
Verkaufspersonal-Schulungen	4,25	3,44	3,31	4,25	3,33	3,61
Fachseminare	3,31	2,78	3,25	2,80	2,22	2,89

1) 1 = sehr wichtig; 5 = nicht wichtig.

Tabelle 3.23: Die Bedeutung der Servicefunktionen des bayerischen Großhandels gegenüber Kunden als Profilierungsinstrument nach der Kundenstruktur von 1987 bis 1997 - Angaben in Mittelwerten einer 5er-Skala -[1)]

Serviceaktivitäten	Hauptabnehmergruppe				insgesamt
	Handwerk	Groß- und Einzelhandel	Industrie	sonstige	
1987					
Akquisitionsaußendienst	1,58	2,35	2,38	2,00	1,97
Außendienst zur Installation/ Anschluß/Montage/Inbetriebnahme	4,42	4,55	3,58	3,62	4,23
Außendienst zur Wartung	4,43	4,52	3,79	3,79	4,26
Reparaturaußendienst	4,45	4,85	3,79	3,85	4,37
Außendienst zur Regal-/ Warenträgerpflege	4,88	4,32	4,83	4,67	4,68
Übernahme von Garantieverpflichtungen	4,38	4,50	4,12	3,78	4,27
Produkthaftung	4,15	4,19	4,06	4,06	4,15
Angebot von Versicherungsleistungen	4,82	4,71	4,86	4,63	4,77
Inzahlungnahme von Gebrauchtwaren	4,56	5,00	4,14	4,57	4,63
Wiederaufbereitung von Gebrauchtwaren	4,67	5,00	3,67	4,71	4,59
Vermarktung von Gebrauchtwaren	4,67	4,91	3,80	4,71	4,60
Einsatz von Mehrwegverpackungen	4,08	3,88	4,24	4,06	4,08
Entsorgungstransporte	4,47	4,33	3,83	4,00	4,26
Entsorgungsdienstleistungen (z. B. Sortieren, Kompaktieren)	4,59	4,87	4,06	4,25	4,52
Beratung in Marketing und Absatz	3,71	3,44	4,77	3,53	3,75
EDV-Beratung	4,06	4,28	4,83	3,74	4,20
Beratungen in der Logistik	4,67	4,78	4,62	4,53	4,68
Technische Beratungen	2,57	4,09	2,88	3,00	3,12
Finanzierungsberatung	4,40	4,13	4,75	3,94	4,32
Beratung im Rechnungswesen, Controlling	4,48	4,42	5,00	4,65	4,60
Beratung bei Kundenbetriebsvergleichen, Erfa-Gruppen	4,71	4,63	5,00	4,59	4,72
EDV-Schulungen	4,16	4,32	4,83	4,32	4,32
Verkaufspersonal-Schulungen	3,59	3,88	4,92	3,99	4,01
Fachseminare	3,14	3,70	4,31	3,44	3,45

- Fortsetzung -

Fortsetzung Tabelle 3.23

Serviceaktivitäten	Hauptabnehmergruppe				insgesamt
	Handwerk	Groß- und Einzelhandel	Industrie	sonstige	
1992					
Akquisitionsaußendienst	1,45	2,25	2,23	1,80	1,81
Außendienst zur Installation/ Anschluß/Montage/Inbetriebnahme	4,48	4,57	3,42	4,21	4,23
Außendienst zur Wartung	4,46	4,55	3,86	4,28	4,30
Reparaturaußendienst	4,45	4,86	3,71	4,37	4,38
Außendienst zur Regal-/ Warenträgerpflege	4,96	4,30	4,75	4,73	4,74
Übernahme von Garantieverpflichtungen	4,44	4,52	3,88	4,24	4,27
Produkthaftung	4,24	4,11	3,67	4,03	4,06
Angebot von Versicherungsleistungen	4,82	4,71	4,93	4,82	4,83
Inzahlungnahme von Gebrauchtwaren	4,63	5,00	4,00	4,66	4,68
Wiederaufbereitung von Gebrauchtwaren	4,74	4,95	3,80	4,66	4,68
Vermarktung von Gebrauchtwaren	4,74	4,86	3,60	4,61	4,62
Einsatz von Mehrwegverpackungen	3,44	3,46	3,88	3,61	3,63
Entsorgungstransporte	4,43	4,19	3,17	4,06	4,06
Entsorgungsdienstleistungen (z. B. Sortieren, Kompaktieren)	4,48	4,78	3,35	4,33	4,35
Beratung in Marketing und Absatz	3,34	3,09	4,38	3,42	3,44
EDV-Beratung	3,58	4,12	4,92	4,02	4,02
Beratungen in der Logistik	4,50	4,74	4,62	4,63	4,64
Technische Beratungen	2,24	3,91	2,44	2,80	2,80
Finanzierungsberatung	4,37	4,09	4,42	4,26	4,26
Beratung im Rechnungswesen, Controlling	4,52	4,38	5,00	4,63	4,62
Beratung bei Kundenbetriebsvergleichen, Erfa-Gruppen	4,79	4,58	5,00	4,76	4,74
EDV-Schulungen	3,90	4,27	4,83	4,22	4,23
Verkaufspersonal-Schulungen	3,38	3,80	4,42	3,82	3,85
Fachseminare	2,89	3,48	3,62	3,15	3,18

- Fortsetzung -

Fortsetzung Tabelle 3.23

Serviceaktivitäten	Hauptabnehmergruppe				insgesamt
	Handwerk	Groß- und Einzelhandel	Industrie	sonstige	
Perspektive 1997					
Akquisitionsaußendienst	1,52	2,09	2,15	1,59	1,77
Außendienst zur Installation/ Anschluß/Montage/Inbetriebnahme	4,44	4,57	3,55	3,73	4,26
Außendienst zur Wartung	4,44	4,55	3,79	3,88	4,28
Reparaturaußendienst	4,36	4,86	3,71	4,00	4,35
Außendienst zur Regal-/ Warenträgerpflege	4,90	4,25	4,77	4,71	4,67
Übernahme von Garantieverpflichtungen	4,27	4,33	3,82	3,63	4,11
Produkthaftung	4,00	3,96	3,44	3,79	3,88
Angebot von Versicherungsleistungen	4,68	4,64	4,79	4,59	4,68
Inzahlungnahme von Gebrauchtwaren	4,70	4,86	3,86	4,57	4,60
Wiederaufbereitung von Gebrauchtwaren	4,70	4,86	3,53	4,71	4,55
Vermarktung von Gebrauchtwaren	4,70	4,78	3,33	4,64	4,49
Einsatz von Mehrwegverpackungen	2,95	3,12	3,53	3,50	3,26
Entsorgungstransporte	3,89	3,96	2,72	3,47	3,68
Entsorgungsdienstleistungen (z. B. Sortieren, Kompaktieren)	4,09	4,65	2,82	4,06	4,03
Beratung in Marketing und Absatz	3,03	2,56	4,23	2,95	3,07
EDV-Beratung	3,44	3,81	4,67	3,53	3,78
Beratungen in der Logistik	4,36	4,68	4,46	4,35	4,49
Technische Beratungen	2,03	3,75	2,19	2,17	2,57
Finanzierungsberatung	4,26	3,92	4,42	3,75	4,13
Beratung im Rechnungswesen, Controlling	4,42	4,19	5,00	4,53	4,47
Beratung bei Kundenbetriebsvergleichen, Erfa-Gruppen	4,58	4,38	4,92	4,29	4,54
EDV-Schulungen	3,73	4,28	4,83	4,11	4,11
Verkaufspersonal-Schulungen	3,17	3,46	4,33	3,57	3,61
Fachseminare	2,49	3,21	3,31	2,87	2,89

1) 1 = sehr wichtig; 5 = nicht wichtig.

Die Auswertung nach der Unternehmensgröße

Parallel zur Intensität der Erbringung von Serviceleistungen nimmt auch die Einschätzung der Bedeutung des Servicebereiches als Profilierungsinstrument mit der Größe der befragten Großhandelsunternehmen zu.

Die kleinen Unternehmen schätzen die Bedeutung von Serviceleistungen zur Profilierung des Unternehmens gegenüber Kunden durchweg geringer ein als die mittleren und die großen Unternehmen.

Tabelle 3.24: Die Bedeutung der Servicefunktionen des bayerischen Großhandels gegenüber Kunden als Profilierungsinstrument nach der Unternehmensgröße von 1987 bis 1997 - Angaben in Mittelwerten einer 5er-Skala -[1)]

Serviceaktivitäten	Unternehmensumsatz			insgesamt
	bis 50 Mill. DM	bis 250 Mill. DM	250 Mill. DM und mehr	
1987				
Akquisitionsaußendienst	2,22	1,85	1,67	1,97
Außendienst zur Installation/ Anschluß/Montage/Inbetriebnahme	4,23	4,21	4,29	4,23
Außendienst zur Wartung	4,30	4,23	4,23	4,26
Reparaturaußendienst	4,44	4,21	4,54	4,37
Außendienst zur Regal-/ Warenträgerpflege	4,84	4,52	4,64	4,68
Übernahme von Garantieverpflichtungen	4,32	4,33	4,05	4,27
Produkthaftung	4,36	4,15	3,70	4,15
Angebot von Versicherungsleistungen	4,92	4,65	4,69	4,77
Inzahlungnahme von Gebrauchtwaren	4,71	4,50	4,69	4,63
Wiederaufbereitung von Gebrauchtwaren	4,60	4,55	4,67	4,59
Vermarktung von Gebrauchtwaren	4,61	4,55	4,69	4,60
Einsatz von Mehrwegverpackungen	4,40	3,83	3,95	4,08
Entsorgungstransporte	4,43	4,35	3,83	4,26
Entsorgungsdienstleistungen (z. B. Sortieren, Kompaktieren)	4,47	4,57	4,53	4,52
Beratung in Marketing und Absatz	4,05	3,72	3,29	3,75
EDV-Beratung	4,36	4,16	3,94	4,20
Beratungen in der Logistik	4,75	4,72	4,47	4,68
Technische Beratungen	3,26	3,00	3,11	3,12
Finanzierungsberatung	4,53	4,15	4,19	4,32
Beratung im Rechnungswesen, Controlling	4,77	4,45	4,50	4,60
Beratung bei Kundenbetriebsvergleichen, Erfa-Gruppen	4,81	4,73	4,50	4,72
EDV-Schulungen	4,56	4,26	3,94	4,32
Verkaufspersonal-Schulungen	4,39	3,65	4,00	4,01
Fachseminare	3,89	2,89	3,65	3,45

- Fortsetzung -

Fortsetzung Tabelle 3.24

Serviceaktivitäten	Unternehmensumsatz			insgesamt
	bis 50 Mill. DM	bis 250 Mill. DM	250 Mill. DM und mehr	
1992				
Akquisitionsaußendienst	2,05	1,63	1,67	1,81
Außendienst zur Installation/ Anschluß/Montage/Inbetriebnahme	4,25	4,13	4,36	4,23
Außendienst zur Wartung	4,32	4,28	4,31	4,30
Reparaturaußendienst	4,46	4,21	4,62	4,38
Außendienst zur Regal-/Warenträgerpflege	4,81	4,70	4,64	4,74
Übernahme von Garantieverpflichtungen	4,24	4,43	4,00	4,27
Produkthaftung	4,14	4,13	3,75	4,06
Angebot von Versicherungsleistungen	4,86	4,91	4,56	4,83
Inzahlungnahme von Gebrauchtwaren	4,60	4,75	4,69	4,68
Wiederaufbereitung von Gebrauchtwaren	4,57	4,79	4,67	4,68
Vermarktung von Gebrauchtwaren	4,44	4,79	4,69	4,62
Einsatz von Mehrwegverpackungen	4,17	3,29	3,29	3,63
Entsorgungstransporte	4,29	4,14	3,52	4,06
Entsorgungsdienstleistungen (z. B. Sortieren, Kompaktieren)	4,31	4,54	4,11	4,35
Beratung in Marketing und Absatz	3,69	3,53	2,88	3,44
EDV-Beratung	4,28	4,03	3,50	4,02
Beratungen in der Logistik	4,69	4,75	4,37	4,64
Technische Beratungen	2,92	2,72	2,68	2,80
Finanzierungsberatung	4,39	4,21	4,06	4,26
Beratung im Rechnungswesen, Controlling	4,77	4,58	4,39	4,62
Beratung bei Kundenbetriebsvergleichen, Erfa-Gruppen	4,81	4,85	4,38	4,74
EDV-Schulungen	4,44	4,24	3,78	4,23
Verkaufspersonal-Schulungen	4,14	3,57	3,86	3,85
Fachseminare	3,68	2,70	3,13	3,18

- Fortsetzung -

Fortsetzung Tabelle 3.24

Serviceaktivitäten	Unternehmensumsatz			insgesamt
	bis 50 Mill. DM	bis 250 Mill. DM	250 Mill. DM und mehr	
Perspektive 1997				
Akquisitionsaußendienst	1,84	1,76	1,61	1,77
Außendienst zur Installation/ Anschluß/Montage/Inbetriebnahme	4,28	4,19	4,33	4,26
Außendienst zur Wartung	4,31	4,24	4,33	4,28
Reparaturaußendienst	4,47	4,11	4,60	4,35
Außendienst zur Regal-/ Warenträgerpflege	4,80	4,55	4,63	4,67
Übernahme von Garantieverpflichtungen	4,22	4,27	3,58	4,11
Produkthaftung	4,02	3,97	3,40	3,88
Angebot von Versicherungsleistungen	4,87	4,64	4,35	4,68
Inzahlungnahme von Gebrauchtwaren	4,53	4,62	4,71	4,60
Wiederaufbereitung von Gebrauchtwaren	4,47	4,57	4,69	4,55
Vermarktung von Gebrauchtwaren	4,32	4,57	4,71	4,49
Einsatz von Mehrwegverpackungen	3,95	2,76	2,90	3,26
Entsorgungstransporte	4,10	3,68	2,91	3,68
Entsorgungsdienstleistungen (z. B. Sortieren, Kompaktieren)	4,13	4,00	3,89	4,03
Beratung in Marketing und Absatz	3,30	3,27	2,36	3,07
EDV-Beratung	4,11	3,79	3,11	3,78
Beratungen in der Logistik	4,63	4,50	4,20	4,49
Technische Beratungen	2,76	2,51	2,32	2,57
Finanzierungsberatung	4,32	4,03	3,94	4,13
Beratung im Rechnungswesen, Controlling	4,68	4,38	4,25	4,47
Beratung bei Kundenbetriebsvergleichen, Erfa-Gruppen	4,62	4,62	4,22	4,54
EDV-Schulungen	4,45	4,03	3,58	4,11
Verkaufspersonal-Schulungen	4,11	3,32	3,24	3,61
Fachseminare	3,51	2,47	2,52	2,89

1) 1 = sehr wichtig; 5 = nicht wichtig.

Zur künftigen Entwicklung

Im Bereich der Serviceleistungen wird ein wesentlicher Bereich für künftige Profilierungsmöglichkeiten gesehen. Die Bedeutung des Angebotes von marktgerechten Lösungen wird insbesondere in den Bereichen der Ökologieleistungen und bei allen Beratungsleistungen gegenüber Kunden zunehmen. Zu den Beratungsleistungen zählen dabei sowohl technische Beratungen wie auch die Marketingberatung.

Tabelle 3.25: Die Bedeutung der Servicefunktionen des bayerischen Großhandels gegenüber Kunden als Profilierungsinstrument nach dem Unternehmensumsatz von 1987 bis 1997 - Differenz der Mittelwerte[1] -

Serviceaktivitäten	Unternehmensumsatz			insgesamt
	bis 50 Mill. DM	bis 250 Mill. DM	250 Mill. DM und mehr	
Akquisitionsaußendienst	- 0,38	- 0,09	- 0,06	- 0,20
Außendienst zur Installation/ Anschluß/Montage/Inbetriebnahme	+ 0,05	- 0,02	+ 0,04	+ 0,03
Außendienst zur Wartung	+ 0,01	+ 0,01	+ 0,10	+ 0,02
Reparaturaußendienst	+ 0,03	- 0,10	+ 0,06	- 0,02
Außendienst zur Regal-/ Warenträgerpflege	- 0,04	- 0,03	- 0,01	- 0,01
Übernahme von Garantieverpflichtungen	- 0,10	+ 0,06	- 0,47	- 0,16
Produkthaftung	- 0,34	+ 0,18	- 0,30	- 0,27
Angebot von Versicherungsleistungen	- 0,05	- 0,01	- 0,34	- 0,09
Inzahlungnahme von Gebrauchtwaren	- 0,18	+ 0,12	+ 0,02	- 0,03
Wiederaufbereitung von Gebrauchtwaren	- 0,13	+ 0,02	+ 0,02	- 0,04
Vermarktung von Gebrauchtwaren	- 0,29	+ 0,02	+ 0,02	- 0,11
Einsatz von Mehrwegverpackungen	- 0,45	- 1,07	- 1,05	- 0,82
Entsorgungstransporte	- 0,33	- 0,67	- 0,92	- 0,58
Entsorgungsdienstleistungen (z. B. Sortieren, Kompaktieren)	- 0,34	- 0,57	- 0,64	- 0,49
Beratung in Marketing und Absatz	- 0,75	- 0,45	- 0,93	- 0,68
EDV-Beratung	- 0,25	- 0,37	- 0,83	- 0,42
Beratungen in der Logistik	- 0,12	- 0,22	- 0,27	- 0,19
Technische Beratungen	- 0,50	- 0,49	- 0,79	- 0,55
Finanzierungsberatung	- 0,21	- 0,12	- 0,25	- 0,19
Beratung im Rechnungswesen, Controlling	- 0,09	- 0,07	- 0,25	- 0,13
Beratung bei Kundenbetriebsvergleichen, Erfa-Gruppen	- 0,19	- 0,11	- 0,28	- 0,18
EDV-Schulungen	- 0,11	- 0,68	- 0,36	- 0,21
Verkaufspersonal-Schulungen	- 0,28	- 0,33	- 0,76	- 0,40
Fachseminare	- 0,38	- 0,42	- 1,13	- 0,56

1) Aufgrund der Skala von 1 = sehr intensiv bis 5 = nicht intensiv bedeuten Negativwerte eine Verbesserung der Bedeutung, Positivwerte dagegen eine Verschlechterung der Bedeutung im Zeitablauf.

Daneben wird sich das Angebot von Schulungen gegenüber Kunden, so in der elektronischen Datenverarbeitung und innerhalb der Kundenpolitik der Abnehmer des Großhandels, als Profilierungsfaktor weiter entwickeln.

E. Die Kommunikationsleistungen gegenüber Kunden

I. Der Überblick

Die Kommunikationsleistungen gegenüber Kunden haben über alle Großhandelsbereiche Bayerns hinweg als Profilierungsinstrument eine mittlere Bedeutung.

Die Veranstaltung von Ausstellungen und Messen sowie Hausmessen hat vor allem im Großhandel mit technischem Bedarf eine vergleichsweise hohe Bedeutung (2,92), aber auch bei Textilien und Hausbedarf (3,10).

Das Direktmarketing steht beim Großhandel mit Textilien (2,40) und beim Großhandel mit technischem Bedarf (2,77) im Vordergrund.

Kataloge sind mit weitem Abstand im Großhandel mit technischem Bedarf (1,70), aber auch bei Papier und Verpackung (1,82) ein wichtiges Absatzinstrument. Die Medienwerbung hat dagegen generell eine relativ geringe Bedeutung.

Im Bereich der Unterstützung der Verkaufstätigkeit der Kunden sind der Großhandel mit Nahrungs- und Genußmitteln (3,06) sowie der Handel mit technischem Bedarf (3,47) am vergleichsweise stärksten tätig, jedoch nur auf mittlerem Niveau.

Die Werbetätigkeit der Kunden wird noch am meisten vom Großhandel mit Nahrungs- und Genußmitteln unterstützt (2,94).

II. Die Wahrnehmung der Kommunikationsleistungen gegenüber Kunden

Die Gesamtauswertung

Die befragten Unternehmen stützen ihre Kommunikations- und Werbeaktivitäten gegenüber Kunden in erster Linie auf Kataloge und Preislisten sowie alle Maßnahmen des Direktmarketing. Auch Messen und Ausstellungen zählen zusammen mit Hausmessen zu den bewährten und regelmäßig eingesetzten Kommunikationsinstrumenten gegenüber Kunden.

Die Auswertung nach der Branchenzugehörigkeit

Die größte Verbreitung haben Kataloge und Preislisten im Großhandel mit technischem Bedarf sowie Papier und Verpackung. Im Großhandel mit Rohstoffen ergibt sich hingegen hierbei die geringste Verwendungsintensität.

Direktmarketing-Maßnahmen als Instrument der Kommunikation gegenüber Kunden werden überdurchschnittlich intensiv vom Großhandel mit Textilien und Hausbedarf sowie vom Großhandel mit Papier und Verpackung eingesetzt.

Die Hausmessen werden vom Großhandel mit Textilien und Hausbedarf sowie vom Großhandel mit technischem Bedarf in überdurchschnittlichem Maße zur Kundenkommunikation genutzt.

Tabelle 3.26: Die Intensität der Kommunikationsfunktionen des bayerischen Großhandels gegenüber Kunden nach Branchen im Jahre 1992 - Angaben in Mittelwerten einer 5er-Skala -[1])

Kommunikations-aktivitäten	Großhandel mit ...					
	Rohstoffen	technischem Bedarf	Nahrungsmitteln	Textilien und Hausbedarf	Papier und Verpackung	insgesamt
Veranstaltung von Ausstellungen und Messen	3,35	2,96	3,78	3,13	3,17	3,21
Veranstaltung von Hausmessen	4,44	2,90	3,24	2,30	3,56	3,19
Direktmarketing-Maßnahmen (Werbebriefe, Prospekte, u. a.)	3,05	2,77	3,26	2,40	2,67	2,87
Kataloge, Preislisten	2,89	1,70	2,79	2,80	1,82	2,19
Medienwerbung	3,71	3,66	3,29	4,00	3,00	3,58
Unterstützung der Verkaufstätigkeit der Kunden	4,44	3,47	3,06	3,67	3,60	3,59
Unterstützung der Werbetätigkeit der Kunden	4,50	3,92	2,94	3,50	3,29	3,76

1) 1 = sehr intensiv; 5 = nicht intensiv.

Die Auswertung nach der Kundenstruktur

Die vergleichsweise intensivste Kundenkommunikation wird von den Großhandelsunternehmen eingesetzt, die schwerpunktmäßig an das Handwerk liefern. In der Intensität der Kommunikation mit Kunden folgen die Großhandelsunternehmen, die überwiegend an den Groß- bzw. Einzelhandel liefern.

Tabelle 3.27: Die Intensität der Kommunikationsfunktionen des bayerischen Großhandels gegenüber Kunden nach der Kundenstruktur im Jahre 1992 - Angaben in Mittelwerten einer 5er-Skala -[1]

Kommunikations-aktivitäten	Hauptabnehmergruppe				insgesamt
	Handwerk	Groß- und Einzelhandel	Industrie	sonstige	
Veranstaltung von Ausstellungen und Messen	2,88	3,35	3,57	3,11	3,21
Veranstaltung von Hausmessen	2,57	3,48	4,46	2,89	3,19
Direktmarketing-Maßnahmen (Werbebriefe, Prospekte, u. a.)	2,62	3,10	3,33	2,32	2,87
Kataloge, Preislisten	1,62	2,55	2,94	2,00	2,19
Medienwerbung	3,54	3,48	4,13	3,22	3,58
Unterstützung der Verkaufstätigkeit der Kunden	3,16	3,19	4,38	4,29	3,59
Unterstützung der Werbetätigkeit der Kunden	3,80	3,00	4,53	4,35	3,76

[1] 1 = sehr intensiv; 5 = nicht intensiv.

Die Auswertung nach der Unternehmensgröße

Die Analyse nach Unternehmensgröße zeigt überdurchschnittliche Aktivitäten der großen Unternehmen bei Katalogen und Preislisten sowie bei Hausmessen.

Tabelle 3.28: Die Intensität der Kommunikationsfunktionen des bayerischen Großhandels gegenüber Kunden nach der Unternehmensgröße im Jahre 1992 - Angaben in Mittelwerten einer 5er-Skala -[1]

Kommunikations-aktivitäten	Unternehmensumsatz			insgesamt
	bis 50 Mill. DM	bis 250 Mill. DM	250 Mill. DM und mehr	
Veranstaltung von Ausstellungen und Messen	2,71	3,42	3,28	3,21
Veranstaltung von Hausmessen	3,05	3,60	2,85	3,19
Direktmarketing-Maßnahmen (Werbebriefe, Prospekte, u. a.)	2,26	2,91	3,10	2,87
Kataloge, Preislisten	1,83	2,82	1,74	2,19
Medienwerbung	2,95	3,62	3,88	3,58
Unterstützung der Verkaufstätigkeit der Kunden	3,35	3,82	3,47	3,59
Unterstützung der Werbetätigkeit der Kunden	3,27	3,80	4,00	3,76

[1] 1 = sehr intensiv; 5 = nicht intensiv.

Die Kommunikationsleistungen der kleinen Unternehmen sind insgesamt weniger ausgeprägt als die der mittleren und großen Unternehmen, bei einigen Leistungsarten, so Werbebriefen, Prospekten, Katalogen, sind sie jedoch durchaus beachtlich.

III. Die Bedeutung der Kommunikationsleistungen gegenüber Kunden

Die Gesamtauswertung

Profilierungsmöglichkeiten über Kommunikationsinstrumente sehen die Befragten am ehesten bei Katalogen und Preislisten. Allen übrigen zur Bewertung vorgelegten Instrumenten wird eine nur durchschnittliche bis unterdurchschnittliche Möglichkeit zur Profilierung des Unternehmens beigemessen.

Mit Ausnahme der Medienwerbung wird jedoch bei allen Instrumenten der Kommunikationspolitik eine künftig zunehmende Profilierungsrelevanz im Wettbewerb eingeschätzt.

Die Auswertung nach der Branchenzugehörigkeit

Kataloge und Preislisten sowie die Veranstaltung von Hausmessen sind die wichtigsten Maßnahmen zur Profilierung der Unternehmen des Großhandels mit technischem Bedarf.

Direktmarketing-Maßnahmen werden vor allem von den befragten Unternehmen des Großhandels mit Textilien und Hausbedarf als strategisches Profilierungsinstrument im Bereich der Kommunikation mit den Kunden bewertet.

Der Großhandel mit Nahrungsmitteln verspricht sich Profilierungsmöglichkeiten im Bereich der Kommunikation gegenüber Kunden insbesondere durch eine Unterstützung der Werbetätigkeit der Kunden (vgl. Tabelle 3.29).

Die Auswertung nach der Kundenstruktur

Die überwiegend das Handwerk beliefernden Großhandelsunternehmen sehen Profilierungspotentiale insbesondere in der Kundenkommunikation durch Kataloge, Preislisten und Hausmessen. Gegenüber der Industrie werden die Möglichkeiten einer Profilierung im Bereich der Kundenkommunikation insgesamt nur als sehr begrenzt eingestuft (vgl. Tabelle 3.30).

Tabelle 3.29: Die Bedeutung der Kommunikationsfunktionen des bayerischen Großhandels gegenüber Kunden als Profilierungsinstrument nach Branchen von 1987 bis 1997 - Angaben in Mittelwerten einer 5er-Skala -[1]

Kommunikations- aktivitäten	Großhandel mit ...					
	Rohstoffen	technischem Bedarf	Nahrungsmitteln	Textilien und Hausbedarf	Papier und Verpackung	insgesamt
1987						
Veranstaltung von Ausstellungen und Messen	4,00	3,16	3,35	3,67	3,50	3,41
Veranstaltung von Hausmessen	4,38	3,08	3,13	3,10	4,11	3,38
Direktmarketing-Maßnahmen	3,78	3,32	3,50	2,90	3,56	3,41
Kataloge, Preislisten	3,41	2,04	3,11	3,10	3,18	2,65
Medienwerbung	4,12	3,80	3,75	4,50	3,75	3,90
Unterstützung der Verkaufstätigkeit der Kunden	4,63	3,66	3,20	4,33	4,00	3,84
Unterstützung der Werbetätigkeit der Kunden	4,61	3,89	3,00	4,10	3,71	3,88
1992						
Veranstaltung von Ausstellungen und Messen	3,88	2,98	3,29	3,56	3,33	3,28
Veranstaltung von Hausmessen	4,44	2,92	3,25	3,10	4,00	3,32
Direktmarketing-Maßnahmen	3,58	3,00	3,28	2,70	3,22	3,15
Kataloge, Preislisten	3,22	1,82	3,00	3,00	2,82	2,46
Medienwerbung	4,06	3,69	3,63	4,50	3,38	3,79
Unterstützung der Verkaufstätigkeit der Kunden	4,44	3,55	3,07	4,22	3,60	3,70
Unterstützung der Werbetätigkeit der Kunden	4,50	3,80	2,88	4,00	3,43	3,76
Perspektive 1997						
Veranstaltung von Ausstellungen und Messen	3,94	3,02	3,33	3,22	3,17	3,27
Veranstaltung von Hausmessen	4,50	2,98	3,06	3,20	3,89	3,33
Direktmarketing-Maßnahmen	3,32	2,96	3,00	2,50	2,44	2,94
Kataloge, Preislisten	3,11	1,82	2,89	2,90	2,55	2,39
Medienwerbung	3,79	3,66	3,50	4,50	2,88	3,66
Unterstützung der Verkaufstätigkeit der Kunden	4,19	3,25	3,00	3,78	3,40	3,44
Unterstützung der Werbetätigkeit der Kunden	4,61	3,89	3,00	4,10	3,71	3,88

[1]   1 = sehr wichtig; 5 = nicht wichtig.

Tabelle 3.30: Die Bedeutung der Kommunikationsfunktionen des bayerischen Großhandels gegenüber Kunden als Profilierungsinstrument nach der Kundenstruktur von 1987 bis 1997 - Angaben in Mittelwerten einer 5er-Skala -[1)]

Kommunikations-aktivitäten	Hauptabnehmergruppe				insgesamt
	Handwerk	Groß- und Einzelhandel	Industrie	sonstige	
1987					
Veranstaltung von Austellungen und Messen	3,25	3,31	3,73	3,38	3,41
Veranstaltung von Hausmessen	2,97	3,50	4,46	3,11	3,38
Direktmarketing-Maßnahmen	3,39	3,40	3,76	2,94	3,41
Kataloge, Preislisten	2,11	3,00	3,44	2,28	2,65
Medienwerbung	3,90	3,63	4,31	3,69	3,90
Unterstützung der Verkaufstätigkeit der Kunden	3,70	3,31	4,77	4,13	3,84
Unterstützung der Werbetätigkeit der Kunden	4,00	3,20	4,73	4,18	3,88
1992					
Veranstaltung von Austellungen und Messen	3,03	3,23	3,67	3,24	3,28
Veranstaltung von Hausmessen	2,81	3,50	4,54	3,05	3,32
Direktmarketing-Maßnahmen	3,03	3,17	3,71	2,68	3,15
Kataloge, Preislisten	1,95	2,94	3,25	1,89	2,46
Medienwerbung	3,74	3,52	4,38	3,47	3,79
Unterstützung der Verkaufstätigkeit der Kunden	3,43	3,12	4,69	4,19	3,70
Unterstützung der Werbetätigkeit der Kunden	3,81	3,07	4,73	4,12	3,76
Perspektive 1997					
Veranstaltung von Austellungen und Messen	3,03	3,19	3,67	3,29	3,27
Veranstaltung von Hausmessen	2,81	3,43	4,46	3,26	3,33
Direktmarketing-Maßnahmen	2,94	2,83	3,41	2,63	2,94
Kataloge, Preislisten	1,89	2,81	3,25	1,89	2,39
Medienwerbung	3,76	3,44	3,94	3,24	3,66
Unterstützung der Verkaufstätigkeit der Kunden	3,13	2,85	4,38	4,00	3,44
Unterstützung der Werbetätigkeit der Kunden	3,57	2,73	4,53	3,51	3,52

1) 1 = sehr wichtig; 5 = nicht wichtig.

Die Auswertung nach der Unternehmensgröße

Die mittleren und großen Unternehmen stufen die Profilierungsmöglichkeiten mit Hilfe der Kommunikation insgesamt durchgängig höher ein als die kleinen Unternehmen. Zwischen den einzelnen Instrumenten ergeben sich jedoch keine Bewertungsunterschiede des Profilierungspotentials.

Tabelle 3.31: Die Bedeutung der Kommunikationsfunktionen des bayerischen Großhandels gegenüber Kunden als Profilierungsinstrument nach der Unternehmensgröße von 1987 bis 1997 - Angaben in Mittelwerten einer 5er-Skala -[1]

Kommunikations-aktivitäten	Unternehmensumsatz			insgesamt
	bis 50 Mill. DM	bis 250 Mill. DM	250 Mill. DM und mehr	
1987				
Veranstaltung von Austellungen und Messen	3,86	3,17	3,00	3,41
Veranstaltung von Hausmessen	3,76	3,00	3,36	3,38
Direktmarketing-Maßnahmen	3,50	3,50	3,05	3,41
Kataloge, Preislisten	3,10	2,24	2,63	2,65
Medienwerbung	4,05	4,11	3,25	3,90
Unterstützung der Verkaufstätigkeit der Kunden	4,30	3,58	3,38	3,84
Unterstützung der Werbetätigkeit der Kunden	4,18	3,75	3,52	3,88
1992				
Veranstaltung von Austellungen und Messen	3,71	3,09	2,81	3,28
Veranstaltung von Hausmessen	3,78	2,92	3,18	3,32
Direktmarketing-Maßnahmen	3,23	3,22	2,80	3,15
Kataloge, Preislisten	2,93	2,05	2,38	2,46
Medienwerbung	3,97	4,00	3,05	3,79
Unterstützung der Verkaufstätigkeit der Kunden	4,08	3,50	3,25	3,70
Unterstützung der Werbetätigkeit der Kunden	4,03	3,68	3,43	3,76
Perspektive 1997				
Veranstaltung von Austellungen und Messen	3,63	3,16	2,81	3,27
Veranstaltung von Hausmessen	3,76	2,95	3,23	3,33
Direktmarketing-Maßnahmen	2,93	3,22	2,40	2,94
Kataloge, Preislisten	2,74	2,12	2,25	2,39
Medienwerbung	3,79	3,97	2,80	3,66
Unterstützung der Verkaufstätigkeit der Kunden	3,89	3,19	2,94	3,44
Unterstützung der Werbetätigkeit der Kunden	3,74	3,50	3,14	3,52

[1] 1 = sehr wichtig; 5 = nicht wichtig.

Zur künftigen Entwicklung

Die Kommunikationsleistungen gegenüber Kunden werden als Profilierungsinstrument des bayerischen Großhandels an Bedeutung zunehmen. Dies gilt zunächst für die originären Werbefunktionen des Großhandels gegenüber seinen eigenen Kunden, so mit Katalogen, Prospekten und Preislisten sowie Direktmarketing-Maßnahmen.

Daneben wird jedoch auch die Unterstützung der Werbetätigkeiten der Abnehmer des Großhandels gegenüber dessen Kunden weiter an Bedeutung gewinnen.

F. Die Sortimentsleistungen

I. Der Überblick

Hinsicht.ich der Sortimente zeigt sich im Großhandel eine tendenzielle Polarisierung. Eine beachtliche Anzahl von Großhandlungen, etwa der Großhandel mit Rohstoffen und Produktionsgütern, aber auch der spezialisierte Nahrungsmittelgroßhandel, kommen mit Sortimenten von unter 2 000 Artikeln aus. Ein weiterer Schwerpunkt in den gleichen Branchen liegt bei 3 000 bis 6 000 Artikeln. Der Textilhandel führt dagegen überwiegend 15 000 bis 20 000 Artikel. Im technischen Handel liegt ein Schwerpunkt bei über 20 000 Artikeln bis über 75 000 Artikeln.

II. Die Wahrnehmung der Sortimentsfunktion

Die Gesamtauswertung

Die befragten Unternehmen des bayerischen Großhandels führen im Durchschnitt aller Unternehmen breite wie auch tiefe Sortimente. Systemsortimente wie auch speziell auf Kunden zugeschnittene Sortimente zur Realisierung von Single Sourcing haben eine nur geringe Verbreitung.

Die Auswertung nach der Branchenzugehörigkeit

Die befragten Großhandelsunternehmen mit technischem Bedarf bieten in erster Linie breite Sortimente mit geringer Sortimentstiefe an und verfolgen damit eine ähnliche Sortimentsstrategie wie die Unternehmen des Großhandels mit Papier und Verpackung.
    Der Großhandel mit Textilien und Hausbedarf bietet hingegen eher breite Sortimente mit begrenzter Tiefe an.
    Single Sourcing und Systemsortimente haben bei einer insgesamt geringen Verbreitung am ehesten noch im Großhandel mit Papier und Verpackung Bedeutung.

Tabelle 3.32: Die Intensität der Sortimentsfunktionen im bayerischen Großhandel nach Branchen im Jahre 1992 - Angaben in Mittelwerten einer 5er-Skala -[1)]

Sortimentsaktivitäten	Großhandel mit ...					insgesamt
	Rohstoffen	technischem Bedarf	Nahrungsmitteln	Textilien und Hausbedarf	Papier und Verpackung	
Sortimentstiefe	2,12	1,71	1,65	1,70	1,25	1,71
Sortimentsbreite	2,12	1,59	2,10	1,40	1,83	1,77
Single Sourcing	4,47	3,71	3,94	3,89	3,00	3,83
Systemsortimente	3,94	3,53	4,65	3,56	2,63	3,72

1) 1 = sehr intensiv; 5 = nicht intensiv.

Die Auswertung nach der Kundenstruktur

Bei der Betrachtung der Großhandelsunternehmen nach ihrer überwiegenden Kundengruppe zeigt sich, daß die primär das Handwerk beliefernden Großhandelsunternehmen die größte Sortimentstiefe und -breite aufweisen. Es folgen die Großhandelsunternehmen, die überwiegend an den Groß- bzw. Einzelhandel absetzen.

Tabelle 3.33: Die Intensität der Sortimentsfunktionen im bayerischen Großhandel nach der Kundenstruktur im Jahre 1992 - Angaben in Mittelwerten einer 5er-Skala -[1)]

Sortimentsaktivitäten	Hauptabnehmergruppe				insgesamt
	Handwerk	Groß- und Einzelhandel	Industrie	sonstige	
Sortimentstiefe	1,50	1,68	2,25	1,61	1,71
Sortimentsbreite	1,47	1,68	2,50	1,72	1,77
Single Sourcing	3,64	3,96	4,29	3,35	3,83
Systemsortimente	3,56	4,21	3,21	3,31	3,72

1) 1 = sehr intensiv; 5 = nicht intensiv.

Die Auswertung nach der Unternehmensgröße

Die Sortimentstiefe der befragten bayerischen Großhandelsunternehmen variiert parallel mit dem Umsatz. Diese Tendenz gilt nicht für die Sortimentsbreite, da sich hier die mittleren Unternehmen stärker engagieren als die großen Unternehmen, vermutlich oft ohne eine präzise Auslotung der damit verbundenen betriebswirtschaftlichen Konsequenzen, insbesondere der Kosten.

Single Sourcing sowie Systemsortimente werden nur von den mittleren bis großen Unternehmen angeboten, für die kleinen Unternehmen stellt dieses Sortimentskonzept keine tragfähige Variante dar.

Tabelle 3.34: Die Intensität der Sortimentsfunktionen im Großhandel nach der Unternehmensgröße im Jahre 1992 - Angaben in Mittelwerten einer 5er-Skala -[1]

Sortimentsaktivitäten	Unternehmensumsatz			insgesamt
	bis 50 Mill. DM	bis 250 Mill. DM	250 Mill. DM und mehr	
Sortimentstiefe	1,89	1,62	1,52	1,71
Sortimentsbreite	2,20	1,38	1,65	1,77
Single Sourcing	4,35	3,34	3,59	3,83
Systemsortimente	4,09	3,51	3,24	3,72

1)   1 = sehr intensiv; 5 = nicht intensiv.

III. Die Bedeutung der Sortimentsfunktion

Sortimentsbreite und -tiefe sind gleichgewichtige Faktoren zur Profilierung eines Großhandelsunternehmens. In Zukunft wird zur Profilierung jedoch eher eine Verstärkung der Sortimentstiefe als der Sortimentsbreite angestrebt. Single Sourcing sowie Systemsortimente haben zur Zeit nur eine geringe Bedeutung, die sich in der Zukunft erhöhen wird.

Die Auswertung nach der Branchenzugehörigkeit

Die Aussagen bezüglich der Bedeutung der Sortimentspolitik für die Profilierung des Unternehmens nach Branchen entsprechen weitgehend der Intensität (vgl. Tabelle 3.35).
Deutliche Unterschiede zwischen den betrachteten Branchen zeigen sich im Großhandel mit Textilien und Hausbedarf, der die Sortimentsbreite viel deutlicher als die Sortimentstiefe herausstellt, und dem Großhandel mit Papier und Verpackung, der die Profilierungschancen in erster Linie durch tiefe und nicht durch breite Sortimente sieht.

Die Auswertung nach der Kundenstruktur

Das Sortiment hat als Profilierungsfaktor die höchste Bedeutung in den Großhandelsunternehmen, die schwerpunktmäßig das Handwerk beliefern. Es folgen die Unternehmen mit Groß- bzw. Einzelhandelsorientierung. Die geringste Bedeutung ergibt sich bei den Großhandelsunternehmen mit industriedominierter Kundenstruktur (vgl. Tabelle 3.36).

Tabelle 3.35: Die Bedeutung der Sortimentsfunktionen des bayerischen Großhandels nach Branchen von 1987 bis 1997 - Angaben in Mittelwerten einer 5er-Skala -[1]

Sortimentsaktivitäten	Großhandel mit ...					insgesamt
	Rohstoffen	technischem Bedarf	Nahrungsmitteln	Textilien und Hausbedarf	Papier und Verpackung	
Sortimentstiefe						
- 1987	2,06	1,90	1,75	2,00	1,45	1,86
- 1992	2,00	1,63	1,75	1,90	1,45	1,72
- Perspektive 1997	1,88	1,61	1,85	1,80	1,45	1,70
Sortimentsbreite						
- 1987	2,06	1,71	1,85	1,50	2,09	1,81
- 1992	2,00	1,57	2,00	1,40	2,00	1,75
- Perspektive 1997	2,06	1,66	2,30	1,30	1,91	1,84
- Single Sourcing						
- 1987	4,57	3,85	4,24	3,89	3,33	4,00
- 1992	4,57	3,83	4,00	3,56	2,83	3,88
- Perspektive 1997	4,60	3,85	3,88	3,78	2,50	3,88
Systemsortimente						
- 1987	4,13	3,88	4,82	3,67	2,57	3,97
- 1992	4,13	3,75	4,71	3,78	2,29	3,88
- Perspektive 1997	3,88	3,63	4,61	3,56	1,86	3,71

[1]   1 = sehr wichtig; 5 = nicht wichtig.

Tabelle 3.36: Die Bedeutung der Sortimentsfunktionen des bayerischen Großhandels nach Kundenstruktur von 1987 bis 1997 - Angaben in Mittelwerten einer 5er-Skala -[1]

Sortimentsaktivitäten	Hauptabnehmergruppe				insgesamt
	Handwerk	Groß- und Einzelhandel	Industrie	sonstige	
Sortimentstiefe					
- 1987	1,67	2,00	2,31	1,47	1,86
- 1992	1,50	1,88	2,19	1,33	1,72
- Perspektive 1997	1,44	1,79	2,13	1,50	1,70
Sortimentsbreite					
- 1987	1,67	1,73	2,38	1,59	1,81
- 1992	1,50	1,82	2,31	1,44	1,75
- Perspektive 1997	1,49	1,97	2,33	1,61	1,84
Single Sourcing					
- 1987	3,82	4,12	4,64	3,38	4,00
- 1992	3,91	3,92	4,36	3,06	3,88
- Perspektive 1997	3,91	3,92	4,43	3,00	3,88
Systemsortimente					
- 1987	3,94	4,39	3,79	3,19	3,97
- 1992	3,88	4,36	3,50	3,06	3,88
- Perspektive 1997	3,69	4,14	3,29	3,12	3,71

[1]   1 = sehr wichtig; 5 = nicht wichtig.

Die Auswertung nach der Unternehmensgröße

Mit zunehmender Unternehmensgröße werden die Sortimentsbreite und die Sortimentstiefe bedeutender für die Profilierung des Unternehmens eingestuft. Im Grundsatz gilt diese Tendenz auch für das Single Sourcing und die Systemsortimente. Nur in einer umfassenden Ausrichtung der Sortimentsleistung können die großen Unternehmen der Differenziertheit und Spezialität der Kundenanforderungen entsprechen und damit strategische Erfolgspositionen aufbauen.

Tabelle 3.37: Die Bedeutung der Sortimentsfunktionen des bayerischen Großhandels nach der Unternehmensgröße von 1987 bis 1997 - Angaben in Mittelwerten einer 5er-Skala -[1]

Sortimentsaktivitäten	Unternehmensumsatz			insgesamt
	bis 50 Mill. DM	bis 250 Mill. DM	250 Mill. DM und mehr	
Sortimentstiefe				
- 1987	2,18	1,77	1,39	1,86
- 1992	2,04	1,54	1,39	1,72
- Perspektive 1997	1,98	1,67	1,22	1,70
Sortimentsbreite				
- 1987	2,20	1,59	1,43	1,81
- 1992	2,16	1,49	1,39	1,75
- Perspektive 1997	2,20	1,61	1,50	1,84
Single Sourcing				
- 1987	4,45	3,56	3,76	4,00
- 1992	4,33	3,53	3,47	3,88
- Perspektive 1997	4,26	3,60	3,53	3,88
Systemsortimente				
- 1987	4,14	4,03	3,41	3,97
- 1992	4,09	3,89	3,29	3,88
- Perspektive 1997	3,95	3,76	3,06	3,71

1) 1 = sehr wichtig; 5 = nicht wichtig.

Zur künftigen Entwicklung

Im Bereich der Sortimentsfunktionen des bayerischen Großhandels wird in Zukunft die Sortimentstiefe eher als die Sortimentsbreite als Profilierungsinstrument an Bedeutung gewinnen. Damit richtet sich der bayerische Großhandel auf die immer differenzierteren Kundenanforderungen aus. Diese Tendenz wird auch durch die künftig höhere Bedeutung der Systemsortimente unterstrichen.

Der bayerische Großhandel wird damit intensiver in die Problemlösung für Aufgabenstellungen seiner Kunden oder Lieferanten eingebunden und trägt damit auch zur Erhaltung der Leistungsfähigkeit der ihm vor- und nachgelagerten Bereiche.

G. Die Produktmanipulationsleistungen

I. Der Überblick

Die Bearbeitung und Manipulation der gehandelten Waren durch den Großhandel hat vor allem in den nichtkonsumnahen Branchen und in Branchen mit Verarbeitungs- bzw. Veredelungsstufe Bedeutung. Die Aktivitäten des Großhandels können dabei die Produktion, die Produktgestaltung, die Produktmanipulation oder die Qualitätsprüfung umfassen.

II. Die Wahrnehmung der Produktmanipulationsleistungen

Die Aktivitäten der Produktmanipulation haben insgesamt für die Unternehmen des bayerischen Großhandels mit Ausnahme einzelner Großhandelsbranchen eine nur geringe Bedeutung. Auf insgesamt geringem Niveau ist der Großhandel noch am ehesten im Bereich der Qualitätsprüfung und in der Mitwirkung der Produktgestaltung tätig.

Die Auswertung nach der Branchenzugehörigkeit

Der Großhandel mit Rohstoffen ist im Vergleich zu den übrigen befragten Branchen am intensivsten mit Aufgaben der Produktmanipulation, so insbesondere mit der An- und Umarbeitung, sowie der Qualitätsprüfung befaßt. Im Großhandel mit Nahrungsmitteln hat die Qualitätsprüfung der gehandelten Waren ebenfalls Bedeutung (vgl. Tabelle 3.38).

Die Auswertung nach der Kundenstruktur

Aktivitäten der Produktmanipulation werden überwiegend von den Großhandelsunternehmen erbracht, die schwerpunktmäßig die Industrie beliefern; in allen übrigen Großhandelsunternehmen werden sie nicht angeboten bzw. nur mit geringer Intensität wahrgenommen. Eine Ausnahme bildet die Produktgestaltung bei den Großhandelsunternehmen, die überwiegend an den Groß- bzw. Einzelhandel liefern (vgl. Tabelle 3.39).

Die Auswertung nach der Unternehmensgröße

Die Einschaltung in die Funktionen der Produktmanipulation steigt mit der Größe des Großhandelsunternehmens (vgl. Tabelle 3.40).

Tabelle 3.38: Die Intensität der Produktmanipulation im bayerischen Großhandel nach Branchen im Jahre 1992 - Angaben in Mittelwerten einer 5er-Skala -[1]

Produktmanipulations-aktivitäten	Großhandel mit ...					insgesamt
	Rohstoffen	technischem Bedarf	Nahrungsmitteln	Textilien und Hausbedarf	Papier und Verpackung	
Produktgestaltung	4,00	3,88	3,74	4,00	4,00	3,89
Produktmanipulation, so						
Anarbeitung, Umarbeitung	2,74	4,26	4,33	4,33	4,00	3,97
Produktion	4,13	4,70	4,25	5,00	4,00	4,51
Qualitätsprüfung	2,71	4,06	3,05	4,10	3,43	3,60

[1] 1 = sehr intensiv; 5 = nicht intensiv.

Tabelle 3.39: Die Intensität der Produktmanipulation im bayerischen Großhandel nach der Kundenstruktur im Jahre 1992 - Angaben in Mittelwerten einer 5er-Skala -[1]

Produktmanipulations-aktivitäten	Hauptabnehmergruppe				insgesamt
	Handwerk	Groß- und Einzelhandel	Industrie	sonstige	
Produktgestaltung	4,00	3,78	3,39	4,37	3,89
Produktmanipulation, so					
Anarbeitung, Umarbeitung	4,14	4,32	2,67	4,22	3,97
Produktion	4,71	4,64	3,60	4,67	4,51
Qualitätsprüfung	4,12	3,67	2,17	3,82	3,60

[1] 1 = sehr intensiv; 5 = nicht intensiv.

Tabelle 3.40: Die Intensität der Produktmanipulation im bayerischen Großhandel nach der Unternehmensgröße im Jahre 1992 - Angaben in Mittelwerten einer 5er-Skala -[1]

Produktmanipulations-aktivitäten	Unternehmensumsatz			insgesamt
	bis 50 Mill. DM	bis 250 Mill. DM	250 Mill. DM und mehr	
Produktgestaltung	4,05	4,10	3,15	3,89
Produktmanipulation, so				
Anarbeitung, Umarbeitung	4,07	4,18	3,35	3,97
Produktion	4,50	4,76	4,00	4,51
Qualitätsprüfung	3,70	3,87	2,90	3,60

[1] 1 = sehr intensiv; 5 = nicht intensiv.

III. Die Bedeutung der Produktmanipulationsleistungen

Die Gesamtauswertung

Im Durchschnitt über alle befragten Großhandelsunternehmen werden die Profilierungsmöglichkeiten über Aktivitäten der Produktmanipulation zur Zeit gering eingeschätzt. Jedoch erwarten die Befragten eine Zunahme der Profilierungsmöglichkeit durch diese Funktionen.

Die Auswertung nach der Branchenzugehörigkeit

Mit Ausnahme der Qualitätsprüfung, die vom Großhandel mit Nahrungsmitteln als bedeutend für die Profilierung eingestuft wird, und der Produktgestaltung beim Großhandel mit Papier und Verpackung haben die zur Ermittlung der Bedeutung vorgelegten Statements nur im Großhandel mit Rohstoffen Bedeutung. Dies gilt insbesondere für die Anarbeitung und Umarbeitung wie auch für die Qualitätssicherung (vgl. Tabelle 3.41).

Die Auswertung nach der Kundenstruktur

Der Intensität der Leistungen entsprechend wird auch das Profilierungspotential eingestuft. Profilierungspotentiale sehen daher schwerpunktmäßig die Großhandelsunternehmen, die überwiegend an die Industrie liefern (vgl. Tabelle 3.42).

Die Auswertung nach der Unternehmensgröße

Profilierungspotentiale durch Produktmanipulation werden in erster Linie von den großen Unternehmen genannt, mittlere und insbesondere kleine Unternehmen sehen hingegen wenig bis keine Profilierungsmöglichkeiten (vgl. Tabelle 3.43).

Zur künftigen Entwicklung

Die Einschaltung des bayerischen Großhandels in die Produktmanipulation wird in Zukunft verstärkt an Bedeutung gewinnen. Dies gilt zunächst für die Qualitätsprüfung der gehandelten Waren, um die Qualität der Lieferungen von Qualitätsschwankungen der Lieferanten zu entkoppeln.

Tabelle 3.41: Die Bedeutung der Produktmanipulation im bayerischen Großhandel als Profilierungsinstrument nach Branchen von 1987 bis 1997 - Angaben in Mittelwerten einer 5er-Skala -[1])

Produktmanipulations-aktivitäten	Großhandel mit ...					insgesamt
	Rohstoffen	technischem Bedarf	Nahrungsmitteln	Textilien und Hausbedarf	Papier und Verpackung	
1987						
Produktgestaltung	4,06	4,00	4,05	4,22	3,75	4,02
Produktmanipulation, so Anarbeitung, Umarbeitung	2,89	4,39	4,50	4,00	4,00	4,06
Produktion	4,20	4,55	4,28	4,88	5,00	4,49
Qualitätsprüfung	3,47	4,32	3,25	4,50	4,00	3,95
1992						
Produktgestaltung	4,00	3,94	3,84	4,00	3,13	3,87
Produktmanipulation, so Anarbeitung, Umarbeitung	2,68	4,22	4,28	3,89	3,43	3,85
Produktion	4,13	4,65	4,11	4,88	4,60	4,47
Qualitätsprüfung	2,94	4,16	3,15	4,40	3,71	3,73
Perspektive 1997						
Produktgestaltung	4,06	3,81	3,63	3,67	2,75	3,72
Produktmanipulation, so Anarbeitung, Umarbeitung	2,58	4,20	4,11	3,78	3,14	3,76
Produktion	3,88	4,48	4,00	4,88	3,80	4,27
Qualitätsprüfung	2,33	4,11	3,05	4,20	3,57	3,56

1) 1 = sehr wichtig; 5 = nicht wichtig.

Tabelle 3.42: Die Bedeutung der Produktmanipulation im bayerischen Großhandel als Profilierungsinstrument nach der Kundenstruktur von 1987 bis 1997 - Angaben in Mittelwerten einer 5er-Skala -[1])

Kommunikations-aktivitäten	Hauptabnehmergruppe				insgesamt
	Handwerk	Groß- und Einzelhandel	Industrie	sonstige	
1987					
Produktgestaltung	4,21	4,15	3,65	3,80	4,02
Produktmanipulation, so Anarbeitung, Umarbeitung	4,22	4,44	2,94	4,18	4,06
Produktion	4,72	4,64	3,87	4,27	4,49
Qualitätsprüfung	4,32	3,93	3,22	3,82	3,95

- Fortsetzung -

Fortsetzung Tabelle 3.42

Kommunikations-aktivitäten	Hauptabnehmergruppe				insgesamt
	Handwerk	Groß- und Einzelhandel	Industrie	sonstige	
1992					
Produktgestaltung	4,06	3,89	3,50	3,81	3,87
Produktmanipulation, so Anarbeitung, Umarbeitung	4,00	4,28	2,50	4,06	3,85
Produktion	4,77	4,60	3,73	4,25	4,47
Qualitätsprüfung	4,22	3,89	2,56	3,50	3,73
Perspektive 1997					
Produktgestaltung	4,06	3,59	3,29	3,65	3,72
Produktmanipulation, so Anarbeitung, Umarbeitung	4,00	4,12	2,33	3,94	3,76
Produktion	4,61	4,52	3,33	3,94	4,27
Qualitätsprüfung	4,24	3,72	1,94	3,33	3,56

1) 1 = sehr wichtig; 5 = nicht wichtig.

Tabelle 3.43: Die Bedeutung der Produktmanipulation im bayerischen Großhandel als Profilierungsinstrument nach der Unternehmensgröße von 1987 bis 1997 - Angaben in Mittelwerten einer 5er-Skala -[1]

Kommunikations-aktivitäten	Unternehmensumsatz			insgesamt
	bis 50 Mill. DM	bis 250 Mill. DM	250 Mill. DM und mehr	
1987				
Produktgestaltung	4,21	4,08	3,53	4,02
Produktmanipulation, so Anarbeitung, Umarbeitung	4,26	4,18	3,42	4,06
Produktion	4,61	4,59	4,06	4,49
Qualitätsprüfung	4,30	3,84	3,57	3,95
1992				
Produktgestaltung	4,07	3,95	3,30	3,87
Produktmanipulation, so Anarbeitung, Umarbeitung	4,05	4,08	3,00	3,85
Produktion	4,54	4,71	3,89	4,47
Qualitätsprüfung	3,97	3,76	3,29	3,73
Perspektive 1997				
Produktgestaltung	3,93	3,92	2,90	3,72
Produktmanipulation, so Anarbeitung, Umarbeitung	3,95	4,03	2,85	3,76
Produktion	4,45	4,47	3,58	4,27
Qualitätsprüfung	3,67	3,71	3,13	3,56

1) 1 = sehr wichtig; 5 = nicht wichtig.

Künftig wird auch die Produktgestaltung wesentlich bedeutender werden, d. h. die aktive Einflußnahme auf die Produktentwicklung der Lieferanten. Dies bedeutet, daß die Anforderungen der Verwender an die Waren und Dienste intensiver in den Produktprogrammen bzw. Sortimenten der Lieferanten berücksichtigt werden.

H. Die Marktforschungsleistungen

I. Der Überblick

Der Großhandel wird mit langer Tradition wegen seines Potentials zur Erschließung von Märkten für Hersteller in den Absatzweg eingeschaltet. Oftmals ist er der alleinige Ansprechpartner für Hersteller bei der Marktöffnung. Die Kenntnis bestehender und potentieller Märkte hat daher für den Großhandel eine vergleichsweise hohe Bedeutung.

Denkbare Aktivitäten des Großhandels im Rahmen der Absicherung und des Ausbaus der Marktkenntnisse sind die Marktforschung in bearbeiteten und neuen Marktsegmenten sowie in Marktsegmenten der eigenen Abnehmer. Eine zusätzliche Funktion ist der Test von Sortimenten für Hersteller.

II. Die Wahrnehmung der Marktforschungsleistungen

Das Engagement der befragten Unternehmen des bayerischen Großhandels im Bereich der Markt- und Bedarfsforschung bezieht sich schwerpunktmäßig auf Aktivitäten der Marktforschung in bearbeiteten und in potentiellen Segmenten. Marktforschung in Marktsegmenten der eigenen Abnehmer und Testsortimente haben insgesamt eine nur untergeordnete Bedeutung.

Die Auswertung nach der Branchenzugehörigkeit

Die Betrachtung der Aktivitäten der Markt- und Bedarfsforschungsfunktionen nach der Branchenzugehörigkeit zeigt, daß das Engagement der befragten Großhandelsunternehmen mit zunehmender Konsumnähe abnimmt. So ist der Großhandel mit Rohstoffen am intensivsten mit Aufgaben der Marktforschung in bestehenden wie auch in potentiellen Marktsegmenten befaßt. Sortimentstests für Hersteller werden in geringem Umfang vom Großhandel mit Papier und Verpackung durchgeführt.

Tabelle 3.44: Die Intensität der Markt- und Bedarfsforschung im bayerischen Großhandel nach Branchen im Jahre 1992 - Angaben in Mittelwerten einer 5er-Skala -[1]

Markt- und Bedarfs-forschungsaktivitäten	Großhandel mit ...					
	Rohstoffen	technischem Bedarf	Nahrungsmitteln	Textilien und Hausbedarf	Papier und Verpackung	insgesamt
Marktforschung in bestehenden/bearbeiteten Marktsegmenten	2,67	3,41	3,42	4,00	3,18	3,30
Marktforschung in neuen/potentiellen Marktsegmenten	2,72	4,11	3,13	4,22	4,13	3,70
Marktforschung in Märkten der Abnehmer	3,56	4,36	3,94	4,44	3,80	4,11
Testsortimente für Hersteller	4,38	4,24	4,06	4,50	3,60	4,19

1) 1 = sehr intensiv; 5 = nicht intensiv.

Die Auswertung nach der Kundenstruktur

Die Tendenz im Großhandel zur Funktionsausweitung bei der Markt- und Bedarfsforschung mit zunehmender Entfernung von der konsumnahen Ebene wird dadurch bestätigt, daß Lieferanten der Industrie Marktforschungsaufgaben am intensivsten wahrnehmen. Die Großhandelsunternehmen, die überwiegend das Handwerk bzw. Einzel- oder Großhandelsunternehmen beliefern, nehmen diese Funktionen deutlich weniger intensiv wahr.

Tabelle 3.45: Die Intensität der Markt- und Bedarfsforschung im bayerischen Großhandel nach der Kundenstruktur im Jahre 1992 - Angaben in Mittelwerten einer 5er-Skala -[1]

Markt- und Bedarfs-forschungsaktivitäten	Hauptabnehmergruppe				insgesamt
	Handwerk	Groß- und Einzelhandel	Industrie	sonstige	
Marktforschung in bestehenden/bearbeiteten Marktsegmenten	3,18	3,47	2,79	3,76	3,30
Marktforschung in neuen/potentiellen Marktsegmenten	3,89	3,69	3,06	4,06	3,70
Marktforschung in Märkten der Abnehmer	4,03	4,12	3,77	4,33	4,11
Testsortimente für Hersteller	4,03	4,19	4,23	4,67	4,19

1) 1 = sehr intensiv; 5 = nicht intensiv.

Die Auswertung nach der Unternehmensgröße

Die Funktionen der Markt- und Bedarfsforschung werden überwiegend von großen Unternehmen - und mit Einschränkungen - von mittleren Unternehmen wahrgenommen, kleine Unternehmen des bayerischen Großhandels sind deutlich schwächer engagiert.

Tabelle 3.46: Die Intensität der Markt- und Bedarfsforschung im bayerischen Großhandel nach der Unternehmensgröße im Jahre 1992 - Angaben in Mittelwerten einer 5er-Skala -[1])

Markt- und Bedarfs-forschungsaktivitäten	Unternehmensumsatz			insgesamt
	bis 50 Mill. DM	bis 250 Mill. DM	250 Mill. DM und mehr	
Marktforschung in bestehenden/bearbeiteten Marktsegmenten	3,53	3,35	2,85	3,30
Marktforschung in neuen/potentiellen Marktsegmenten	4,03	3,86	2,81	3,70
Marktforschung in Märkten der Abnehmer	4,22	4,34	3,55	4,11
Testsortimente für Hersteller	4,34	4,00	4,24	4,19

1) 1 = sehr intensiv; 5 = nicht intensiv.

III. Die Bedeutung der Marktforschungsleistungen

Die Gesamtauswertung

Den Markt- und Bedarfsforschungsfunktionen als Instrument zur Profilierung des Unternehmens wird insgesamt eine durchschnittliche Bedeutung beigemessen. Der Marktforschung in bestehenden Marktsegmenten wird dabei insgesamt der vergleichsweise höchste Wert zugeordnet.

Zugleich wird festgestellt, daß die Bedeutung dieser Funktionen für die Profilierung des Großhandels in Zukunft zunehmen wird.

Die Auswertung nach der Branchenzugehörigkeit

Eine überdurchschnittliche Bedeutung wird den Funktionen der Markt- und Bedarfsforschung im Großhandel mit Rohstoffen beigemessen. Es folgen die Großhandelsunternehmen mit Nahrungsmitteln und der Großhandel mit technischem Bedarf.

Tabelle 3.47: Die Bedeutung der Markt- und Bedarfsforschung im bayerischen Großhandel als Profilierungsinstrument nach Branchen von 1987 bis 1997 - Angaben in Mittelwerten einer 5er-Skala -[1]

Markt- und Bedarfs-forschungsaktivitäten	Großhandel mit ...					
	Rohstoffen	technischem Bedarf	Nahrungsmitteln	Textilien und Hausbedarf	Papier und Verpackung	insgesamt
1987						
Marktforschung in bestehenden/bearbeiteten Marktsegmenten	3,30	3,66	3,28	4,00	3,73	3,56
Marktforschung in neuen/potentiellen Marktsegmenten	3,47	3,85	3,27	4,38	4,33	3,78
Marktforschung in Märkten der Abnehmer	4,27	4,16	3,80	4,25	4,60	4,15
Testsortimente für Hersteller	4,33	4,41	4,47	4,88	3,90	4,39
1992						
Marktforschung in bestehenden/bearbeiteten Marktsegmenten	2,86	3,37	3,17	3,90	3,45	3,30
Marktforschung in neuen/potentiellen Marktsegmenten	2,94	3,62	3,13	4,33	3,89	3,51
Marktforschung in Märkten der Abnehmer	3,94	4,02	3,67	4,33	4,20	3,99
Testsortimente für Hersteller	4,38	4,44	4,33	4,88	3,70	4,37
Perspektive 1997						
Marktforschung in bestehenden/bearbeiteten Marktsegmenten	2,81	3,08	2,89	3,10	2,73	2,96
Marktforschung in neuen/potentiellen Marktsegmenten	2,83	3,38	2,94	3,56	2,89	3,18
Marktforschung in Märkten der Abnehmer	3,81	3,82	3,56	3,67	3,60	3,75
Testsortimente für Hersteller	4,19	4,30	4,19	4,75	3,30	4,20

[1] 1 = sehr wichtig; 5 = nicht wichtig.

Die Auswertung nach der Kundenstruktur

Die Markt- und Bedarfsforschungsfunktionen werden in erster Linie von den Großhandelsunternehmen als bedeutend eingestuft, die schwerpunktmäßig die Industrie beliefern. Für die überwiegend den Groß- bzw. Einzelhandel sowie das Handwerk beliefernden Großhandelsunternehmen haben diese Funktionen eine etwas geringere Bedeutung.

Tabelle 3.48: Die Bedeutung der Markt- und Bedarfsforschung im bayerischen Großhandel als Profilierungsinstrument nach der Kundenstruktur von 1987 bis 1997 - Angaben in Mittelwerten einer 5er-Skala -[1)]

Markt- und Bedarfs-forschungsaktivitäten	Hauptabnehmergruppe				insgesamt
	Handwerk	Groß- und Einzelhandel	Industrie	sonstige	
1987					
Marktforschung in bestehenden/ bearbeiteten Marktsegmenten	3,51	3,44	3,42	3,94	3,56
Marktforschung in neuen/ potentiellen Marktsegmenten	3,66	3,73	3,53	4,33	3,78
Marktforschung in Märkten der Abnehmer	3,87	4,16	4,46	4,29	4,15
Testsortimente für Hersteller	4,31	4,37	4,38	4,65	4,39
1992					
Marktforschung in bestehenden/ bearbeiteten Marktsegmenten	3,18	3,21	3,11	3,72	3,30
Marktforschung in neuen/ potentiellen Marktsegmenten	3,34	3,48	3,24	4,06	3,51
Marktforschung in Märkten der Abnehmer	3,65	4,04	4,15	4,27	3,99
Testsortimente für Hersteller	4,36	4,26	4,38	4,61	4,37
Perspektive 1997					
Marktforschung in bestehenden/ bearbeiteten Marktsegmenten	2,87	2,67	2,89	3,56	2,96
Marktforschung in neuen/ potentiellen Marktsegmenten	3,14	2,93	2,94	3,75	3,18
Marktforschung in Märkten der Abnehmer	3,42	3,67	4,00	4,13	3,75
Testsortimente für Hersteller	4,17	3,96	4,15	4,67	4,20

1) 1 = sehr wichtig; 5 = nicht wichtig.

Die Auswertung nach der Unternehmensgröße

Ähnlich wie die Intensität der Wahrnehmung der Funktionen der Markt- und Bedarfsforschung nimmt auch die Einstufung der Bedeutung für die Profilierung des Unternehmens tendenziell mit der Größe zu.

Tabelle 3.49: Die Bedeutung der Markt- und Bedarfsforschung im bayerischen Großhandel als Profilierungsinstrument nach der Unternehmensgröße von 1987 bis 1997 - Angaben in Mittelwerten einer 5er-Skala -[1)]

Markt- und Bedarfs-forschungsaktivitäten	Unternehmensumsatz			insgesamt
	bis 50 Mill. DM	bis 250 Mill. DM	250 Mill. DM und mehr	
1987				
Marktforschung in bestehenden/bearbeiteten Marktsegmenten	3,73	3,57	3,28	3,56
Marktforschung in neuen/potentiellen Marktsegmenten	3,97	3,78	3,43	3,78
Marktforschung in Märkten der Abnehmer	4,36	4,03	4,00	4,15
Testsortimente für Hersteller	4,53	4,19	4,50	4,39
1992				
Marktforschung in bestehenden/bearbeiteten Marktsegmenten	3,40	3,31	3,12	3,30
Marktforschung in neuen/potentiellen Marktsegmenten	3,58	3,54	3,33	3,51
Marktforschung in Märkten der Abnehmer	4,23	3,88	3,75	3,99
Testsortimente für Hersteller	4,49	4,22	4,43	4,37
Perspektive 1997				
Marktforschung in bestehenden/bearbeiteten Marktsegmenten	3,16	3,05	2,50	2,96
Marktforschung in neuen/potentiellen Marktsegmenten	3,27	3,26	2,86	3,18
Marktforschung in Märkten der Abnehmer	4,06	3,74	3,20	3,75
Testsortimente für Hersteller	4,42	4,16	3,86	4,20

1) 1 = sehr wichtig; 5 = nicht wichtig.

Zur künftigen Entwicklung

Die Marktforschungsleistungen des bayerischen Großhandels werden in Zukunft einen höheren Stellenwert bei der Profilierung der Unternehmen haben. Diese Tendenz gilt sowohl für die Marktforschung in bestehenden und potentiellen Märkten der Großhandelsunternehmen wie auch als Servicefunktion für die belieferten Kunden.

Die bislang nur in geringem Umfang verbreitete Marktforschung für Hersteller durch Tests über die Marktfähigkeit von Produkten wird ebenfalls künftig an Bedeutung zunehmen.

J. Die Finanzierungsleistungen

I. Der Überblick

Der Großhandel ist in einigen Branchen und insbesondere bei handwerksdominierten Kundenstrukturen intensiv in die Finanzierung seiner Kunden eingebunden.

Neben der Gewährung von Zahlungszielen werden weitere Maßnahmen der Finanzierung der Kunden praktiziert, so Kredite zur Saisonfinanzierung, zur Einführung neuer Produkte, zur Geschäftseinrichtung und zur Warenlagerfinanzierung.

Daneben ist die Übernahme von Bürgschaften für Kunden und auch die kapitalmäßige Beteiligung an Kunden durch den Großhandel vorstellbar.

II. Die Wahrnehmung von Finanzierungsleistungen

Von den insgesamt 118 befragten Unternehmen des bayerischen Großhandels gewähren 41,4 % über das Zahlungsziel hinausgehende Kredite, schwerpunktmäßig zur Finanzierung des Warenlagers und von Geschäftseinrichtungen der Kunden (vgl. Tabelle 3.50).

Die Übernahme von Bürgschaften für Kunden und die kapitalmäßige Beteiligung an Kunden haben hingegen nur eine geringe Verbreitung.

III. Die Bedeutung von Finanzierungsleistungen

Den Finanzierungsleistungen wird insgesamt nur eine unterdurchschnittliche Bedeutung zur Profilierung des Unternehmens beigemessen. Dies gilt für alle zur Bewertung vorgelegten Aspekte der Finanzierungsleistungen an Kunden mit Ausnahme der Warenkredi-

Tabelle 3.50: Die Erbringung zusätzlicher Finanzierungsleistungen im bayerischen Großhandel gegenüber Kunden nach Branchen im Jahre 1992

Finanzierungs-aktivitäten	Großhandel mit ...											
	Rohstoffen		technischem Bedarf		Nahrungs-mitteln		Textilien und Hausbedarf		Papier und Verpackung		insgesamt	
	abso-lut	in %	abso-lut	in %	abso-lut	in %	abso-lut	in %	abso-lut	in %	abso-lut	in %
Ein Kredit über Zahlungsziel hinaus wird												
- gewährt	6	28,6	25	47,2	8	40,0	5	50,0	4	33,3	48	41,4
- nicht gewährt	15	71,4	28	52,8	12	60,0	5	50,0	8	66,7	68	58,6
Kredite für Einführung neuer Produkte/Produktlinien werden												
- gewährt	3	60,0	7	36,8	2	28,6	1	33,3	1	100,0	14	40,0
- nicht gewährt	2	40,0	12	63,2	5	71,4	2	66,7	-	-	21	60,0
Saisonfinanzierungen werden												
- gewährt	2	40,0	9	45,0	3	42,9	3	75,0	1	100,0	18	48,6
- nicht gewährt	3	60,0	11	55,0	4	57,1	1	25,0	-	-	19	51,4
Finanzierung der Geschäftseinrichtung wird												
- gewährt	1	20,0	13	61,9	6	85,7	2	50,0	1	50,0	23	59,0
- nicht gewährt	4	80,0	8	38,1	1	14,3	2	50,0	1	50,0	16	41,0
Warenlagerfinanzierungen werden												
- gewährt	2	50,0	13	56,5	4	57,1	2	50,0	4	100,0	25	59,5
- nicht gewährt	2	50,0	10	43,5	3	42,9	2	50,0	-	-	17	40,5
Das Unternehmen übernimmt Bürgschaften für Kunden												
- ja	2	9,5	7	13,2	-	-	-	-	-	-	9	7,8
- nein	19	90,5	46	86,8	19	100,0	10	100,0	12	100,0	106	92,2
Es bestehen Kapitalverflechtungen mit den belieferten Kunden												
- ja	1	4,8	3	5,8	-	-	-	-	-	-	4	3,5
- nein	20	95,2	49	94,2	19	100,0	10	100,0	12	100,0	110	96,5

tierung, die als deutlich wichtiger für die Profilierung des Unternehmens als die übrigen Instrumente eingestuft wurde.

Für die Zukunft wird davon ausgegangen, daß das derzeitige Bedeutungsniveau der dargestellten Finanzierungsleistungen erhalten bleiben wird.

Die Auswertung nach der Branchenzugehörigkeit

Die vergleichsweise größte Bedeutung haben die Finanzierungsleistungen im Großhandel mit technischem Bedarf sowie im Großhandel mit Textilien und Hausbedarf. In diesen beiden Großhandelsbranchen wie auch in den übrigen Branchen beschränkt sich jedoch die Wichtigkeit der Instrumente der Finanzierungsleistungen auf die Warenkreditierung.

Tabelle 3.51: Die Bedeutung der Finanzierungsleistungen im bayerischen Großhandel als Profilierungsinstrument nach Branchen von 1987 bis 1997 - Angaben in Mittelwerten einer 5er-Skala -[1]

Finanzierungs-aktivitäten	Großhandel mit ...					
	Rohstoffen	technischem Bedarf	Nahrungsmitteln	Textilien und Hausbedarf	Papier und Verpackung	insgesamt
1987						
Warenkreditierung	3,47	2,86	3,60	2,11	2,91	3,05
(Waren-)Vermietung	4,69	4,78	4,69	5,00	4,67	4,76
(Waren-)Mietserviceverträge	4,92	4,74	5,00	5,00	5,00	4,85
(Waren-)Leasing	5,00	4,74	5,00	5,00	5,00	4,87
Factoring	5,00	4,84	4,77	5,00	5,00	4,88
1992						
Warenkreditierung	3,30	2,84	3,60	2,10	2,64	2,97
(Waren-)Vermietung	4,71	4,93	4,69	5,00	4,67	4,85
(Waren-)Mietserviceverträge	4,93	4,87	5,00	5,00	5,00	4,92
(Waren-)Leasing	5,00	4,85	5,00	5,00	5,00	4,92
Factoring	5,00	5,00	4,77	5,00	5,00	4,96
1997						
Warenkreditierung	3,25	2,96	3,70	1,78	2,55	3,01
(Waren-)Vermietung	4,71	4,80	4,75	5,00	4,67	4,79
(Waren-)Mietserviceverträge	4,86	4,77	5,00	5,00	5,00	4,86
(Waren-)Leasing	5,00	4,63	5,00	5,00	5,00	4,81
Factoring	5,00	4,86	4,81	5,00	5,00	4,89

1) 1 = sehr wichtig; 5 = nicht wichtig.

Die Auswertung nach der Kundenstruktur

Die größte Bedeutung haben Finanzierungsleistungen und dabei insbesondere die Warenkreditierung in den Großhandelsunternehmen, die überwiegend das Handwerk beliefern. Der geringste Profilierungsspielraum ergibt sich im Bereich der Finanzierungsleistungen bei den Großhandelsunternehmen, die schwerpunktmäßig Industrieunternehmen beliefern.

Tabelle 3.52: Die Bedeutung der Finanzierungsleistungen im bayerischen Großhandel als Profilierungsinstrument nach der Kundenstruktur von 1987 bis 1997 - Angaben in Mittelwerten einer 5er-Skala -[1])

Finanzierungs-aktivitäten	Hauptabnehmergruppe				insgesamt
	Handwerk	Groß- und Einzelhandel	Industrie	sonstige	
1987					
Warenkreditierung	2,65	3,06	3,25	3,27	3,05
(Waren-)Vermietung	4,88	4,95	4,54	4,73	4,76
(Waren-)Mietserviceverträge	4,84	5,00	4,77	4,87	4,85
(Waren-)Leasing	4,92	5,00	4,69	4,88	4,87
Factoring	4,92	5,00	4,64	4,93	4,88
1992					
Warenkreditierung	2,59	3,00	3,05	3,21	2,97
(Waren-)Vermietung	4,96	4,95	4,69	4,80	4,85
(Waren-)Mietserviceverträge	4,88	5,00	4,92	4,94	4,92
(Waren-)Leasing	4,96	4,95	4,85	4,91	4,92
Factoring	5,00	5,00	4,79	5,00	4,96
1997					
Warenkreditierung	2,68	3,00	3,05	3,20	3,01
(Waren-)Vermietung	4,90	4,96	4,54	4,75	4,79
(Waren-)Mietserviceverträge	4,87	5,00	4,69	4,89	4,86
(Waren-)Leasing	4,80	4,92	4,69	4,83	4,81
Factoring	4,93	5,00	4,64	4,94	4,89

1) 1 = sehr wichtig; 5 = nicht wichtig.

Die Auswertung nach der Unternehmensgröße

Hinsichtlich der Größenordnung der befragten Großhandelsunternehmen ergeben sich keine gravierenden Unterschiede bei der Beurteilung der Bedeutung der Finanzierungsleistungen als Instrument zur Profilierung des Unternehmens.

Die Bedeutung der Finanzierungsleistungen als Profilierungsinstrument wird von den befragten Großhandelsunternehmen über den Betrachtungszeitraum von 1987 bis 1997 insgesamt als weitgehend unverändert eingestuft. Das im Jahre 1992 gegenüber dem Jahre 1987 leicht höhere Bedeutungsniveau repräsentiert keinen Trend, da sich die Werte für 1997 wieder in Richtung der Werte des Jahres 1987 entwickeln.

Tabelle 3.53: Die Bedeutung der Finanzierungsleistungen im bayerischen Großhandel als Profilierungsinstrument nach der Unternehmensgröße von 1987 bis 1997 - Angaben in Mittelwerten einer 5er-Skala -[1)]

Finanzierungs-aktivitäten	Unternehmensumsatz			insgesamt
	bis 50 Mill. DM	bis 250 Mill. DM	250 Mill. DM und mehr	
1987				
Warenkreditierung	3,25	2,90	2,92	3,05
(Waren-)Vermietung	4,76	4,64	5,00	4,76
(Waren-)Mietserviceverträge	4,94	4,70	4,93	4,85
(Waren-)Leasing	4,94	4,70	5,00	4,87
Factoring	4,91	4,77	5,00	4,88
1992				
Warenkreditierung	3,16	2,86	2,84	2,97
(Waren-)Vermietung	4,76	4,87	5,00	4,85
(Waren-)Mietserviceverträge	4,94	4,90	4,93	4,92
(Waren-)Leasing	4,91	4,90	5,00	4,92
Factoring	4,91	5,00	5,00	4,96
1997				
Warenkreditierung	3,31	2,90	2,64	3,01
(Waren-)Vermietung	4,78	4,69	5,00	4,79
(Waren-)Mietserviceverträge	4,94	4,74	4,88	4,86
(Waren-)Leasing	4,89	4,61	5,00	4,81
Factoring	4,92	4,80	5,00	4,89

1) 1 = sehr wichtig; 5 = nicht wichtig.

K. Die Lieferantenbindung und die Einkaufskooperation

I. Die Lieferantenbindung

Bei der Analyse der Lieferantenbindung wurde nach Bindungsintensitäten zunächst zwischen vertraglich und nicht vertraglich abgesicherten Bindungen unterschieden, die dann jeweils weiter differenziert wurden.

Die Gesamtauswertung

Die dominierende Form der Zusammenarbeit des Großhandels mit Lieferanten ist die dauerhafte Zusammenarbeit ohne vertragliche Bindung. Der häufige Wechsel und damit der nur kurzfristige Bezug bei einem Lieferanten haben wie kontraktorientierte Marketingkonzepte eine nur geringe Bedeutung.

Gut drei Viertel des Beschaffungsvolumens beziehen die befragten bayerischen Großhandelsunternehmen bei Lieferanten ohne vertragliche Bindung, die restlichen rd. 22,0 % bei Lieferanten mit vertraglicher Bindung.

Die Auswertung nach der Branchenzugehörigkeit

Über eine nur einmalige bzw. gelegentliche Zusammenarbeit mit Lieferanten berichten einige Unternehmen im Großhandel mit Papier und Verpackung, der jedoch ganz überwiegend dauerhaft von Lieferanten ohne vertragliche Bindung bezieht.

Der Exklusiv- bzw. Ausschließlichkeitsvertrieb hat - bei insgesamt niedrigem Niveau - eine leicht überdurchschnittliche Verbreitung bei den Unternehmen des Großhandels mit Nahrungsmitteln. Vertriebsbindungs- und Franchisekonzepte haben bisher in keiner der betrachteten Großhandelsbranchen Bedeutung (vgl. Tabelle 3.54, 3.55).

Die Auswertung nach der Kundenstruktur

Bei den überwiegend das Handwerk beliefernden Großhandelsunternehmen hat eine laufende Zusammenarbeit mit Lieferanten ohne vertragliche Bindung mit rd. 82,4 % des Beschaffungsvolumens eine überdurchschnittliche Bedeutung.

In den überwiegend Industrie- sowie Groß- und Einzelhandelsunternehmen bedienenden Großhandelsbranchen liegt der Lieferanteil von nichtgebundenen Lieferanten mit jeweils rd. 75 % dagegen etwas niedriger. Dort haben Konzepte des Exklusiv- bzw. Ausschließlichkeitsvertriebs höhere Bedeutung (vgl. Tabelle 3.56, 3.57).

Die Auswertung nach der Unternehmensgröße

Die größte Verbreitung hat die laufende Zusammenarbeit mit Lieferanten ohne vertragliche Bindung bei den mittleren Unternehmen, gefolgt von den kleinen Unternehmen. Bei den großen Unternehmen ist dieser Anteil mit rd. 65 % des Beschaffungsvolumens unterdurchschnittlich ausgeprägt. Hier haben die vertraglich abgesicherten Konzepte des Exklusiv- bzw. Ausschließlichkeitsvertriebs eine vergleichsweise hohe Bedeutung (vgl. Tabelle 3.58, 3.59).

Tabelle 3.54: Die Intensität der Lieferantenbindung des bayerischen Großhandels nach Branchen im Jahre 1992 - Angaben in Mittelwerten einer 5er-Skala -[1]

Typ der Lieferanten-bindung	Großhandel mit ...					
	Rohstoffen	technischem Bedarf	Nahrungsmitteln	Textilien und Hausbedarf	Papier und Verpackung	insgesamt
keine feste Zusammenarbeit	3,50	4,18	4,53	3,70	3,00	4,01
laufende Zusammenarbeit ohne vertragliche Bindung	2,40	1,94	2,68	1,70	1,44	2,09
Vertragshändler	4,00	4,22	4,31	5,00	3,67	4,24
Exklusiv- bzw. Ausschließlichkeitsvertrieb	4,08	4,05	3,56	5,00	3,50	4,00
Vertriebsbindung	4,55	4,72	4,86	5,00	4,00	4,71
Franchisegeber	5,00	5,00	5,00	5,00	5,00	5,00

1) 1 = sehr intensiv; 5 = nicht intensiv.

Tabelle 3.55: Das Einkaufsvolumen nach der vertraglichen Bindung des bayerischen Großhandels zu Lieferanten nach Branchen im Jahre 1992 - Angaben in Mittelwerten einer 5er-Skala -[1]

Typ der Lieferanten-bindung	Großhandel mit ...					
	Rohstoffen	technischem Bedarf	Nahrungsmitteln	Textilien und Hausbedarf	Papier und Verpackung	insgesamt
ohne vertragliche Bindung	74,67	82,70	60,05	99,44	76,33	77,98
davon						
- keine feste Zusammenarbeit	15,56	15,78	13,00	14,44	17,00	15,33
- laufende Zusammenarbeit ohne vertragliche Bindung	84,44	84,22	87,00	85,56	83,00	84,67
mit vertraglicher Bindung	25,33	17,30	39,95	0,56	23,67	22,02
davon						
- Vertragshändler	52,50	49,67	18,75	50,00	14,29	39,41
- Exklusiv- bzw. Ausschließlichkeitsvertrieb	37,50	34,76	68,75	50,00	64,29	46,30
- Vertriebsbindung	10,00	15,57	12,50	-	21,43	14,28
- Franchisegeber	-	-	-	-	-	-

Tabelle 3.56: Die Intensität der Lieferantenbindung des bayerischen Großhandels nach der Kundenstruktur im Jahre 1992 - Angaben in Mittelwerten einer 5er-Skala -[1)]

Typ der Lieferanten-bindung	Hauptabnehmergruppe				insgesamt
	Handwerk	Groß- und Einzelhandel	Industrie	sonstige	
keine feste Zusammenarbeit	4,30	3,96	3,31	4,00	4,01
laufende Zusammenarbeit ohne vertragliche Bindung	1,64	2,56	2,44	1,84	2,09
Vertragshändler	4,54	4,41	4,08	3,67	4,24
Exklusiv- bzw. Ausschließ-lichkeitsvertrieb	4,57	3,71	3,62	4,07	4,00
Vertriebsbindung	4,67	4,83	4,80	4,42	4,71
Franchisegeber	5,00	5,00	5,00	5,00	5,00

1) 1 = sehr intensiv; 5 = nicht intensiv.

Tabelle 3.57: Das Einkaufsvolumen nach der vertraglichen Bindung des bayerischen Großhandels zu Lieferanten nach der Kundenstruktur im Jahre 1992 - Angaben in Mittelwerten einer 5er-Skala -[1)]

Typ der Lieferanten-bindung	Hauptabnehmergruppe				insgesamt
	Handwerk	Groß- und Einzelhandel	Industrie	sonstige	
ohne vertragliche Bindung	82,45	74,68	74,94	86,06	77,98
davon					
- keine feste Zusammenarbeit	11,19	12,41	30,63	17,11	15,33
- laufende Zusammenarbeit ohne vertragliche Bindung	88,81	87,59	69,38	82,89	84,67
mit vertraglicher Bindung	17,55	25,32	25,06	13,94	22,02
davon					
- Vertragshändler	35,73	30,00	33,75	66,67	39,41
- Exklusiv- bzw. Ausschließ-lichkeitsvertrieb	36,36	60,00	56,88	19,44	46,30
- Vertriebsbindung	27,91	10,00	9,38	13,89	14,28
- Franchisegeber	-	-	-	-	-

Tabelle 3.58: Die Intensität der Lieferantenbindung des bayerischen Großhandels nach der Unternehmensgröße im Jahre 1992 - Angaben in Mittelwerten einer 5er-Skala -[1)]

Typ der Lieferanten-bindung	Unternehmensumsatz			insgesamt
	bis 50 Mill. DM	bis 250 Mill. DM	250 Mill. DM und mehr	
keine feste Zusammenarbeit	3,82	4,14	4,17	4,01
laufende Zusammenarbeit ohne vertragliche Bindung	2,07	2,03	2,25	2,09
Vertragshändler	4,34	4,33	3,89	4,24
Exklusiv- bzw. Ausschließlichkeitsvertrieb	3,82	4,34	3,75	4,00
Vertriebsbindung	4,72	4,88	4,40	4,71
Franchisegeber	5,00	5,00	5,00	5,00

1) 1 = sehr intensiv; 5 = nicht intensiv.

Tabelle 3.59: Das Einkaufsvolumen nach der vertraglichen Bindung des bayerischen Großhandels zu Lieferanten nach der Unternehmensgröße im Jahre 1992 - Angaben in Mittelwerten einer 5er-Skala -[1)]

Typ der Lieferanten-bindung	Unternehmensumsatz			insgesamt
	bis 50 Mill. DM	bis 250 Mill. DM	250 Mill. DM und mehr	
ohne vertragliche Bindung davon	74,80	87,56	65,33	77,98
- keine feste Zusammenarbeit	12,63	16,52	18,25	15,33
- laufende Zusammenarbeit ohne vertragliche Bindung	87,38	83,48	81,75	84,67
mit vertraglicher Bindung davon	25,20	12,44	34,67	22,02
- Vertragshändler	40,95	48,69	26,67	39,41
- Exklusiv- bzw. Ausschließlichkeitsvertrieb	48,57	35,38	54,17	46,30
- Vertriebsbindung	10,48	15,92	19,17	14,28
- Franchisegeber	-	-	-	-

II. Die Einkaufskooperation

Von den befragten Unternehmen waren rd. 62 % einer Einkaufskooperation bzw. Verbundgruppe angeschlossen. Die Großhandelsunternehmen, die Mitglied einer solchen Kooperation waren, wickelten rd. 49 % des Beschaffungsvolumens über diese Institutionen ab.

Insgesamt ein Drittel der befragten Unternehmen führt Handelsmarken der Einkaufskooperation im Sortiment. Bei diesen Unternehmen beträgt der mit diesen Marken realisierte Umsatzanteil im Durchschnitt rd. 12 %.

Eigenmarken des Unternehmens werden von gut einem Viertel der befragten Unternehmen des bayerischen Großhandels im Sortiment geführt. Bei diesen Unternehmen beträgt der Umsatzanteil der Eigenmarken im Durchschnitt 15,4 %.

Tabelle 3.60: Die Einbindung des bayerischen Großhandels in eine Einkaufskooperation oder Verbundgruppe nach Branchen im Jahre 1992

Typ der Einkaufskooperation	Großhandel mit ...											
	Rohstoffen		technischem Bedarf		Nahrungsmitteln		Textilien und Hausbedarf		Papier und Verpackung		insgesamt	
	absolut	in %	absolut	in %	absolut	in %	absolut	in %	absolut	in %	absolut	in %
Das Unternehmen ist einer Einkaufskooperation bzw. Verbundgruppe ...												
- angeschlossen	8	38,1	40	74,1	12	60,0	10	100,0	3	25,0	73	62,4
- nicht angeschlossen	13	61,9	14	25,9	8	40,0	-	-	9	75,0	44	37,6
Anteil des Beschaffungsvolumens, das über die Handelskooperation abgewickelt wird, in %	49,63		44,28		54,00		73,13		28,67		49,12	

Tabelle 3.61: Die Verbundmarken der Einkaufskooperation im Sortiment des bayerischen Großhandels nach Branchen im Jahre 1992

Typ der Einkaufskooperation	Großhandel mit ...											
	Rohstoffen		technischem Bedarf		Nahrungsmitteln		Textilien und Hausbedarf		Papier und Verpackung		insgesamt	
	absolut	in %	absolut	in %	absolut	in %	absolut	in %	absolut	in %	absolut	in %
Das Unternehmen führt Verbundmarken im Sortiment												
- ja	4	19,0	19	35,8	8	40,0	6	60,0	2	16,7	39	33,6
- nein	17	81,0	34	64,2	12	60,0	4	40,0	10	83,3	77	66,4
Umsatzanteil in % der Unternehmen, die Verbundmarken führen	21,00		8,35		6,00		28,80		2,00		12,06	

Tabelle 3.62: Die unternehmenseigenen Marken im Sortiment des bayerischen Großhandels nach Branchen im Jahre 1992

Typ der Einkaufs-kooperation	Großhandel mit ...					
	Rohstoffen	technischem Bedarf	Nahrungsmitteln	Textilien und Hausbedarf	Papier und Verpackung	insgesamt
	abso-lut in %	abso-lut in %	abso-lut in %	abso-lut in %	abso-lut in %	abso-lut in %
Das Unternehmen führt Eigenmarken im Sortiment						
- ja	4 19,0	11 20,4	7 35,0	6 60,0	3 25,0	31 26,5
- nein	17 81,0	43 79,6	13 65,0	4 40,0	9 75,0	86 73,5
Umsatzanteil in % der Unternehmen mit Eigenmarken	11,75	18,00	12,17	6,17	38,33	15,41

L. Der Informationsverbund der Großhandelsunternehmen zu Marktpartnern

I. Die Wahrnehmung von Informationsleistungen zu Marktpartnern

Der Großhandel hat mit seinen Marktpartnern einen oft differenzierten Informationsverbund entwickelt oder ist dabei, ihn einzuführen. Der Informationsaustausch kann sich dabei auf unterschiedliche Informationsinhalte beziehen, so Preis- oder Bestelldaten, und auch auf unterschiedliche Technologien stützen.

Marktpartner, die als Kommunikationspartner in Betracht kommen, sind Lieferanten, Kunden, so Einzelhandel, Industrie und Handwerk, wie auch Dienstleister, so Spediteure.

Die Gesamtauswertung

Der Informationsverbund ist gegenüber den Kunden in Industrie und Handel deutlich stärker ausgeprägt als gegenüber dem Einzelhandel. Ein Informationsverbund zu Dienstleistern wurde so gut wie nicht angetroffen.

Im Rahmen des Informationsverbundes zu Marktpartnern werden überwiegend Sortiments-, Preis- und Konditionendaten ausgetauscht. Insbesondere gegenüber den Kunden in Industrie und Handwerk hat auch der Austausch von Daten über die Lagerverfügbarkeit Bedeutung.

Tabelle 3.63: Der Informationsverbund des bayerischen Großhandels zum Einzelhandel im Jahre 1992 - Anzahl der Nennungen absolut -

Informationen	Großhandel mit ...					
	Rohstoffen	technischem Bedarf	Nahrungsmitteln	Textilien und Hausbedarf	Papier und Verpackung	insgesamt
Sortimentsstammdaten						
- bestehender bzw. geplanter Informationsverbund	19	1	7	5	2	4
- kein Informationsverbund	40	9	18	8	3	2
Preisdaten						
- bestehender bzw. geplanter Informationsverbund	20	-	8	5	3	4
- kein Informationsverbund	38	9	17	7	3	2
Konditionenstammdaten						
- bestehender bzw. geplanter Informationsverbund	17	-	7	5	2	3
- kein Informationsverbund	39	9	18	7	3	3
Lagerverfügbarkeitsdaten						
- bestehender bzw. geplanter Informationsverbund	17	-	7	4	3	3
- kein Informationsverbund	40	9	18	7	3	3
Bestelldaten						
- bestehender bzw. geplanter Informationsverbund	17	1	6	3	4	3
- kein Informationsverbund	39	9	18	7	2	3
Fakturierungsdaten						
- bestehender bzw. geplanter Informationsverbund	18	-	6	4	4	4
- kein Informationsverbund	37	9	18	6	2	2

Tabelle 3.64: Der Informationsverbund des bayerischen Großhandels zu Industrie- und Handwerkskunden im Jahre 1992 - Anzahl der Nennungen absolut -

Informationen	Großhandel mit ...					
	Rohstoffen	technischem Bedarf	Nahrungsmitteln	Textilien und Hausbedarf	Papier und Verpackung	insgesamt
Sortimentsstammdaten						
- bestehender bzw. geplanter Informationsverbund	40	5	27	-	5	3
- kein Informationsverbund	30	8	14	6	1	1
Preisdaten						
- bestehender bzw. geplanter Informationsverbund	42	4	29	-	5	4
- kein Informationsverbund	30	10	13	5	1	1
Konditionenstammdaten						
- bestehender bzw. geplanter Informationsverbund	29	3	19	-	4	3
- kein Informationsverbund	39	11	20	5	2	1
Lagerverfügbarkeitsdaten						
- bestehender bzw. geplanter Informationsverbund	33	5	20	-	4	4
- kein Informationsverbund	36	9	18	5	2	2
Bestelldaten						
- bestehender bzw. geplanter Informationsverbund	27	5	15	-	4	3
- kein Informationsverbund	39	9	21	5	2	2
Fakturierungsdaten						
- bestehender bzw. geplanter Informationsverbund	22	4	12	-	4	2
- kein Informationsverbund	42	9	24	5	2	2

Tabelle 3.65: Der Informationsverbund des bayerischen Großhandels zu externen Dienstleistern im Jahre 1992 - Anzahl der Nennungen absolut -

Informationen	Großhandel mit ...					
	Rohstoffen	technischem Bedarf	Nahrungsmitteln	Textilien und Hausbedarf	Papier und Verpackung	insgesamt
Sortimentsstammdaten						
- bestehender bzw. geplanter Informationsverbund	8	-	4	3	-	1
- kein Informationsverbund	33	7	18	4	1	3
Preisdaten						
- bestehender bzw. geplanter Informationsverbund	9	1	4	3	-	1
- kein Informationsverbund	33	7	18	4	1	3
Konditionenstammdaten						
- bestehender bzw. geplanter Informationsverbund	8	-	4	3	-	1
- kein Informationsverbund	33	7	18	4	1	3
Lagerverfügbarkeitsdaten						
- bestehender bzw. geplanter Informationsverbund	9	-	4	2	1	2
- kein Informationsverbund	32	7	18	4	-	3
Bestelldaten						
- bestehender bzw. geplanter Informationsverbund	9	-	3	3	1	2
- kein Informationsverbund	32	7	18	4	-	3
Fakturierungsdaten						
- bestehender bzw. geplanter Informationsverbund	10	-	4	3	1	2
- kein Informationsverbund	30	7	17	4	-	2

II. Die Bedeutung des Informationsverbundes zu Marktpartnern

Einem Informationsverbund zu Marktpartnern wurde eine nur durchschnittliche Bedeutung als Profilierungsinstrument beigemessen, dabei mehr zu Lieferanten, kaum jedoch mit Kunden. Die Bedeutung des Informationsverbundes zu Marktpartnern wird in Zukunft jedoch zunehmen.

Die Auswertung nach der Branchenzugehörigkeit

Insgesamt votierten die Befragten vergleichsweise einheitlich.

Tabelle 3.66: Die Bedeutung des Informationsverbundes des bayerischen Großhandels als Profilierungsinstrument nach Branchen von 1987 bis 1997 - Angaben in Mittelwerten einer 5er-Skala -[1)]

Informationsverbund	Großhandel mit ...					
	Rohstoffen	technischem Bedarf	Nahrungsmitteln	Textilien und Hausbedarf	Papier und Verpackung	insgesamt
zum Lieferanten/Hersteller						
- 1987	4,75	4,14	4,44	4,40	3,13	4,23
- 1992	4,44	3,50	3,81	3,90	2,38	3,65
- Perspektive 1997	3,76	2,56	3,31	2,80	1,75	2,84
zum Großhandel						
- 1987	5,00	4,85	4,58	4,80	5,00	4,82
- 1992	5,00	4,67	4,42	4,80	5,00	4,69
- Perspektive 1997	4,40	4,42	3,75	4,20	4,33	4,27
zum nachgelagerten Großhandel						
- 1987	5,00	4,87	4,58	4,60	4,00	4,76
- 1992	5,00	4,88	4,42	4,20	4,00	4,70
- Perspektive 1997	4,73	4,61	3,92	4,20	4,00	4,43
zum Einzelhandel						
- 1987	4,80	4,61	4,93	4,75	4,00	4,68
- 1992	4,70	4,55	4,13	4,63	3,00	4,38
- Perspektive 1997	4,55	4,24	3,81	4,25	2,40	4,07
zu Industrie/Handwerk						
- 1987	4,87	4,18	5,00	4,00	4,60	4,43
- 1992	4,60	3,48	5,00	3,67	4,20	3,95
- Perspektive 1997	3,94	2,84	4,92	2,67	3,20	3,36
zu externen Dienstleistern						
- 1987	4,70	4,70	4,27	4,20	4,00	4,54
- 1992	4,70	4,42	4,00	4,20	3,67	4,33
- Perspektive 1997	4,55	4,13	3,91	3,80	3,33	4,10

1) 1 = sehr wichtig; 5 = nicht wichtig.

Ausnahmen bilden der Großhandel mit Papier und Verpackung, der dem Informationsverbund zum Hersteller bzw. Lieferanten, zum Einzelhandel und zu externen Dienstleistern eine überdurchschnittliche Bedeutung beimißt, sowie der Großhandel mit technischem Bedarf, der den Informationsverbund zu Industrie bzw. Handwerk als überdurchschnittlich bedeutend einstuft.

Tabelle 3.67: Die Bedeutung des Informationsverbundes des Großhandels als Profilierungsinstrument nach der Kundenstruktur von 1987 bis 1997 - Angaben in Mittelwerten einer 5er-Skala -[1)]

Informationsverbund	Hauptabnehmergruppe				insgesamt
	Handwerk	Groß- und Einzelhandel	Industrie	sonstige	
zum Lieferanten/Hersteller					
- 1987	4,17	3,94	4,67	4,36	4,23
- 1992	3,47	3,32	4,47	3,57	3,65
- Perspektive 1997	2,39	2,61	3,80	2,87	2,84
zum Großhandel					
- 1987	4,91	4,72	4,71	4,83	4,82
- 1992	4,70	4,44	5,00	4,83	4,69
- Perspektive 1997	4,43	4,00	4,43	4,15	4,27
zum nachgelagerten Großhandel					
- 1987	5,00	4,40	4,75	4,91	4,76
- 1992	5,00	4,10	5,00	4,91	4,70
- Perspektive 1997	4,90	3,75	4,75	4,42	4,43
zum Einzelhandel					
- 1987	4,86	4,52	4,67	4,58	4,68
- 1992	4,86	4,00	4,33	4,17	4,38
- Perspektive 1997	4,82	3,46	4,17	3,77	4,07
zu Industrie/Handwerk					
- 1987	4,00	5,00	4,73	4,42	4,43
- 1992	3,17	5,00	4,53	3,83	3,95
- Perspektive 1997	2,31	5,00	3,93	3,00	3,36
zu externen Dienstleistern					
- 1987	4,54	4,62	4,44	4,38	4,60
- 1992	4,33	4,33	4,33	4,50	4,09
- Perspektive 1997	4,10	3,95	4,22	4,13	4,00

1) 1 = sehr wichtig; 5 = nicht wichtig.

Die Bedeutung des Informationsverbundes zu Marktpartnern als Profilierungsinstrument des Unternehmens nimmt tendenziell mit der Größe des befragten Unternehmens zu.

Tabelle 3.68: Die Bedeutung des Informationsverbundes des bayerischen Großhandels als Profilierungsinstrument nach der Unternehmensgröße von 1987 bis 1997 - Angaben in Mittelwerten einer 5er-Skala -[1]

Informationsverbund	Unternehmensumsatz			insgesamt
	bis 50 Mill. DM	bis 250 Mill. DM	250 Mill. DM und mehr	
zum Lieferanten/Hersteller				
- 1987	4,50	4,18	3,82	4,23
- 1992	4,15	3,53	2,95	3,65
- Perspektive 1997	3,49	2,53	2,18	2,84
zum Großhandel				
- 1987	5,00	4,78	4,57	4,82
- 1992	4,88	4,83	4,14	4,69
- Perspektive 1997	4,50	4,57	3,36	4,27
zum nachgelagerten Großhandel				
- 1987	4,92	4,70	4,54	4,76
- 1992	4,85	4,75	4,31	4,70
- Perspektive 1997	4,52	4,52	4,08	4,43
zum Einzelhandel				
- 1987	4,94	4,70	4,13	4,68
- 1992	4,84	4,50	3,25	4,38
- Perspektive 1997	4,48	4,33	2,81	4,07
zu Industrie/Handwerk				
- 1987	4,63	4,19	4,53	4,43
- 1992	4,38	3,50	4,00	3,95
- Perspektive 1997	3,79	2,88	3,44	3,36
zu externen Dienstleistern				
- 1987	4,50	4,68	4,36	4,54
- 1992	4,31	4,65	3,73	4,33
- Perspektive 1997	4,22	4,35	3,27	4,10

1) 1 = sehr wichtig; 5 = nicht wichtig.

Zur künftigen Entwicklung

Die Bedeutung des Informationsverbundes zu Marktpartnern als Profilierungsinstrument des bayerischen Großhandels wird künftig an Bedeutung gewinnen. Erste Priorität hat dabei der Informationsaustausch mit Lieferanten und mit Kunden im Handwerk und in der Industrie. Doch auch der Informationsverbund zum Einzelhandel und zu externen Dienstleistern wird an Bedeutung gewinnen, wenngleich das absolute Niveau der Bedeutung eines solchen Informationsverbundes niedriger ist als zu den übrigen genannten Marktpartnern.

M. Die Internationalisierungstendenzen im bayerischen Großhandel

Durch den europäischen Binnenmarkt und durch die Ostöffnung haben sich erhebliche Veränderungen der Rahmenbedingungen für den bayerischen Großhandel ergeben.

Die Gesamtauswertung

Auf die Frage nach der Neuorientierung der Unternehmenspolitik im Großhandel zeigte sich als bemerkenswertes Ergebnis, daß weitaus mehr Großhandelsunternehmen sich auf Aktivitäten in Osteuropa (rd. 51 %) vorbereiten, als sie Maßnahmen als Folge des Binnenmarktes für erforderlich halten (rd. 32 %).

Darüber hinaus ist festzustellen, daß der Trend nach Osteuropa bei den Produktionsverbindungshändlern beträchtlich intensiver ist als beim Konsumgütergroßhandel. Auch bei den Veränderungen durch die Europäische Union sehen die Produktionsverbindungshändler, vor allem die Rohstoffhändler, mehr Anlaß zu Maßnahmen als der Konsumgüterhandel.

Die Auswertung nach der Branchenzugehörigkeit

Bei der Analyse nach Befragtengruppen ist die z. T. geringe absolute Anzahl der antwortenden Unternehmen zu berücksichtigen.

Tabelle 3.69: Die Neuorientierung im Leistungsprogramm des bayerischen Großhandels nach Branchen als Folge des Binnenmarktes und der Ostöffnung

geplante Veränderungen	Großhandel mit ...											
	Rohstoffen		technischem Bedarf		Nahrungsmitteln		Textilien und Hausbedarf		Papier und Verpackung		insgesamt	
	absolut	in %	absolut	in %	absolut	in %	absolut	in %	absolut	in %	absolut	in %
Binnenmarkt												
- ja		38,1	16	31,4	5	25,0	2	20,0	5	41,7	36	31,6
- nein	13	61,9	35	68,6	15	75,0	8	80,0	7	58,3	78	68,4
osteuropäischer Raum												
- ja	13	65,0	27	51,9	9	45,0	4	40,0	5	41,7	58	50,9
- nein	7	35,0	25	48,1	11	55,0	6	60,0	7	58,3	56	49,1

Trotzdem kann festgehalten werden, daß sich der Großhandel mit Papier und Verpackung und der Großhandel mit Rohstoffen durch den Binnenmarkt in überdurchschnittlichem Umfang neu ausgerichtet haben. Vergleichsweise schwache Impulse ergaben sich hingegen für den Großhandel mit Textilien und Hausbedarf sowie für den Großhandel mit Nahrungsmitteln.

Das gleiche Bild ergibt sich bei der Betrachtung der Neuorientierung der Unternehmenspolitik aufgrund der Ostöffnung.

Die Auswertung nach der Kundenstruktur

Die Schaffung des europäischen Binnenmarktes wurde insbesondere von Großhandelsunternehmen zu einer Neuorientierung der Unternehmenspolitik genutzt, die überwiegend die Industrie beliefern. Die vergleichsweise geringsten Auswirkungen ergeben sich im Hinblick auf den Binnenmarkt bei den überwiegend an das Handwerk liefernden Großhandelsunternehmen. Dies gilt auch für die Neuorientierung aufgrund der Öffnung Osteuropas.

Tabelle 3.70: Die Neuorientierung im Leistungsprogramm des bayerischen Großhandels nach der Kundenstruktur als Folge des Binnenmarktes und der Ostöffnung

geplante Veränderungen	Hauptabnehmergruppe								insgesamt	
	Handwerk		Groß- und Einzelhandel		Industrie		sonstige			
	absolut	in %	absolut	in %	absolut	in %	absolut	in %	absolut	in %
Binnenmarkt										
- ja	10	26,3	11	32,4	8	40,0	5	27,8	36	31,6
- nein	28	73,7	23	67,6	12	60,0	13	72,2	78	68,4
osteuropäischer Raum										
- ja	19	48,7	15	44,1	12	60,0	10	58,8	58	50,9
- nein	20	51,3	19	55,9	8	40,0	7	41,2	56	49,1

Die Auswertung nach der Unternehmensgröße

Die Bereitschaft zur Neuorientierung im bayerischen Großhandel aufgrund des Binnenmarktes nimmt mit der Größe der befragten Unternehmen deutlich zu. Während nur knapp ein Viertel der kleinen Unternehmen eine Neuorientierung der Unternehmenspolitik angab, betrug dieser Anteil bei den großen Unternehmen 52,0 %.

Im Hinblick auf die Neuorientierung nach Osteuropa bestätigt sich dieses Bild weitgehend.

Tabelle 3.71: Die Neuorientierung im Leistungsprogramm des bayerischen Großhandels nach der Unternehmensgröße als Folge des Binnenmarktes und der Ostöffnung

geplante Veränderungen	Unternehmensumsatz						insgesamt	
	bis 50 Mill. DM		bis 250 Mill. DM		250 Mill. DM und mehr			
	absolut	in %	absolut	in %	absolut	in %	absolut	in %
Binnenmarkt								
- ja	11	24,4	12	27,3	13	52,0	36	31,6
- nein	34	75,6	32	72,7	12	48,0	78	68,4
osteuropäischer Raum								
- ja	22	47,8	20	46,5	16	64,0	58	50,9
- nein	24	52,2	23	53,5	9	36,0	56	49,1

N. Die Über- und Untererfüllung ausgewählter Funktionen und Aktivitäten

I. Der Gegenstand

In den folgenden Auswertungen erfolgt eine Ordnung der Funktionen bzw. Aktivitäten nach der von den Befragten berichteten Bedeutung im Jahre 1992.

Diesen Werten wird die Differenz zwischen der Bedeutung und der aus der Sicht der Befragten im Jahre 1992 realisierten Intensität der Funktionen bzw. dem Ausmaß der Erledigung der jeweiligen Aktivitäten gegenübergestellt. Dabei zeigen aufgrund der Skala von 1 = sehr wichtig bis 5 = nicht wichtig Werte mit negativem Vorzeichen Defizite und mit positivem Vorzeichen Überschüsse der effektiven Erledigung (Intensität) im Vergleich zur dokumentierten Bedeutung.

Der Handlungsbedarf wird aus den Defiziten abgeleitet. Dabei wird von der Hypothese ausgegangen, daß die Differenz zwischen Bedeutung und Intensität dann Handlungsbedarf der Großhandelsunternehmen signalisiert, wenn die Bedeutung einer Funktion besser bewertet wird als die wahrgenommene Intensität. Wenn die Bedeutung geringer eingeschätzt wird als die erreichte Intensität, werden die Großhandlungen eher veranlaßt sein, die Intensität dieser Funktion zu reduzieren.

Für die Ableitung des Handlungsbedarfs wird die Differenz zwischen dem Wert der Intensität und dem Wert der Bedeutung gemessen. Beispiele:

Bedeutung	Intensität	maximal mögliche Verringerung	maximal erforderliche Verbesserung
1,0	2,0	Ø	- 1,0
2,0	1,0	+ 1,0	Ø
3,0	3,0	-	-

II. Die Auswertung nach Schwerpunktwarengruppen

Der Großhandel mit Rohstoffen

Die Funktionen und Aktivitäten des Großhandels mit Rohstoffen, denen die befragten Unternehmen des bayerischen Großhandels die größte Bedeutung beimessen, sind in Tabelle 3.72 zusammengestellt.

Deutliche Defizite zwischen Bedeutung und Intensität ergeben sich im gesamten Logistikbereich, so beim Transport vom Zentrallager zum Verbrauchs- bzw. Verkaufspunkt des Kunden und zu dessen Lager. Defizite ergeben sich zudem bei der Streckenbelieferung des Kunden.

Die Funktionen, die aus der Sicht der Befragten vergleichsweise großzügig erfüllt werden, sind:

- die Lagerhaltung auf Zentralgroßhandelsebene,
- der Akquisitionsaußendienst,
- die Marktforschung in bestehenden bzw. bearbeiteten Segmenten,
- die technischen Beratungen,
- die Qualitätsprüfung sowie
- die Marktforschung in neuen bzw. potentiellen Marktsegmenten.

Der Großhandel mit technischem Bedarf

Die Funktionen und Aktivitäten des Großhandels mit technischem Bedarf, denen die befragten Unternehmen des bayerischen Großhandels die größte Bedeutung beimessen, sind in Tabelle 3.73 dargestellt.

Tabelle 3.72: Die Bedeutung und Intensität der wichtigsten Funktionen und Aktivitäten des bayerischen Großhandels mit Rohstoffen im Jahre 1992 - Angaben in Mittelwerten -

Funktion/Aktivität	Bedeutung	Intensität	Differenz Bedeutung ./. Intensität
Transport vom eigenen Zentrallager zum Verbrauchs- bzw. Verkaufspunkt (auch Bau- oder Montagestelle) des Kunden	1,75	2,53	- 0,78
Lagerhaltung auf Zentralgroßhandelsebene	1,89	1,47	+ 0,42
Transport vom eigenen Zentrallager zum Lager des Kunden	2,13	2,87	- 0,74
Akquisitionsaußendienst	2,31	2,00	+ 0,31
Streckenbelieferung des Kunden	2,44	3,47	- 1,03
Produktmanipulation, so Anarbeitung, Umarbeitung	2,68	2,74	- 0,06
Marktforschung in bestehenden/ bearbeiteten Marktsegmenten	2,86	2,67	+ 0,19
technische Beratungen	2,88	2,63	+ 0,25
Qualitätsprüfung	2,94	2,71	+ 0,23
Marktforschung in neuen/potentiellen Marktsegmenten	2,94	2,72	+ 0,22
Transport vom eigenen Regionallager zum regionalen Lager des Kunden	3,13	3,85	- 0,72

Tabelle 3.73: Die Bedeutung und die Intensität der wichtigsten Funktionen und Aktivitäten des bayerischen Großhandels mit technischem Bedarf im Jahre 1992 - Angaben in Mittelwerten -

Funktion/Aktivität	Bedeutung	Intensität	Differenz Bedeutung ./. Intensität
Lagerhaltung auf Zentralgroßhandelsebene	1,26	1,41	- 0,15
Akquisitionsaußendienst	1,53	1,58	- 0,05
Transport vom eigenen Zentrallager zum Verbrauchs- bzw. Verkaufspunkt (auch Bau- oder Montagestelle) des Kunden	1,79	2,08	- 0,29
Kataloge, Preislisten	1,82	1,70	+ 0,12
technische Beratungen	2,31	2,08	+ 0,23
Lagerhaltung auf Regionalgroßhandelsebene	2,35	2,52	- 0,17
Transport vom eigenen Zentrallager zum Lager des Kunden	2,50	2,79	- 0,29
Transport vom eigenen Regionallager zum Verbrauchs- bzw. Verkaufspunkt beim Kunden	2,57	2,57	-
Transport vom eigenen Regionallager zum regionalen Lager des Kunden	2,65	2,53	+ 0,12
Warenkreditierung	2,84	2,35	+ 0,49

Auf einem insgesamt hohen Niveau der dokumentierten Bedeutung ergeben sich insgesamt nur geringe Abweichungen zwischen Bedeutung und Intensität der Einschaltung in die jeweils als bedeutend eingestuften Funktionen und Aktivitäten.

Leichte bis mittlere Defizite ergeben sich bei den befragten Unternehmen des bayerischen Großhandels mit technischem Bedarf im Bereich der Logistik, so bei der Lagerhaltung auf Zentral- und Regionalgroßhandelsebene, beim Transport vom eigenen Zentrallager zum Verbrauchs- bzw. Verkaufspunkt wie auch zum Lager des Kunden. Zu den eher großzügig dimensionierten Funktionen zählen im Großhandel mit technischem Bedarf die technischen Beratungen sowie die Warenkreditierung.

Der Großhandel mit Nahrungsmitteln

Als Funktionen und Aktivitäten des Großhandels mit Nahrungsmitteln, denen die befragten Unternehmen des bayerischen Großhandels die größte Bedeutung beimessen, lassen sich herausstellen:

Tabelle 3.74: Die Bedeutung und die Intensität der wichtigsten Funktionen und Aktivitäten des bayerischen Großhandels mit Nahrungsmitteln im Jahre 1992 - Angaben in Mittelwerten -

Funktion/Aktivität	Bedeutung	Intensität	Differenz Bedeutung ./. Intensität
Lagerhaltung auf Zentralgroßhandelsebene	1,93	1,25	+ 0,68
Akquisitionsaußendienst	1,94	1,94	-
Lagerhaltung auf Regionalgroßhandelsebene	2,33	2,56	- 0,23
Transport vom eigenen Regionallager zum regionalen Lager des Kunden	2,35	2,53	- 0,18
Transport vom eigenen Regionallager zum Verbrauchs- bzw. Verkaufspunkt beim Kunden	2,36	2,54	- 0,18
Transport vom eigenen Zentrallager zum Verbrauchs- bzw. Verkaufspunkt (auch Bau- oder Montagestelle) des Kunden	2,73	2,00	+ 0,73
Unterstützung der Werbetätigkeit der Kunden	2,88	2,94	- 0,06
Transport vom eigenen Zentrallager zum Lager des Kunden	3,00	2,50	+ 0,50
Kataloge, Preislisten	3,00	2,79	+ 0,21
Unterstützung der Verkaufstätigkeit der Kunden	3,07	3,06	+ 0,01

Die befragten Unternehmen des bayerischen Großhandels mit Nahrungsmitteln sehen bei den aus ihrer Sicht bedeutenden Funktionen und Aktivitäten überwiegend eine Übererfüllung. Dies gilt insbesondere für die Lagerhaltung auf Zentralgroßhandelsebene, den Transport vom eigenen Zentrallager zum Verbrauchs- bzw. Verkaufspunkt des Kunden sowie für den Transport vom eigenen Zentrallager zum Lager des Kunden. Die Zentrallagerlogistik des Großhandels gehört damit zu den großzügig erfüllten Funktionen.

Defizite ergeben sich bei den befragten Unternehmen des bayerischen Großhandels mit Nahrungsmitteln hingegen bei allen regionalen Aspekten der Lagerhaltung und des Transports.

Der Großhandel mit Textilien und Heimbedarf

Die dokumentierte Bedeutung der Funktionen und Aktivitäten weist aus Sicht der befragten Unternehmen des bayerischen Großhandels mit Textilien und Heimbedarf eine starke Polarisierung auf. So weisen drei Aspekte mit Mittelwerten von unter 1,63 eine hohe Bedeutung auf, die übrigen Aspekte fallen jedoch hinsichtlich der beigemessenen Bedeutung deutlich ab.

Tabelle 3.75: Die Bedeutung und die Intensität der wichtigsten Funktionen und Aktivitäten des bayerischen Großhandels mit Textilien und Heimbedarf im Jahre 1992 - Angaben in Mittelwerten -

Funktion/Aktivität	Bedeutung	Intensität	Differenz Bedeutung ./. Intensität
Akquisitionsaußendienst	1,25	1,13	+ 0,12
Lagerhaltung auf Zentralgroßhandelsebene	1,38	1,13	+ 0,25
Transport vom eigenen Zentrallager zum Verbrauchs- bzw. Verkaufspunkt zum Bau- oder Montagestelle) des Kunden	1,63	2,57	- 0,94
Warenkreditierung	2,10	1,70	+ 0,40
Transport vom eigenen Zentrallager zum Lager des Kunden	2,63	3,17	- 0,54
Direktmarketing-Maßnahmen (Werbebriefe, Prospekte)	2,70	2,40	+ 0,30
Lagerhaltung auf Regionalgroßhandelsebene	2,75	2,50	+ 0,25
Kataloge, Preislisten	3,00	2,80	+ 0,20
Veranstaltung von Hausmessen	3,10	2,30	+ 0,80
Transport vom eigenen Regionallager zum Verbrauchs- bzw. Verkaufspunkt beim Kunden	3,13	2,43	+ 0,70
Fachseminare	3,20	3,30	- 0,10
technische Beratungen	3,25	3,13	+ 0,12
Beratung in Marketing und Absatz	3,30	3,20	+ 0,10
Transport vom eigenen Regionallager zum regionalen Lager des Kunden	3,38	3,00	+ 0,38

Vergleichsweise deutliche Defizite ergeben sich im Bereich des Transportes vom eigenen Zentrallager zum Verbrauchs- bzw. Verkaufspunkt des Kunden wie auch zum Lager des Kunden.

In allen anderen Funktionen und Aktivitäten ergeben sich hingegen großzügige Einschaltungen bis hin zu deutlichen Übererfüllungen der Anforderungen.

Der Großhandel mit Papier und Verpackung

Als Funktionen und Aktivitäten des Großhandels mit Papier und Verpackung, denen die befragten Unternehmen des bayerischen Großhandels die größte Bedeutung beimessen, sind zu nennen:

Tabelle 3.76: Die Bedeutung und die Intensität der wichtigsten Funktionen und Aktivitäten des bayerischen Großhandels mit Papier und Verpackung im Jahre 1992 - Angaben in Mittelwerten -

Funktion/Aktivität	Bedeutung	Intensität	Differenz Bedeutung ./. Intensität
Transport vom eigenen Zentrallager zum Verbrauchs- bzw. Verkaufspunkt (auch Bau- oder Montagestelle) des Kunden	1,67	1,17	+ 0,50
Lagerhaltung auf Zentralgroßhandelsebene	1,82	1,73	+ 0,09
Transport vom eigenen Regionallager zum Verbrauchs- bzw. Verkaufspunkt beim Kunden	1,83	1,00	+ 0,83
Transport vom eigenen Zentrallager zum Lager des Kunden	2,00	2,33	- 0,33
Plazierung im Warenträger (nur bei Einzelhandelsbelieferung)	2,40	3,20	- 0,80
Lagerhaltung auf Regionalgroßhandelsebene	2,57	3,20	- 0,63
Warenkreditierung	2,64	2,27	+ 0,37
Kataloge, Preislisten	2,82	1,82	+ 1,00
Entsorgungstransporte	2,86	2,57	+ 0,29
Fachseminare	2,89	3,11	- 0,22

Bei den drei wichtigsten Funktionen bzw. Aktivitäten ergibt sich beim Großhandel mit Papier und Verpackung insgesamt eine deutliche Übererfüllung. Eine vergleichsweise großzügige Einschaltung des Großhandels ergibt sich auch bei der Warenkreditierung sowie insbesondere bei der Bereitstellung von Katalogen und Preislisten.

Defizite ergeben sich aus Sicht der befragten Unternehmen des bayerischen Großhandels mit Papier und Verpackung hinsichtlich der Regalbestückung im Einzelhandel sowie der Lagerhaltung auf Regionalgroßhandelsebene.

III. Die Auswertung nach Schwerpunktkundengruppen

Der Großhandel mit Schwerpunktbelieferung des Handwerks

Die Funktionen und Aktivitäten des Großhandels, denen die befragten Unternehmen des bayerischen Großhandels, die überwiegend das Handwerk beliefern, die größte Bedeutung beimessen, sind insbesondere:

Tabelle 3.77: Die Bedeutung und die Intensität der wichtigsten Funktionen und Aktivitäten des bayerischen Großhandels mit der Schwerpunktkundengruppe Handwerk im Jahre 1992 - Angaben in Mittelwerten -

Funktion/Aktivität	Bedeutung	Intensität	Differenz Bedeutung ./. Intensität
Lagerhaltung auf Zentralgroßhandelsebene	1,17	1,59	- 0,42
Akquisitionsaußendienst	1,45	1,61	- 0,16
Transport vom eigenen Zentrallager zum Verbrauchs- bzw. Verkaufspunkt (auch Bau- oder Montagestelle) des Kunden	1,81	1,93	- 0,12
Kataloge, Preislisten	1,95	1,62	+ 0,33
Lagerhaltung auf Regionalgroßhandelsebene	2,00	2,21	- 0,21
technische Beratungen	2,24	2,15	+ 0,09
Transport vom eigenen Regionallager zum Verbrauchs- bzw. Verkaufspunkt beim Kunden	2,37	2,24	+ 0,13
Transport vom eigenen Zentrallager zum Lager des Kunden	2,42	2,68	- 0,26
Warenkreditierung	2,59	2,15	+ 0,44
Transport vom eigenen Regionallager zum regionalen Lager des Kunden	2,64	2,29	+ 0,35

Das deutlichste Defizit ergibt sich bei den überwiegend das Handwerk beliefernden Großhandelsunternehmen im Bereich der Lagerhaltung auf Zentralgroßhandelsebene. Leichtere, jedoch im Hinblick auf das hohe Bedeutungsniveau spürbare Defizite zeigen sich auch hinsichtlich des Außendienstes zur Akquisition sowie beim Transport vom eigenen Zentrallager zum Verbrauchs- bzw. Verkaufspunkt des Kunden.

Das Angebot technischer Beratungen liegt auf dem Niveau der von den befragten Unternehmen des bayerischen Großhandels angenommenen Nachfrage. Übererfüllungen ergeben sich bei Katalogen und Preislisten sowie der Warenkreditierung.

Der Großhandel mit Schwerpunktbelieferung des Groß- und Einzelhandels

Die wichtigsten Funktionen und Aktivitäten der bayerischen Großhandelsunternehmen, die überwiegend das Handwerk beliefern, sind:

Tabelle 3.78: Die Bedeutung und die Intensität der wichtigsten Funktionen und Aktivitäten des bayerischen Großhandels mit der Schwerpunktkundengruppe Groß- und Einzelhandel im Jahre 1992 - Angaben in Mittelwerten -

Funktion/Aktivität	Bedeutung	Intensität	Differenz Bedeutung ./. Intensität
Lagerhaltung auf Zentralgroßhandelsebene	1,89	1,48	+ 0,41
Transport vom eigenen Zentrallager zum Verbrauchs- bzw. Verkaufspunkt (auch Bau- oder Montagestelle) des Kunden	2,12	2,37	- 0,25
Akquisitionsaußendienst	2,25	2,08	+ 0,17
Transport vom eigenen Regionallager zum regionalen Lager des Kunden	2,68	2,82	- 0,14
Transport vom eigenen Zentrallager zum Lager des Kunden	2,82	2,72	+ 0,10
Lagerhaltung auf Regionalgroßhandelsebene	2,88	2,96	- 0,08
Transport vom eigenen Regionallager zum Verbrauchs- bzw. Verkaufspunkt beim Kunden	2,90	3,05	- 0,15
Kataloge, Preislisten	2,94	2,55	+ 0,39
Warenkreditierung	3,00	2,78	+ 0,22
Unterstützung der Werbetätigkeit der Kunden	3,07	3,00	+ 0,07

Auch bei den überwiegend den Handel beliefernden Großhandelsunternehmen haben die Logistikfunktionen Lagerung und Transport die größte Bedeutung, wenngleich die Erfüllung der beiden Funktionen unterschiedlich gewertet wird. Während sich bei der Lagerhaltung auf Zentralgroßhandelsebene eine Übererfüllung ergibt, wird beim Transport zum Verbrauchs- bzw. Verkaufspunkt ein Defizit dokumentiert.

Bei Katalogen und Preislisten sowie bei der Warenkreditierung wird eine eher zu großzügige Bereitstellung angegeben, bei den übrigen Aspekten bewegt sich die Erfüllung der Funktion bzw. der Aktivität auf dem Nachfrageniveau.

Der Großhandel mit Schwerpunktbelieferung der Industrie

Die wichtigsten Funktionen und Aktivitäten der Großhandelsunternehmen, die überwiegend die Industrie beliefern, sind in Tabelle 3.79 dargestellt.

Tabelle 3.79: Die Bedeutung und die Intensität der wichtigsten Funktionen und Aktivitäten des bayerischen Großhandels mit der Schwerpunktkundengruppe Industrie im Jahre 1992 - Angaben in Mittelwerten -

Funktion/Aktivität	Bedeutung	Intensität	Differenz Bedeutung ./. Intensität
Transport vom eigenen Zentrallager zum Verbrauchs- bzw. Verkaufspunkt (auch Bau- oder Montagestelle) des Kunden	1,87	2,80	- 0,93
Lagerhaltung auf Zentralgroßhandelsebene	1,94	1,20	+ 0,74
Transport vom eigenen Zentrallager zum Lager des Kunden	2,13	3,08	- 0,95
Akquisitionsaußendienst	2,23	2,00	+ 0,23
technische Beratungen	2,44	2,33	+ 0,11
Produktmanipulation, so Anarbeitung, Umarbeitung	2,50	2,67	- 0,17
Qualitätsprüfung	2,56	2,17	+ 0,39
Warenkreditierung	3,05	2,32	+ 0,73
Streckenbelieferung des Kunden	3,06	4,07	- 1,01
Marktforschung in bestehenden/ bearbeiteten Marktsegmenten	3,11	2,79	+ 0,32

Gravierende Defizite ergeben sich hinsichtlich der Transportfunktion zum Verbrauchs- bzw. Verkaufspunkt sowie auch zum Lager des Kunden. Auch in die Streckenbelieferung sind die befragten Unternehmen des bayerischen Großhandels mit der Schwerpunktkundengruppe Industrie nur unzureichend eingebunden.

Eine Übererfüllung ergibt sich hingegen bei der Lagerhaltung auf Zentralgroßhandelsebene, bei der Warenkreditierung sowie bei der Qualitätsprüfung.

IV. Die Auswertung nach der Unternehmensgröße

Der Großhandel mit einem Jahresumsatz von unter 50 Mill. DM

Die Funktionen und Aktivitäten des Großhandels, die für die befragten kleinen Unternehmen des bayerischen Großhandels im Vordergrund stehen, sind in Tabelle 3.80 dargestellt.

Insgesamt entspricht die Intensität der Einschaltung in die Funktionen und Aktivitäten gegenüber Kunden bei den befragten kleinen Unternehmen des bayerischen Großhandels dem Anforderungsniveau. Die Anforderungen sind eher unterdurchschnittlich.

Tabelle 3.80: Die Bedeutung und die Intensität der wichtigsten Funktionen und Aktivitäten des bayerischen Großhandels aus der Sicht der befragten kleineren Unternehmen im Jahre 1992 - Angaben in Mittelwerten -

Funktion/Aktivität	Bedeutung	Intensität	Differenz Bedeutung ./. Intensität
Lagerhaltung auf Zentralgroßhandelsebene	1,66	1,41	+ 0,25
Akquisitionsaußendienst	2,05	2,03	+ 0,02
Transport vom eigenen Zentrallager zum Verbrauchs- bzw. Verkaufspunkt (auch Bau- oder Montagestelle) des Kunden	2,26	2,38	- 0,12
Transport vom eigenen Zentrallager zum Lager des Kunden	2,57	2,96	- 0,39
Transport vom eigenen Regionallager zum Verbrauchs- bzw. Verkaufspunkt beim Kunden	2,73	2,89	- 0,16
Lagerhaltung auf Regionalgroßhandelsebene	2,79	2,79	-
Transport vom eigenen Regionallager zum regionalen Lager des Kunden	2,82	3,00	- 0,18
technische Beratungen	2,92	2,98	- 0,06
Kataloge, Preislisten	2,93	2,82	+ 0,11
Warenkreditierung	3,16	2,67	+ 0,49

Defizite ergeben sich überwiegend im Bereich des Transports sowohl zum Lager als auch zum Verbrauchs- bzw. Verkaufspunkt des Kunden. Eine Übererfüllung der Kundenanforderungen ist im Bereich der Warenkreditierung zu vermuten.

Der Großhandel mit einem Jahresumsatz zwischen 50 und 250 Mill. DM

Bei den mittleren befragten Unternehmen des bayerischen Großhandels ergeben sich die in Tabelle 3.81 dargestellten Schwerpunkte.

Bei einem insgesamt gegenüber den kleinen Unternehmen deutlich höher eingestuften Anforderungsniveau ergibt sich alles in allem ein ähnliches Profil. Defiziten im Bereich des Transports steht die Übererfüllung im Bereich der Warenkreditierung gegenüber. Eher großzügig wird auch bei Fachseminaren vorgegangen.

Der Großhandel mit einem Jahresumsatz von mehr als 250 Mill. DM

Die Funktionen und Aktivitäten der befragten großen Unternehmen des bayerischen Großhandels bewegen sich auf einem signifikant hohen Niveau (vgl. Tabelle 3.82).

Tabelle 3.81: Die Bedeutung und die Intensität der wichtigsten Funktionen und Aktivitäten des bayerischen Großhandels aus der Sicht der befragten mittleren Unternehmen im Jahre 1992 - Angaben in Mittelwerten -

Funktion/Aktivität	Bedeutung	Intensität	Differenz Bedeutung ./. Intensität
Lagerhaltung auf Zentralgroßhandelsebene	1,39	1,31	+ 0,08
Akquisitionsaußendienst	1,63	1,62	+ 0,01
Transport vom eigenen Zentrallager zum Verbrauchs- bzw. Verkaufspunkt (auch Bau- oder Montagestelle) des Kunden	1,73	2,03	- 0,30
Kataloge, Preislisten	2,05	1,74	+ 0,31
Lagerhaltung auf Regionalgroßhandelsebene	2,45	2,65	- 0,20
Transport vom eigenen Zentrallager zum Lager des Kunden	2,48	2,81	- 0,33
Transport vom eigenen Regionallager zum Verbrauchs- bzw. Verkaufspunkt beim Kunden	2,64	2,65	- 0,01
Fachseminare	2,70	3,05	- 0,35
technische Beratungen	2,72	2,50	+ 0,22
Warenkreditierung	2,86	2,45	+ 0,41

Tabelle 3.82: Die Bedeutung und die Intensität der wichtigsten Funktionen und Aktivitäten des bayerischen Großhandels aus der Sicht der befragten großen Unternehmen im Jahre 1992 - Angaben in Mittelwerten -

Funktion/Aktivität	Bedeutung	Intensität	Differenz Bedeutung ./. Intensität
Transport vom eigenen Zentrallager zum Verbrauchs- bzw. Verkaufspunkt (auch Bau- oder Montagestelle) des Kunden	1,53	1,94	- 0,41
Akquisitionsaußendienst	1,67	1,63	+ 0,04
Lagerhaltung auf Zentralgroßhandelsebene	1,70	1,60	+ 0,10
Transport vom eigenen Zentrallager zum Lager des Kunden	2,35	2,44	- 0,09
Kataloge, Preislisten	2,38	1,83	+ 0,55
Transport vom eigenen Regionallager zum regionalen Lager des Kunden	2,53	2,93	- 0,40
Transport vom eigenen Regionallager zum Verbrauchs- bzw. Verkaufspunkt beim Kunden	2,59	2,92	- 0,33
technische Beratungen	2,68	2,43	+ 0,25
Lagerhaltung auf Regionalgroßhandelsebene	2,75	2,55	+ 0,20
Direktmarketing-Maßnahmen (Werbebriefe, Prospekte)	2,80	2,26	+ 0,54

Die befragten großen Unternehmen haben mit Ausnahme sämtlicher Transportfunktionen alle sonstigen Funktionen mindestens auf oder über dem Niveau der wahrgenommenen Anforderungen einjustiert.

Zu den Funktionen mit großzügiger Erfüllung zählen dabei insbesondere die Bereitstellung von Katalogen und Preislisten sowie Direktmarketing-Maßnahmen.

O. Der Vergleich der Bedeutung ausgewählter Funktionen und Aktivitäten des Großhandels von 1987 bis 1997

I. Die Auswertung nach Schwerpunktwarengruppen

Im Zeitvergleich ist zu überprüfen, ob eine Funktion oder Aktivität im Jahre 1987 eine höhere oder niedrigere Bedeutung als 1992 hatte und wie sie sich im Jahre 1997 darstellen wird.

Der Großhandel mit Rohstoffen

Die zeitliche Entwicklung der Bedeutung, die die Befragten hinsichtlich der Funktionen und Aktivitäten des Großhandels nennen, ist ein Maßstab für deren Verstärkung und Abschwächung. Aufgenommen wurden die Funktionen, die für das Jahr 1997 einen Bedeutungswert von besser als 4,01 erhalten haben.

Tabelle 3.83: Die Entwicklung der Bedeutung der wichtigsten Funktionen und Aktivitäten des bayerischen Großhandels mit Rohstoffen von 1987 bis 1997 - Angaben in Mittelwerten -

Funktion/Aktivität	1987	1992	1997
Transport vom eigenen Zentrallager zum Verbrauchs- bzw. Verkaufspunkt (auch Bau- oder Montagestelle) des Kunden	1,80	1,75	1,69
Lagerhaltung auf Zentralgroßhandelsebene	1,88	1,89	1,83
Sortimentstiefe	2,06	2,00	1,88

- Fortsetzung -

Fortsetzung Tabelle 3.83

Funktion/Aktivität	1987	1992	1997
Sortimentsbreite	2,06	2,00	2,06
Transport vom eigenen Zentrallager zum Lager des Kunden	2,20	2,13	2,13
Akquisitionsaußendienst	2,53	2,31	2,19
laufende Zusammenarbeit ohne vertragliche Bindung	2,40	2,40	2,25
Qualitätsprüfung	3,47	2,94	2,33
Streckenbelieferung des Kunden	2,47	2,44	2,47
Produktmanipulation, so Anarbeitung, Umarbeitung	2,89	2,68	2,58
technische Beratungen	3,33	2,88	2,65
Marktforschung in bestehenden/bearbeiteten Marktsegmenten	3,30	2,86	2,81
Marktforschung in neuen/potentiellen Marktsegmenten	3,47	2,94	2,83
Entsorgungstransporte	3,60	3,15	2,85
Kataloge, Preislisten	3,41	3,22	3,11
Transport vom eigenen Regionallager zum regionalen Lager des Kunden	3,00	3,13	3,13
Entsorgungsdienstleistungen (z. B. Sortieren, Kompaktieren)	3,89	3,44	3,17
Warenkreditierung	3,47	3,30	3,25
Fachseminare	4,07	3,67	3,31
Direktmarketing-Maßnahmen (Werbebriefe, Prospekte)	3,78	3,58	3,32
Transport vom eigenen Regionallager zum Verbrauchs- bzw. Verkaufspunkt beim Kunden	3,14	3,27	3,38
Transport vom Lieferanten zum Zentrallager des eigenen Unternehmens	3,63	3,47	3,41
keine feste Zusammenarbeit	3,50	3,50	3,50
Lagerhaltung auf Regionalgroßhandelsebene	3,41	3,56	3,61
Einsatz von Mehrwegverpackungen	3,95	3,74	3,63
Produkthaftung	4,29	3,94	3,67
Vermarktung von Gebrauchtwaren	4,00	3,75	3,75
Informationsverbund zu Lieferanten/Herstellern	4,75	4,44	3,76
Medienwerbung	4,12	4,06	3,79
Marktforschung in Märkten der Abnehmer	4,27	3,94	3,81
Systemsortimente	4,13	4,13	3,88
Produktion	4,20	4,13	3,88
Vertragshändler	4,00	4,00	3,93
Veranstaltung von Ausstellungen/Messen	4,00	3,88	3,94
Beratung in Marketing und Absatz	4,19	3,94	3,94
Informationsverbund zu Industrie/Handwerk	4,87	4,60	3,94
Wiederaufbereitung von Gebrauchtwaren	4,00	4,00	4,00
Übernahme von Garantieverpflichtungen	4,29	4,11	4,00

Bei der überwiegenden Anzahl der Funktionen kennzeichnen die bisherigen wie auch die künftigen Angaben zur Funktionsbedeutung eine spürbare Zunahme.

Die Zunahmen und Abnahmen in den Aktivitäten von 1987 bis 1997 werden im Großhandel mit Rohstoffen wie in der folgenden Tabelle dargestellt eingeschätzt: Dabei drücken Negativwerte eine Bedeutungszunahme durch eine Verringerung des jeweiligen Bedeutungswertes aus, Positivwerte entsprechend eine Bedeutungsabnahme.

Tabelle 3.84: Die Bedeutungsveränderung der Funktionen und Aktivitäten des bayerischen Großhandels mit Rohstoffen von 1987 bis 1997

Funktion/Aktivität	1987 bis 1992	1992 bis 1997	1987 bis 1997
	- Zunahme der Bedeutung -		
Qualitätsprüfung	- 0,53	- 0,61	- 1,14
Informationsverbund zu Lieferanten/Herstellern	- 0,31	- 0,67	- 0,99
Informationsverbund zu Industrie/Handwerk	- 0,27	- 0,66	- 0,93
Entsorgungstransporte	- 0,45	- 0,30	- 0,75
Fachseminare	- 0,40	- 0,35	- 0,75
Entsorgungsdienstleistungen, (z. B. Sortieren, Kompaktieren)	- 0,44	- 0,28	- 0,72
technische Beratungen	- 0,46	- 0,23	- 0,69
Marktforschung in neuen/potentiellen Marktsegmenten	- 0,53	- 0,11	- 0,64
Produkthaftung	- 0,35	- 0,28	- 0,63
Informationsverbund zum Großhandel (horizontal)	0,00	- 0,60	- 0,60
Marktforschung in bestehenden/bearbeiteten Marktsegmenten	- 0,44	- 0,05	- 0,49
Direktmarketing-Maßnahmen (Werbebriefe, Prospekte)	- 0,20	- 0,26	- 0,46
Marktforschung in Märkten der Abnehmer	- 0,33	- 0,13	- 0,45
Unterstützung der Verkaufstätigkeit des Kunden	- 0,19	- 0,25	- 0,44
Akquisitionsaußendienst	- 0,22	- 0,13	- 0,35
Medienwerbung	- 0,06	- 0,27	- 0,33
Einsatz von Mehrwegverpackungen	- 0,21	- 0,11	- 0,32
Produktion	- 0,07	- 0,25	- 0,32
Produktionsmanipulation	- 0,20	- 0,11	- 0,31
Finanzierungsberatung	- 0,29	- 0,03	- 0,31
Kataloge, Preislisten	- 0,19	- 0,11	- 0,30
Übernahme von Garantieverpflichtungen	- 0,27	- 0,02	- 0,28
Verkaufspersonal-Schulungen	- 0,11	- 0,17	- 0,28
Informationsverbund zum nachgelagerten Großhandel	-	- 0,27	- 0,27
Exklusiv- bzw. Ausschließlichkeitsvertrieb	- 0,26	- 0,01	- 0,26
Systemsortimente	-	- 0,26	- 0,26
Vermarktung von Gebrauchtwaren	- 0,25	-	- 0,25

- Fortsetzung -

149

Fortsetzung Tabelle 3.84

Funktion/Aktivität	1987 bis 1992	1992 bis 1997	1987 bis 1997
Beratung in Marketing und Absatz	- 0,25	-	- 0,25
Informationsverbund zum Einzelhandel	- 0,10	- 0,15	- 0,25
Warenkreditierung	- 0,17	- 0,05	- 0,22
Transport vom Lieferanten zum Zentrallager des eigenen Unternehmens	- 0,15	- 0,06	- 0,21
- Abnahme der Bedeutung -			
Lagerhaltung auf Regionalgroßhandelsebene	+ 0,14	+ 0,06	+ 0,20
Außendienst zur Installation/Anschluß/Montage/Inbetriebnahme	- 0,09	+ 0,31	+ 0,22
Transport vom eigenen Regionallager zum Verbrauchs- bzw. Verkaufspunkt beim Kunden	+ 0,12	+ 0,11	+ 0,23

Der Großhandel mit technischem Bedarf

Im Großhandel mit technischem Bedarf bringen die Befragten zum Ausdruck, daß sie von 1987 bis 1992 bereits eine erhebliche Umgewichtung der Funktionen wahrgenommen haben. Daher sind sie der Ansicht, daß die Funktionsveränderungen künftig ein geringeres Ausmaß als in der Vergangenheit haben werden.

Tabelle 3.85: Die Entwicklung der Bedeutung der wichtigsten Funktionen und Aktivitäten des bayerischen Großhandels mit technischem Bedarf von 1987 bis 1997 - Angaben in Mittelwerten -

Funktion/Aktivität	1987	1992	1997
Lagerhaltung auf Zentralgroßhandelsebene	- 0,40	+ 0,12	- 0,29
Akquisitionsaußendienst	- 0,17	+ 0,06	- 0,11
Sortimentstiefe	- 0,27	- 0,02	- 0,29
Sortimentsbreite	- 0,14	+ 0,09	- 0,05
Kataloge, Preislisten	- 0,22	-	- 0,22
technische Beratungen	- 0,33	- 0,26	- 0,59
Transport vom eigenen Regionallager zum Verbrauchs- bzw. Verkaufspunkt (auch Bau- oder Montagestelle) beim Kunden	- 0,31	+ 0,31	-

- Fortsetzung -

Fortsetzung Tabelle 3.85

Funktion/Aktivität	1987	1992	1997
laufende Zusammenarbeit ohne vertragliche Bindung	- 0,06	+ 0,24	+ 0,18
Lagerhaltung auf Regionalgroßhandelsebene	- 0,20	+ 0,15	- 0,05
Informationsverbund zu Lieferanten/Herstellern	- 0,64	- 0,94	- 1,58
Transport vom eigenen Zentrallager zum Lager des Kunden	- 0,25	+ 0,10	- 0,15
Transport vom eigenen Regionallager zum Verbrauchs- bzw. Verkaufspunkt beim Kunden	- 0,16	+ 0,05	- 0,11
Fachseminare	- 0,23	- 0,18	- 0,42
Industrieverbund zu Industrie/Handwerk	- 0,70	- 0,64	- 1,34
Transport vom eigenen Regionallager zum regionalen Lager des Kunden	- 0,19	+ 0,22	+ 0,03
Warenkreditierung	- 0,02	+ 0,12	+ 0,10
Direktmarketing-Maßnahmen (Werbebriefe, Prospekte)	- 0,32	- 0,04	- 0,36
Veranstaltung von Hausmessen	- 0,15	+ 0,06	- 0,10
Veranstaltung von Ausstellungen/Messen	- 0,18	+ 0,04	- 0,13
Lagerung von Ersatzteilen auf Zentralgroßhandelsebene	-	- 0,03	- 0,03
Marktforschung in bestehenden/bearbeiteten Marktsegmenten	- 0,29	- 0,30	- 0,58
Transport vom Zentrallager des eigenen Unternehmens zum lokalen/regionalen Lager des eigenen Unternehmens	- 0,28	-	- 0,28
Beratung in Marketing und Absatz	- 0,33	- 0,29	- 0,62
Einsatz von Mehrwegverpackungen	- 0,55	- 0,45	- 1,00
Unterstützung der Verkaufstätigkeit des Kunden	- 0,11	- 0,30	- 0,41
Transport von Ersatzteilen zum Verbrauchs- bzw. Verkaufspunkt	- 0,09	+ 0,06	- 0,03
Marktforschung in neuen/potentiellen Marktsegmenten	- 0,23	- 0,24	- 0,48
Verkaufspersonal-Schulungen	- 0,15	- 0,17	- 0,32
Streckenbelieferung des Kunden	- 0,07	+ 0,02	- 0,05
Transport vom Lieferanten zum Zentrallager des eigenen Unternehmens	- 0,05	- 0,08	- 0,14
EDV-Beratung	- 0,30	- 0,18	- 0,47
Unterstützung der Werbetätigkeit der Kunden	- 0,09	- 0,21	- 0,30
Systemsortimente	- 0,13	- 0,13	- 0,25
Medienwerbung	- 0,11	- 0,03	- 0,14

- Fortsetzung -

Fortsetzung Tabelle 3.85

Funktion/Aktivität	1987	1992	1997
Exklusiv- bzw. Ausschließlichkeitsvertrieb	- 0,22	- 0,31	- 0,53
Lagerung von Ersatzteilen auf Regionalgroßhandelsebene	- 0,03	+ 0,03	-
EDV-Schulungen	- 0,23	- 0,22	- 0,45
Produktgestaltung	- 0,06	- 0,13	- 0,19
Marktforschung in Märkten der Abnehmer	- 0,14	- 0,20	- 0,34
Single Sourcing	- 0,02	+ 0,02	-
Entsorgungstransporte	- 0,11	- 0,47	- 0,58
Finanzierungsberatung	+ 0,05	- 0,09	- 0,04
Außendienst zur Installation/ Anschluß/Montage/Inbetriebnahme	+ 0,02	- 0,02	-
Vertragshändler	- 0,17	- 0,22	- 0,39

An der Seite der Bedeutungsveränderungen stehen weitreichende Verbesserungen des Informationsverbundes zu Lieferanten und Kunden, die Lösung ökologischer Fragen, Marktforschung sowie selbständig vermarktbare Beratungen.

Keine Funktion wird in dieser Branche in der Bedeutung um mindestens 0,20 Punkte zurückgehen, alles in allem somit eine beachtliche Funktionsintensivierung.

Tabelle 3.86: Die Bedeutungsveränderung der Funktionen und Aktivitäten des bayerischen Großhandels mit technischem Bedarf von 1987 bis 1997

Funktion/Aktivität	1987 bis 1992	1992 bis 1997	1987 bis 1997
	- Zunahme der Bedeutung -		
Informationsverbund zu Lieferanten/ Herstellern	- 0,64	- 0,94	- 1,58
Informationsverbund zu Industrie/ Handwerk	- 0,70	- 0,64	- 1,34
Einsatz von Mehrwegverpackungen	- 0,55	- 0,45	- 1,00
Beratung in Marketing und Absatz	- 0,33	- 0,29	- 0,62
technische Beratungen	- 0,33	- 0,26	- 0,59
Marktforschung in bestehenden/ bearbeiteten Marktsegmenten	- 0,29	- 0,30	- 0,58
Entsorgungstransporte	- 0,11	- 0,47	- 0,58
Informationsverbund zu externen Dienstleistern	- 0,28	- 0,29	- 0,57
Exklusiv- bzw. Ausschließlichkeitsvertrieb	- 0,22	- 0,31	- 0,53
Marktforschung in neuen/ potentiellen Marktsegmenten	- 0,23	- 0,24	- 0,48

- Fortsetzung -

Fortsetzung Tabelle 3.86

Funktion/Aktivität	1987 bis 1992	1992 bis 1997	1987 bis 1997
EDV-Beratung	- 0,30	- 0,18	- 0,47
EDV-Schulungen	- 0,23	- 0,22	- 0,45
Entsorgungsdienstleistungen (z. B. Sortieren, Kompaktieren)	- 0,01	- 0,43	- 0,44
Fachseminare	- 0,23	- 0,18	- 0,42
Informationsverbund zum Großhandel (horizontal)	- 0,18	- 0,24	- 0,42
Unterstützung der Verkaufstätigkeit der Kunden	- 0,11	- 0,30	- 0,41
Vertragshändler	- 0,17	- 0,22	- 0,39
Direktmarketing-Maßnahmen (Werbebriefe, Prospekte)	- 0,32	- 0,04	- 0,36
Informationsverbund zum Einzelhandel	- 0,06	- 0,30	- 0,36
Marktforschung in Märkten der Abnehmer	- 0,14	- 0,20	- 0,34
Verkaufspersonal-Schulungen	- 0,15	- 0,17	- 0,32
Unterstützung der Werbetätigkeit der Kunden	- 0,09	- 0,21	- 0,30
Lagerhaltung auf Zentralgroßhandelsebene	- 0,40	0,12	- 0,29
Sortimentstiefe	- 0,27	- 0,02	- 0,29
Transport vom Zentrallager des eigenen Unternehmens zum lokalen/regionalen Lager des eigenen Unternehmens	- 0,28	-	- 0,28
Informationsverbund zum nachgelagerten Großhandel	-	- 0,26	- 0,26
Systemsortimente	- 0,13	- 0,13	- 0,25
Beratungen in der Logistik	- 0,05	- 0,20	- 0,25
Vertriebsbindung	- 0,08	- 0,15	- 0,24
Kataloge, Preislisten	- 0,22	-	- 0,22
Qualitätsprüfung	- 0,16	- 0,05	- 0,21

Der Großhandel mit Nahrungsmitteln

Im Großhandel mit Nahrungsmitteln sind hinsichtlich des Funktionsspektrums im Branchenvergleich eher schwächere Bedeutungsveränderungen festzustellen.

Bei der Sortimentsbreite wollen die Unternehmen eher zurückstecken, teilweise auch bei der Erledigung von Logistikaufgaben.

Tabelle 3.87: Die Entwicklung der Bedeutung der wichtigsten Funktionen und Aktivitäten des bayerischen Großhandels mit Nahrungsmitteln von 1987 bis 1997 - Angaben in Mittelwerten -

Funktion/Aktivität	1987	1992	1997
Lagerhaltung auf Zentralgroßhandelsebene	2,00	1,93	1,81
Sortimentstiefe	1,75	1,75	1,85
Akquisitionsaußendienst	2,06	1,94	1,94
Sortimentsbreite	1,85	2,00	2,30
Lagerhaltung auf Regionalgroßhandelsebene	2,56	2,33	2,59
Transport vom eigenen Zentrallager zum Verbrauchs- bzw. Verkaufspunkt (auch Bau- oder Montagestelle) des Kunden	2,91	2,73	2,64
laufende Zusammenarbeit ohne vertragliche Bindung	2,74	2,68	2,68
Beratung in Marketing und Absatz	3,24	3,12	2,71
Transport vom eigenen Regionallager zum regionalen Lager des Kunden	2,47	2,35	2,76
Unterstützung der Werbetätigkeit der Kunden	3,00	2,88	2,76
Einsatz von Mehrwegverpackungen	3,65	3,29	2,88
Kataloge, Preislisten	3,11	3,00	2,89
Marktforschung in bestehenden/ bearbeiteten Marktsegmenten	3,28	3,17	2,89
Transport vom eigenen Zentrallager zum Lager des Kunden	3,08	3,00	2,92
Marktforschung in neuen/ potentiellen Marktsegmenten	3,27	3,13	2,94
Unterstützung der Verkaufstätigkeit der Kunden	3,20	3,07	3,00
Direktmarketing-Maßnahmen (Werbebriefe, Prospekte)	3,50	3,28	3,00
Qualitätsprüfung	3,25	3,15	3,05
Veranstaltung von Hausmessen	3,13	3,25	3,06
Transport vom eigenen Regionallager zum Verbrauchs- bzw. Verkaufspunkt beim Kunden	2,36	2,36	3,07
Fachseminare	3,56	3,50	3,25
Transport vom Lieferanten zum Zentrallager des eigenen Unternehmens	3,31	3,31	3,31
Verkaufspersonal-Schulungen	3,75	3,81	3,31
Informationsverbund zu Lieferanten/ Herstellern	4,44	3,81	3,31
Veranstaltung von Ausstellungen/ Messen	3,35	3,29	3,33
Exklusiv- bzw. Ausschließlichkeitsvertrieb	3,72	3,56	3,39
Produkthaftung	3,61	3,56	3,50
Medienwerbung	3,75	3,63	3,50
Marktforschung in Märkten der Abnehmer	3,80	3,67	3,56
Produktgestaltung	4,05	3,84	3,63
Warenkreditierung	3,60	3,60	3,70

Auch hier stehen die Bestrebungen zur Intensivierung des Informationsverbundes und ökologische Problemlösungen im Vordergrund der weiteren Funktionsentwicklung. Auch bei Beratungen und Schulungen sowie bei der Mitwirkung an der Produktgestaltung wird in Zukunft eine höhere Bedeutung erwartet.

Weniger Bedeutung haben im Zeitablauf einige Logistikfunktionen und die Sortimentsbreite.

Tabelle 3.88: Die Bedeutungsveränderung der Funktionen und Aktivitäten des bayerischen Großhandels mit Nahrungsmitteln von 1987 bis 1997

Funktion/Aktivität	1987 bis 1992	1992 bis 1997	1987 bis 1997
	- Zunahme der Bedeutung -		
Informationsverbund zu Lieferanten/ Herstellern	- 0,63	- 0,50	- 1,13
Informationsverbund zum Einzelhandel	- 0,81	- 0,31	- 1,12
Informationsverbund zum Großhandel (horizontal)	- 0,17	- 0,67	- 0,83
Einsatz von Mehrwegverpackungen	- 0,35	- 0,41	- 0,76
Informationsverbund zum nachgelagerten Großhandel	- 0,17	- 0,50	- 0,67
Beratung in Marketing und Absatz	- 0,12	- 0,41	- 0,53
Direktmarketing-Maßnahmen (Werbebriefe, Prospekte)	- 0,22	- 0,28	- 0,50
Verkaufspersonal-Schulungen	0,06	- 0,50	- 0,44
Entsorgungstransporte	- 0,19	- 0,25	- 0,44
Produktgestaltung	- 0,21	- 0,21	- 0,42
Marktforschung in bestehenden/ bearbeiteten Marktsegmenten	- 0,11	- 0,28	- 0,39
Produktmanipulation	- 0,22	- 0,17	- 0,39
EDV-Beratung	- 0,06	- 0,31	- 0,38
technische Beratungen	- 0,31	- 0,06	- 0,37
Informationsverbund zu externen Dienstleistern	- 0,27	- 0,09	- 0,36
Single Sourcing	- 0,24	- 0,12	- 0,35
Marktforschung in neuen/ potentiellen Marktsegmenten	- 0,13	- 0,20	- 0,33
Exklusiv- bzw. Ausschließlichkeitsvertrieb	- 0,17	- 0,17	- 0,33
Fachseminare	- 0,06	- 0,25	- 0,31
Entsorgungsdienstleistungen (z. B. Sortieren, Kompaktieren)	- 0,13	- 0,19	- 0,31
Produktion	- 0,17	- 0,11	- 0,28

- Fortsetzung -

Fortsetzung Tabelle 3.88

Funktion/Aktivität	1987 bis 1992	1992 bis 1997	1987 bis 1997
Testsortimente für Händler	- 0,13	- 0,15	- 0,28
Transport vom eigenen Zentrallager zum Verbrauchs- bzw. Verkaufspunkt (auch Bau- oder Montagestelle) des Kunden	- 0,18	- 0,09	- 0,27
Medienwerbung	- 0,13	- 0,13	- 0,25
Immobilienvermietung an Dritte	- 0,13	- 0,12	- 0,25
Unterstützung der Werbetätigkeit der Kunden	- 0,12	- 0,12	- 0,24
Marktforschung in Märkten der Abnehmer	- 0,13	- 0,10	- 0,24
Kataloge, Preislisten	- 0,11	- 0,11	- 0,22
Plazierung im Warenträger (nur bei Einzelhandelsbelieferung)	- 0,20	- 0,02	- 0,22
Systemsortimente	- 0,12	- 0,09	- 0,21
Unterstützung der Verkaufstätigkeit der Kunden	- 0,13	- 0,07	- 0,20
Qualitätsprüfung	- 0,10	- 0,10	- 0,20
Beratungen in der Logistik	- 0,07	- 0,13	- 0,20
		- Abnahme der Bedeutung -	
Transport vom eigenen Regionallager zum regionalen Lager des Kunden	- 0,12	+ 0,41	+ 0,29
Transport vom Zentrallager des eigenen Unternehmens zum lokalen/regionalen Lager des eigenen Unternehmens	-	+ 0,40	+ 0,40
Sortimentsbreite	+ 0,15	+ 0,30	+ 0,45
Transport vom eigenen Regionallager zum Verbrauchs- bzw. Verkaufspunkt beim Kunden	-	+ 0,71	+ 0,71

Der Großhandel mit Textilien und Heimbedarf

In dieser Branche ist bei den bisher eher durch eine mittlere Bedeutung gekennzeichneten Funktionen generell eine erhebliche Bedeutungssteigerung zu erwarten.

Die bei weitem größten Veränderungen werden im Informationsverbund zu Kunden und Lieferanten sowie in Marktforschungs- und Beratungsbereichen erwartet.

Noch beachtliche Bedeutungssteigerungen sind auch bei der Veranstaltung von Ausstellungen und Messen, bei der Übernahme von Garantieverpflichtungen und im Fall der Direktmarketing-Maßnahmen (- 0,40) zu erwarten.

Hinsichtlich der Sortimentsbreite und Sortimentstiefe sind nur geringe Veränderungen zu erwarten.

Tabelle 3.89: Die Entwicklung der Bedeutung der wichtigsten Funktionen und Aktivitäten des bayerischen Großhandels mit Textilien und Heimbedarf von 1987 bis 1997 - Angaben in Mittelwerten -

Funktion/Aktivität	1987	1992	1997
Akquisitionsaußendienst	1,25	1,25	1,13
Lagerhaltung auf Zentralgroßhandelsebene	1,38	1,38	1,25
Sortimentsbreite	1,40	1,50	1,30
Transport vom eigenen Zentrallager zum Verbrauchs- bzw. Verkaufspunkt (auch Bau- oder Montagestelle) des Kunden	1,63	1,75	1,50
Warenkreditierung	2,10	2,11	1,78
Sortimentstiefe	1,90	2,00	1,80
laufende Zusammenarbeit ohne vertragliche Bindung	1,70	1,90	2,00
Direktmarketing-Maßnahmen (Werbebriefe, Prospekte)	2,70	2,90	2,50
Beratung in Marketing und Absatz	3,30	3,60	2,50
Transport vom eigenen Zentrallager zum Lager des Kunden	2,63	2,63	2,63
Informationsverbund zu Industrie/Handwerk	3,67	4,00	2,67
Lagerhaltung auf Regionalgroßhandelsebene	2,75	2,75	2,75
Fachseminare	3,20	3,50	2,80
Informationsverbund zu Lieferanten/Herstellern	3,90	4,40	2,80
Kataloge, Preislisten	3,00	3,10	2,90
Marktforschung in bestehenden/bearbeiteten Marktsegmenten	3,90	4,00	3,10
Transport vom eigenen Regionallager zum Verbrauchs- bzw. Verkaufspunkt beim Kunden	3,13	3,13	3,13
technische Beratungen	3,25	3,25	3,13
Veranstaltung von Hausmessen	3,10	3,10	3,20
Veranstaltung von Ausstellungen/Messen	3,56	3,67	3,22
Unterstützung der Werbetätigkeit der Kunden	4,00	4,10	3,30
EDV-Beratung	3,89	4,11	3,33
Transport vom eigenen Regionallager zum regionalen Lager des Kunden	3,38	3,38	3,38
Transport vom Lieferanten zum Zentrallager des eigenen Unternehmens	3,50	3,50	3,50
Systemsortimente	3,78	3,67	3,56
Marktforschung in neuen/potentiellen Marktsegmenten	4,33	4,38	3,56

- Fortsetzung -

Fortsetzung Tabelle 3.89

Funktion/Aktivität	1987	1992	1997
Produktgestaltung	4,00	4,22	3,67
Marktforschung in Märkten der Abnehmer	4,33	4,25	3,67
Single Sourcing	3,56	3,89	3,78
Produktmanipulation	3,89	4,00	3,78
Unterstützung der Verkaufstätigkeit der Kunden	4,22	4,33	3,78
keine feste Zusammenarbeit	3,70	3,60	3,80
Informationsverbund zu externen Dienstleistern	4,20	4,20	3,80
Warenauspreisung beim Kunden (nur bei Einzelhandelsbelieferung)	4,13	4,13	4,00
EDV-Schulungen	4,13	4,13	4,00
Produkthaftung	4,30	4,40	4,00
Entsorgungstransporte	4,44	4,56	4,00
Einsatz von Mehrwegverpackungen	4,56	4,67	4,00
Finanzierungsberatung	4,88	5,00	4,00

Tabelle 3.90: Die Bedeutungsveränderung der Funktionen und Aktivitäten des bayerischen Großhandels mit Textilien und Heimbedarf von 1987 bis 1997

Funktion/Aktivität	1987 bis 1992	1992 bis 1997	1987 bis 1997
	- Zunahme der Bedeutung -		
Informationsverbund zu Lieferanten/ Herstellern	- 0,50	- 1,10	- 1,60
Informationsverbund zu Industrie/ Handwerk	- 0,33	- 1,00	- 1,33
Beratung in Marketing und Absatz	- 0,30	- 0,80	- 1,10
Finanzierungsberatung	- 0,13	- 0,88	- 1,00
Marktforschung in bestehenden/ bearbeiteten Marktsegmenten	- 0,10	- 0,80	- 0,90
Marktforschung in neuen/ potentiellen Marktsegmenten	- 0,04	- 0,78	- 0,82
Unterstützung der Werbetätigkeit der Kunden	- 0,10	- 0,70	- 0,80
EDV-Beratung	- 0,22	- 0,56	- 0,78
Fachseminare	- 0,30	- 0,40	- 0,70
Einsatz von Mehrwegverpackungen	- 0,11	- 0,56	- 0,67
Beratung bei Kundenbetriebsvergleichen, Erfa-Gruppen	- 0,13	- 0,50	- 0,63
Beratung im Rechnungswesen, Controlling	-	- 0,63	- 0,63
Informationsverbund zum Großhandel (horizontal)	-	- 0,60	- 0,60

- Fortsetzung -

Fortsetzung Tabelle 3.90

Funktion/Aktivität	1987 bis 1992	1992 bis 1997	1987 bis 1997
Marktforschung in Märkten der Abnehmer	0,08	- 0,67	- 0,58
Produktgestaltung	- 0,22	- 0,33	- 0,56
Unterstützung der Verkaufstätigkeit der Kunden	- 0,11	- 0,44	- 0,56
Entsorgungstransporte	- 0,11	- 0,44	- 0,56
Informationsverbund zum Einzelhandel	- 0,13	- 0,38	- 0,50
Veranstaltung von Ausstellungen/Messen	- 0,11	- 0,33	- 0,44
Übernahme von Garantieverpflichtungen	-	- 0,44	- 0,44
Direktmarketing-Maßnahmen (Werbebriefe, Prospekte)	- 0,20	- 0,20	- 0,40
Informationsverbund zum nachgelagerten Großhandel	- 0,40	-	- 0,40
Informationsverbund zu externen Dienstleistern	-	- 0,40	- 0,40
Produkthaftung	- 0,10	- 0,30	- 0,40
Warenkreditierung	- 0,01	- 0,32	- 0,33
Qualitätsprüfung	- 0,10	- 0,20	- 0,30
Transport vom eigenen Zentrallager zum Verbrauchs- bzw. Verkaufspunkt (auch Bau-oder Montagestelle) des Kunden	- 0,13	- 0,13	- 0,25
Streckenbelieferung des Kunden	- 0,13	- 0,13	- 0,25
Verkaufspersonal-Schulungen	-	- 0,25	- 0,25
Angebot von Versicherungsleistungen	-	- 0,25	- 0,25
Produktmanipulation	- 0,11	- 0,11	- 0,22
Sortimentsbreite	- 0,10	- 0,10	- 0,20
Sortimentstiefe	- 0,10	- 0,10	- 0,20
Kataloge, Preislisten	- 0,10	- 0,10	- 0,20
	- Abnahme der Bedeutung -		
keine feste Zusammenarbeit	+ 0,10	+ 0,10	+ 0,20
Plazierung im Warenträger (nur bei Einzelhandelsbelieferung)	+ 0,25	+ 0,13	+ 0,38

Der Großhandel mit Papier und Verpackung

In dieser Branche sind die Funktionsverschiebungen teilweise beachtlich, und zwar vor allem im Sinne einer erheblichen Bedeutungssteigerung der Aktivitäten.

Tabelle 3.91: Die Entwicklung der Bedeutung der wichtigsten Funktionen und Aktivitäten des bayerischen Großhandels mit Papier und Verpackung von 1987 bis 1997 - Angaben in Mittelwerten -

Funktion/Aktivität	1987	1992	1997
Sortimentstiefe	1,45	1,45	1,45
laufende Zusammenarbeit ohne vertragliche Bindung	1,89	1,44	1,56
Transport vom eigenen Zentrallager zum Verbrauchs- bzw. Verkaufspunkt (auch Bau- oder Montagestelle) des Kunden	1,89	1,67	1,56
Informationsverbund zu Lieferanten/ Herstellern	3,13	2,38	1,75
Lagerhaltung auf Zentralgroßhandelsebene	1,91	1,82	1,82
Systemsortimente	2,57	2,29	1,86
Sortimentsbreite	2,09	2,00	1,91
Transport vom eigenen Regionallager zum Verbrauchs- bzw. Verkaufspunkt beim Kunden	2,00	1,83	2,00
Transport vom eigenen Zentrallager zum Lager des Kunden	2,00	2,00	2,00
Fachseminare	3,56	2,89	2,22
Akquisitionsaußendienst	3,17	3,00	2,33
Beratung in Marketing und Absatz	3,91	3,27	2,36
Informationsverbund zum Einzelhandel	4,00	3,00	2,40
technische Beratungen	3,43	3,00	2,43
Direktmarketing-Maßnahmen (Werbebriefe, Prospekte)	3,56	3,22	2,44
Plazierung im Warenträger (nur bei Einzelhandelsbelieferung)	2,60	2,40	2,50
Lagerhaltung auf Regionalgroßhandelsebene	3,14	2,57	2,50
Single Sourcing	3,33	2,83	2,50
Warenkreditierung	2,91	2,64	2,55
Kataloge, Preislisten	3,18	2,82	2,55
Entsorgungstransporte	3,14	2,86	2,57
EDV-Beratung	3,14	3,14	2,57
Marktforschung in bestehenden/ bearbeiteten Marktsegmenten	3,73	3,45	2,73
Produktgestaltung	3,75	3,13	2,75
Entsorgungsdienstleistungen (z. B. Sortieren, Kompaktieren)	4,50	3,25	2,75
keine feste Zusammenarbeit	3,40	3,00	2,80
Transport vom Zentrallager des eigenen Unternehmens zum lokalen/regionalen Lager des eigenen Unternehmens	3,83	3,33	2,86

- Fortsetzung -

Fortsetzung Tabelle 3.91

Funktion/Aktivität	1987	1992	1997
Streckenbelieferung des Kunden	3,00	3,00	2,88
Einsatz von Mehrwegverpackungen	4,00	3,13	2,88
Medienwerbung	3,75	3,38	2,88
Marktforschung in neuen/ potentiellen Marktsegmenten	4,33	3,89	2,89
Produktmanipulation	4,00	3,43	3,14
Unterstützung der Werbetätigkeit der Kunden	3,71	3,43	3,14
Exklusiv- bzw. Ausschließlichkeitsvertrieb	4,17	3,50	3,14
Veranstaltung von Ausstellungen/ Messen	3,50	3,33	3,17
Informationsverbund zu Industrie/ Handwerk	4,60	4,20	3,20
Testsortimente für Händler	3,90	3,70	3,30
Außendienst zur Regal-/ Warenträgerpflege	3,60	3,40	3,33
Informationsverbund zu externen Dienstleistern	4,00	3,67	3,33
Verkaufspersonal-Schulungen	4,44	3,89	3,33
Warenannahme am Verbrauchs- bzw. Verkaufspunkt	3,40	3,40	3,40
Unterstützung der Verkaufstätigkeit der Kunden	4,00	3,60	3,40
Beratungen in der Logistik	3,86	3,86	3,43
Transport vom Lieferanten zum Zentrallager des eigenen Unternehmens	3,80	3,60	3,50
EDV-Schulungen	3,57	3,57	3,57
Qualitätsprüfung	4,00	3,71	3,57
Marktforschung in Märkten der Abnehmer	4,60	4,20	3,60
Außendienst zur Installation/ Anschluß/Montage/Inbetriebnahme	4,25	4,25	3,75
Warenauspreisung beim Kunden (nur bei Einzelhandelsbelieferung)	4,25	3,75	3,80
Produktion	5,00	4,60	3,80
Vertragshändler	3,67	3,67	3,83
Veranstaltung von Hausmessen	4,11	4,00	3,89
Transport vom eigenen Regionallager zum regionalen Lager des Kunden	4,00	4,00	4,00
Informationsverbund zum nachgelagerten Großhandel	4,00	4,00	4,00
Produkthaftung	4,50	4,17	4,00
Übernahme von Garantieverpflichtungen	4,40	4,20	4,00
Lagerung von Ersatzteilen auf Zentralgroßhandelsebene	5,00	4,33	4,00

- Fortsetzung -

Fortsetzung Tabelle 3.91

Funktion/Aktivität	1987	1992	1997
Lagerung von Ersatzteilen auf Regionalgroßhandelsebene	5,00	4,33	4,00
Transport von Ersatzteilen zum Verbrauchs- bzw. Verkaufspunkt	5,00	4,67	4,00
Vermarktung von Gebrauchtwaren	5,00	4,75	4,00

Der Großhandel mit Papier und Verpackung sieht eine wesentliche Bedeutungssteigerung aller Entsorgungsdienstleistungen.

Marktforschung und Seminare, der Informationsverbund wie auch Direktmarketing und Beratungen nehmen stark zu. Der Verpackungsgroßhandel wird sich auch verstärkt in die Ersatzteillagerung der von ihm vertriebenen Geräte einschalten.

Die einzigen Bereiche, in denen ein gewisser Bedeutungsrückgang erwartet wird, sind

- die Funktion als Vertragshändler (0,17),
- die Vertriebsbindung (0,20).

Tabelle 3.92: Die Bedeutungsveränderung der Funktionen und Aktivitäten des bayerischen Großhandels mit Papier und Verpackung von 1987 bis 1997

Funktion/Aktivität	1987 bis 1992	1992 bis 1997	1987 bis 1997
	- Zunahme der Bedeutung -		
Entsorgungsdienstleistungen (z. B. Sortieren, Kompaktieren)	- 1,25	- 0,50	- 1,75
Informationsverbund zum Einzelhandel	- 1,00	- 0,60	- 1,60
Beratung in Marketing und Absatz	- 0,64	- 0,91	- 1,55
Marktforschung in neuen/ potentiellen Marktsegmenten	- 0,44	- 1,00	- 1,44
Informationsverbund zu Industrie/ Handwerk	- 0,40	- 1,00	- 1,40
Informationsverbund zu Lieferanten/ Herstellern	- 0,75	- 0,63	- 1,38
Fachseminare	- 0,67	- 0,67	- 1,33
Produktion	- 0,40	- 0,80	- 1,20
Einsatz von Mehrwegverpackungen	- 0,88	- 0,25	- 1,13
Direktmarketing-Maßnahmen (Werbebriefe, Prospekte)	- 0,33	- 0,78	- 1,11
Verkaufspersonal-Schulungen	- 0,56	- 0,56	- 1,11
Exklusiv- bzw. Ausschließlichkeitsvertrieb	- 0,67	- 0,36	- 1,02
technische Beratungen	- 0,43	- 0,57	- 1,00
Produktgestaltung	- 0,63	- 0,38	- 1,00
Marktforschung in bestehenden/ bearbeiteten Marktsegmenten	- 0,27	- 0,73	- 1,00

- Fortsetzung -

Fortsetzung Tabelle 3.92

Funktion/Aktivität	1987 bis 1992	1992 bis 1997	1987 bis 1997
Marktforschung in Märkten der Abnehmer	- 0,40	- 0,60	- 1,00
Lagerung von Ersatzteilen auf Zentralgroßhandelsebene	- 0,67	- 0,33	- 1,00
Lagerung von Ersatzteilen auf Regionalgroßhandelsebene	- 0,67	- 0,33	- 1,00
Transport von Ersatzteilen zum Verbrauchs- bzw. Verkaufspunkt	- 0,33	- 0,67	- 1,00
Vermarktung von Gebrauchtwaren	- 0,25	- 0,75	- 1,00
Transport vom Zentrallager des eigenen Unternehmens zum lokalen/regionalen Lager des eigenen Unternehmens	- 0,50	- 0,48	- 0,98
Medienwerbung	- 0,38	- 0,50	- 0,88
Produktmanipulation	- 0,57	- 0,29	- 0,86
Single Sourcing	- 0,50	- 0,33	- 0,83
Akquisitionsaußendienst	- 0,17	- 0,67	- 0,83
Systemsortimente	- 0,29	- 0,43	- 0,71
Informationsverbund zu externen Dienstleistern	- 0,33	- 0,33	- 0,67
Informationsverbund zum Großhandel (horizontal)	-	- 0,67	- 0,67
Lagerhaltung auf Regionalgroßhandelsebene	- 0,57	- 0,07	- 0,64
Kataloge, Preislisten	- 0,36	- 0,27	- 0,64
keine feste Zusammenarbeit	- 0,40	- 0,20	- 0,60
Unterstützung der Verkaufstätigkeit der Kunden	- 0,40	- 0,20	- 0,60
Testsortimente für Händler	- 0,20	- 0,40	- 0,60
Entsorgungstransporte	- 0,29	- 0,29	- 0,57
EDV-Beratung	-	- 0,57	- 0,57
Unterstützung der Werbetätigkeit der Kunden	- 0,29	- 0,29	- 0,57
Produkthaftung	- 0,33	- 0,17	- 0,50
Außendienst zur Installation/Anschluß/Montage/Inbetriebnahme	-	- 0,50	- 0,50
Wiederaufbereitung von Gebrauchtwaren	-	- 0,50	- 0,50
Warenauspreisung beim Kunden (nur bei Einzelhandelsbelieferung)	- 0,50	+ 0,05	- 0,45
Qualitätsprüfung	- 0,29	- 0,14	- 0,43
Beratungen in der Logistik	-	- 0,43	- 0,43
Übernahme von Garantieverpflichtungen	- 0,20	- 0,20	- 0,40
Warenkreditierung	- 0,27	- 0,09	- 0,36
laufende Zusammenarbeit ohne vertragliche Bindung	- 0,44	+ 0,11	- 0,33
Transport vom eigenen Zentrallager zum Verbrauchs- bzw. Verkaufspunkt (auch Bau- oder Montagestelle) des Kunden	- 0,22	- 0,11	- 0,33
Veranstaltung von Ausstellungen/Messen	- 0,17	- 0,17	- 0,33

- Fortsetzung -

163

Fortsetzung Tabelle 3.92

Funktion/Aktivität	1987 bis 1992	1992 bis 1997	1987 bis 1997
Transport vom Lieferanten zum Zentrallager des eigenen Unternehmens	- 0,20	- 0,10	- 0,30
Beratung bei Kundenbetriebsvergleichen, Erfa-Gruppen	-	- 0,29	- 0,29
Außendienst zur Regal-/Warenträgerpflege	- 0,20	- 0,07	- 0,27
Wartungsaußendienst	-	- 0,25	- 0,25
Veranstaltung von Hausmessen	- 0,11	- 0,11	- 0,22
		- Abnahme der Bedeutung -	
Vertriebsbindung	-	+ 0,20	+ 0,20

II. Die Auswertung nach Schwerpunktkundengruppen

Der Großhandel mit Schwerpunktbelieferung des Handwerks

Bei den Großhandelsunternehmen, die primär das Handwerk beliefern, lassen sich keine direkt eindeutigen Tendenzen feststellen, aber bei der weitaus überwiegenden Zahl der Funktionen eine mehr oder minder starke Bedeutungszunahme.

Tabelle 3.93: Die Entwicklung der Bedeutung der wichtigsten Funktionen und Aktivitäten des bayerischen Großhandels mit der Schwerpunktkundengruppe Handwerk von 1987 bis 1997 - Angaben in Mittelwerten -

Funktion/Aktivität	1987	1992	1997
Lagerhaltung auf Zentralgroßhandelsebene	1,60	1,17	1,27
Sortimentstiefe	1,67	1,50	1,44
Sortimentsbreite	1,67	1,50	1,49
Akquisitionsaußendienst	1,58	1,45	1,52
laufende Zusammenarbeit ohne vertragliche Bindung	1,69	1,64	1,81
Kataloge, Preislisten	2,11	1,95	1,89
Lagerhaltung auf Regionalgroßhandelsebene	2,19	2,00	2,03
technische Beratungen	2,57	2,24	2,03

- Fortsetzung -

Fortsetzung Tabelle 3.93

Funktion/Aktivität	1987	1992	1997
Transport vom eigenen Zentrallager zum Verbrauchs- bzw. Verkaufspunkt (auch Bau- oder Montagestelle) des Kunden	2,04	1,81	2,11
Transport vom eigenen Regionallager zum Verbrauchs- bzw. Verkaufspunkt beim Kunden	2,43	2,37	2,29
Informationsverbund zu Industrie/Handwerk	4,00	3,17	2,31
Informationsverbund zu Lieferanten/Herstellern	4,17	3,47	2,39
Transport vom eigenen Zentrallager zum Lager des Kunden	2,58	2,42	2,46
Fachseminare	3,14	2,89	2,49
Warenkreditierung	2,65	2,59	2,68
Transport vom eigenen Regionallager zum regionalen Lager des Kunden	2,75	2,64	2,72
Veranstaltung von Hausmessen	2,97	2,81	2,81
Transport vom Zentrallager des eigenen Unternehmens zum lokalen/regionalen Lager des eigenen Unternehmens	3,10	2,86	2,86
Marktforschung in bestehenden/bearbeiteten Marktsegmenten	3,51	3,18	2,87
Direktmarketing-Maßnahmen (Werbebriefe, Prospekte)	3,39	3,03	2,94
Einsatz von Mehrwegverpackungen	4,08	3,44	2,95
Veranstaltung von Ausstellungen/Messen	3,25	3,03	3,03
Beratung in Marketing und Absatz	3,71	3,34	3,03
Unterstützung der Verkaufstätigkeit der Kunden	3,70	3,43	3,13
Marktforschung in neuen/potentiellen Marktsegmenten	3,66	3,34	3,14
Verkaufspersonal-Schulungen	3,59	3,38	3,17
Streckenbelieferung des Kunden	3,34	3,30	3,26
Marktforschung in Märkten der Abnehmer	3,87	3,65	3,42
EDV-Beratung	4,06	3,58	3,44
Transport vom Lieferanten zum Zentrallager des eigenen Unternehmens	3,54	3,39	3,46
Unterstützung der Werbetätigkeit der Kunden	4,00	3,81	3,57
Lagerung von Ersatzteilen auf Zentralgroßhandelsebene	3,55	3,62	3,59

- Fortsetzung -

Fortsetzung Tabelle 3.93

Funktion/Aktivität	1987	1992	1997
Transport von Ersatzteilen zum Verbrauchs- bzw. Verkaufspunkt	3,63	3,60	3,65
Systemsortimente	3,94	3,88	3,69
EDV-Schulungen	4,16	3,90	3,73
Medienwerbung	3,90	3,74	3,76
Entsorgungstransporte	4,47	4,43	3,89
Single Sourcing	3,82	3,91	3,91
Informationsverbund zu externen Dienstleistern	4,62	4,33	3,95
Produktmanipulation	4,22	4,00	4,00
Produkthaftung	4,15	4,24	4,00

Bei der Analyse nach dem Umfang der Bedeutungsveränderung zeigt sich, daß die Informationsintensivierung und auch die Kontaktintensivierung zu den Kunden, auch die Verkaufsintensivierung der Kunden, stark im Vordergrund des Interesses stehen.

Tabelle 3.94: Die Bedeutungsveränderung der Funktionen und Aktivitäten des bayerischen Großhandels mit der Schwerpunktkundengruppe Handwerk von 1987 bis 1997

Funktion/Aktivität	1987 bis 1992	1992 bis 1997	1987 bis 1997
	- Zunahme der Bedeutung -		
Informationsverbund zu Lieferanten/Herstellern	- 0,69	- 1,08	- 1,78
Informationsverbund zu Industrie/Handwerk	- 0,83	- 0,86	- 1,69
Einsatz von Mehrwegverpackungen	- 0,64	- 0,49	- 1,13
Beratung in Marketing und Absatz	- 0,37	- 0,32	- 0,69
Informationsverbund zu externen Dienstleistern	- 0,29	- 0,38	- 0,67
Fachseminare	- 0,26	- 0,40	- 0,66
Marktforschung in bestehenden/bearbeiteten Marktsegmenten	- 0,33	- 0,31	- 0,64
EDV-Beratung	- 0,48	- 0,14	- 0,62
Entsorgungstransporte	- 0,04	- 0,54	- 0,58
Unterstützung der Verkaufstätigkeit der Kunden	- 0,27	- 0,30	- 0,57
technische Beratungen	- 0,32	- 0,22	- 0,54
Marktforschung in neuen/potentiellen Marktsegmenten	- 0,31	- 0,20	- 0,52
Entsorgungsdienstleistungen (z. B. Sortieren, Kompaktieren)	- 0,11	- 0,39	- 0,50
Informationsverbund zum Großhandel (horizontal)	- 0,22	- 0,26	- 0,48

- Fortsetzung -

Fortsetzung Tabelle 3.94

Funktion/Aktivität	1987 bis 1992	1992 bis 1997	1987 bis 1997
Direktmarketing-Maßnahmen (Werbebriefe, Prospekte)	- 0,36	- 0,09	- 0,45
Marktforschung in Märkten der Abnehmer	- 0,23	- 0,22	- 0,45
Unterstützung der Werbetätigkeit der Kunden	- 0,19	- 0,24	- 0,43
EDV-Schulungen	- 0,26	- 0,18	- 0,43
Verkaufspersonal-Schulungen	- 0,21	- 0,22	- 0,42
Exklusiv- bzw. Ausschließlichkeitsvertrieb	- 0,07	- 0,34	- 0,41
Lagerhaltung auf Zentralgroßhandelsebene	- 0,43	+ 0,10	- 0,33
Beratungen in der Logistik	- 0,17	- 0,14	- 0,30
Systemsortimente	- 0,06	- 0,20	- 0,26
Transport vom Zentrallager des eigenen Unternehmens zum lokalen/regionalen Lager des eigenen Unternehmens	- 0,24	-	- 0,24
Sortimentstiefe	- 0,17	- 0,06	- 0,22
Veranstaltung von Ausstellungen/Messen	- 0,22	-	- 0,22
Produktmanipulation	- 0,22	-	- 0,22
Kataloge, Preislisten	- 0,16	- 0,05	- 0,21

Der Großhandel mit Schwerpunktbelieferung des Groß- und Einzelhandels

Bei den Großhandlungen, deren Kunden hauptsächlich Handelsunternehmen sind, überwiegt ebenfalls die Funktionszunahme.

Tabelle 3.95: Die Entwicklung der Bedeutung der wichtigsten Funktionen und Aktivitäten des bayerischen Großhandels mit der Schwerpunktkundengruppe Groß- und Einzelhandel von 1987 bis 1997 - Angaben in Mittelwerten -

Funktion/Aktivität	1987	1992	1997
Sortimentstiefe	2,00	1,88	1,79
Lagerhaltung auf Zentralgroßhandelsebene	1,86	1,89	1,89
Sortimentsbreite	1,73	1,82	1,97
Transport vom eigenen Zentrallager zum Verbrauchs- bzw. Verkaufspunkt (auch Bau- oder Montagestelle) des Kunden	2,16	2,12	2,08

- Fortsetzung -

Fortsetzung Tabelle 3.95

Funktion/Aktivität	1987	1992	1997
Akquisitionsaußendienst	2,35	2,25	2,09
Beratung in Marketing und Absatz	3,44	3,09	2,56
Informationsverbund zu Lieferanten/ Herstellern	3,94	3,32	2,61
Marktforschung in bestehenden/ bearbeiteten Marktsegmenten	3,44	3,21	2,67
laufende Zusammenarbeit ohne vertragliche Bindung	2,50	2,56	2,72
Unterstützung der Werbetätigkeit der Kunden	3,20	3,07	2,73
Kataloge, Preislisten	3,00	2,94	2,81
Transport vom eigenen Zentrallager zum Lager des Kunden	2,82	2,82	2,82
Direktmarketing-Maßnahmen (Werbebriefe, Prospekte)	3,40	3,17	2,83
Unterstützung der Verkaufstätigkeit der Kunden	3,31	3,12	2,85
Marktforschung in neuen/ potentiellen Marktsegmenten	3,73	3,48	2,93
Transport vom eigenen Regionallager zum regionalen Lager des Kunden	2,68	2,68	2,96
Warenkreditierung	3,06	3,00	3,00
Lagerhaltung auf Regionalgroßhandelsebene	2,84	2,88	3,12
Einsatz von Mehrwegverpackungen	3,88	3,46	3,12
Transport vom eigenen Regionallager zum Verbrauchs- bzw. Verkaufspunkt beim Kunden	2,90	2,90	3,18
Veranstaltung von Ausstellungen/ Messen	3,31	3,23	3,19
Fachseminare	3,70	3,48	3,21
Transport vom Lieferanten zum Zentrallager des eigenen Unternehmens	3,36	3,36	3,32
Veranstaltung von Hausmessen	3,50	3,50	3,43
Exklusiv- bzw. Ausschließlichkeitsvertrieb	3,89	3,71	3,43
Medienwerbung	3,63	3,52	3,44
Verkaufspersonal-Schulungen	3,88	3,80	3,46
Informationsverbund zum Einzelhandel	4,52	4,00	3,46
Produktgestaltung	4,15	3,89	3,59
Marktforschung in Märkten der Abnehmer	4,16	4,04	3,67
Qualitätsprüfung	3,93	3,89	3,72
technische Beratungen	4,09	3,91	3,75
Informationsverbund zum nachgelagerten Großhandel	4,40	4,10	3,75
EDV-Beratung	4,28	4,12	3,81

- Fortsetzung -

Fortsetzung Tabelle 3.95

Funktion/Aktivität	1987	1992	1997
Single Sourcing	4,12	3,92	3,92
Finanzierungsberatung	4,13	4,09	3,92
Produkthaftung	4,19	4,11	3,96
Entsorgungstransporte	4,33	4,19	3,96
Testsortimente für Händler	4,37	4,26	3,96
keine feste Zusammenarbeit	3,93	3,96	4,00
Informationsverbund zum Großhandel (horizontal)	4,72	4,44	4,00

Hier stehen Informations- und Beratungsleistungen, aber auch Direktmarketing oder die Unterstützung der Werbemaßnahmen der Kunden im Vordergrund der Bedeutungszunahme.

Schulungen und Beratungen der Kunden, auch die Warenauspreisung bei Kunden und der Akquisitionsdienst dürften weiter intensiviert werden.

Tabelle 3.96: Die Bedeutungsveränderung der Funktionen und Aktivitäten des bayerischen Großhandels mit der Schwerpunktkundengruppe Groß- und Einzelhandel von 1987 bis 1997

Funktion/Aktivität	1987 bis 1992	1992 bis 1997	1987 bis 1997
	- Zunahme der Bedeutung -		
Informationsverbund zu Lieferanten/ Herstellern	- 0,61	- 0,71	- 1,32
Informationsverbund zum Einzelhandel	- 0,52	- 0,54	- 1,05
Beratung in Marketing und Absatz	- 0,34	- 0,53	- 0,88
Marktforschung in neuen/ potentiellen Marktsegmenten	- 0,25	- 0,55	- 0,80
Marktforschung in bestehenden/ bearbeiteten Marktsegmenten	- 0,23	- 0,55	- 0,77
Einsatz von Mehrwegverpackungen	- 0,42	- 0,35	- 0,77
Informationsverbund zum Großhandel (horizontal)	- 0,28	- 0,44	- 0,72
Informationsverbund zum nachgelagerten Großhandel	- 0,30	- 0,35	- 0,65
Direktmarketing-Maßnahmen (Werbebriefe, Prospekte)	- 0,23	- 0,33	- 0,57
Produktgestaltung	- 0,26	- 0,30	- 0,56
Fachseminare	- 0,22	- 0,27	- 0,49
Marktforschung in Märkten der Abnehmer	- 0,12	- 0,37	- 0,49

- Fortsetzung -

Fortsetzung Tabelle 3.96

Funktion/Aktivität	1987 bis 1992	1992 bis 1997	1987 bis 1997
Unterstützung der Werbetätigkeit der Kunden	- 0,13	- 0,33	- 0,47
EDV-Beratung	- 0,16	- 0,31	- 0,47
Unterstützung der Verkaufstätigkeit der Kunden	- 0,19	- 0,27	- 0,46
Exklusiv- bzw. Ausschließlichkeitsvertrieb	- 0,18	- 0,29	- 0,46
Verkaufspersonal-Schulungen	- 0,08	- 0,34	- 0,42
Testsortimente für Händler	- 0,11	- 0,29	- 0,41
Entsorgungstransporte	- 0,15	- 0,22	- 0,37
technische Beratungen	- 0,17	- 0,16	- 0,34
Produktmanipulation	- 0,16	- 0,16	- 0,32
Warenauspreisung beim Kunden (nur bei Einzelhandelsbelieferung)	- 0,17	- 0,13	- 0,30
Akquisitionsaußendienst	- 0,10	- 0,16	- 0,26
Plazierung im Warenträger (nur bei Einzelhandelsbelieferung)	- 0,21	- 0,05	- 0,25
Systemsortimente	- 0,04	- 0,21	- 0,25
Beratung bei Kundenbetriebsvergleichen, Erfa-Gruppen	- 0,04	- 0,20	- 0,24
Beratung im Rechnungswesen, Controlling	- 0,04	- 0,19	- 0,23
Produkthaftung	- 0,07	- 0,15	- 0,22
Informationsverbund zu externen Dienstleistern	- 0,11	- 0,11	- 0,22
Entsorgungsdienstleistungen (z. B. Sortieren, Kompaktieren)	- 0,09	- 0,13	- 0,22
Sortimentstiefe	- 0,12	- 0,09	- 0,21
Finanzierungsberatung	- 0,04	- 0,16	- 0,21
Qualitätsprüfung	- 0,04	- 0,17	- 0,20
- Abnahme der Bedeutung -			
laufende Zusammenarbeit ohne vertragliche Bindung	+ 0,06	+ 0,16	+ 0,22
Sortimentsbreite	+ 0,09	+ 0,15	+ 0,24
Transport vom eigenen Regionallager zum regionalen Lager des Kunden	-	+ 0,27	+ 0,27
Transport vom Zentrallager des eigenen Unternehmens zum lokalen/regionalen Lager des eigenen Unternehmens	-	+ 0,27	+ 0,27
Lagerhaltung auf Regionalgroßhandelsebene	+ 0,04	+ 0,24	+ 0,28
Transport vom eigenen Regionallager zum Verbrauchs- bzw. Verkaufspunkt beim Kunden	-	+ 0,28	+ 0,28

Der Großhandel mit Schwerpunktbelieferung der Industrie

Die Industrie erwartet vom Großhandel eine leicht schwächere Gesamtfunktionserfüllung als die Kunden des Einzelhandels und des Handwerks. Aber auch bei Industriekunden wird mit beachtlichen Bedeutungssteigerungen der Funktionen gerechnet.

Tabelle 3.97: Die Entwicklung der Bedeutung der wichtigsten Funktionen und Aktivitäten des bayerischen Großhandels mit der Schwerpunktkundengruppe Industrie von 1987 bis 1997 - Angaben in Mittelwerten -

Funktion/Aktivität	1987	1992	1997
Transport vom eigenen Zentrallager zum Verbrauchs- bzw. Verkaufspunkt (auch Bau- oder Montagestelle) des Kunden	2,00	1,87	1,93
Qualitätsprüfung	3,22	2,56	1,94
Lagerhaltung auf Zentralgroßhandelsebene	2,00	1,94	2,00
Sortimentstiefe	2,31	2,19	2,13
Akquisitionsaußendienst	2,38	2,23	2,15
laufende Zusammenarbeit ohne vertragliche Bindung	2,56	2,44	2,19
technische Beratungen	2,88	2,44	2,19
Transport vom eigenen Zentrallager zum Lager des Kunden	2,27	2,13	2,20
Sortimentsbreite	2,38	2,31	2,33
Produktmanipulation	2,94	2,50	2,33
Entsorgungstransporte	3,83	3,17	2,72
Entsorgungsdienstleistungen (z. B. Sortieren, Kompaktieren)	4,06	3,35	2,82
Marktforschung in bestehenden/bearbeiteten Marktsegmenten	3,42	3,11	2,89
Streckenbelieferung des Kunden	3,06	3,06	2,94
Marktforschung in neuen/potentiellen Marktsegmenten	3,53	3,24	2,94
Warenkreditierung	3,25	3,05	3,05
keine feste Zusammenarbeit	3,31	3,31	3,19
Kataloge, Preislisten	3,44	3,25	3,25
Systemsortimente	3,79	3,50	3,29
Produktgestaltung	3,65	3,50	3,29
Fachseminare	4,31	3,62	3,31
Vermarktung von Gebrauchtwaren	3,80	3,60	3,33
Produktion	3,87	3,73	3,33
Exklusiv- bzw. Ausschließlichkeitsvertrieb	3,92	3,62	3,38

- Fortsetzung -

Fortsetzung Tabelle 3.97

Funktion/Aktivität	1987	1992	1997
Direktmarketing-Maßnahmen (Werbebriefe, Prospekte)	3,76	3,71	3,41
Produkthaftung	4,06	3,67	3,44
Transport vom eigenen Regionallager zum regionalen Lager des Kunden	3,42	3,25	3,46
Wiederaufbereitung von Gebrauchtwaren	3,67	3,80	3,53
Einsatz von Mehrwegverpackungen	4,24	3,88	3,53
Außendienst zur Installation/Anschluß/Montage/Inbetriebnahme	3,58	3,42	3,55
Transport vom eigenen Regionallager zum Verbrauchs- bzw. Verkaufspunkt beim Kunden	3,62	3,46	3,64
Veranstaltung von Ausstellungen/Messen	3,73	3,67	3,67
Reparaturaußendienst	3,79	3,71	3,71
Transport vom Lieferanten zum Zentrallager des eigenen Unternehmens	4,00	3,87	3,73
Wartungsaußendienst	3,79	3,86	3,79
Informationsverbund zu Lieferanten/Herstellern	4,67	4,47	3,80
Übernahme von Garantieverpflichtungen	4,12	3,88	3,82
Inzahlungnahme von Gebrauchtwaren	4,14	4,00	3,86
Vertragshändler	4,15	4,08	3,92
Informationsverbund zu Industrie/Handwerk	4,73	4,53	3,93
Lagerhaltung auf Regionalgroßhandelsebene	3,81	3,81	3,94
Medienwerbung	4,31	4,38	3,94
Marktforschung in Märkten der Abnehmer	4,46	4,15	4,00

Von den Großhandlungen, die vergleichsweise intensive Kundenbeziehungen zur Industrie haben, wird besondere Aufmerksamkeit auf die Verbesserung der Qualitätsprüfung sowie der Entsorgung gelegt werden.

Weiter steht der Informationsverbund zu Lieferanten und zur Industrie im Vordergrund der Bedeutungsveränderungen. Ein weiterer Block der Veränderungen betrifft die produktnahen Aktivitäten, wie technische Beratungen, Produktmanipulation und Produkthaftung sowie Produktgestaltung.

Die Herausforderungen, die die Befragten angeben, sind für die Unternehmen weitreichend.

Tabelle 3.98: Die Bedeutungsveränderung der Funktionen und Aktivitäten des bayerischen Großhandels mit der Schwerpunktkundengruppe Industrie von 1987 bis 1997

Funktion/Aktivität	1987 bis 1992	1992 bis 1997	1987 bis 1997
	- Zunahme der Bedeutung -		
Qualitätsprüfung	- 0,67	- 0,61	- 1,28
Entsorgungsdienstleistungen (z. B. Sortieren, Kompaktieren)	- 0,71	- 0,53	- 1,24
Entsorgungstransporte	- 0,67	- 0,44	- 1,11
Fachseminare	- 0,69	- 0,31	- 1,00
Informationsverbund zu Lieferanten/ Herstellern	- 0,20	- 0,67	- 0,87
Informationsverbund zu Industrie/ Handwerk	- 0,20	- 0,60	- 0,80
Einsatz von Mehrwegverpackungen	- 0,35	- 0,35	- 0,71
technische Beratungen	- 0,44	- 0,25	- 0,69
Produktmanipulation	- 0,44	- 0,17	- 0,61
Produkthaftung	- 0,39	- 0,22	- 0,61
Marktforschung in neuen/ potentiellen Marktsegmenten	- 0,29	- 0,29	- 0,59
Verkaufspersonal-Schulungen	- 0,50	- 0,08	- 0,58
Exklusiv- bzw. Ausschließlichkeitsvertrieb	- 0,31	- 0,23	- 0,54
Beratung in Marketing und Absatz	- 0,38	- 0,15	- 0,54
Marktforschung in bestehenden/ bearbeiteten Marktsegmenten	- 0,32	- 0,21	- 0,53
Produktion	- 0,13	- 0,40	- 0,53
Systemsortimente	- 0,29	- 0,21	- 0,50
Informationsverbund zum Einzelhandel	- 0,33	- 0,17	- 0,50
Vermarktung von Gebrauchtwaren	- 0,20	- 0,27	- 0,47
Marktforschung in Märkten der Abnehmer	- 0,31	- 0,15	- 0,46
laufende Zusammenarbeit ohne vertragliche Bindung	- 0,13	- 0,25	- 0,38
Medienwerbung	0,06	- 0,44	- 0,38
Unterstützung der Verkaufstätigkeit der Kunden	- 0,08	- 0,31	- 0,38
Produktgestaltung	- 0,15	- 0,21	- 0,35
Finanzierungsberatung	- 0,33	-	- 0,33
Übernahme von Garantieverpflichtungen	- 0,24	- 0,06	- 0,29
Inzahlungnahme von Gebrauchtwaren	- 0,14	- 0,14	- 0,29
Informationsverbund zum Großhandel (horizontal)	0,29	- 0,57	- 0,29
Transport vom Lieferanten zum Zentrallager des eigenen Unternehmens	- 0,13	- 0,13	- 0,27
Transport vom Zentrallager des eigenen Unternehmens zum lokalen/regionalen Lager des eigenen Unternehmens	- 0,17	- 0,09	- 0,26

- Fortsetzung -

Fortsetzung Tabelle 3.98

Funktion/Aktivität	1987 bis 1992	1992 bis 1997	1987 bis 1997
Informationsverbund zu externen Dienstleistern	0,13	- 0,38	- 0,25
Akquisitionsaußendienst	- 0,15	- 0,08	- 0,23
Vertragshändler	- 0,08	- 0,15	- 0,23
Testsortimente für Händler	0,00	- 0,23	- 0,23
Lagerung von Ersatzteilen auf Regionalgroßhandelsebene	- 0,14	- 0,08	- 0,22
Single Sourcing	- 0,29	0,07	- 0,21
Warenkreditierung	- 0,20	0,00	- 0,20
Lagerung von Ersatzteilen auf Zentralgroßhandelsebene	- 0,11	- 0,08	- 0,20
Transport von Ersatzteilen zum Verbrauchs- bzw. Verkaufspunkt	- 0,04	- 0,17	- 0,20
Unterstützung der Werbetätigkeit der Kunden	-	- 0,20	- 0,20

Der Großhandel mit Schwerpunktbelieferung der sonstigen Kunden

Bei sonstigen Kunden treten andere Merkmale in den Vordergrund. So werden Logistik, Akquisition, Sortimentstiefe und -breite und Kommunikation als sehr bedeutend eingestuft.

Tabelle 3.99: Die Entwicklung der Bedeutung der wichtigsten Funktionen und Aktivitäten des bayerischen Großhandels mit der Schwerpunktkundengruppe Sonstige von 1987 bis 1997 - Angaben in Mittelwerten -

Funktion/Aktivität	1987	1992	1997
Lagerhaltung auf Zentralgroßhandelsebene	1,73	1,38	1,24
Akquisitionsaußendienst	1,82	1,50	1,61
Transport vom eigenen Zentrallager zum Verbrauchs- bzw. Verkaufspunkt (auch Bau- oder Montagestelle) des Kunden	2,21	1,67	1,67
Sortimentstiefe	1,67	1,53	1,68
Sortimentsbreite	1,83	1,68	1,89
Kataloge, Preislisten	2,58	2,10	2,05
laufende Zusammenarbeit ohne vertragliche Bindung	2,35	2,05	2,25
Lagerhaltung auf Regionalgroßhandelsebene	2,80	2,50	2,53
Transport vom eigenen Zentrallager zum Lager des Kunden	3,00	2,56	2,63
technische Beratungen	3,33	2,84	2,68
Fachseminare	3,00	2,84	2,79

- Fortsetzung -

Fortsetzung Tabelle 3.99

Funktion/Aktivität	1987	1992	1997
Direktmarketing-Maßnahmen (Werbebriefe)	3,32	2,85	2,80
Transport vom eigenen Regionallager zum Verbrauchs- bzw. Verkaufspunkt beim Kunden	2,46	2,43	2,94
Streckenbelieferung des Kunden	3,29	3,00	3,11
Beratung in Marketing und Absatz	3,55	3,45	3,15
Informationsverbund zu Lieferanten/ Herstellern	4,44	3,75	3,24
Informationsverbund zu Industrie/ Handwerk	4,42	3,92	3,31
Veranstaltung von Hausmessen	3,20	3,15	3,35
Transport vom eigenen Regionallager zum regionalen Lager des Kunden	3,21	3,07	3,38
Veranstaltung von Ausstellungen/ Messen	3,47	3,33	3,39
Transport vom Lieferanten zum Zentrallager des eigenen Unternehmens	3,71	3,67	3,40
Vertragshändler	4,00	3,53	3,47
Qualitätsprüfung	3,95	3,65	3,50
Single Sourcing	3,89	3,61	3,56
Exklusiv- bzw. Ausschließlichkeitsvertrieb	4,21	3,67	3,67
Marktforschung in bestehenden/ bearbeiteten Marktsegmenten	3,94	3,72	3,67
Produktgestaltung	3,88	3,89	3,68
Übernahme von Garantieverpflichtungen	3,84	3,90	3,70
Warenkreditierung	3,65	3,58	3,71
Systemsortimente	3,76	3,65	3,72
Medienwerbung	4,12	3,89	3,72
Einsatz von Mehrwegverpackungen	4,16	3,95	3,74
Entsorgungstransporte	4,17	4,06	3,78
Lagerung von Ersatzteilen auf Zentralgroßhandelsebene	3,85	3,69	3,79
Produkthaftung	4,05	3,90	3,80
EDV-Beratung	3,85	4,05	3,80
Unterstützung der Werbetätigkeit der Kunden	4,00	3,94	3,83
Außendienst zur Installation/ Anschluß/Montage/Inbetriebnahme	3,80	3,75	3,88
Marktforschung in neuen/ potentiellen Marktsegmenten	4,33	4,06	3,88
Informationsverbund zum Einzelhandel	4,64	4,29	3,93
Transport von Ersatzteilen zum Verbrauchs- bzw. Verkaufspunkt	4,07	3,87	4,00
Wartungsaußendienst	3,94	4,00	4,00
Finanzierungsberatung	4,06	4,18	4,00
Verkaufspersonal-Schulungen	4,25	4,25	4,00

Bei den Bedeutungsänderungen steht bei den sonstigen Kunden der Informationsverbund mit technischen Beratungen an der Spitze. Bedeutung haben weiter Bestrebungen zum Exklusiv- und Ausschließlichkeitsvertrieb sowie zum Vertragshändlerstatus.

Weiter werden auch die Direktmarketing-Maßnahmen und die Qualitätsprüfung eine vergleichsweise hohe Bedeutungszunahme erfahren.

Abnehmen dürfte aber die Regionallagerlogistik, dies läßt teilweise auf eine Aufgabe der Regionalläger schließen.

Tabelle 3.100: Die Bedeutungsveränderung der Funktionen und Aktivitäten des bayerischen Großhandels mit der Schwerpunktkundengruppe Sonstige von 1987 bis 1997

Funktion/Aktivität	1987 bis 1992	1992 bis 1997	1987 bis 1997
	- Zunahme der Bedeutung -		
Informationsverbund zu Lieferanten/ Herstellern	- 0,69	- 0,51	- 1,20
Informationsverbund zu Industrie/ Handwerk	- 0,50	- 0,61	- 1,11
Informationsverbund zum Einzelhandel	- 0,36	- 0,35	- 0,71
Informationsverbund zum Großhandel (horizontal)	-	- 0,68	- 0,68
technische Beratungen	- 0,49	- 0,16	- 0,65
Transport vom eigenen Zentrallager zum Verbrauchs- bzw. Verkaufspunkt (auch Bau- oder Montagestelle) des Kunden	- 0,55	-	- 0,55
Exklusiv- bzw. Ausschließlichkeitsvertrieb	- 0,55	-	- 0,55
Kataloge, Preislisten	- 0,48	- 0,05	- 0,53
Vertragshändler	- 0,47	- 0,07	- 0,53
Direktmarketing-Maßnahmen (Werbebriefe, Prospekte)	- 0,47	- 0,05	- 0,52
Lagerhaltung auf Zentralgroßhandelsebene	- 0,36	- 0,14	- 0,50
Informationsverbund zum nachgelagerten Großhandel	-	- 0,49	- 0,49
Marktforschung in neuen/ potentiellen Marktsegmenten	- 0,27	- 0,19	- 0,46
Qualitätsprüfung	- 0,30	- 0,15	- 0,45
Informationsverbund zu externen Dienstleistern	- 0,33	- 0,11	- 0,43
Einsatz von Mehrwegverpackungen	- 0,21	- 0,21	- 0,42
Beratung in Marketing und Absatz	- 0,10	- 0,30	- 0,40
Medienwerbung	- 0,23	- 0,17	- 0,40
Entsorgungstransporte	- 0,11	- 0,28	- 0,39
Transport vom eigenen Zentrallager zum Lager des Kunden	- 0,44	0,06	- 0,38
Single Sourcing	- 0,28	- 0,06	- 0,33
Transport vom Lieferanten zum Zentrallager des eigenen Unternehmens	- 0,05	- 0,27	- 0,31

- Fortsetzung -

Fortsetzung Tabelle 3.100

Funktion/Aktivität	1987 bis 1992	1992 bis 1997	1987 bis 1997
Produktion	- 0,02	- 0,28	- 0,30
Produktmanipulation	- 0,07	- 0,21	- 0,28
Lagerhaltung auf Regionalgroßhandelsebene	- 0,30	+ 0,03	- 0,27
Marktforschung in bestehenden/bearbeiteten Marktsegmenten	- 0,22	- 0,06	- 0,27
Produkthaftung	- 0,15	- 0,10	- 0,25
Verkaufspersonal-Schulungen	-	- 0,25	- 0,25
keine feste Zusammenarbeit	+ 0,06	- 0,29	- 0,24
Immobilienvermietung an Dritte	-	- 0,24	- 0,24
Akquisitionsaußendienst	- 0,32	+ 0,11	- 0,21
Fachseminare	- 0,16	- 0,05	- 0,21
Produktgestaltung	+ 0,01	- 0,20	- 0,20
	- Abnahme der Bedeutung -		
Transport vom eigenen Regionallager zum Verbrauchs- bzw. Verkaufspunkt beim Kunden	- 0,03	+ 0,51	+ 0,48

III. Die Auswertung nach der Unternehmensgröße

Der Großhandel mit einem Jahresumsatz von unter 50 Mill. DM

Bei den kleineren Unternehmen mit einem Jahresumsatz von unter 50 Mill. DM im Jahre 1992 halten sich die Umschichtungen der Bedeutung der Funktionsausübung gegenüber den vergleichsweise größeren Unternehmen in engen Grenzen. Die Veränderungen sind jedoch beachtlich, weil für bestimmte Aktivitätenfelder Mindestgrößen Voraussetzung sind.

Tabelle 3.101: Die Entwicklung der Bedeutung der wichtigsten Funktionen und Aktivitäten des bayerischen Großhandels aus der Sicht der befragten kleineren Unternehmen von 1987 bis 1997 - Angaben in Mittelwerten -

Funktion/Aktivität	1987	1992	1997
Lagerhaltung auf Zentralgroßhandelsebene	1,62	1,66	1,67
Akquisitionsaußendienst	2,22	2,05	1,84
Sortimentstiefe	2,18	2,04	1,98
laufende Zusammenarbeit ohne vertragliche Bindung	2,12	2,07	2,14

- Fortsetzung -

Fortsetzung Tabelle 3.101

Funktion/Aktivität	1987	1992	1997
Transport vom eigenen Zentrallager zum Verbrauchs- bzw. Verkaufspunkt (auch Bau- oder Montagestelle) des Kunden	2,40	2,26	2,19
Sortimentsbreite	2,20	2,16	2,20
Transport vom eigenen Zentrallager zum Lager des Kunden	2,62	2,57	2,57
Kataloge, Preislisten	3,10	2,93	2,74
technische Beratungen	3,26	2,92	2,76
Lagerhaltung auf Regionalgroßhandelsebene	2,88	2,79	2,91
Direktmarketing-Maßnahmen (Werbebriefe, Prospekte)	3,50	3,23	2,93
Transport vom eigenen Regionallager zum Verbrauchs- bzw. Verkaufspunkt beim Kunden	2,72	2,73	3,00
Transport vom eigenen Regionallager zum regionalen Lager des Kunden	2,78	2,82	3,10
Marktforschung in bestehenden/bearbeiteten Marktsegmenten	3,73	3,40	3,16
Marktforschung in neuen/potentiellen Marktsegmenten	3,97	3,58	3,27
Beratung in Marketing und Absatz	4,05	3,69	3,30
Warenkreditierung	3,25	3,16	3,31
Informationsverbund zu Lieferanten/Herstellern	4,50	4,15	3,49
Fachseminare	3,89	3,68	3,51
Veranstaltung von Ausstellungen/Messen	3,86	3,71	3,63
Exklusiv- bzw. Ausschließlichkeitsvertrieb	4,15	3,82	3,64
Streckenbelieferung des Kunden	3,73	3,68	3,66
Qualitätsprüfung	4,30	3,97	3,67
Transport vom Lieferanten zum Zentrallager des eigenen Unternehmens	3,87	3,74	3,68
Unterstützung der Werbetätigkeit der Kunden	4,18	4,03	3,74
Veranstaltung von Hausmessen	3,76	3,78	3,76
Medienwerbung	4,05	3,97	3,79
Informationsverbund zu Industrie/Handwerk	4,63	4,38	3,79
keine feste Zusammenarbeit	3,84	3,82	3,82
Unterstützung der Verkaufstätigkeit der Kunden	4,30	4,08	3,89
Produktgestaltung	4,21	4,07	3,93
Produktmanipulation	4,26	4,05	3,95
Systemsortimente	4,14	4,09	3,95

- Fortsetzung -

Fortsetzung Tabelle 3.101

Funktion/Aktivität	1987	1992	1997
Einsatz von Mehrwegverpackungen	4,40	4,17	3,95
Transport vom Zentrallager des eigenen Unternehmens zum lokalen/regionalen Lager des eigenen Unternehmens	4,16	4,10	4,00

Im Vordergrund der Veränderungen stehen Informationsverbund, Beratung, Marktforschung und Qualitätsprüfung. Ein beachtliches Gewicht hat auch das Streben nach besserer Unterstützung der Verkaufs- und Werbetätigkeit der Kunden.

Die Logistikfunktionen dürften dagegen eher zurückgeschnitten werden.

Tabelle 3.102: Die Bedeutungsveränderung der Funktionen und Aktivitäten des bayerischen Großhandels aus der Sicht der befragten kleineren Unternehmen von 1987 bis 1997

Funktion/Aktivität	1987 bis 1992	1992 bis 1997	1987 bis 1997
	- Zunahme der Bedeutung -		
Informationsverbund zu Lieferanten/Herstellern	- 0,35	- 0,66	- 1,01
Informationsverbund zu Industrie/Handwerk	- 0,25	- 0,59	- 0,84
Beratung in Marketing und Absatz	- 0,36	- 0,39	- 0,75
Marktforschung in neuen/potentiellen Marktsegmenten	- 0,40	- 0,31	- 0,71
Qualitätsprüfung	- 0,32	- 0,30	- 0,62
Direktmarketing-Maßnahmen (Werbebriefe, Prospekte)	- 0,27	- 0,30	- 0,57
Marktforschung in bestehenden/bearbeiteten Marktsegmenten	- 0,34	- 0,24	- 0,57
Exklusiv- bzw. Ausschließlichkeitsvertrieb	- 0,33	- 0,18	- 0,51
technische Beratungen	- 0,33	- 0,17	- 0,50
Informationsverbund zum Großhandel (horizontal)	- 0,12	- 0,38	- 0,50
Einsatz von Mehrwegverpackungen	- 0,23	- 0,22	- 0,45
Informationsverbund zum Einzelhandel	- 0,09	- 0,36	- 0,45
Unterstützung der Werbetätigkeit der Kunden	- 0,15	- 0,28	- 0,44
Unterstützung der Verkaufstätigkeit der Kunden	- 0,22	- 0,19	- 0,41
Informationsverbund zum nachgelagerten Großhandel	- 0,08	- 0,33	- 0,40
Fachseminare	- 0,22	- 0,16	- 0,38
Akquisitionsaußendienst	- 0,16	- 0,21	- 0,37
Kataloge, Preislisten	- 0,17	- 0,19	- 0,36

- Fortsetzung -

Fortsetzung Tabelle 3.102

Funktion/Aktivität	1987 bis 1992	1992 bis 1997	1987 bis 1997
Entsorgungsdienstleistungen (z. B. Sortieren, Kompaktieren)	- 0,17	- 0,18	- 0,35
Produkthaftung	- 0,22	- 0,12	- 0,33
Entsorgungstransporte	- 0,13	- 0,20	- 0,33
Produktmanipulation	- 0,21	- 0,10	- 0,31
Marktforschung in Märkten der Abnehmer	- 0,14	- 0,17	- 0,31
Vermarktung von Gebrauchtwaren	- 0,17	- 0,12	- 0,29
Produktgestaltung	- 0,13	- 0,15	- 0,28
Verkaufspersonal-Schulungen	- 0,25	- 0,03	- 0,28
Informationsverbund zu externen Dienstleistern	- 0,19	- 0,09	- 0,28
Medienwerbung	- 0,08	- 0,18	- 0,26
EDV-Beratung	- 0,08	- 0,17	- 0,26
Veranstaltung von Ausstellungen/ Messen	- 0,15	- 0,08	- 0,23
Transport vom eigenen Zentrallager zum Verbrauchs- bzw. Verkaufspunkt (auch Bau- oder Montagestelle) des Kunden	- 0,14	- 0,06	- 0,21
Finanzierungsberatung	- 0,14	- 0,07	- 0,21
Sortimentstiefe	- 0,14	- 0,07	- 0,20
Beratung bei Kundenbetriebsvergleichen, Erfa-Gruppen	-	- 0,20	- 0,20
- Abnahme der Bedeutung -			
Transport vom eigenen Regionallager zum Verbrauchs- bzw. Verkaufspunkt beim Kunden	+ 0,01	+ 0,27	+ 0,28
Transport vom eigenen Regionallager zum regionalen Lager des Kunden	+ 0,04	+ 0,28	+ 0,32

Der Großhandel mit einem Jahresumsatz von 50 bis 250 Mill. DM

Zwischen der Gruppe kleiner und mittlerer Großhandlungen bestehen nuancierte Abweichungen der für 1997 erwarteten Bedeutungsgewichtung.

Hinsichtlich des Gewichts der Bedeutungsveränderung weichen mittlere und kleinere Unternehmen ebenfalls voneinander ab. Tendenziell werden Änderungen in einer geringen Anzahl von Bereichen erwartet, dafür aber mit mehr Gewicht. Informationsverbund, Entsorgung, Marktforschung, Beratung und Schulung dürften ausgebaut werden. Auch der Exklusiv- und Ausschließlichkeitsvertrieb dürfte zunehmen. Gewisse Verschiebungen ergeben sich auch zugunsten von Direktmarketing und Systemsortimenten.

Tabelle 3.103: Die Entwicklung der Bedeutung der wichtigsten Funktionen und Aktivitäten des bayerischen Großhandels aus der Sicht der befragten mittleren Unternehmen von 1987 bis 1997 - Angaben in Mittelwerten -

Funktion/Aktivität	1987	1992	1997
Lagerhaltung auf Zentralgroßhandelsebene	1,86	1,39	1,42
Sortimentsbreite	1,59	1,49	1,61
Sortimentstiefe	1,77	1,54	1,67
Akquisitionsaußendienst	1,85	1,63	1,76
Transport vom eigenen Zentrallager zum Verbrauchs- bzw. Verkaufspunkt (auch Bau- oder Montagestelle) des Kunden	2,09	1,73	1,97
Kataloge, Preislisten	2,24	2,05	2,12
laufende Zusammenarbeit ohne vertragliche Bindung	2,13	2,03	2,15
Fachseminare	2,89	2,70	2,47
Lagerhaltung auf Regionalgroßhandelsebene	2,71	2,45	2,51
technische Beratungen	3,00	2,72	2,51
Transport vom eigenen Regionallager zum Verbrauchs- bzw. Verkaufspunkt beim Kunden	2,79	2,64	2,52
Informationsverbund zu Lieferanten/Herstellern	4,18	3,53	2,53
Transport vom eigenen Zentrallager zum Lager des Kunden	2,79	2,48	2,61
Einsatz von Mehrwegverpackungen	3,83	3,29	2,76
Informationsverbund zu Industrie/Handwerk	4,19	3,50	2,88
Warenkreditierung	2,90	2,86	2,90
Veranstaltung von Hausmessen	3,00	2,92	2,95
Transport vom eigenen Regionallager zum regionalen Lager des Kunden	3,06	2,88	2,97
Marktforschung in bestehenden/bearbeiteten Marktsegmenten	3,57	3,31	3,05
Veranstaltung von Ausstellungen/Messen	3,17	3,09	3,16
Unterstützung der Verkaufstätigkeit der Kunden	3,58	3,50	3,19
Direktmarketing-Maßnahmen (Werbebriefe, Prospekte)	3,50	3,22	3,22
Streckenbelieferung des Kunden	3,32	3,22	3,23
Marktforschung in neuen/potentiellen Marktsegmenten	3,78	3,54	3,26
Beratung in Marketing und Absatz	3,72	3,53	3,27
Verkaufspersonal-Schulungen	3,65	3,57	3,32

- Fortsetzung -

Fortsetzung Tabelle 3.103

Funktion/Aktivität	1987	1992	1997
Unterstützung der Werbetätigkeit der Kunden	3,75	3,68	3,50
Transport vom Zentrallager des eigenen Unternehmens zum lokalen/regionalen Lager des eigenen Unternehmens	3,89	3,59	3,59
Single Sourcing	3,56	3,53	3,60
Transport vom Lieferanten zum Zentrallager des eigenen Unternehmens	3,76	3,68	3,62
Entsorgungstransporte	4,35	4,14	3,68
Qualitätsprüfung	3,84	3,76	3,71
Marktforschung in Märkten der Abnehmer	4,03	3,88	3,74
Systemsortimente	4,03	3,89	3,76
EDV-Beratung	4,16	4,03	3,79
Lagerung von Ersatzteilen auf Zentralgroßhandelsebene	3,94	3,94	3,90
Produktgestaltung	4,08	3,95	3,92
Medienwerbung	4,11	4,00	3,97
Produkthaftung	4,15	4,13	3,97
Transport von Ersatzteilen zum Verbrauchs- bzw. Verkaufspunkt	4,09	3,97	4,00
Entsorgungsdienstleistungen (z. B. Sortieren, Kompaktieren)	4,57	4,54	4,00

Tabelle 3.104: Die Bedeutungsveränderung der Funktionen und Aktivitäten des bayerischen Großhandels aus der Sicht der befragten mittleren Unternehmen von 1987 bis 1997

Funktion/Aktivität	1987 bis 1992	1992 bis 1997	1987 bis 1997
	- Zunahme der Bedeutung -		
Informationsverbund zu Lieferanten/ Herstellern	- 0,66	- 1,00	- 1,66
Informationsverbund zu Industrie/ Handwerk	- 0,69	- 0,63	- 1,31
Einsatz von Mehrwegverpackungen	- 0,55	- 0,52	- 1,07
Entsorgungstransporte	- 0,22	- 0,45	- 0,67
Entsorgungsdienstleistungen (z. B. Sortieren, Kompaktieren)	- 0,03	- 0,54	- 0,57
Marktforschung in bestehenden/ bearbeiteten Marktsegmenten	- 0,26	- 0,26	- 0,52
Marktforschung in neuen/ potentiellen Marktsegmenten	- 0,24	- 0,28	- 0,52
technische Beratungen	- 0,28	- 0,21	- 0,49
Beratung in Marketing und Absatz	- 0,20	- 0,26	- 0,46

- Fortsetzung -

Fortsetzung Tabelle 3.104

Funktion/Aktivität	1987 bis 1992	1992 bis 1997	1987 bis 1997
Lagerhaltung auf Zentralgroßhandelsebene	- 0,47	+ 0,03	- 0,44
Fachseminare	- 0,19	- 0,23	- 0,42
Unterstützung der Verkaufstätigkeit der Kunden	- 0,08	- 0,31	- 0,39
Exklusiv- bzw. Ausschließlichkeitsvertrieb	- 0,19	- 0,19	- 0,38
EDV-Beratung	- 0,14	- 0,24	- 0,37
Informationsverbund zum Einzelhandel	- 0,20	- 0,17	- 0,36
Verkaufspersonal-Schulungen	- 0,08	- 0,25	- 0,33
Informationsverbund zu externen Dienstleistern	- 0,03	- 0,30	- 0,33
Transport vom Zentrallager des eigenen Unternehmens zum lokalen/regionalen Lager des eigenen Unternehmens	- 0,30	-	- 0,30
Marktforschung in Märkten der Abnehmer	- 0,15	- 0,14	- 0,29
Direktmarketing-Maßnahmen (Werbebriefe, Prospekte)	- 0,28	-	- 0,28
Transport vom eigenen Regionallager zum Verbrauchs- bzw. Verkaufspunkt beim Kunden	- 0,15	- 0,12	- 0,27
Systemsortimente	- 0,14	- 0,13	- 0,27
Vertragshändler	- 0,17	- 0,11	- 0,27
Unterstützung der Werbetätigkeit der Kunden	- 0,07	- 0,18	- 0,25
EDV-Schulungen	- 0,03	- 0,21	- 0,24
Beratungen in der Logistik	+ 0,03	- 0,25	- 0,22
Informationsverbund zum Großhandel (horizontal)	+ 0,04	- 0,26	- 0,22
Lagerhaltung auf Regionalgroßhandelsebene	- 0,26	+ 0,07	- 0,20

Der Großhandel mit einem Jahresumsatz von mehr als 250 Mill. DM

Die Unternehmen mit über 250 Mill. DM Jahresumsatz im Jahre 1992 haben die vergleichsweise höchste Funktionsintensität. Auch der Bedeutungswandel wird am stärksten eingeschätzt.

Dies äußert sich zunächst darin, daß die Bedeutung der Funktionsausübung sich auf weit mehr Elemente als bei den kleinen und mittleren Unternehmen bezieht.

Tabelle 3.105: Die Entwicklung der Bedeutung der wichtigsten Funktionen und Aktivitäten des bayerischen Großhandels aus der Sicht der befragten großen Unternehmen von 1987 bis 1997 - Angaben in Mittelwerten -

Funktion/Aktivität	1987	1992	1997
Sortimentstiefe	1,39	1,39	1,22
Sortimentsbreite	1,43	1,39	1,50
Akquisitionsaußendienst	1,67	1,67	1,61
Transport vom eigenen Zentrallager zum Verbrauchs- bzw. Verkaufspunkt (auch Bau- oder Montagestelle) des Kunden	1,63	1,53	1,65
Lagerhaltung auf Zentralgroßhandelsebene	1,83	1,70	1,70
Informationsverbund zu Lieferanten/Herstellern	3,82	2,95	2,18
Kataloge, Preislisten	2,63	2,38	2,25
Transport vom eigenen Zentrallager zum Lager des Kunden	2,41	2,35	2,29
technische Beratungen	3,11	2,68	2,32
Beratung in Marketing und Absatz	3,29	2,88	2,36
Direktmarketing-Maßnahmen (Werbebriefe, Prospekte)	3,05	2,80	2,40
laufende Zusammenarbeit ohne vertragliche Bindung	2,42	2,25	2,46
Marktforschung in bestehenden/bearbeiteten Marktsegmenten	3,28	3,12	2,50
Fachseminare	3,65	3,13	2,52
Warenkreditierung	2,92	2,84	2,64
Transport vom Lieferanten zum Zentrallager des eigenen Unternehmens	2,85	2,85	2,80
Medienwerbung	3,25	3,05	2,80
Veranstaltung von Ausstellungen/Messen	3,00	2,81	2,81
Informationsverbund zum Einzelhandel	4,13	3,25	2,81
Transport vom eigenen Regionallager zum regionalen Lager des Kunden	2,65	2,53	2,83
Produktmanipulation	3,42	3,00	2,85
Marktforschung in neuen/potentiellen Marktsegmenten	3,43	3,33	2,86
Einsatz von Mehrwegverpackungen	3,95	3,29	2,90
Produktgestaltung	3,53	3,30	2,90
Entsorgungstransporte	3,83	3,52	2,91
Unterstützung der Verkaufstätigkeit der Kunden	3,38	3,25	2,94
Lagerhaltung auf Regionalgroßhandelsebene	2,75	2,75	2,95
Systemsortimente	3,41	3,29	3,06

- Fortsetzung -

Fortsetzung Tabelle 3.105

Funktion/Aktivität	1987	1992	1997
Transport vom eigenen Regionallager zum Verbrauchs- bzw. Verkaufspunkt beim Kunden	2,59	2,59	3,11
EDV-Beratung	3,94	3,50	3,11
Qualitätsprüfung	3,57	3,29	3,13
Unterstützung der Werbetätigkeit der Kunden	3,52	3,43	3,14
Marktforschung in Märkten der Abnehmer	4,00	3,75	3,20
Transport vom Zentrallager des eigenen Unternehmens zum lokalen/ regionalen Lager des eigenen Unternehmens	2,93	2,93	3,21
Veranstaltung von Hausmessen	3,36	3,18	3,23
Verkaufspersonal-Schulungen	4,00	3,86	3,24
Informationsverbund zu externen Dienstleistern	4,36	3,73	3,27
Streckenbelieferung des Kunden	3,29	3,33	3,35
Informationsverbund zum Großhandel (horizontal)	4,57	4,14	3,36
Exklusiv- bzw. Ausschließlichkeitsvertrieb	3,85	3,75	3,40
Produkthaftung	3,70	3,75	3,40
Informationsverbund zu Industrie/ Handwerk	4,53	4,00	3,44
Single Sourcing	3,76	3,47	3,53
Transport von Ersatzteilen zum Verbrauchs- bzw. Verkaufspunkt	3,42	3,42	3,54
Lagerung von Ersatzteilen auf Zentralgroßhandelsebene	3,54	3,54	3,54
EDV-Schulungen	3,94	3,78	3,58
Produktion	4,06	3,89	3,58
Übernahme von Garantieverpflichtungen	4,05	4,00	3,58
Vertragshändler	3,95	3,89	3,63
Testsortimente für Händler	4,50	4,43	3,86
Entsorgungsdienstleistungen (z. B. Sortieren, Kompaktieren)	4,53	4,11	3,89
Finanzierungsberatung	4,19	4,06	3,94

Der Umfang der Bedeutungszunahme wird bei den großen Unternehmen sehr konsequent nach Funktionsgruppen differenziert:

1. Informationsverbund,
2. Ökologie,
3. Verkaufsberatung und Marktforschung,
4. Marktkommunikation einschließlich Testsortimente,
5. Produktfunktion,
6. Kundenunterstützung,
7. Schulungen,

8. Lieferantenbindung, auch Single Sourcing,
9. Warenlogistik,
10. Leistungsberatung der Kunden.

Von den großen Unternehmen wird ein gewisser Rückgang der Wahrnehmung der Logistikfunktionen erwartet.

Tabelle 3.106: Die Bedeutungsveränderung der Funktionen und Aktivitäten des bayerischen Großhandels aus der Sicht der befragten mittleren Unternehmen von 1987 bis 1997

Funktion/Aktivität	1987 bis 1992	1992 bis 1997	1987 bis 1997
	- Zunahme der Bedeutung -		
Informationsverbund zu Lieferanten/ Herstellern	- 0,86	- 0,77	- 1,64
Informationsverbund zum Einzelhandel	- 0,88	- 0,44	- 1,31
Informationsverbund zum Großhandel (horizontal)	- 0,43	- 0,79	- 1,21
Fachseminare	- 0,52	- 0,61	- 1,13
Informationsverbund zu externen Dienstleistern	- 0,64	- 0,45	- 1,09
Informationsverbund zu Industrie/ Handwerk	- 0,53	- 0,56	- 1,08
Einsatz von Mehrwegverpackungen	- 0,67	- 0,38	- 1,05
Beratung in Marketing und Absatz	- 0,42	- 0,51	- 0,93
Entsorgungstransporte	- 0,30	- 0,61	- 0,91
EDV-Beratung	- 0,44	- 0,39	- 0,84
Marktforschung in Märkten der Abnehmer	- 0,25	- 0,55	- 0,80
technische Beratungen	- 0,42	- 0,37	- 0,79
Marktforschung in bestehenden/ bearbeiteten Marktsegmenten	- 0,16	- 0,62	- 0,78
Verkaufspersonal-Schulungen	- 0,14	- 0,62	- 0,76
Direktmarketing-Maßnahmen (Werbebriefe, Prospekte)	- 0,25	- 0,40	- 0,65
Testsortimente für Händler	- 0,07	- 0,57	- 0,64
Produktgestaltung	- 0,23	- 0,40	- 0,63
Entsorgungsdienstleistungen (z. B. Sortieren, Kompaktieren)	- 0,42	- 0,21	- 0,63
Produktmanipulation, so Anarbeitung, Umarbeitung	- 0,42	- 0,15	- 0,57
Marktforschung in neuen/potentiellen Marktsegmenten	- 0,10	- 0,48	- 0,57
Produktion	- 0,16	- 0,32	- 0,48
Übernahme von Garantieverpflichtungen	- 0,05	- 0,42	- 0,47
Informationsverbund zum nachgelagerten Großhandel	- 0,23	- 0,23	- 0,46
Medienwerbung	- 0,20	- 0,25	- 0,45
Exklusiv- bzw. Ausschließlichkeitsvertrieb	- 0,10	- 0,35	- 0,45

- Fortsetzung -

Fortsetzung Tabelle 3.106

Funktion/Aktivität	1987 bis 1992	1992 bis 1997	1987 bis 1997
Unterstützung der Verkaufstätigkeit der Kunden	- 0,13	- 0,31	- 0,44
Qualitätsprüfung	- 0,27	- 0,17	- 0,44
Kataloge, Preislisten	- 0,25	- 0,13	- 0,38
Unterstützung der Werbetätigkeit der Kunden	- 0,10	- 0,29	- 0,38
EDV-Schulungen	- 0,17	- 0,20	- 0,37
Systemsortimente	- 0,12	- 0,24	- 0,36
Angebot von Versicherungsleistungen	- 0,13	- 0,21	- 0,33
Vertragshändler	- 0,05	- 0,26	- 0,32
Produkthaftung	+ 0,05	- 0,35	- 0,30
Warenauspreisung beim Kunden (nur bei Einzelhandelsbelieferung)	- 0,20	- 0,09	- 0,29
Warenkreditierung	- 0,08	- 0,20	- 0,28
Beratung bei Kundenbetriebsvergleichen, Erfa-Gruppen	- 0,13	- 0,15	- 0,28
Beratung in der Logistik	- 0,11	- 0,17	- 0,27
Beratung im Rechnungswesen, Controlling	- 0,11	- 0,14	- 0,25
Single Sourcing	- 0,29	+ 0,06	- 0,24
Finanzierungsberatung	- 0,13	- 0,12	- 0,24
Vertriebsbindung	- 0,07	- 0,13	- 0,20
	- Abnahme der Bedeutung -		
Lagerhaltung auf Regionalgroßhandelsebene	-	+ 0,20	+ 0,20
Transport vom Zentrallager des eigenen Unternehmens zum lokalen/regionalen Lager des eigenen Unternehmens	-	+ 0,29	+ 0,29
Transport vom eigenen Regionallager zum Verbrauchs- bzw. Verkaufspunkt beim Kunden	-	+ 0,52	+ 0,52

IV. Der Vergleich der ungewichteten und gewichteten Veränderungen der Funktionsbedeutung nach Warengruppen

Bisher wurden bei der Darstellung der Bedeutung und Intensitäten der Funktionen ungewichtete Mittelwerte verwendet. Dies bedeutet, daß jedes Unternehmen unabhängig von seiner Größe mit dem gleichen Gewicht in die Berechnung eingeht. Für eine betriebswirtschaftliche Betrachtung ist diese Vorgehensweise zutreffend.

Bei einer gesamtwirtschaftlichen Betrachtung des Gewichts der Funktionsveränderungen ist es jedoch auch reizvoll, die mit dem Umsatz gewichteten Differenzen heranzuziehen. Dafür werden hier die Branchenergebnisse für die Funktionen herausgestellt, bei denen die Gewichtung eine höhere Bedeutung ergibt als bei den ungewichteten Werten.

Der Großhandel mit Rohstoffen

Eine höhere Bedeutung bei Gewichtung kennzeichnet eine verstärkte Aktivität bei großen Unternehmen. Dies betrifft im Großhandel mit Rohstoffen einen breiten Block der Kommunikationsintensivierung mit Kunden, aber auch die Zentrallagerung auf der Großhandelsebene.

Tabelle 3.107: Die ungewichteten und gewichteten Bedeutungsdifferenzen der Funktionsausübung im bayerischen Großhandel mit Rohstoffen von 1987 bis 1997 - Höhere Bedeutung bei Gewichtung -

Funktion/Aktivität	gewichtet 1997	Differenz gewichtet 1987-1997	Differenz ungewichtet 1987-1997	Differenz gewichtet ./. ungewichtet
Veranstaltung von Hausmessen	2,78	- 0,48	+ 0,13	- 0,61
Unterstützung der Werbetätigkeit der Kunden	3,25	- 0,60	- 0,28	- 0,32
Kataloge, Preislisten	2,29	- 0,54	- 0,30	- 0,24
Warenkreditierung	2,66	- 0,46	- 0,22	- 0,24
Lagerhaltung auf Zentralgroßhandelsebene	1,16	- 0,27	- 0,05	- 0,22
Unterstützung der Verkaufstätigkeit der Kunden	3,20	- 0,64	- 0,44	- 0,20
Außendienst zur Installation/Anschluß/Montage/Inbetriebnahme	3,80	+ 0,02	+ 0,22	- 0,20

Der Großhandel mit technischem Bedarf

Im Großhandel mit technischem Bedarf führt die Gewichtung - von wenigen Logistikaufgaben abgesehen - zu einer beachtlichen Bedeutungszunahme der Funktionen, vor allem im Bereich der Kundenkommunikation über Seminare und Marktforschung bis hin zur Qualitätsprüfung (vgl. Tabelle 3.108).

Der Großhandel mit Nahrungsmitteln

Bei einer Gewichtung im Großhandel mit Nahrungsmitteln zeigt sich eine extrem starke Bedeutungszunahme bei zahlreichen Merkmalen. Im Vordergrund stehen Logistik, Produktfunktion und Informationsverbund (vgl. Tabelle 3.109).

Tabelle 3.108: Die ungewichteten und gewichteten Bedeutungsdifferenzen der Funktionsausübung im bayerischen Großhandel mit technischem Bedarf von 1987 bis 1997 - Höhere Bedeutung bei Gewichtung -

Funktion/Aktivität	gewichtet 1997	Differenz gewichtet 1987-1997	Differenz ungewichtet 1987-1997	Differenz gewichtet ./. ungewichtet
Unterstützung der Werbetätigkeit der Kunden	2,74	- 0,85	- 0,30	- 0,55
Beratung in Marketing und Absatz	2,37	- 1,11	- 0,62	- 0,49
Unterstützung der Verkaufstätigkeit der Kunden	2,45	- 0,90	- 0,41	- 0,49
Marktforschung in neuen/ potentiellen Marktsegmenten	3,13	- 0,95	- 0,48	- 0,47
Marktforschung in Märkten der Abnehmer	3,13	- 0,77	- 0,34	- 0,43
Fachseminare	2,68	- 0,77	- 0,42	- 0,35
Marktforschung in bestehenden/ bearbeiteten Marktsegmenten	2,72	- 0,88	- 0,58	- 0,30
Transport vom Lieferanten zum Zentrallager des eigenen Unternehmens	2,77	- 0,42	- 0,14	- 0,28
Qualitätsprüfung	3,81	- 0,46	- 0,21	- 0,25
Sortimentsbreite	1,18	- 0,25	- 0,05	- 0,20

Tabelle 3.109: Die ungewichteten und gewichteten Bedeutungsdifferenzen der Funktionsausübung im bayerischen Großhandel mit Nahrungsmitteln von 1987 bis 1997 - Höhere Bedeutung bei Gewichtung -

Funktion/Aktivität	gewichtet 1997	Differenz gewichtet 1987-1997	Differenz ungewichtet 1987-1997	Differenz gewichtet ./. ungewichtet
Transport vom eigenen Zentrallager zum Kunden	1,84	- 2,20	- 0,27	- 1,93
Informationsverbund zum Einzelhandel	1,32	- 3,05	- 1,12	- 1,93
Produktmanipulation	2,60	- 2,28	- 0,39	- 1,89
Produktgestaltung	1,99	- 2,24	- 0,42	- 1,82
Vertragshändler	2,43	- 1,75	-	- 1,75
Angebot von Versicherungsleistungen	3,13	- 1,78	- 0,05	- 1,73
technische Beratungen	2,36	- 2,05	- 0,37	- 1,68
keine feste Zusammenarbeit	2,98	- 1,84	- 0,18	- 1,66
Produktion	2,38	- 1,93	- 0,28	- 1,65
Verkaufspersonal-Schulungen	1,94	- 2,02	- 0,44	- 1,58
Fachseminare	1,98	- 1,85	- 0,31	- 1,54
Informationsverbund zum nachgelagerten Großhandel	1,73	- 2,18	- 0,67	- 1,51
laufende Zusammenarbeit ohne vertragliche Bindung	2,04	- 1,52	- 0,05	- 1,47

- Fortsetzung -

Fortsetzung Tabelle 3.109

Funktion/Aktivität	gewichtet 1997	Differenz gewichtet 1987-1997	Differenz ungewichtet 1987-1997	Differenz gewichtet ./. ungewichtet
Transport vom eigenen Regionallager zum regionalen Lager des Kunden	2,18	- 1,16	+ 0,29	- 1,45
Informationsverbund zum Großhandel (horizontal)	1,61	- 2,28	- 0,83	- 1,45
Einsatz von Mehrwegverpackungen	1,58	- 2,19	- 0,76	- 1,43
Exklusiv- bzw. Ausschließlichkeitsvertrieb	1,96	- 1,73	- 0,33	- 1,40
Qualitätsprüfung	1,62	- 1,53	- 0,20	- 1,33
Informationsverbund zu externen Dienstleistern	1,72	- 1,63	- 0,36	- 1,27
Beratung in Marketing und Absatz	2,05	- 1,75	- 0,53	- 1,22
Informationsverbund zu Lieferanten/Herstellern	1,38	- 2,33	- 1,13	- 1,20
Single Sourcing	3,16	- 1,51	- 0,35	- 1,16
Transport vom eigenen Zentrallager zum Lager des Kunden	1,54	- 1,23	- 0,17	- 1,06
Marktforschung in neuen/ potentiellen Marktsegmenten	1,73	- 1,31	- 0,33	- 0,98
Veranstaltung von Ausstellungen/Messen	2,03	- 0,96	- 0,02	- 0,94
EDV-Beratung	3,35	- 1,27	- 0,38	- 0,89
Marktforschung in bestehenden/bearbeiteten Marktsegmenten	1,73	- 1,26	- 0,39	- 0,87
Lagerhaltung auf Zentralgroßhandelsebene	1,49	- 1,05	- 0,19	- 0,86
Streckenbelieferung des Kunden	2,46	- 0,71	+ 0,13	- 0,84
Medienwerbung	2,83	- 0,90	- 0,25	- 0,65
Lagerhaltung auf Regionalgroßhandelsebene	1,94	- 0,46	+ 0,03	- 0,49

Der Großhandel mit Textilien und Heimbedarf

Im Großhandel mit Textilien und Heimbedarf ist die Erhöhung der Bedeutung durch Gewichtung ebenfalls beachtlich. Hier stehen die Aspekte des Informationsverbundes im Vordergrund.

Tabelle 3.110: Die ungewichteten und gewichteten Bedeutungsdifferenzen der Funktionsausübung im bayerischen Großhandel mit Textilien und Heimbedarf von 1987 bis 1997 - Höhere Bedeutung bei Gewichtung -

Funktion/Aktivität	gewichtet 1997	Differenz gewichtet 1987-1997	Differenz ungewichtet 1987-1997	Differenz gewichtet ./. ungewichtet
Informationsverbund zum Großhandel (horizontal)	1,72	- 2,46	- 0,60	- 1,86
Informationsverbund zu Lieferanten/Herstellern	1,57	- 3,29	- 1,60	- 1,69
Warenkreditierung	1,03	- 1,87	- 0,33	- 1,54
Warenauspreisung beim Kunden (nur bei Einzelhandelsbelieferung)	1,76	- 1,60	- 0,13	- 1,47
Angebot von Versicherungsleistungen	1,79	- 1,60	- 0,25	- 1,35
Verkaufspersonal-Schulungen	3,31	- 1,60	- 0,25	- 1,35
Übernahme von Garantieverpflichtungen	2,33	- 1,78	- 0,44	- 1,34
Informationsverbund zum nachgelagerten Großhandel	1,72	- 1,64	- 0,40	- 1,24
Informationsverbund zu externen Dienstleistern	3,31	- 1,64	- 0,40	- 1,24
Entsorgungstransporte	2,65	- 1,78	- 0,56	- 1,22
Fachseminare	1,65	- 1,78	- 0,70	- 1,08
Beratung bei Kundenbetriebsvergleichen, Erfa-Gruppen	3,36	- 1,63	- 0,63	- 1,00
Beratung im Rechnungswesen, Controlling	3,36	- 1,63	- 0,63	- 1,00
Einsatz von Mehrwegverpackungen	3,17	- 1,62	- 0,67	- 0,95
EDV-Beratung	2,97	- 1,72	- 0,78	- 0,94
Marktforschung in bestehenden/bearbeiteten Marktsegmenten	2,20	- 1,82	- 0,90	- 0,92
Marktforschung in neuen/potentiellen Marktsegmenten	3,18	- 1,68	- 0,82	- 0,86
Finanzierungsberatung	3,26	- 1,74	- 1,00	- 0,74
Kataloge, Preislisten	1,58	- 0,89	- 0,20	- 0,69
Akquisitionsaußendienst	1,10	- 0,80	- 0,13	- 0,67
Informationsverbund zum Einzelhandel	3,78	- 1,01	- 0,50	- 0,51
Produkthaftung	2,32	- 0,90	- 0,40	- 0,50
Direktmarketing-Maßnahmen (Werbebriefe, Prospekte)	1,75	- 0,89	- 0,40	- 0,49

- Fortsetzung -

Fortsetzung Tabelle 3.110

Funktion/Aktivität	gewichtet 1997	Differenz gewichtet 1987-1997	Differenz ungewichtet 1987-1997	Differenz gewichtet ./. ungewichtet
Unterstützung der Verkaufstätigkeit der Kunden	1,64	- 0,95	- 0,56	- 0,39
Marktforschung in Märkten der Abnehmer	3,98	- 0,93	- 0,58	- 0,35
Produktgestaltung	1,66	- 0,83	- 0,56	- 0,27
Beratung in Marketing und Absatz	1,81	- 1,36	- 1,10	- 0,26

Der Großhandel mit Papier und Verpackung

Hier ergibt die Gewichtung teilweise ebenfalls beachtlich höhere Werte.

Tabelle 3.111: Die ungewichteten und gewichteten Bedeutungsdifferenzen der Funktionsausübung im bayerischen Großhandel mit Papier und Verpackung von 1987 bis 1997 - Höhere Bedeutung bei Gewichtung -

Funktion/Aktivität	gewichtet 1997	Differenz gewichtet 1987-1997	Differenz ungewichtet 1987-1997	Differenz gewichtet ./. ungewichtet
Direktmarketing-Maßnahmen (Werbebriefe, Prospekte)	2,51	- 1,86	- 1,11	- 0,75
Veranstaltung von Ausstellungen/Messen	2,57	- 1,07	- 0,33	- 0,74
Veranstaltung von Hausmessen	3,43	- 0,76	- 0,22	- 0,54
Informationsverbund zu Industrie/Handwerk	2,59	- 1,83	- 1,40	- 0,43
Plazierung im Warenträger (nur bei Einzelhandelsbelieferung)	2,52	- 0,53	- 0,10	- 0,43
Kataloge, Preislisten	2,48	- 1,01	- 0,64	- 0,37
Warenauspreisung beim Kunden (nur bei Einzelhandelsbelieferung)	3,73	- 0,81	- 0,45	- 0,36
Außendienst zur Regal-/ Warenträgerpflege	3,07	- 0,54	- 0,27	- 0,27
Marktforschung in Märkten der Abnehmer	3,66	- 1,25	- 1,00	- 0,25
Informationsverbund zum Einzelhandel	1,81	- 1,84	- 1,60	- 0,24
technische Beratungen	2,84	- 1,22	- 1,00	- 0,22
Warenkreditierung	2,37	- 0,14	- 0,36	+ 0,22

P. Die Zukunftsstrategien des bayerischen Großhandels

I. Die Bedeutung ausgewählter Zukunftsstrategien

Die künftige Struktur des bayerischen Großhandels ist neben der Ausgangssituation stark durch die weitere Unternehmenspolitik geprägt. Um eine Vorstellung der Entscheidungsträger über ihre künftige Unternehmenspolitik zu erhalten, wurden ausgewählte Strategiealternativen erfragt.

Die Gesamtauswertung

Als wichtigste Zukunftsstrategien gelten die betriebliche Rationalisierung und die Gebietsintensivierung - dies über alle Branchen hinweg, wenn auch mit unterschiedlichen Schwerpunkten. Als weiterer wichtiger Bereich ist die Ausdehnung des Serviceangebotes hervorzuheben. Die Preisorientierung wird neben allen weiteren Aktivitäten an Bedeutung zunehmen.

In allen Branchen hat die Suche nach neuen Kunden einen beachtlichen Stellenwert. Eine mittlere Bedeutung erreichen Aktivitäten zur Lieferantenselektion (2,45) und Kundenselektion (2,42).

Den Großhandelsunternehmen ist die Suche nach neuen Partnern in ihrem angestammten Gebiet wichtiger als die Internationalisierung. Die nationale Gebietsexpansion mit einer Aufnahme der Tätigkeit in den neuen Bundesländern hat eine größere Bedeutung als die internationale Gebietsexpansion.

Von der Kooperation verspricht man sich mittlere Erfolge. An die erste Stelle setzen die Befragten dabei die Kooperation mit den Herstellern. Die horizontale Kooperation mit anderen Großhändlern folgt dann vor Konzepten der Kooperation mit den Kunden.

Der Diversifikation in vorgelagerte Bereiche werden vor allem im Rohstoffhandel gewisse Chancen gegeben. Bei insgesamt ebenfalls schwacher Einschätzung der Bedeutung kommt bei Rohstoffen und technischem Bedarf der Diversifikation in nachgelagerte Bereiche noch eine vergleichsweise höhere Bedeutung zu.

Die Spezialisierung hat eine beachtlich höhere Wertigkeit als die Diversifikation. Betriebliche Rationalisierung (1,61) und Gebietsintensivierung (1,75) wie auch die Ausweitung des Serviceangebotes (1,91) gelten als die bedeutenden strategischen Erfolgsfaktoren der nächsten Jahre. Als wichtig gilt auch die separate Berechnung von Serviceleistungen (2,93).

Die Auswertung nach der Branchenzugehörigkeit

Bei insgesamt unterschiedlichem Niveau der Beurteilung durch die Befragten nach Branchen ergeben sich zumeist nur geringe Unterschiede hinsichtlich der Reihenfolge der Bedeutung der Strategien.

Tabelle 3.112: Die erwartete Bedeutung von Strategien für den bayerischen Großhandel nach Branchen bis zum Jahre 1998 - Angaben in Mittelwerten einer 5er-Skala -[1]

Strategie	Großhandel mit ...					
	Rohstoffen	technischem Bedarf	Nahrungsmitteln	Textilien und Hausbedarf	Papier und Verpackung	insgesamt
nationale Gebietsexpansion	3,00	3,11	3,30	2,80	3,00	3,08
internationale Gebietsexpansion	3,11	3,65	3,45	4,00	3,09	3,49
Belieferung neuer Absatzmittler	3,63	3,19	3,05	2,70	2,60	3,14
Gebietsintensivierung	2,06	1,60	1,95	1,30	1,90	1,75
Betriebsgrößenwachstum	2,56	2,38	2,35	1,80	2,10	2,32
Betriebsgrößenreduzierung	3,83	4,32	4,40	4,80	4,30	4,30
Kooperation mit						
- Großhändlern	3,28	3,17	3,15	2,50	3,56	3,15
- Herstellern	2,83	2,79	3,60	2,40	3,50	2,98
- Einzelhandel	4,11	3,49	3,60	3,00	4,10	3,63
- Handwerk	3,94	3,11	4,53	3,30	4,10	3,59
- gewerblichen Abnehmern	4,28	4,06	4,22	3,90	4,20	4,13
- Dienstleistern	3,94	4,23	4,19	4,20	3,00	4,05
Diversifikation in vorgelagerte Bereiche	3,61	4,46	4,55	4,20	4,20	4,28
Diversifikation in nachgelagerte Bereiche	3,78	3,83	4,35	4,50	3,90	3,99
Spezialisierung	2,28	2,65	3,05	2,80	3,00	2,71
betriebliche Rationalisierung	1,72	1,51	1,75	1,90	1,30	1,61
Preisaktivität	2,06	1,92	2,05	1,90	3,00	2,06
Ausweitung des Serviceangebotes	2,00	1,88	2,30	1,50	1,50	1,91
separate Berechnung von Serviceleistungen	2,72	2,74	3,80	3,50	1,90	2,93
Lieferantenselektion	2,44	2,52	2,37	2,10	2,60	2,45
Kundenselektion	2,28	2,40	2,40	2,50	2,70	2,42

[1] 1 = sehr wichtig; 5 = nicht wichtig.

Eine Ausnahme bildet der Großhandel mit Textilien und Hausbedarf, bei dem nicht die betriebliche Rationalisierung, sondern die Gebietsintensivierung und die Ausdehnung des Serviceangebotes die größte Bedeutung haben.

Die Auswertung nach der Kundenstruktur

Eine leicht überdurchschnittliche Bedeutung der Kooperationsaspekte gegenüber Marktpartnern ergibt sich bei den Großhandelsunternehmen, die schwerpunktmäßig das Handwerk beliefern. Bei den überwiegend industrieorientierten Großhandelsunternehmen hat hingegen die Internationalisierung eine vergleichsweise hohe Bedeutung.

Tabelle 3.113: Die erwartete Bedeutung von Strategien für den bayerischen Großhandel nach Kundenstruktur bis zum Jahr 1998 - Angaben in Mittelwerten einer 5er-Skala -[1]

Strategie	Hauptabnehmergruppe				insgesamt
	Handwerk	Groß- und Einzelhandel	Industrie	sonstige	
nationale Gebietsexpansion	3,14	3,18	2,39	3,06	3,08
internationale Gebietsexpansion	3,69	3,70	2,56	3,59	3,49
Belieferung neuer Absatzmittler	3,22	3,12	3,06	3,19	3,14
Gebietsintensivierung	1,72	1,85	1,82	1,56	1,75
Betriebsgrößenwachstum	2,11	2,15	2,47	2,94	2,32
Betriebsgrößenreduzierung	4,50	4,45	3,88	3,93	4,30
Kooperation mit					
- Großhändlern	2,83	3,24	3,59	3,25	3,15
- Herstellern	2,94	3,33	3,06	2,50	2,98
- Einzelhandel	3,94	3,21	4,47	2,80	3,63
- Handwerk	2,94	4,59	3,94	2,53	3,59
- gewerblichen Abnehmern	4,22	4,38	4,47	3,19	4,13
- Dienstleistern	4,17	4,23	4,00	3,50	4,05
Diversifikation in vorgelagerte Bereiche	4,72	4,09	3,53	4,31	4,28
Diversifikation in nachgelagerte Bereiche	4,06	4,24	3,71	3,69	3,99
Spezialisierung	2,64	3,12	2,47	2,31	2,71
betriebliche Rationalisierung	1,49	1,61	1,76	1,63	1,61
Preisaktivität	1,84	2,10	2,41	2,19	2,06
Ausweitung des Serviceangebotes	1,73	2,06	2,00	1,75	1,91
separate Berechnung von Serviceleistungen	2,86	3,13	2,82	2,69	2,93
Lieferantenselektion	2,28	2,50	2,41	2,50	2,45
Kundenselektion	2,36	2,55	2,12	2,44	2,42

[1] 1 = sehr wichtig; 5 = nicht wichtig.

Die Auswertung nach der Unternehmensgröße

Neben einer uneinheitlichen Einschätzung durch große und kleine Unternehmen lassen sich von der Unternehmensgröße der Befragten abhängige Tendenzen beobachten. Zu nennen ist hier die Lieferanten- und Kundenselektion, bei der die Einschätzung der Bedeutung mit der Unternehmensgröße zunimmt. Dies gilt auch für die Ausweitung des Serviceangebotes und das Betriebsgrößenwachstum.

Tabelle 3.114: Die erwartete Bedeutung von Strategien für den bayerischen Großhandel nach der Unternehmensgröße bis zum Jahre 1998 - Angaben in Mittelwerten einer 5er-Skala -[1)]

Strategie	Unternehmensumsatz			insgesamt
	bis 50 Mill. DM	bis 250 Mill. DM	250 Mill. DM und mehr	
nationale Gebietsexpansion	3,30	3,17	2,43	3,08
internationale Gebietsexpansion	3,50	3,88	2,71	3,49
Belieferung neuer Absatzmittler	2,80	3,47	3,25	3,14
Gebietsintensivierung	1,87	1,63	1,70	1,75
Betriebsgrößenwachstum	2,58	2,20	2,00	2,32
Betriebsgrößenreduzierung	4,02	4,53	4,45	4,30
Kooperation mit				
- Großhändlern	3,22	3,05	3,21	3,15
- Herstellern	2,82	3,15	3,00	2,98
- Einzelhandel	3,93	3,55	3,10	3,63
- Handwerk	3,91	3,11	3,84	3,59
- gewerblichen Abnehmern	4,27	3,98	4,11	4,13
- Dienstleistern	4,33	4,18	3,20	4,05
Diversifikation in vorgelagerte Bereiche	4,20	4,68	3,65	4,28
Diversifikation in nachgelagerte Bereiche	3,76	4,32	3,85	3,99
Spezialisierung	2,69	2,85	2,45	2,71
betriebliche Rationalisierung	1,80	1,43	1,55	1,61
Preisaktivität	2,13	1,95	2,10	2,06
Ausweitung des Serviceangebotes	2,22	1,74	1,55	1,91
separate Berechnung von Serviceleistungen	2,98	2,92	2,85	2,93
Lieferantenselektion	2,62	2,44	2,05	2,45
Kundenselektion	2,60	2,37	2,10	2,42

1) 1 = sehr wichtig; 5 = nicht wichtig.

II. Die geplante Umsetzung ausgewählter Zukunftsstrategien

Die Aussagen über die Bedeutung einer Strategie brauchen nicht parallel zu den Planungen einer Umsetzung zu sein. Tendenziell wird die Bedeutung eher etwas höher eingeschätzt als die Umsetzungskraft und die Umsetzungsbereitschaft.

Tabelle 3.115: Die geplante Umsetzung von Strategien für den bayerischen Großhandel nach Branchen bis zum Jahre 1998 - Angaben in Mittelwerten einer 5er-Skala -[1])

Strategie	Großhandel mit ...					
	Rohstoffen	technischem Bedarf	Nahrungsmitteln	Textilien und Hausbedarf	Papier und Verpackung	insgesamt
nationale Gebietsexpansion	3,35	3,53	3,20	3,95	2,70	3,30
internationale Gebietsexpansion	3,96	3,74	4,08	3,84	4,10	3,90
Belieferung neuer Absatzmittler	3,23	3,58	3,37	3,21	2,50	2,70
Gebietsintensivierung	1,72	2,16	1,68	1,68	1,20	1,70
Betriebsgrößenwachstum	2,40	2,74	2,52	2,26	1,70	2,10
Betriebsgrößenreduzierung	4,50	4,05	4,58	4,74	4,80	4,20
Kooperation mit						
- Großhändlern	3,19	3,11	3,24	3,32	2,60	3,50
- Herstellern	3,09	3,00	2,94	3,68	2,40	3,60
- Einzelhandel	3,81	4,17	3,84	3,79	2,90	4,00
- Handwerk	3,68	4,11	3,16	4,64	3,40	4,30
- gewerblichen Abnehmern	4,24	4,37	4,16	4,47	3,90	4,30
- Dienstleistern	4,17	3,83	4,33	4,27	4,44	3,50
Diversifikation in vorgelagerte Bereiche	4,32	3,68	4,46	4,74	4,30	4,10
Diversifikation in nachgelagerte Bereiche	4,07	3,53	4,10	4,37	4,70	3,80
Spezialisierung	2,68	2,26	2,66	3,11	2,50	2,90
betriebliche Rationalisierung	1,63	1,63	1,58	1,79	1,90	1,30
Preisaktivität	2,19	2,16	2,12	2,00	1,90	3,30
Ausweitung des Serviceangebotes	1,97	1,79	2,00	2,47	1,50	1,70
seperate Berechnung von Serviceleistungen	3,11	2,95	2,96	3,95	3,50	2,20
Lieferantenselektion	2,56	2,84	2,52	2,44	2,20	2,80
Kundenselektion	2,54	2,37	2,62	2,37	2,50	2,80

[1]) 1 = sehr intensiv; 5 = nicht intensiv.

Tabelle 3.116: Die geplante Umsetzung von Strategien für den bayerischen Großhandel nach Kundenstruktur bis zum Jahre 1998 - Angaben in Mittelwerten einer 5er-Skala -[1])

Strategie	Hauptabnehmergruppe				insgesamt
	Handwerk	Groß- und Einzelhandel	Industrie	sonstige	
nationale Gebietsexpansion	3,16	3,44	3,32	3,25	3,35
internationale Gebietsexpansion	4,11	4,00	3,42	4,25	3,96
Belieferung neuer Absatzmittler	3,43	3,19	3,00	3,25	3,23
Gebietsintensivierung	1,73	1,72	1,84	1,63	1,72
Betriebsgrößenwachstum	2,14	2,22	2,74	2,94	2,40
Betriebsgrößenreduzierung	4,76	4,53	4,21	4,25	4,50
Kooperation mit					
- Großhändlern	3,03	3,34	3,32	3,19	3,19
- Herstellern	3,22	3,31	3,11	2,63	3,09
- Einzelhandel	4,16	3,25	4,67	3,13	3,81
- Handwerk	2,97	4,68	4,00	2,87	3,68
- gewerblichen Abnehmern	4,19	4,58	4,53	3,50	4,24
-Di enstleistern	4,29	4,41	4,00	3,75	4,17
Diversifikation in vorgelagerte Bereiche	4,76	4,13	3,74	4,25	4,32
Diversifikation in nachgelagerte Bereiche	4,19	4,25	3,79	3,88	4,07
Spezialisierung	2,86	2,78	2,37	2,44	2,68
betriebliche Rationalisierung	1,62	1,63	1,58	1,63	1,63
Preisaktivität	2,08	2,13	2,42	2,44	2,19
Ausweitung des Serviceangebotes	1,89	2,06	1,79	2,06	1,97
separate Berechnung von Serviceleistungen	3,03	3,28	3,21	2,75	3,11
Lieferantenselektion	2,38	2,61	2,58	2,63	2,56
Kundenselektion	2,65	2,56	2,32	2,38	2,54

1) 1 = sehr intensiv; 5 = nicht intensiv.

Tabelle 3.117: Die geplante Umsetzung von Strategien für den bayerischen Großhandel nach der Unternehmensgröße bis zum Jahre 1998 - Angaben in Mittelwerten einer 5er-Skala -[1]

Strategie	Unternehmensumsatz			insgesamt
	bis 50 Mill. DM	bis 250 Mill. DM	250 Mill. DM und mehr	
nationale Gebietsexpansion	3,70	3,12	3,13	3,35
internationale Gebietsexpansion	4,00	4,05	3,74	3,96
Belieferung neuer Absatzmittler	2,81	3,61	3,35	3,23
Gebietsintensivierung	1,86	1,60	1,70	1,72
Betriebsgrößenwachstum	2,72	2,02	2,48	2,40
Betriebsgrößenreduzierung	4,14	4,83	4,57	4,50
Kooperation mit				
- Großhändlern	3,30	3,07	3,22	3,19
- Herstellern	2,86	3,29	3,17	3,09
- Einzelhandel	4,00	3,80	3,45	3,81
- Handwerk	3,95	3,26	3,91	3,68
- gewerblichen Abnehmern	4,24	4,14	4,41	4,24
- Dienstleistern	4,40	4,34	3,43	4,17
Diversifikation in vorgelagerte Bereiche	4,28	4,71	3,70	4,32
Diversifikation in nachgelagerte Bereiche	3,84	4,48	3,78	4,07
Spezialisierung	2,70	2,95	2,13	2,68
betriebliche Rationalisierung	1,81	1,50	1,52	1,63
Preisaktivität	2,21	2,10	2,35	2,19
Ausweitung des Serviceangebotes	2,33	1,86	1,52	1,97
separate Berechnung von Serviceleistungen	3,26	3,14	2,78	3,11
Lieferantenselektion	2,74	2,43	2,45	2,56
Kundenselektion	2,60	2,48	2,52	2,54

1) 1 = sehr intensiv; 5 = nicht intensiv.

Q. Die Zusammenfassung

Die Logistikleistungen

Die Unternehmen des bayerischen Großhandels sind intensiv in die Lagerhaltung und Distribution eingebunden. In großem Umfang werden Lager- und Transportfunktionen für die vor- und nachgelagerten Wirtschaftsbereiche übernommen. Die Logistikleistungen des bayerischen Großhandels werden auch in Zukunft einen hohen Stellenwert behalten.

Die Serviceleistungen

Im Bereich der Serviceleistungen stehen neben der persönlichen Kommunikation zu Kunden technische Beratungen, Beratungen im Bereich des Marketing und des Absatzes, Schulungsmaßnahmen und Fachseminare für Kunden im Vordergrund.

In dem Angebot marktgerechter Lösungen innerhalb der Servicepolitik sehen die Unternehmen des bayerischen Großhandels ein wesentliches Instrument für die künftige Profilierung.

Die Kommunikationsleistungen

Die dominanten Kommunikationsleistungen des bayerischen Großhandels gegenüber Kunden sind neben Katalogen und Preislisten Direktmarketing-Maßnahmen sowie Messen und Hausmessen. Diese Leistungen wie auch die Unterstützung der Werbetätigkeit der Abnehmer des Großhandels gegenüber dessen Kunden werden als Profilierungsinstrumente des bayerischen Großhandels an Bedeutung zunehmen.

Die Sortimentsleistungen

Die Unternehmen des bayerischen Großhandels nehmen mit tiefen und breiten Sortimenten eine umfassende Angebotsbündelung einer großen Anzahl von Lieferanten vor. Speziell auf Einzelkunden konzipierte Angebote haben bislang eine eher geringe Verbreitung.

In Zukunft wird im Rahmen der Sortimentsfunktionen des bayerischen Großhandels die Sortimentstiefe eher als die Sortimentsbreite als Profilierungsinstrument an Bedeutung gewinnen. Auch der Sortimentsausrichtung auf differenziertere Kundenanforderungen wird künftig eine höhere Bedeutung beigemessen.

Die Produktmanipulationsleistungen

Bedeutende Funktionen des bayerischen Großhandels im Bereich der Produktmanipulation sind die Qualitätsprüfung und die Produktgestaltung. Diese Funktionen werden in Zukunft verstärkt an Bedeutung gewinnen. Dies gilt für die Qualitätsprüfung ebenso wie für die Produktgestaltung.

Die Marktforschungsleistungen

Der bayerische Großhandel betreibt Marktforschung schwerpunktmäßig in bestehenden Absatzmärkten sowie in potentiellen Absatzmärkten. Die Marktforschung in Märkten der Kunden des Großhandels hat bisher hingegen nur eine geringe Verbreitung.

Die Marktforschungsleistungen des bayerischen Großhandels werden bei der künftigen Profilierung einen höheren Stellenwert haben. Diese Tendenz gilt für alle Leistungen in diesem Bereich.

Die Finanzierungsleistungen

Der bayerische Großhandel erbringt neben der Finanzierung über die Zahlungszielgewährung hinaus in erheblichem Umfang weitere Finanzierungsleistungen an seine Kunden. Diese Leistungen beziehen sich zum einen auf die Finanzierung der Warenläger und zum anderen auf die Finanzierung der Geschäftsausstattung der Kunden.

Die Finanzierungsleistungen des bayerischen Großhandels werden auch künftig eine ähnlich hohe Bedeutung zur Profilierung der Unternehmen wie im Jahre 1992 haben.

Der Informationsverbund zu Marktpartnern

Die Unternehmen des bayerischen Großhandels verfügen vor allem über einen Informationsverbund zu Lieferanten und zu den Kunden in Handwerk und Industrie. Externe Dienstleister sind nur in geringem Umfang in einen Informationsverbund mit dem bayerischen Großhandel eingebunden.

Die Bedeutung des Informationsverbundes zu Marktpartnern als Profilierungsinstrument des bayerischen Großhandels wird künftig an Bedeutung zunehmen. Dies gilt insbesondere zu Lieferanten und Kunden im Handwerk und in der Industrie.

Die Internationalisierung im bayerischen Großhandel

Eine Neuorientierung der Unternehmenspolitik aufgrund des europäischen Binnenmarktes wurde bei knapp einem Drittel der befragten Unternehmen des bayerischen Großhandels festgestellt.

Bemerkenswerterweise ergeben sich noch deutlichere Impulse für den bayerischen Großhandel aus der Öffnung Osteuropas, die bei der Hälfte der befragten Unternehmen zu einer Änderung der Unternehmenspolitik führte.

Die Zukunftsstrategien des bayerischen Großhandels

Im Mittelpunkt der künftigen Unternehmenspolitik der Unternehmen des bayerischen Großhandels stehen die betriebliche Rationalisierung, die Intensivierung der Marktbearbeitung in bereits bearbeiteten Regionen sowie die Ausdehnung des Serviceangebotes. Der bayerische Großhandel erwartet somit die besten Entwicklungspotentiale durch eine rationelle Wahrnehmung der Funktionen der Waren- und Diensteversorgung mit enger Beziehung zu Kunden.

Viertes Kapitel

Veränderte Marktbedingungen und strategische Anpassungen in ausgewählten Branchen des Großhandels

A. Die Abgrenzungen

Aus den sekundär- und primärstatistischen Analysen wurde deutlich, daß der Großhandel in Bayern im Vergleich zur Gesamtheit der alten Bundesländer eine tendenziell überdurchschnittliche Bedeutung hat. Hier soll nun auf die betriebswirtschaftlichen Konsequenzen hingewiesen werden, mit denen Großhandlungen ihre Position im Markt verbessern können.

Dabei werden zwei Auswertungsstufen ergänzender qualitativer Erhebungen bei den bayerischen Großhandlungen herangezogen:

1. eine Kurzauswertung,
2. eine Langauswertung mit ergänzender Interpretation und Beispielen.

In die Kurzauswertung wurden für die untersuchten Branchen folgende Probleme einbezogen:

1. die Hauptwettbewerbsfaktoren;
2. die Herausforderungen der Kunden;
3. die Leistungsprogrammanforderungen an den Großhandel als Konsequenz der Herausforderungen der Kunden und der Lieferanten, vor allem
   - Sortimentsanforderungen,
   - Serviceanforderungen;
4. die wichtigsten wahrgenommenen Zukunftsrisiken;
5. die wichtigsten wahrgenommenen Zukunftschancen.

Mit einem weiteren intensiveren Befragungsprogramm wurde für ausgewählte Branchen ermittelt, wie die Großhandelsunternehmen ihre Zukunft zu gestalten beabsichtigen. Dieser Langauswertung wurde folgendes Gliederungsraster zugrunde gelegt:

1. wichtige Unternehmensgrundsätze;
2. bisherige und künftige Ziele;
3. wichtige Einflüsse bisheriger und künftiger Rahmenbedingungen auf die Unternehmenspolitik
   a) Wirtschaft,
   b) zunehmender Fortschritt,
   c) Ökologie,
   d) Verkehr und Logistik;
4. wichtige bisherige und künftige Einflüsse der Kunden;
5. wichtige bisherige und künftige Einflüsse der Lieferanten;
6. wichtige bisherige und künftige Einflüsse der Wettbewerber;
7. wichtige wahrgenommene strategische Verhaltensfaktoren und Risikofaktoren;
8. wichtige Erfolgsfaktoren des Unternehmens;
9. wichtige Nachteilsfaktoren des Unternehmens;
10. wichtige bisherige und künftige Investitionen;
11. wichtige bisherige und künftige Personalmaßnahmen;
12. Hauptgründe für eine günstigere bzw. ungünstigere Umsatzentwicklung;
13. Hauptgründe für eine günstigere bzw. ungünstigere Umsatzrentabilität.

B. Eine Kurzanalyse der strategischen Herausforderungen in ausgewählten Branchen des Großhandels

I. Der Großhandel mit technischen Chemikalien und Mineralöl

Als Hauptwettbewerbsfaktoren werden im Großhandel mit technischen Chemikalien und Mineralöl herausgestellt:

- die Zunahme des Direktvertriebs durch Hersteller,
- der fortschreitende Regenerationsprozeß im Großhandel, auch mit Marktbereinigung,
- der zunehmende Kampf auch um kleine Kunden und geringe Mengen,
- die Konzentration bei Kunden.

Die Befragten des Großhandels mit technischen Chemikalien und Mineralöl fühlen sich mit folgenden Herausforderungen der Kunden konfrontiert:

- höhere Qualitätsanforderungen,
- steigende Informationsbedarfe,
- mehr Sicherheit und Zuverlässigkeit, insbesondere wegen der Ökologieprobleme,
- höhere Anforderungen an Lieferservice durch Abbau der Kundenläger.

Die Sortimentsanforderungen werden uneinheitlich gesehen. Tendenziell sieht der Großhandel in dieser Branche den Zwang, sich mehrere Branchen und damit teilweise zusätzliche Branchen zu erschließen, aber dabei in jeder dieser Branchen hochspezialisiert zu sein, d. h. sehr tiefe Sortimente zu führen.

Hinsichtlich der Qualität werden teilweise weitere Verbesserungen erwartet, so bei Mineralstoffen.

Die künftigen Serviceanforderungen an den Großhandel mit technischen Chemikalien und Mineralöl lassen sich wie folgt zusammenfassen:

- ein steigender Bedarf an technischen Beratern,
- die Abfüllung von Waren beim Kunden,
- die Beachtung stetig verschärfter Sicherheitsbedingungen,
- die Übernahme von Verantwortung für die ökologische Verträglichkeit,
- zusätzliche Forderungen nach ökologischer Verpackung,
- mehr Forderungen nach ökologischer Entsorgung.

Diese Anforderungen führen teilweise zu eigenen Dienstleistungsabteilungen bis hin zur rechtlichen Ausgliederung von Dienstleistungsabteilungen.

Als Zukunftsrisiken werden im Großhandel mit technischen Chemikalien und Mineralöl gesehen:

- Verwendungsbeschränkungen oder Mengenbeschränkungen von Produkten,
- Probleme durch die Produktionsverlagerung ins Ausland, vor allem auch durch Produktionsverlagerungen von Kundenbetrieben.

Als Zukunftschancen werden im Großhandel mit technischen Chemikalien und Mineralöl betrachtet:

- neue Produkte und Techniken auf Biobasis,
- neue Kundentypen, z. B. kommunale Kunden für Kläranlagen,
- neue Servicekonzepte,
- Nischenchancen trotz der zunehmenden Handelskonzentration.

Daraus ergeben sich im Großhandel mit technischen Chemikalien und Mineralöl beachtliche strategische Anpassungszwänge.

II. Der Landhandel

Als Hauptwettbewerbsfaktoren im Landhandel werden genannt:

- die Verhärtung des Wettbewerbs zwischen dem genossenschaftlichen und dem privaten Bereich,
- eine neue Fernkonkurrenz aus Osteuropa, die sich mittelbar an die Kunden des bayerischen Landhandels wendet und mit Dumpingpreisen arbeitet.

Als Herausforderungen der Kunden des Landhandels werden gesehen:

- höheres Preisbewußtsein,
- geringere Kundentreue,
- mehr Anforderungen an Beratung und Service,
- mehr Bequemlichkeit und Nähe.

Als vorrangige Sortimentsprobleme im Landhandel gelten:

- die Absicherung des Komplettangebotes in vielen Warengruppen mit breitem und tiefem Sortiment zur Verbesserung der Kundenbindung,
- die Bewältigung der Innovationsprobleme mit einer Ausweitung der Sortimente.

Zu den Serviceanforderungen, denen sich der Landhandel gegenübersieht, gehören:

- die zunehmende Vielfalt der Beratungsgebiete,
- die zunehmende Beratungsintensität in vielen Bereichen der Marktbearbeitung und der Technik.

Als unerläßlich gilt im Landhandel eine hervorragende Logistik, die trotz des erreichten Standes weiterentwickelt werden muß.
Als Zukunftsrisiken werden vom Landhandel gesehen:

- allgemeine negative Entwicklungen im Agrarbereich,
- Steigerungen bei Rohstoffpreisen.

Zukunftschancen lassen sich aus der Sicht des Landhandels ableiten aus:

- der Servicekompetenz,
- der Branchenerfahrung,
- der Beratungskompetenz.

Die Einflüsse der Rahmenbedingungen sind in dieser Branche nicht zuletzt als Folge der Erweiterung der EU und der Ostöffnung mit dem Streben nach EU-Integration von osteuropäischen Staaten hoch.

III. Der Landmaschinenhandel

Der Landmaschinenhandel in Bayern ist stärker als im übrigen Bundesgebiet durch eine Zweistufigkeit auf der Großhandelsebene gekennzeichnet.

Die erste Stufe, d. i. die landwirtschaftsnahe Stufe, ist durch eine große Anzahl kleiner Unternehmen geprägt, die ihren Tätigkeitsschwerpunkt eher im Bereich Wartung und Reparatur haben als im Neumaschinenverkauf. Hauptlieferant dieser Betriebe ist der Großhandel der zweiten Stufe, da bisher keine direkte Belieferung und Betreuung der Kleinbetriebe durch die Hersteller erfolgt.

Als Hauptwettbewerbsfaktoren gelten aus der Sicht des Landmaschinenhandels:

- die Abschmelzung wenig leistungsfähiger Betriebe und von Betrieben ohne Nachfolger,
- die Zunahme der Exklusivverträge von Großhandelsunternehmen mit Herstellern, zunehmend auch mit Gebietsschutzgarantie,
- die tendenzielle Abhängigkeit der ausländischen Hersteller vom Großhandel,
- nur bei sehr großen Herstellern Tendenzen zur Ausschaltung des Großhandels.

Die Kundenanforderungen im Landmaschinenhandel beruhen primär auf einer Intensivierung der Beratung und der Vermittlung von Sicherheit. Der Lieferpartner der Großhandelsstufe muß beweisen können, daß er voll auf der Höhe der technischen Entwicklungen ist.

Hinsichtlich des Sortimentes wird von den Unternehmen des Landmaschinenhandels allgemein die Auffassung vertreten, daß Tiefe wichtiger ist als Breite. Jedoch ist das Angebot mehrerer Herstellerprogramme im Landmaschinengroßhandel unerläßlich. Der Unterschied zwischen Produktprogrammorientierung und Sortimentsorientierung wird von den Kunden klar erkannt. Teilweise beschränken sich die Landmaschinengroßhändler auf Hersteller, die Alleinvertriebsvereinbarungen schließen.

Zum Kern der Servicepolitik gehören die Wartung und Reparatur in eigenen Werkstätten des Großhandels, der daher auf Kundennähe angewiesen ist.

Als Hauptrisiken gelten im Landmaschinenhandel:

- Veränderungen in der nationalen Agrarpolitik und in der Agrarpolitik der EU,
- Auswirkungen der Uruguay-Runde des GATT auf die Landwirtschaft,
- Veränderungen der Kundenstruktur durch Aufgabe der Landwirtschaft.

Als Chancen stellen die Unternehmen des Landmaschinenhandels heraus:

- bessere Überlebensbedingungen durch Wegfall der Konkurrenz,
- die Tätigkeit in den neuen Bundesländern,
- die Herstellerbindung mit Gebietsschutz.

Für Landhandel und Landmaschinenhandel gelten ähnliche Wirkungen der Veränderungen bei den Agrarkunden.

IV. Der Stahlhandel

Als Hauptwettbewerbsfaktoren im Stahlhandel lassen sich nennen:

- Konzentrationstendenzen bis zur Oligopolisierung, auch durch Marktbereinigung,
- ein zunehmendes Gewicht nationaler und internationaler Werkhandelsgesellschaften,
- harte Preisauseinandersetzungen bis zur diskriminierenden Rabattgewährung,
- hohes Verdrängungsrisiko kleiner Betriebe,
- Ansätze zur Kooperation, z. B. Zusammenlegung von Lägern aus Kostengründen,
- Zunahme der Anbieter aus Osteuropa mit Marktbeunruhigung trotz schwacher Produktqualität.

Die Kunden des Stahlhandels stellen folgende Anforderungen:

- primär Orientierung am günstigen Preis,
- dauernde Lieferfähigkeit durch Lagerung der Waren,
- Just-in-time-Lieferungen, kaum noch Kundenlager,
- kontinuierliche Anpassung des Leistungsangebotes an die zunehmende Kundenspezialisierung.

Die Sortimentsanforderungen im Stahlhandel sind generell:

- ein gleicherweise breites und tiefes Sortiment oder ein sehr tiefes Sortiment,
- aufgrund der Kundenwünsche kein Single Sourcing möglich.

Die Serviceanforderungen an den Stahlhandel lassen sich aus der Sicht der Befragten wie folgt zusammenfassen:

- Anarbeitung als zentrale Servicekomponente,
- Zunahme der Vorverarbeitung,
- auf Wunsch technische Beratung und Information,

- Trend zum generellen Know-how- und Erfahrungsaustausch,
- Ansätze zum Engineering.

Als Hauptproblem erweist sich dabei, daß keine spezielle Servicevergütung durchsetzbar ist. Als Risiken werden befürchtet:

- hohe Lagerzwänge durch rapiden Rückgang der deutschen Stahlproduktion,
- Schwierigkeiten der Qualitätssicherung, vor allem durch die kräftige Importzunahme,
- teilweise Marktrückgang,
- Aufkommen von Substitutionsprodukten und -technologien,
- weitere Personalkostensteigerungen.

Als Zukunftschancen gelten im Stahlhandel:

- eine hohe Kundennähe,
- die gute Zusammenarbeit mit Subunternehmen,
- die leistungsfähige Vertriebsorganisation,
- die Nischenkompetenz,
- die Umwelttechnik,
- die Recyclingtechnik,
- die Intensivierung alter und neuer Marktsegmente,
- die Qualität der Produkte,
- die Qualität der Anarbeitung.

Der Stahlhandel wird durch die rückläufige Bedeutung der Inlandsproduktion eher stärker eingeschaltet als bisher, wenn auch die Bestrebungen zur Ausschaltung durch Direktgeschäfte osteuropäischer Unternehmen zunehmen. Probleme ergeben sich vor allem bei der Bewältigung der Qualitätsanforderungen der Kunden in Deutschland.

V. Der Großhandel mit Metallen, Eisenwaren, Werkzeugen und Maschinen

Zu den Hauptwettbewerbsfaktoren im Großhandel mit Metallen, Eisenwaren, Werkzeugen und Maschinen zählen:

- die Konzentration, vor allem durch Aufkäufe und Fusionen,
- die tendenzielle Schwerfälligkeit von Werkhandelsniederlassungen und Lägern versus Flexibilität regionaler Großhandlungen,
- die starke Konkurrenz aus Osteuropa, so CFR,
- die Tendenzen zur Kooperation.

Die Herausforderungen der Kunden des Großhandels mit Metallen, Eisenwaren, Werkzeugen und Maschinen lassen sich wie folgt umreißen:

- Abbau der Lagerführung durch den Kunden, generelle Tendenz zu Just-in-time,
- Auswirkungen der Kundenkonzentration,
- eine Segmentierung der Bedarfsmenge,
- das steigende Preisbewußtsein der Kunden.

Die Sortimentsanforderungen an den Großhandel mit Metallen, Eisenwaren, Werkzeugen und Maschinen sind:

- breite und tiefe Sortimente oder Spezialsortimente mit Tendenz zu mehr Spezialisierung,
- höchste Sortimentspräsenz.

Hinsichtlich der Serviceanforderungen an den Großhandel mit Metallen, Eisenwaren, Werkzeugen und Maschinen gilt:

- steigender genereller Servicebedarf ohne Akzeptanz von Preisumlagen oder für getrennte Berechnung von Dienstleistungen,
- steigende Forderungen der Lieferanten an die Erbringung von Services durch den Großhandel,
- teilweise bewußtes Streben nach Servicebegrenzung im Großhandel, um preislich durchzukommen.

Als Zukunftsrisiken im Großhandel mit Metallen, Eisenwaren, Werkzeugen und Maschinen sind zu nennen:

- Standortverlagerungen von Kunden,
- die künftige Wettbewerbsfähigkeit der Kunden,
- Umweltschutzbestimmungen.

Als Zukunftschancen im Großhandel mit Metallen, Eisenwaren, Werkzeugen und Maschinen gelten:

- die Ausweitung der Tätigkeit nach Ostdeutschland und Osteuropa sowie in die EU,
- ein stetes Streben nach Qualitätssteigerungen,
- die Sicherung von Kundennähe,
- die Vertriebswegtreue,
- der Ausbau von Just-in-time,
- die Substitution von Kunststoff durch Metall,
- neue Recyclingtechnologien.

Stärker als in der einfachen Erwähnung zum Ausdruck kommt, sieht der Großhandel mit Metallen, Eisenwaren, Werkzeugen und Maschinen die Gefahr der Abschmelzung der von ihm belieferten Industrie und des durch ihn betreuten Handwerks, auch den Verlust der Wettbewerbsfähigkeit seiner Kunden durch Intensivierung der Importe.

VI. Der Großhandel mit technischem Bedarf

Als Hauptwettbewerbsfaktoren im Großhandel mit technischem Bedarf sind zu nennen:

- das Aufkommen kleiner Spezialanbieter neben den größeren Sortimentsanbietern,
- stark unterschiedliche, sich teilweise überschneidende Sortimente,
- die Zunahme des Direktvertriebs durch Hersteller,
- die Tendenz zum Verdrängungswettbewerb.

Die Kunden stellen an den Großhandel mit technischem Bedarf insbesondere folgende Anforderungen:

- Sortimentsveränderungen mit mehr Fertigerzeugnissen und Halbzeugen mit einer höheren Wertschöpfung aufgrund der Reduzierung der Fertigungstiefe der Kunden,
- die Ausweitung der eigenen Produktion,
- eine Beachtung zunehmender Preissensibilität,
- subtilere Kundensegmentierung in Industrie und Handwerk,
- teilweise höhere Anforderungen durch bessere Ausbildung des Kunden.

Die Sortimentsanforderungen im Großhandel mit technischem Bedarf lassen sich wie folgt dokumentieren:

- die Führung komplexerer Produkte,
- ein Rückgang der Artikelzahl durch mehr Normung und Standardisierung,
- der Aufbau von Eigenmarken,
- mehr Angebote von Systemlösungen und Systemprodukten mit Nachliefermöglichkeit.

Als Serviceanforderungen im Großhandel mit technischem Bedarf lassen sich nennen:

- eine bedeutende Zunahme der Beratungsqualität,
- die starke Zunahme der Lieferqualität,
- mehr Entsorgungsdienste, z. B. Aerosoldosen,
- teilweise Streben nach Servicebegrenzung.

Als Risiken im Großhandel mit technischem Bedarf werden genannt:

- der Rückgang der einheimischen Industrie,
- die Probleme bei der Qualifikation der Mitarbeiter für die veränderten Anforderungen.

Als Chancen im Großhandel mit technischem Bedarf gelten:

- der Ausbau der Importe,
- die Sortimentsspezialisierung,
- teilweise der Aufbau von Eurostrategien mit der Erwartung besserer Abwicklung im Binnenmarkt.

Im Großhandel mit technischem Bedarf sind die Risiken ähnlich zu sehen wie beim Großhandel mit Werkzeugen und Metallen; jedoch wird hier die Chance einer Einschaltung in die Importe aus dem Ausland vergleichsweise günstiger eingeschätzt.

VII. Der Großhandel mit Baustoffen

Zu den Hauptwettbewerbsfaktoren im Großhandel mit Baustoffen gehören:

- die Zunahme der Konzentration,
- Tendenzen zur Auswegkooperation,
- die Parallelität von Lokalanbietern und Regionalanbietern,
- Ausweichtendenzen in neue Systeme und Services.

Als Kundenanforderungen im Großhandel mit Baustoffen lassen sich herausstellen:

- mehr Komplettsortimente für Objekte,
- eine bessere Baustellenlogistik,
- generelle Kompetenzerhöhung,
- hohe Preissensibilität,
- mehr Tendenzen zu Just-in-time,
- eine Schwächung der Kundentreue wegen der Sortimentsegalität.

Zum Sortiment im Großhandel mit Baustoffen lassen sich folgende Aspekte anmerken:

- mehr Steuerung der Sortimentstiefe bis hin zu Komplettsortimenten,
- beachtliche Verschiebungen bei marktgängigen Teilsortimenten,
- ein intensiviertes Streben nach Stabilisierung der Anzahl der Artikel.

Zu den wichtigsten Serviceanforderungen im Großhandel mit Baustoffen gehören:

- Schulungen der Kunden,
- Beratungen,
- Streben nach Kundenbindung,
- Intensivierung der Außendienste wegen zunehmenden Wettbewerbsdrucks.

Als Zukunftsrisiken im Großhandel mit Baustoffen werden insbesondere herausgestellt:

- Verdrängungsrisiken durch Konzentration,
- Verfügbarkeit und Preise von Baugrundstücken,
- Zinspolitik.

Als Chancen im Großhandel mit Baustoffen können genannt werden:

- neue Technologien, so Solartechnik,
- Intensivierung der Services,
- Herausarbeitung von Spezialpositionierungen,
- Logistikqualität,
- Ausbau der Abholkonzepte.

Der Baustoffhandel sieht seine Zukunft tendenziell günstig. Zutreffend wird die Abhängigkeit von den Baubedingungen, vor allem auch von der Deregulierung bei den Bauzulassungen, gesehen, aber auch von den Neuerungen des technischen Fortschritts.

VIII. Der Elektrogroßhandel

Zu den Hauptwettbewerbsfaktoren im Elektrogroßhandel gehören:

- durch gutes Wachstum eher reduzierter Wettbewerbsdruck, jedoch mit Tendenz des zunehmenden Preiswettbewerbs,
- hohe Bedeutung der Beziehungen zu Lieferanten,
- unterschiedliche Expansion nach Ostdeutschland und dadurch unterschiedliche Entwicklung in Bayern,
- Aufbau des Kontraktmarketing mit Herstellern, z. B. Osram,
- Ansatz zu einem Qualitätsausleseprozeß, dies nicht unbedingt betriebsgrößenabhängig,
- Aufnahme von Großhandelsfunktionen durch Hersteller, so Siemens (I-Center bundesweit),
- Tendenz zur Filialisierung von Großhandlungen,
- Aufkommen von Spezialgroßhandlungen.

Die Elektrogroßhandlungen stehen vor spezifischen Kundenherausforderungen:

- oft höchste Ansprüche an innovative und technisch einwandfreie elektrische und elektronische Lösungen seitens der Industrie-, Handwerks- und Handelskunden,
- Streben nach Verlagerung der Geschäftskontaktphase durch Betreuung von der Planung bis zur Inbetriebnahme einschließlich Wartung,
- Verlangen nach schnellerer Belieferung - Just-in-time,
- Entwicklung der Kunden zu geschickten Verhandlungspartnern,
- Streben der Kunden nach Großhandelsunabhängigkeit,
- Parallelität von Sortimentsbreite und Sortimentstiefe mit zunehmender Sortimentstiefe.

Zur Sortimentspolitik im Elektrogroßhandel läßt sich festhalten:

- ein hoher Innovationsgrad; Beispiel eines Unternehmens: 25 % des Umsatzes mit Artikeln, die weniger als 4 Jahre auf dem Markt sind,
- noch mehr Qualität als bisher,
- eher eine Tendenz zu weiterer Sortimentsausweitung, aber Streben zum Ersatz alter durch neue Artikel,
- der Trend zu Energiesparprodukten,
- ein überdurchschnittliches Wachstum von High-Tech-Produkten.

Dies führt im Elektrogroßhandel zur Konsequenz einer Spezialisierung von Innen- und Außendienstmitarbeitern nach Sortimentsbereichen.
Zu den Serviceleistungen des Elektrogroßhandels gehören:

- Produktberatung beim Kunden, vor allem durch technisch anspruchsvolle Produkte,
- Vorträge zu neuen Techniken,
- Fachlehrgänge für Handwerker, da mehr Akzeptanz junger Handwerker für Weiterbildung,
- Implants in Industriebetriebe, d. h. Übernahme der Beschaffung in Industriebetrieben mit eigenem Büro und/oder eigenem Lager beim Kunden,
- generell bereits guter Lieferservice ohne hohe zusätzliche Anforderungen,
- teilweise aufwendige Ausstellungsräume, so bei Lichttechnik,
- Beratung von Architekten und Planern im Wohnungs- und Gewerbehochbau,
- Ansätze zur Ausgliederung eigener Technikbüros.

Als Risiken im Elektrogroßhandel lassen sich nennen:

- Handelskonzentration,
- Produktionsverlagerung ins Ausland,
- neue Handelsbetriebstypen, so Baumärkte,

- Umweltprobleme,
- Verkehrsprobleme,
- Direktlieferung der Hersteller,
- Lagerabwertung wegen ständig neuer Produkte,
- Zahlungsmoral der Kunden.

Zu den Chancen im Elektrogroßhandel gehören:

- neue Installationstechnik,
- hoher Innovationsgrad der Branche, auch Verkürzung der Produktlebenszyklen,
- hoher Qualifikationsstandard der Mitarbeiter,
- Ökologisierung der Produkte,
- Marketingorientierung,
- Komplexität der Produkte und dafür erforderliche Fachkompetenz,
- technisches Know-how.

Die Unternehmen des Elektrogroßhandels erwarten eine gespaltene Entwicklung mit hohen Risiken für mittlere Betriebe, die durch die Konkurrenz der Herstellerinstallationszentren, aber auch durch die Einkaufsgemeinschaften mit Ausschaltungstendenzen für den klassischen Elektrogroßhandel begründet sind. Dagegen erwarten kleine Nischen- und Spezialanbieter sowie die großen Unternehmen eine eher gute Entwicklung. Die günstige Hochbauentwicklung stützt die Elektrowirtschaft generell.

IX. Der Sanitär- und Heizungsgroßhandel

Zu den wichtigsten Wettbewerbsfaktoren im Sanitär- und Heizungsgroßhandel gehören:

- zunehmende Konzentration auf der Großhandelsstufe,
- weitere Konzentration bei Herstellern,
- starker Preiswettbewerb,
- Aufkommen von Spezialgroßhandlungen mit Diskontkonzepten,
- Rückgang der Familienunternehmen, Zunahme der Konzernunternehmen.

Als Anforderungen der Kunden an den Sanitär- und Heizungsgroßhandel lassen sich herausstellen:

- Beachtung der wesentlich besseren Ausbildung der Handwerkskunden,
- Wahrnehmung des Sortimentes als wichtigstes Profilierungsinstrument.

Die Sortimentsanforderungen im Sanitär- und Heizungsgroßhandel sind:

- grundsätzlich Vollsortiment,
- Streben nach Spezialisierung, vor allem Konzentration auf weniger Lieferanten,
- Tendenz zu weiterer Qualitätssteigerung,
- Integration der Bauwerttechnik,
- Zunahme der Systemsortimente,
- Zunahme des Vorverkaufs der Hersteller, auch mehr Markenprofilierung der Hersteller.

Zu den Serviceanforderungen im Sanitär- und Heizungsgroßhandel gehören:

- hohe Bedeutung der Ausstellungen in den Betrieben,
- Zunahme der Beratung,
- Tendenz zu dezentralen Ausstellungen und Lägern,
- Übernahme der Lagerhaltung für Handwerker,
- Übernahme der Endverbraucherberatung,
- Tendenz zur täglichen Lieferung.

Als Risiken lassen sich im Sanitär- und Heizungsgroßhandel herausstellen:

- Nachwuchsprobleme im Handwerk,
- Zunahme der Baumärkte und Do-it-yourself-Fachmärkte,
- Aufkauf der Familienunternehmen durch Konzerne,
- Rückläufigkeit der Kundenbindung seitens des Handwerks.

Zu den Chancen im Sanitär- und Heizungsgroßhandel zählen:

- weiter hohes Modernisierungsstreben,
- guter Kontakt- und Informationsfluß zum Handwerk,
- Wege nach Ostdeutschland und Osteuropa,
- neue Kooperationsmodelle,
- Umwelttechnik, z. B. schadstoffarme Heizungssysteme,
- Mitarbeiterkompetenz.

Im Sanitärgroßhandel wird die insgesamt günstige Entwicklung ebenfalls durch die Dynamik der Bauwirtschaft, vor allem auch durch die Renovierungen, getragen. Die Beschädigung des klassischen Absatzweges Hersteller - Großhandel - Handwerk durch neue Betriebsformen, insbesondere die Baumärkte und Spezialbaumärkte für Bäder, wird sich in einem wachsenden Markt schwächer auswirken als bei schlechter Baukonjunktur.

Aufgrund einer zunehmenden Anzahl von Lieferanten aus dem Ausland werden leicht bessere Einkaufskonditionen erwartet.

Die Sanitärgroßhändler befürchten, daß die Förderung der Baumärkte und anderer neuer Betriebstypen durch die Hersteller zunehmen wird. Dies dürfte für die Branche den Preisdruck erhöhen. Großhandelsunternehmen werden sich auf Hersteller konzentrieren, die keine Einzelhandelsbelieferung forcieren. Zudem wird die Profilierung über Handelsmarken zunehmen. Die Konzentration bei den Herstellern wird weiter zunehmen.

X. Der Farben- und Lackegroßhandel

Als Hauptwettbewerbsfaktoren im Farben- und Lackgroßhandel lassen sich herausstellen:

- weitere Konzentration im Großhandel,
- stärkere Hersteller-Großhandelsbindungen.

Hinsichtlich der Kundenanforderungen im Farben- und Lackgroßhandel gelten:

- Nachfrage nach bereits gemischten Farben,
- schnelle Belieferung,
- Lagerabbau beim Kunden.

Als Sortimentsanforderungen im Farben- und Lackgroßhandel sind zu erwähnen:

- Tiefe und Breite nach wie vor wichtig,
- eher Konstanz der Artikel bei begrenzter Dynamik des Sortimentes,
- Rückgang der Nachfrage nach Biofarben.

Als Serviceanforderungen im Farben- und Lackgroßhandel sind zu nennen:

- stark zunehmende Nachfrage des Handwerks nach Beratungsleistungen,
- kurzfristige Bereitstellung gemischter Farben,
- hohe Lieferzuverlässigkeit,
- Beratung im Hinblick auf hochwertige Artikel des Handwerks.

Die Risiken im Farben- und Lackgroßhandel lassen sich wie folgt zusammenfassen:

- Ökohysterie,
- Kreditrisiken bei Kunden.

Als Chancen im Farben- und Lackgroßhandel gelten:

- engere Zusammenarbeit mit Herstellern, bis hin zu Franchisesystemen,
- Zunahme der Qualitätsanforderungen.

Im Farben- und Lackgroßhandel haben alle Ökologieprobleme einen hohen Stellenwert erhalten, vor allem wegen der teilweise damit verbundenen Qualitäts- und Sortimentsprobleme.

XI. Der Dentalbedarfsgroßhandel

Als Hauptwettbewerbsfaktoren im Dentalbedarfsgroßhandel sind herauszustellen:

- zunehmende Konkurrenz durch andere Vertriebstypen, so in einigen Sortimentsbereichen mehr Versandhandel,
- veränderte Marktbedingungen durch Gesundheitsreform in Richtung Billigangebote,
- mehr Sortimentsinternationalisierung,
- zunehmender Preisdruck.

Als Kundenanforderungen im Dentalbedarfsgroßhandel lassen sich nennen:

- steigendes Preisbewußtsein mit der Tendenz zu mehr Preisverhandlungen,
- höhere Serviceanforderungen,
- spezifische Anforderungen der differenzierten Kundengruppen Zahnärzte, Dentallabore, Kliniken.

Zu den Sortimentsanforderungen im Dentalbedarfsgroßhandel gehören:

- Trend zu High-Tech-Produkten,
- eher weiterer Anstieg der Artikelanalyse.

Tendenziell bestehen steigende Serviceanforderungen, auch vom Dentalbedarfsgroßhandel initiiert, als Schutz gegen Versandhandel und Direktvertrieb der Hersteller:

- mehr Produktanbindungsberatung,
- mehr Beratung im Bereich Marktbearbeitung,
- fähiger Reparaturaußendienst,
- Aufarbeitung von Produkten, z. B. von Behandlungsstühlen,
- Beratung bei Praxiseröffnung,
- hohe Kulanzleistungen.

Als Risiken im Dentalbedarfsgroßhandel lassen sich nennen:

- Beschränkung der Niederlassung von Zahnärzten,
- Beschränkung der Kassenfähigkeit von Zahnarztabteilungen im Rahmen weiterer Gesundheitsreformen,
- Herstellerdirektvertrieb.

Als Chancen im Dentalbedarfsgroßhandel gelten:

- Zunahme technisch anspruchsvoller Produkte,
- Orientierung der Zahnärzte in Richtung aktive Zahnpflege,
- Kreditgewährung bei Praxiseröffnung,
- Aufnahme von Entsorgungskonzepten.

Der Dentalbedarfsgroßhandel wird durch die Kostendämpfungsgesetze im Gesundheitswesen beeinflußt. Vielfach wird dadurch eine kräftige Konzentration erwartet. Befürchtet wird allgemein ein Qualitätsabbau der Krankenbetreuung, weil sich stark reduzierte Preisvorstellungen für die Ausstattung der Praxen und die anderen Waren des Dentalbedarfssortimentes durchsetzen.

XII. Der Großhandel mit medizinischem Bedarf

Als Hauptwettbewerbsfaktoren im Großhandel mit medizinischem Bedarf gelten:

- Aufkommen des Versandhandels, teilweise durch den bisherigen Fachgroßhandel als zweite Schiene,
- Abbau der Regionalläger, Zunahme der Zentrallagerung mit Informationsverbund zwischen Zentrallager und Kunden,
- zunehmende Konzentration im Großhandel,
- neue Anbieter aus dem europäischen Binnenmarkt,
- weitere Herstellerkonzentration,
- Aufkauf von Großhandlungen durch den Pharmagroßhandel.

Zu den Kundenanforderungen im Großhandel mit medizinischem Bedarf gehören:

- steigendes Preisbewußtsein,
- Erschließung neuer Kundensegmente, so
    - Einzelhandel,
    - staatliche Institutionen,
  mit spezifischen Anforderungen,
- steigende Anforderungen an den Lieferservice.

Hinsichtlich der Sortimentspolitik im Großhandel mit medizinischem Bedarf bestehen folgende Anforderungen:

- verstärktes Interesse an PVC-freien Waren, aber aus Kostengründen nach wie vor hohe Anteile normaler Ware.

Als wichtigste Risiken im Großhandel mit medizinischem Bedarf werden empfunden:

- weitere staatliche Reglementierungen im Gesundheitswesen,
- Überkapazität der Hersteller,
- neue EU-Anbieter.

Als Chancen im Großhandel mit medizinischem Bedarf lassen sich nennen:

- mehr Spezialprodukte,
- mehr hochwertige und erklärungsbedürftige Produkte,
- Zunahme des Seniorenmarktes.

Für den Großhandel mit medizinischem Bedarf gelten ähnliche Überlegungen wie für den Dentalbedarfsgroßhandel. In beiden Branchen wächst der Anteil von Billigimporten schwacher Qualität, teilweise im Direktvertrieb der Hersteller.

XIII. Der Papiergroßhandel

Als Hauptwettbewerbsfaktoren im Papiergroßhandel sind zu nennen:

- steigende Konzentration, vor allem durch Aufkauf und Fusion,
- noch erforderliche Marktbereinigungen,
- starke Konzentration der Papierhersteller.

Die Kundenanforderungen im Papiergroßhandel sind gekennzeichnet durch:

- stark steigende Serviceanforderungen, die jedoch inzwischen als ausgereizt gelten,
- zunehmendes Belieferungstempo,
- Ausnutzung von Zahlungszielen und Streben nach Erweiterung der Zahlungsziele,
- Senken der Lieferantentreue bei mehr Preisorientierung.

Zu den Sortimentsanforderungen im Papiergroßhandel gehören:

- weiter hohe Bedeutung der Sortimentsbreite,
- Tendenzen zu Diversifikation, aber auch Spezialisierung in Randsortimenten,
- Beachtung der Umweltanforderungen mit steigender Tendenz.

Zu den Serviceanforderungen im Papiergroßhandel zählen:

- absolute Lieferfähigkeit,
- noch mehr Liefertempo.

Als Risiken im Papiergroßhandel gelten:

- Direktvertrieb der Hersteller,
- Veränderung des Verbraucherverhaltens bezüglich des Papierverbrauchs,
- überzogene Umweltdiskussion,
- Verkehrsprobleme,
- Konkurrenz neuer Medien,
- Produktionsverlagerung aus Deutschland.

Als Chancen im Papiergroßhandel werden gesehen:

- verbreiterte Angebote,
- Osteuropaöffnung,
- Lockerung der EU-Transportbestimmungen,
- Wandel zur Informationsgesellschaft mit mehr Papiernachfrage im
    - Freizeitbereich,
    - Bildungsbereich,
- Leistungsfähigkeit durch Größe, dadurch auch Senkung der Ausschaltungsrisiken.

Im Papiergroßhandel sind die Ökologieprobleme und die Produktionsverlagerungen die herausragenden Einflußgrößen, die nur teilweise gegen die verbesserten Marktchancen aufgewogen werden können.

XIV. Der Verpackungsmittelgroßhandel

Die Hauptwettbewerbsfaktoren im Verpackungsmittelgroßhandel sind:

- bei Industriekunden hoher Anteil von Direktvertrieb und Verpackungsmittelversendern,
- generell mittelständisch geprägter Großhandel,
- zunehmender Verdrängungswettbewerb.

Als wichtige Kundenanforderungen im Verpackungsmittelgroßhandel lassen sich nennen:

- mehr Individualisierung der Kundenansprache, auch durch Kundensegmentierung,
- mehr Serviceleistungen, z. B. Firmenaufdrucke,
- gewisse Bereitschaft der Kunden zur Großhandelsbindung,
- Beteiligung des Großhandels am Entsorgungskonzept.

Zu den Sortimentsanforderungen im Verpackungsmittelgroßhandel zählen:

- breite und tiefe Sortimente,
- umweltfreundliche Produkte,
- innovative Verpackungsprodukte,
- individuelle Verpackungslösungen für Kunden,
- Trend zu Single Sourcing nach Produktkategorien,
- Trend zur Aufnahme der Eigenproduktion.

Als Serviceanforderungen im Verpackungsmittelgroßhandel sind zu nennen:

- Verpackungsmittelberatung,
- rascher Lieferservice,
- Nutzung des Trends zu Single Sourcing beim Kunden.

Als Risiken im Verpackungsmittelgroßhandel gelten:

- die Verpackungsverordnung,
- zunehmende Auflagen im Werkverkehr,
- Rückgang der Verpackungsbereitschaft.

Zu den Chancen im Verpackungsmittelgroßhandel zählen:

- innovative Verpackungslösungen,
- Entsorgungsleistungen,
- flexible Eigenproduktion,
- Mitarbeiterqualifikation.

Der Verpackungsmittelgroßhandel wird weitreichende Veränderungen durch die ökologiebedingte Verpackungsverordnung und veränderte Preise für Packrohstoffe erfahren. Die zunehmende Einschaltung in die Entsorgungsleistungen reicht nicht aus, die Wirkungen der genannten Veränderungen auf den Umsatz aufzufangen. Überdies ist die Ausschaltungsgefahr groß, die horizontale Kooperationsbereitschaft eher unterentwickelt.

XV. Der Wert- und Reststoffgroßhandel

Ausgewählte Rechtsgrundlagen

Aufgrund der besonderen Bedeutung und der Aktualität der rechtlichen Regelungen für den Wert- und Reststoffgroßhandel seien hier wesentliche Rechtsgrundlagen kurz dargestellt.

Wesentliches Rahmendatum für den Großhandel mit Rest- und Wertstoffen ist das Baseler Abkommen vom 22. März 1989 über die Kontrolle der grenzüberschreitenden Verbringung gefährlicher Abfälle und deren Entsorgung. Das Abkommen regelt:

- die Zulässigkeit und Verbote von Transporten in der Gemeinschaft, aus der Gemeinschaft und in die Gemeinschaft,
- die betroffenen Warengruppen,
- die Sanktionierungsmaßnahmen bei Verstoß gegen die Auflagen,
- die Kontroll- und Prüfmethoden.

Zur inhaltlichen Präzisierung des Baseler Abkommens wurden die Richtlinien des Rates vom 18. März 1991 und 12. Dezember 1991 sowie die Verordnung vom 01. Februar 1993 erlassen.

Die Herausforderungen für die Unternehmen

Als Hauptwettbewerbsfaktoren im Wert- und Reststoffgroßhandel gelten:

- Zunahme des Preiswettbewerbs,
- Überangebote in einigen Warenbereichen, z. B. Altpapier,
- Eintritt der Energiekonzerne in die Branche mit Tendenz zur Oligopolisierung,
- Kooperation im Mittelstand mit Aufbau bundesweiter Netze,
- Aufbau langfristiger vertraglicher Bindungen mit Lieferanten,
- mittelfristig Marktbereinigungen,
- Tendenz zu starker EU-Konkurrenz.

Als Kundenanforderungen im Wert- und Reststoffgroßhandel lassen sich herausstellen:

- steigende Qualitätsansprüche,
- hohes bis sehr hohes Preisbewußtsein,
- mehr Problematisierung durch die Kunden,
- genereller Nachweis der Umweltfreundlichkeit.

Ein Sortiment im klassischen Sinne besteht nicht. Jedoch wachsen durch die Forderung nach neuen Qualitäten die Sortierfunktionen.
  Zu den Serviceleistungen, die hauptsächlich den Lieferanten und nicht den Kunden angeboten werden, gehören im Wert- und Reststoffgroßhandel:

- komplette Entsorgungsdienstleistungen, d. h. Gesamtentsorgungskonzepte aller Rest- und Wertstoffe.

Als Risiken im Wert- und Reststoffgroßhandel lassen sich zusammenfassen:

- keine marktwirtschaftlichen Lösungen, sondern Risiko staatlicher zentraler Lösungen,
- Verlagerung der Produktion ins Ausland,
- Errichtung von Rückdemontagewerken durch die Industrie, z. B. für Automobile,
- überzogene Umweltauflagen,
- Preisverfall durch Überangebote aus dem Osten.

Als Chancen im Wert- und Reststoffgroßhandel sind herauszustellen:

- neue technische Entwicklungen,
- Aufkommen neuer Märkte im Inland,
- Erschließung neuer Märkte im Ausland, vor allem im Osten,
- Entstehen neuer Entsorgungsdienstleistungen,
- Entwicklung von Komplettentsorgern.

Die Zukunftsentwicklungen für den Wert- und Reststoffgroßhandel lassen sich in Anbetracht der nach wie vor gravierenden Unsicherheiten über Intensität und Ausrichtung der Ökologiepolitik nur schwer abschätzen. Dazu kommt, daß Konzerne anderer Branchen, so die Elektrizitätsversorger, als neue Konkurrenten auftreten und der Trend zur staatlichen Entsorgung beachtlich bleibt.

XVI. Der Lebensmittelgroßhandel

1. Der Lebensmittelspezialgroßhandel

Zu den Hauptwettbewerbsfaktoren zählen im Lebensmittelspezialgroßhandel:

- Fortsetzung des Konzentrationsprozesses,
- Auftreten zusätzlicher Anbieter, so Großmarktbetreiber bei Obst und Gemüse,
- stärkere Konzentration im Bereich der Handelskunden, teils hohe Abhängigkeit von wenigen Kunden,
- Ansätze zum Verkäufermarkt durch Konzentration der Lieferanten, z. B. bei Obst und Gemüse,
- Marktdurchsetzungskraft primär durch Service und Qualität,
- Wettbewerbskampf teilweise mit Problemwaren und Havariewaren, z. B. Überschreitung der Mindesttemperaturen von -12°, auch künstliche Havarisierung,
- hohe Bedeutung der Regionalkompetenz auch mit Spezialsortimenten, z. B. bei Mineralwässern,
- Beginn des Auftretens ausländischer Anbieter mit hohem Preisdruck und Dumping.

Als wichtige Kundenanforderungen im Lebensmittelspezialgroßhandel lassen sich nennen:

- weiter steigendes Preisbewußtsein,
- mehr Umweltbewußtsein,
- kritisches Einkaufsverhalten durch bessere Ausbildung der Handwerkskunden sowie Gastronomie- und Handelskunden,
- mehr Informationsanforderungen über Abverkäufe,
- Bündelung von Lieferungen mehrerer Lieferanten, so im Bereich Frischelogistik,
- teilweise Abkehr von Langfristverträgen zugunsten kurzfristiger Verträge,
- mehr Beachtung des Zeitfaktors durch Fax-, Telefon- und PC-Bestellungen.

Der Lebensmittelspezialgroßhandel sieht folgende Sortimentsveränderungen:

- mehr Sortimentstiefe, vor allem mehr Marken je Artikel,
- höhere Anforderungen an Frische und Qualität,
- kritische bis sehr kritische Akzeptanz von Bioware,
- innerhalb des Spezialbereiches tiefes und breites Sortiment,
- Probleme der Bewältigung der Mindesthaltbarkeitsdaten,
- teilweise hohe Sortimentsdynamik, z. B. bei Tiefkühlkost.

Der Lebensmittelspezialgroßhandel sieht sich vor folgenden Serviceanforderungen:

- noch intensiverer Lieferservice an Kunden, z. B. teilweise zweimal tägliche Belieferung mit Tiefkühlkost oder tägliche Lieferung bei Frischgeflügel,
- Ansätze zur Nachtauslieferung,
- starke Zunahme der Anforderungen der Lieferanten an eine ausgebaute Logistik, so bei Obst und Gemüse, erst im Zeitablauf Vereinfachung der Logistik durch Lieferantenkonzentration,
- teilweise Nachtabholung beim Lieferanten, so Getränke,
- hoher Servicegrad und intensive Serviceleistungen, nicht nur als Profilierungsfaktor, sondern auch im Preis durchsetzbar,
- Marktforschung für Kunden, vor allem große Kunden,
- Imagewerbung mit Kunden,
- Fachseminare für Kunden,
- Kontraktmarketingstrategien mit Kunden.

Zu den Risiken zählen im Lebensmittelspezialgroßhandel:

- negative Einflüsse auf den Fremdenverkehr und damit auf die Gastronomie,
- Abschmelzung des selbständigen Lebensmittelhandwerks als Kunde,
- Wegfall von Lieferanten, z. B. bei Kräutern und Tee,

- ungeeignete Anpassung an die komplexen Logistikanforderungen,
- Konzentration im Handel,
- Auswirkungen des Umweltbewußtseins, z. B. negative Einstellung zu Wild als Nahrungsmittel,
- Verkehrsbeeinflussungen, auch Nachtanlieferungsverbote.

Als Chancen bestehen für den Lebensmittelspezialgroßhandel:

- Stärkung der Brokerfunktion,
- Marktausweitung durch EU-Beitritt Österreichs,
- innovative Produkte und teilweise Exklusivvertrieb,
- Light-Produkte,
- Wachstum von spezialgroßhandelsgeeigneten Betriebstypen, so Diskonter, gehobene Gastronomie, aber auch Wochenmärkte,
- Abbau der Zentralläger der Großfilialisten für Frischeprodukte und Neuorientierung auf den Spezialgroßhandel,
- Ausrichtung auf Mehrweg,
- Aufgabe des Direktvertriebs der Lieferanten und Wiedereinschaltung des Großhandels.

Tendenziell wächst die Bedeutung des Lebensmittelspezialgroßhandels aufgrund der veränderten Bestrebungen zur Arbeitsteilung mit Ausgliederungen sowohl bei Herstellern wie auch in Einzelhandel und Gastronomie.

2. Der Lebensmittelsortimentsgroßhandel

Im Lebensmittelsortimentsgroßhandel bestehen mehrere Hauptwettbewerbstendenzen:

- Konzentration im Handel,
- Oligopolisierung im Großhandel mit Marktbereinigung,
- mehr Abhängigkeit vom Einkaufspotential,
- Ausschaltung durch den Spezialgroßhandel, vor allem bei Frischeprodukten,
- Tendenzen der Ausschaltung durch Hersteller mit Speditionen und Logistikspezialisten,
- selten noch Zweistufigkeit mit Lieferung an Kleingroßhändler (10 bis 15 Mill. DM Jahresumsatz),
- teilweise Zweistufigkeit im Einkauf, d. h. Anschluß an ein Kontor über einen großen Großhändler, z. B. bei Markant über einen direkten Markant-Partner,
- teilweise konsequente Zusammenarbeit mit Logistikspezialisten und Speditionen zur Sicherung der Zustellung.

Im Lebensmittelsortimentsgroßhandel lassen sich folgende Kundenanforderungen herausstellen:

- mehr betriebswirtschaftliche Kompetenz der Handelskunden, insbesondere bei jungen Einzelhändlern,
- höhere Anforderungen an Beratungsleistungen im Bereich Marktbearbeitung,
- polarisierte Preis-Leistungsanforderungen im Sortiment
- zu Aldi alternative Produkte: aldi-native Produkte,
- Feinkost, Delikatessen, hochwertige Tiefkühlkost,
- Nutzung des hohen Vorverkaufs durch Herstellerwerbung,
- Spezialanforderungen von kleinen Nachbarschaftsläden, auch vereinzelt Zunahme konzernfreier Einzelhändler.

Für den Lebensmittelsortimentsgroßhandel gelten folgende Sortimentsanforderungen:

- mehr Qualitätsware,
- begrenzte Bioproduktchancen,
- mehr Kleinpackungen für Singles,
- beste Warenlagerung, auch mehr Investitionen in Frischeläger,
- stete Auslotung der Anforderungen an Sortimentsbreite und -tiefe,
- tendenziell Zunahme der Artikelvielfalt mit Absenken der Umschlagshäufigkeit je Artikel,
- mehr Gewicht der Frischeartikel.

Im Hinblick auf den Servicebereich des Lebensmittelsortimentsgroßhandels sind herauszustellen:

- mehr Beratungsleistungen,
- mehr Beteiligung an der Regaloptimierung,
- weitere Verbesserung des Lieferservices mit der Tendenz zu Just-in-time, mindestens Verkürzung der Lieferrhythmen,
- teilweise Verzicht auf Services zugunsten des Preises, d. h. auch unter dem Motto der Rückbesinnung auf das Kerngeschäft,
- Aufnahme von Entsorgungsleistungen.

Als Risiken für den Lebensmittelsortimentsgroßhandel lassen sich nennen:

- Abschmelzungsprozeß des selbständigen Einzelhandels aus Rentabilitätsgründen, aber insbesondere aus Nachfolgegründen,
- Zunahme von "Lebensmittelskandalen", mit denen teilweise Scheinprobleme aufgebauscht werden,
- möglicher Druck aus dem Ausland (EU),

- überzogene gesetzliche Auflagen, auch EU-Auflagen,
- Lieferantenoligopolisierung.

Zu den Chancen im Lebensmittelsortimentsgroßhandel zählen:

- Beiträge zur Steigerung der Leistungsfähigkeit der Kunden,
- Zunahme der Nachfrage hochwertiger Waren, auch Delikatessen,
- Bewältigung von Umweltauflagen,
- Ostöffnung.

Der selbständige Lebensmittelsortimentsgroßhandel hat einen weitreichenden Abschmelzungsprozeß hinter sich, weil die Zahl der selbständigen Lebensmitteleinzelhandlungen durch Filialisierung zurückgedrängt und teilweise von Einkaufsgenossenschaften aufgefangen wurde. Die Großhandlungen der freiwilligen Ketten sind zu einem erheblichen Teil auch im Einzelhandel tätig geworden. In Bayern ist die Situation für den selbständigen Lebensmittelgroßhandel eher etwas günstiger als in anderen Bundesländern.

XVII. Der Textilgroßhandel

Als Hauptwettbewerbsfaktoren gelten im Textilgroßhandel:

- bereits sehr starke Abschmelzung der Branche,
- hohe Konkurrenz der Modezentren,
- hohe Konkurrenz der Hersteller und Importeure, auch steigender Direktvertrieb,
- wachsende Konzentration im Großhandel,
- stark zunehmende Filialisierung im Einzelhandel,
- teilweise Trend zur horizontalen Kooperation,
  beachte: bisher eher unbefriedigende Erfahrungen mit derartigen Ansätzen,
- volle Übernahme der Großhandelsfunktion durch große Einzelhandelsunternehmen.

Als Kundenanforderungen im Textilgroßhandel lassen sich nennen:

- eher sehr geringe Bindungsbereitschaft mit Tendenz zu Lieferantenwechsel,
- hohe Fachkompetenz der Lieferanten,
- eher steigendes Preisbewußtsein,
- Übernahme des Moderisikos durch den Großhändler,
- Ansätze zum Paketeinkauf, auch in Verbindung mit der Prospektwerbung.

Bezogen auf das Sortiment lassen sich folgende Anforderungen an den Textilgroßhandel nennen:

- weiter erfolgsentscheidende Bedeutung des Vorordnerverkaufs der Saisonsortimente,

- eher Beschleunigung der Sortimentsdynamik,
- Zunahme eines bereits hohen Importanteils,
- Zwang zur Absenkung von Sortimentsbreite und -tiefe trotz starker Sortimentsvariation.

Die Anforderungen an die Services des Textilgroßhandels lassen sich wie folgt zusammenfassen:

- weiterhin hohe Beteiligung des Großhandels durch Finanzierungsleistungen,
- Unterstützung der Kunden durch eigene Prospekte des Großhandels,
- mehr Verkaufsförderung,
- weitere Intensivierung der Marktbearbeitungsbeteiligung beim Kunden,
- mehr Anforderungen an die Einkaufsberatung,
- Aufbau von Ökologieservices.

Die intensive Beratung der Kunden gilt teilweise als der wichtigste Überlebensfaktor für diese Betriebe und damit für den Textilgroßhandel.
Als Risiken im Textilgroßhandel gelten:

- weiterer Ausbau der Modezentren,
- Direktbezug durch die Industrie,
- hohe bis nicht mehr tragbare Außendienstkosten,
- Qualifikation der Mitarbeiter,
- Kundenschwund bei kleinen Kunden,
- Forderungsausfälle.

Zu den Chancen des Textilgroßhandels gehören:

- Ausdehnung der Vororder, auch durch mehr Sortimentsbündelung in einer Hand,
- Beteiligung am Kostenmanagement der Kunden,
- teils Spezialisierung, teils Diversifikation der Programme,
- Aufbau von Eigenmarken,
- Intensivierung der Eigenimporte,
- Suche nach neuen Absatzkanälen, z. B. Krankenhäuser, Gastronomie.

Der Textil- und Bekleidungsgroßhandel hat in den letzten Jahrzehnten eine erhebliche Ausschaltung hinnehmen müssen. Neue Chancen sind jedoch durch zunehmende Importe und Übernahme von Systemkopffunktionen durch leistungsfähige Unternehmen entstanden. Daher kommt dem Aufbau von Eigenmarken und der Intensivierung der Eigenimporte eine herausragende Bedeutung zu.

XVIII. Der pharmazeutische Großhandel

Als Hauptwettbewerbsfaktoren im pharmazeutischen Großhandel lassen sich nennen:

- hohe Oligopolisierung,
- weitere Marktbereinigung.

Wesentliche Kundenanforderungen im pharmazeutischen Großhandel sind:

- extreme Lieferhäufigkeit bis viermal täglich,
- hohe Lieferzuverlässigkeit,
- Streben nach besseren Konditionen wegen des Wettbewerbsdrucks zwischen den Apotheken.

Die Sortimentsanforderungen der Apotheken beziehen sich bei jedem Großhändler auf das Vollsortiment, das neben dem Apothekensortiment das Sortiment II mit Drogeriewaren umfaßt. Ein Problem besteht darin, daß dieses Sortiment II aufgrund der Größe und Sperrigkeit der Artikel nicht mit dem gleichen Fuhrpark wie Pharmazeutika transportiert werden kann.

Die Gesundheitsreformen haben bereits zu Sortimentsveränderungen geführt. Weitere Sortimentsstraffungen sind zu erwarten.

Die Serviceanforderungen der Apotheken waren seit eh und je hoch. So gehört der Pharmagroßhandel zu den Branchen mit der am höchsten entwickelten Ordertechnik und Logistik.

Für die Zukunft wird eher mit Einsparungen der Services durch die generellen Bestrebungen zur Leistungsreduzierung im Gesundheitswesen gerechnet.

Als Risiken im pharmazeutischen Großhandel sind zu nennen:

- Herstellerkonzentration bis hin zu Ausschaltungstendenzen des Pharmagroßhandels,
- Gesundheitsgesetze,
- die zu erwartende Positivliste,
- Umbruchrisiken durch weitere rechtliche Maßnahmen im Gesundheitswesen.

Zu den Chancen im pharmazeutischen Großhandel gehören:

- Aufnahme der Produktion von Generikaprodukten,
- weitere Automatisierung,
- Marktausweitung durch veränderte Altersstruktur der Bevölkerung,
- Expansion in den Osten.

Der pharmazeutische Großhandel ist weitgehend in einer Oligopolsituation. Zahlreiche Unternehmen sind vom Markt verschwunden, wenige nationale oder großregionale Anbieter können sich behaupten. Die Versuche, das Apothekensortiment durch Drogeriewaren und sonstigen medizinischen Bedarf zu ergänzen, bleiben vor allem aus Logistikgründen eng begrenzt. Einige Unternehmen haben den Weg in die volle Diversifikation in anderen Branchen mit Erfolg beschritten.

Die Gesundheitsreform mit der Schwächung der Existenzbasis vieler Apotheken schlägt auf den pharmazeutischen Großhandel voll durch.

XIX. Der Pressegrosso

Die Wettbewerbsbedingungen des Pressegrosso unterscheiden sich von allen Branchen des Großhandels. Die Merkmale sind:

1. voller Gebietsschutz für den jeweils einen Großhändler, der ein Gebiet bearbeitet,
2. Preisbindung der Zweiten Hand und damit auch weitgehende Spanneneinheitlichkeit im Großhandel,
3. volles Remissionsrecht der Presseerzeugnisse an die Verlage,
4. Verpflichtung zum Vollsortiment, d. h. zum Vertrieb aller von den Presseverlagen angebotenen Publikationen.

Als Randsortimente führt der Pressegrosso auch nicht remissionspflichtige Bücher und Nichtpresseartikel. Die Presseerzeugnisse können an die Verlage remittiert werden. Es bestehen keine Anhaltspunkte für eine Änderung dieser Situation.

Gewisse Erschwerungen bringt die Internationalisierung des Angebotes durch die Zunahme der ausländischen Bevölkerung.

In Zukunft erscheint eine Hierarchie des Pressegrosso im nationalen Rahmen mit Spezialisierung nach Regional- und Sortimentsaspekten durchaus als möglich.

Als Kundenanforderungen an das Pressegrosso lassen sich herausstellen:

- höchste Logistikanforderungen bis zur Tageslieferung und Tagesremission,
- Beteiligung an der Sortimentsoptimierung, vor allem im Lebensmittelhandel als zunehmend wichtigerem Absatzweg,
- Integration in Warenwirtschaftssysteme zur Regaloptimierung.

Die Serviceanforderungen an das Pressegrosso beruhen zum einen auf einer hoch ausgefeilten Logistik, vor allem auch auf einem Konzept zur Reduktion der Remissionen, z. B. durch neue Präsentationstechniken, und durch neue Liefermodelle unter Nutzung der Theorie der neuronalen Netze.

Als Risiken im Pressegrosso werden gesehen:

- volle Rücknahmeverpflichtungen von Presseerzeugnissen durch Einzelhandel und Grosso,
- Zwang zu noch längeren vertraglichen Bindungen mit den Verlagen,
- Ausweitung der Distributionspunkte mit differenzierten Pressesortimenten im Lebensmitteleinzelhandel,
- derzeitiges Ladenschlußgesetz,
- Verkehrsbeeinträchtigungen bei der Anlieferung in Wohngebiete,
- Erhöhung der Postgebühren.

Als Chancen im Pressegrosso gelten:

- technische Neuerungen, auch bei Verpackung, Codierung, Auszeichnung, Kommissioniertechnik,
- nationale Logistikkooperationen.

Der Pressegrosso wird wegen seiner Besonderheiten der Gebietsmonopole und damit der Alleinbelieferung wie auch der Alleinremission der nicht verkauften Produkte voll durch Veränderungen des Verlagsangebotes und Nachfrageverschiebungen getroffen. Der Direktvertrieb der Presseverlage an Konsumenten und gewerbliche Abnehmer dürfte sich weiter in Grenzen halten, so daß die Entwicklung primär durch die Veränderungen der Akzeptanz von Print- und Videomedien bestimmt wird.

XX. Der Buchgroßhandel - Das Barsortiment

Im Barsortiment dominieren wenige Unternehmen den Markt. Durch die Integration von Großverlagstöchtern, so von Bertelsmann Distribution, Gütersloh, mit nationaler Ausbreitung, wird die Konkurrenzsituation für den Buchgrosso verschärft.

Die Kundenanforderungen an das Barsortiment beziehen sich auf das Komplettangebot und den schnellen Lieferservice mit möglichst vollständiger Auslieferung der bestellten Ware. Die Anforderungen an Beratung haben stark zugenommen, sie sind jedoch noch nicht voll ausgelotet, z. B. im Bereich des Database-Marketing für Kunden.

Die Unternehmen halten eine weitere Ausdehnung des Sortimentes, insbesondere im Bereich der Fachliteratur, für einen der wichtigsten Zukunftstrends. Auch das Wachstum der Nachfrage nach ausländischen Titeln führt zu weiterem Sortimentsausbau.

Als Risiken für das Barsortiment gelten:

- die Aufhebung der Preisbindung im Rahmen der EU,
- der Direktbezug von großen Buchketten.

Als Chancen für das Barsortiment werden gesehen:

- die Zunahme der Weiterbildung,
- die Absonderung von den Videomedien,
- die Einführung voll integrierter Warenwirtschaftssysteme,
- die Logistikautomatisierung,
- die Tätigkeit in Osteuropa, auch im Rahmen von Kooperationen.

Nur wenige Betriebe des Barsortimentes decken den Markt ab. Konkurrenziert werden sie zunehmend von Logistikdienstleistern, die teilweise Verlagsauslieferungen direkt an die Buchhandlungen besorgen.

Insgesamt hängt die Branche unmittelbar von dem Interesse am Buch ab.

C. Die Entwicklungsstrategien von Unternehmen des Großhandels in ausgewählten Branchen

I. Zum Auswertungsprogramm

Im Rahmen der Kurzanalyse standen die Wettbewerbsbedingungen sowie die wahrgenommenen Anforderungen der befragten Großhandelsunternehmen im Bayern im Vordergrund. Daraus wurden die Chancen und Risiken für die Branche abgeleitet.

Mit der nun folgenden Analyse wird ein qualitativer Überblick über die Zukunftsstrategien vermittelt, die Unternehmen ausgewählter Großhandelsbranchen verfolgen. Dabei wird davon ausgegangen, daß die gewählten Schwerpunktstrategien aus den Unternehmensgrundsätzen und aus den Zielen der Unternehmen abzuleiten sind. Gerade die Differenziertheit dieser Unternehmensgrundsätze und -ziele bestätigt, auf wie unterschiedlichen Wegen Unternehmen in der Marktwirtschaft erfolgreich sein können.

II. Der Landmaschinenhandel

Die Unternehmensgrundsätze der Unternehmen des Landmaschinenhandels orientieren sich an

1. einem tragfähigen Preis-Leistungsverhältnis,
2. guter Qualität.

Die Zielsetzung beruht bei einigen Unternehmen des Landmaschinenhandels darauf, die regionale Marktführerschaft zu erobern. Weiter sind zu nennen:

1. die Spannenstabilisierung,
2. die Kostenreduzierung.

Als wichtige Einflußgröße auf den Landmaschinenhandel gelten die zu erwartenden Subventionskürzungen als Folge der GATT-Regelungen. Darauf beruht eine Abnahme der Anzahl von Landwirten. Daraus wird abgeleitet, daß zwar weniger, aber vergleichsweise größere Maschinen nachgefragt werden.

Teilweise wird der EU-Bürokratismus beklagt; so haben sich durch den Binnenmarkt die Lieferzeiten aus EU-Staaten teilweise verlängert.

Als ökologische Auswirkungen in der Landwirtschaft werden von den Befragten vor allem erwartet:

1. Ansätze zur Abkehr von der bisherigen Landwirtschaft,
2. Ablehnung der Massentierhaltung,
3. generelle Ablehnung der Spezialisierung in der Landwirtschaft,
4. Einschränkung der Nutzung von Chemieprodukten für Düngung und Pflanzenschutz wegen der Grundwasserbelastung.

Dies führt vor allem zu einer Neuorientierung ohne Chemie, deren Auswirkungen zur Zeit noch kaum absehbar sind. Dazu ein Beispiel: Neue Vorschriften im Düngemittelbereich haben ein neues Folgegeschäft bewirkt, da die Gülleausbringung neue Produkte erfordert. Aus der Ablösung von Chemie in der Landwirtschaft wird ein Umsatzschub durch Substitutionsprodukte erwartet.

Ein Bereich, von dem der Landmaschinenhandel positive Impulse erwartet, ist die Brachlandpflege. Aufgrund der gegenüber der bisherigen landwirtschaftlichen Bearbeitung abweichenden Anforderungen an die Maschinen hat sich ein neues Absatzsegment herausgebildet.

Als technische Ereignisse hat sich im Landmaschinenhandel vor allem der EDV-Einsatz in der Logistik bemerkbar gemacht. Zu den wichtigen Neuerungen gehören weiter elektronische Steuerungssysteme von Landmaschinen. Dies bedeutet einen zunehmenden und technisch anspruchsvollen Wartungsbedarf. Generell führen die technisch ständig stark verbesserten Maschinen zu gegenüber bisher kürzeren Ersatzfristen.

Teilweise werden neue Produkte aufgenommen und nachgefragt, obwohl sie für die Betriebsgrößen in Bayern überdimensioniert sind.

Die Kundenprobleme in der Landwirtschaft, mit denen sich der Landmaschinenhandel auseinanderzusetzen hat, sind insbesondere die Betriebsaufgabe einerseits und die weitaus stärkere kaufmännische Orientierung der verbleibenden Betriebe andererseits.

Die zunehmende Konzentration bei den Lieferanten geht einher mit einem Exklusivitätsstreben gegenüber dem Landmaschinengroßhandel, der dadurch bei bestimmten Produkten Alleinstellungspositionen erringt, auch durch die Gewährung von Werkvertretungen durch Hersteller.

Einige Landmaschinengroßhändler suchen dagegen nach einem eigenen Programm und streben an, ein Eigensortiment von Produkten im Ausland herstellen zu lassen.

Diesen unterschiedlichen Sortiments- und Bindungsstrategien steht teilweise die Tendenz zum Direktvertrieb der Landmaschinenhersteller gegenüber, durch die der Landmaschinenhandel sich bedroht fühlt.

Im Landmaschinenhandel selbst ist bereits eine erhebliche Marktbereinigung eingetreten, die sich noch fortsetzen dürfte. Teilweise ist dieser Bereinigungsprozeß von beachtlichen Preiskämpfen begleitet. Für die noch am Markt befindlichen Unternehmen hat sich die Branchenbereinigung als Vorteilsfaktor ausgewirkt.

Als Erfolgsfaktoren sieht der Landmaschinenhandel insbesondere:

1. die Mitarbeiterqualität, vor allem auch durch Schulungen,
2. die Preis-Leistungs-Tragfähigkeit,
3. die Qualität,
4. die hohe Beratungsqualität,
5. die Aufnahme von Exklusivprodukten,
6. teilweise die Spezialisierung im Sortiment,
7. die Übernahme von Werkvertretungen.

Als herausragender Nachteilsfaktor gilt vor allem die Kaufzurückhaltung der Landwirte.

Zu den dominanten Erfolgsfaktoren der Unternehmen des Landmaschinenhandels gehören die Anpassung der Sortimente an die noch längst nicht abgeschlossenen Veränderungen der Landwirtschaft und die Serviceleistungen.

III. Der Stahlhandel

Im Stahlhandel zeigen sich bei den mittelständischen Firmen und den Konzernfirmen unterschiedliche Kategorien von Unternehmensgrundsätzen. Im Mittelstand des Stahlhandels stehen im Vordergrund:

1. die Unabhängigkeit,
2. technische Innovationen,
3. die Gewinnfähigkeit,
4. teilweise die Spezialisierung.

Bei Stahlhandelskonzernen stehen im Vordergrund:

1. die Spezialisierung,
2. die Qualitätssicherung,

3. der Service,
4. die Zuverlässigkeit.

Generelle Grundsätze sind:

1. die Verbesserung der Kundenbeziehungen,
2. die Verbesserung der Lieferantenkontakte,
3. die Kostenorientierung,
4. die Schnelligkeit der Belieferung.

Als allgemeine Einflußgrößen stehen nach den politischen Veränderungen der letzten Jahre Strukturwandlungen in der Stahlindustrie, so auch der Abschluß von Werkverträgen mit osteuropäischen Firmen, im Vordergrund. Dies hat im Stahlhandel zur Verlagerung der Beschaffung auf andere Lieferländer geführt.

Die Unternehmen des Stahlhandels sehen folgende neue Nachfragebereiche:

- der Kläranlagenbau,
- der Bau von Energieversorgungsnetzen,
- der Bundesbahnleitungsbau,
- der Neubau von DB-Strecken.

Der Stahlhandel ist in die Lieferung von Umweltanlagen eingeschaltet, z. B. von Material für Entschwefelungsanlagen und Abwasserreinigungsanlagen.

Widersprüchlich ist die Branchenmeinung zur Substitution zwischen Rohstoffen, so zum Ersatz von Metallen durch Kunststoffe.

Als wichtigste Elemente des technischen Fortschritts werden im Stahlhandel die EDV und der Einsatz von PC genannt.

In Zukunft werden neue Konzepte zur Wiederverwertung von Stahl erwartet.

Die Fragen des Umweltschutzes sind bisher erst in Randbereichen, so bei Arbeitshandschuhen, relevant. Hohe Belastungen ergeben sich für die Branche jedoch aus Umweltauflagen für Kunden, die z. B. zu einer Abwanderung der chemischen Industrie führen.

Der Stahlgroßhandel ist gezwungen, sich an den Entsorgungskosten der Hersteller im Interserohsystem zu beteiligen. Weiter erweisen sich die Altlasten bei der Produktion als Problem.

In der Logistik haben neue Vorschriften im Fernverkehr restriktive Wirkungen, die teilweise zum Einsatz eigener Lkw-Disponenten führen. Dazu kommt der Einsatz von Wechselsystemen für Lkw-Anhänger. Teilweise erfolgt die Einschaltung von Spediteuren. Als weitere wichtige Neuerung gilt die Palettenaustauschgebühr.

Die Kunden fordern vom Stahlgroßhandel verstärkt Lieferfähigkeit und damit Warenverfügbarkeit beim Großhandel. Kunden geben ihre Lagerhaltung auf. Viele Großhandlungen, die bei dem Just-in-time-Konzept nicht mithalten konnten, wurden verdrängt.

Bei den Lieferanten wird mit noch mehr Konzentration gerechnet. Teilweise haben Lieferanten den Direktvertrieb aufgegeben, oft jedoch nur bei Kleinkunden. Dem Trend zur Konzentration wird mit Gegenkonzentration begegnet, so auch durch Zusammenlegung von Lagern, so Krupp und Hoesch.

Der Wettbewerb hat dazu geführt, daß die Handelsfunktion im Stahlhandel zunehmend durch die Verarbeitung mit dem Übergang zum kompletten Engineering ergänzt wird.

Als Erfolgsfaktoren werden von den Stahlhandelsunternehmen genannt:

1. Produktionshöchststeigerungen durch Engineering,
2. Produktpalettenverbesserung durch Spezialisierung der Hersteller, z. B. Flachstahl Thyssen, Stabstahl Klöckner,
3. Vergabe an Subunternehmer,
4. günstiger Einkauf,
5. Umwelttechnik,
6. Lieferzuverlässigkeit,
7. hohe Qualität, z. B. bei rostfreiem Stahl,
8. Mitarbeiterqualität.

Als Risikofaktoren im Stahlhandel gelten:

1. zunehmende Ansätze zu illegalen Machenschaften der Kunden,
2. Probleme der Ostkontingente,
3. Preisverfall,
4. hohe Personalkosten,
5. Höhe der Produkthaftung.

Die Unternehmen des Stahlhandels sehen ihre Zukunft primär in der Ausdehnung der Beschaffungsmärkte, verbunden mit intensiven Logistikleistungen und Serviceleistungen für die Kunden.

IV. Der Elektrogroßhandel

Die Unternehmensgrundsätze

Von den Unternehmen des Elektrogroßhandels wurden folgende Elemente der Unternehmensgrundsätze genannt:

- die Know-how-Führerschaft,
- die Profilierung über innovative Produkte,

- das dauerhafte Vertrauen in die Geschäftsbeziehungen als Maßstab für die Marktbearbeitung,
- die Partnerschaft mit dem Handwerk,
- die Pflege der Kundenkontakte,
- die kooperative Führung des Unternehmens,
- die Schnelligkeit und Zeitführerschaft,
- die Kostenführerschaft,
- das Streben nach Dominanz am Ort mit Platzhirschfunktion,
- die Dienstleistungen und Services,
- die Mitarbeiter- und Kundenorientierung,
- das kontinuierliche, gesunde Wachstum.

Ziele der Unternehmen des Elektrogroßhandels sind:

- der Ausbau der Dienstleistungen,
- der Ausbau der Marktposition,
- die Expansion,
- die Serviceführerschaft,
- die Innovationsorientierung,
- das Angebot höherwertiger Produkte und Dienstleistungen,
- der Ausbau der Kundenbindung,
- die Marktsicherung in Ostdeutschland,
- die Intensivierung der regionalen Marktbearbeitung,
- die kostengünstige Marktbearbeitung,
- die Rationalisierung durch EDV,
- der Kompetenzvorsprung vor Wettbewerbern,
- der Erhalt der Handelsspanne.

Der Erhalt der Existenz als Familienbetrieb wird heute selbst bei bedeutenden Unternehmen als sehr schwierig angesehen.
Die Entwicklung des Elektrogroßhandels in den vergangenen Jahren war geprägt durch

- den EU-Binnenmarkt,
- die Öffnung Osteuropas,
- die Wiedervereinigung.

Die künftigen Erwartungen aufgrund dieser Veränderungen sind differenziert. So meinen die Unternehmen des Elektrogroßhandels, daß die EU einerseits die Stabilität der Bundesrepublik Deutschland belasten und zu einer Senkung des Preisniveaus führen werde, andererseits mit Einkaufschancen und Absatzmarktchancen zu rechnen sei. Allgemein wird eine Erhöhung der Steuerbelastung mit nachteiligen Wirkungen auf die Aufnahme von Kapital zur Unternehmensexpansion befürchtet.

Maßnahmen als Folge der Wiedervereinigung waren in vielen Fällen die Gründung oder die Planung von Niederlassungen.

Der technische Fortschritt ist für den Elektrogroßhandel branchenprägend:

- Die europäischen Installationsnormen haben die Haustechnik standardisiert und damit Auswirkungen auf die Sortimentspolitik gehabt.
- Die Energiesparförderungsmaßnahmen haben zu mehr Beratungsbedarf beim Handwerk und damit zu mehr Beratungsleistung beim Großhandel geführt.
- Die Miniaturisierung der Produkte hat neue Produkte zur Folge gehabt und zu Änderungen im Sortiment geführt.
- Eine zunehmende Produktvielfalt und Spezialisierung erfordern Schulung und Spezialisierung der Mitarbeiter, um den Kunden Know-how anbieten zu können.
- Eine zunehmende Produktvielfalt fördert die Entwicklung von Spezialanbietern oder die Divisionalisierung innerhalb der Unternehmen, vor allem wegen der notwendigen Spezialkenntnisse.
- Die Umwelttechnik bietet Chancen in den Bereichen Klimatechnik und Emissionssteuerung.

Die wichtigsten Auswirkungen dieser Dynamik sind die Ausweitung des Sortimentes, kürzere Lebenszyklen und ständige Serviceanpassungen. Dies bedeutet vor allem zusätzliche Anforderungen an die Mitarbeiter. Durch die zunehmende Sortimentstiefe in den einzelnen Warengruppen müssen sich Mitarbeiter auf immer engere Bereiche des Sortimentes konzentrieren. Eine Folge ist ein stark zunehmender Schulungs- und Beratungsaufwand.

Als wichtige Trends in der Produktentwicklung mit Bedeutung für den Elektrogroßhandel gelten: Energiesparprodukte, die zunehmende Ökologisierung der Produkte, die Bustechnologie, die Miniaturisierung oder die Fotovoltaik.

Die FCKW-Diskussion, die Verpackungsverordnung und die Diskussion um Grundstückaltlasten sind im Elektrogroßhandel Anlaß zu einer intensiven Beobachtung. Als wichtigstes Ereignis im Bereich Ökologie wird von fast allen Unternehmen die Verpackungsverordnung genannt. Als wichtige Entwicklung in den vergangenen Jahren wird insbesondere die Gründung der Interseroh herausgestellt.

Gravierende Probleme werden durch die Elektronikschrottverordnung befürchtet. Einige Unternehmen wollen versuchen, sich als Spezialisten für die Entsorgung dieser Abfälle zu profilieren, hier sehen kleinere Unternehmen eine Nischenchance.

Im Bereich Verkehr und Logistik berichten die Unternehmen des Elektrogroßhandels über folgende Veränderungen:

- die Erschwerung der Belieferung in Innenstädten, auch durch die zunehmende Ausweisung von Fußgängerzonen,
- die Just-in-time-Belieferung mit einer Auslieferung von rd. 60 % der Aufträge noch am gleichen Tag,

- die erhöhten Anforderungen an geringe Geräuschemissionen der Lkw,
- die Auflösung von Regionallägern der Hersteller mit der Konsequenz größerer Läger im Großhandel und tendenziell größeren Abnahmemengen.

Diese Veränderungen verursachen im Elektrogroßhandel sowohl Probleme im Lieferservice als auch Erhöhungen der Kosten, z. B. durch Personalkostensteigerungen, da die Fahrer im Vergleich zu früher weniger Lieferungen erledigen können. Eine Konsequenz ist teilweise der Umstieg auf andere Fahrzeugtypen, in erster Linie auf flexiblere und wendigere Kleinlaster. Auf diese Weise wird versucht, kleinere Touren öfter zu bedienen. Dazu kommt die Zunahme der Just-in-time-Belieferung.

Ein größeres Lager erscheint vielen der Befragten im Elektrogroßhandel sinnvoll, zumal viele Hersteller - wie erwähnt - aus Kostengründen zunehmend auf Regionallager verzichten und größere Abnahmemengen verlangen.

Die Bahn wird gemeinhin nicht als Alternative gesehen, einmal aufgrund der zu hohen Kosten, zum anderen wegen mangelnder Flexibilität.

Die Veränderungen bei den Kunden des Elektrogroßhandels lassen sich wie folgt zusammenfassen:

- der Abbau der Lagerhaltung der Kunden mit höherer Logistikintensität beim Großhandel,
- der Emanzipation der Kunden im Handwerk mit qualifizierteren Verhandlungen.

Einem zunehmenden Druck der Kunden versucht der Großhandel durch Selektion der Aufträge, d. h. Aufträge nicht bei jedem Preis, zu entgehen.

Durch den eingetretenen Generationswechsel ist bei den Kunden des Elektrogroßhandels ein Verlust an Lieferantentreue eingetreten. Mit Einführung des Faxgerätes ist es überdies ohne persönliche Kontakte möglich geworden, bei mehreren Lieferanten Angebote einzuholen und Preisvergleiche anzustellen.

Die eher kleinen Großhändler sehen in ihrem Verhältnis zu den Kunden Verbesserungstendenzen. Durch zunehmende Spezialisierung und damit erhöhten Beratungsbedarf sind die Kunden an einer stärkeren Kooperation interessiert.

Künftige Entwicklungen bei den Kunden sind einmal deren Spezialisierung, zum anderen deren wachsende Kompetenz, gerade in kaufmännischen Fragen. Die Großhandelsunternehmen versuchen, die verlorengegangene Kundenbindung über Seminare, Workshops, Ausflüge oder Vorträge wiederherzustellen.

Im Hinblick auf die Lieferantenbeziehungen stellen die großen und mittleren Unternehmen des Elektrogroßhandels eine Rückbesinnung auf den Großhandel fest. Die großen und mittleren Unternehmen reduzieren überdies die Lieferantenzahl. Die Forderung nach höheren Abnahmemengen führt zu einer Konzentration auf weniger Lieferanten. Bei den kleineren Unternehmen wächst dagegen die Gefahr, durch Direktbelieferung der Hersteller ausgeschaltet zu werden. Diese Tendenz wird verstärkt durch zunehmend leistungsbezogene Konditionensysteme mit höherem Abnahmezwang, bei dem kleinere Unternehmen nicht mithalten können.

Hersteller sind verstärkt zur Selektion ihrer Kunden übergegangen. Oft werden intensivere Betreuungsprogramme der Hersteller mit dem Status des Exklusivhändlers verbunden.

Unabhängig davon vertikalisieren Lieferanten in Spezialbereichen aufgrund von Knowhow-Vorsprung in die Großhandelsebene, z. B. Siemens.

Die Veränderungen der Wettbewerbssituation im Elektrogroßhandel lassen sich wie folgt kennzeichnen:

- eine Zunahme der Konzentration durch horizontale Aufkäufe,
- ein intensiverer Wettbewerb mit Senkung des Preisniveaus und Verringerung der Handelsspanne,
- ein verstärktes Expansionsstreben mit Preisdruck und Spannenreduzierung,
- eine Ausweichstrategie durch Ausweitung der Fachkompetenz in Spezialgebiete bis hin zum Aufbau von Spezialisten, die z. T. als Spezialbereiche aus dem Sortimentsgroßhandelsbereich ausgegliedert werden,
- höhere Anforderungen an die Funktionenübernahme und an die Kundenbetreuungskompetenz mit neuen Konditionensystemen, die diese Leistungen des Großhandels berücksichtigen.

Der Wettbewerb wird als zunehmend aggressiv empfunden bis hin zum "Zerfleischungswettbewerb", dies obwohl fast alle Unternehmen den Preiskampf ablehnen und sich über den Service profilieren wollen, meist einhergehend mit zunehmender Spezialisierung.

Mittelständische Unternehmen des Elektrogroßhandels sehen eine große Gefahr, durch Konzerne aufgekauft zu werden. Die einzige Alternative sei, selbst zu kaufen und damit zu wachsen.

Die Chancen im Elektrogroßhandel werden wie folgt dokumentiert:

1. der Umweltschutz und die Umwelttechnik,
2. die technischen Innovationen,
3. die Kundenorientierung,
4. die höheren Anforderungen an die Arbeitsplatzausstattung,
5. die Produktinnovationen mit einer Verkürzung der Produktzyklen,
6. das technische Know-how,
7. die Motivation, vor allem der Außendienstmitarbeiter,
8. ein gut sortiertes Lager und damit hohe Warenverfügbarkeit mit Lieferservice.

Als Risiken im Elektrogroßhandel lassen sich herausstellen:

1. die schlechte Zahlungsmoral der Kunden,
2. die ausländischen Wettbewerber,

3. die Personalkostenentwicklung,
4. die Konzentration durch horizontalen Aufkauf,
5. die Ausschaltung des Mittelstandes durch Konzernbildung,
6. die Ausschaltung des Großhandels durch Einzelhandelskooperationen,
7. die Dispositionsrisiken durch kürzere Produktzyklen,
8. die rückläufige Kundentreue,
9. der Preisverfall bei Konsumelektronik,
10. die Preistransparenz, z. B. durch Telefax.

Künftig erscheinen aus der Sicht der Unternehmen des Elektrogroßhandels die wirtschaftliche Stabilität der Kunden, der Wettbewerb - auch durch die EU - die Konzentration, die Direktbelieferung durch die Industrie und kürzere Produktzyklen (Orderrisiken) als wichtige Herausforderungen.

Als Erfolgsfaktoren nennen die Unternehmen des Elektrogroßhandels:

1. die Warenverfügbarkeit, den Lieferservice,
2. das Know-how durch Spezialisierung,
3. die Standortvorteile nahe der Grenze zu Ostdeutschland,
4. die Serviceleistungen,
5. die Kundennähe,
6. die Flexibilität und Überschaubarkeit durch mittelständische Größe,
7. die hohe Mitarbeitermotivation,
8. die Lieferantenselektion,
9. die Sortimentspolitik,
10. die Gebietsintensivierung durch Filialisierung,
11. der EDV-Einsatz.

Als spezielle Erfolgsfaktoren sehen kleinere Unternehmen ihre Überschaubarkeit, die umsatzstärkeren den Vorteil der Filialisierungsmöglichkeit.

Als Nachteilsfaktoren stellen die Unternehmen des Elektrogroßhandels heraus:

1. zu geringer Lagerumschlag,
2. zu geringe Marktbedeutung,
3. zu schnelles Wachstum,
4. zu schwache Kundenorientierung,
5. Flächenrestriktionen an den gegebenen Standorten,
6. Schwächen in der Ablauforganisation,
7. Finanzierungsengpässe bei Expansionsvorhaben.

Die Personalmaßnahmen der befragten Unternehmen des Elektrogroßhandels zur Verbesserung ihrer Position sind:

1. die Schulung, um die Qualifikation der Mitarbeiter zu erhöhen und die Mitarbeiter an das Unternehmen zu binden, aber auch um mehr Delegation zu ermöglichen,

2. die Schaffung neuer Hierarchieebenen (Abteilungsleiter-Außendienst und Abteilungsleiter-Innendienst) um die interne Transparenz zu erhöhen und die Belastung der Mitarbeiter zu verringern,
3. die Verjüngung der Geschäftsleitung,
4. personelle Wechsel in der Geschäftsleitung.

Der Elektrogroßhandel gehört zweifellos zu den besonders dynamischen Branchen des Großhandels. Trotz einer intensiven Sortiments- und Servicedynamik ergeben sich weitreichende Umstrukturierungen, nicht nur durch die Konzentration auf der gleichen Stufe und bei den Herstellern, sondern auch durch die Konkurrenzierung der primär belieferten Handwerkskunden und deren Probleme, leistungsfähig Einzelhandel zu betreiben, durch Elektrofachmärkte und Baumärkte sowie neue Spezialfachmärkte, z. B. im Bereich des Mobilfunks.

Auf der Großhandelsstufe selbst entwickelt sich einerseits eine Zweistufigkeit, in die auch neue Typen von Einkaufsgemeinschaften eingebunden sind, andererseits eine Spezialisierung mit außendienstaktiven neuen Anbietern.

V. Der Sanitär- und Heizungsgroßhandel

Noch deutlicher als im Elektrogroßhandel besteht im Sanitär- und Heizungsgroßhandel eine Doppelkultur der mittelständischen Unternehmen einerseits und der Konzerngroßhandlungen andererseits. Daraus ergeben sich auch Differenzierungen der Unternehmensgrundsätze. Als allgemeine Grundsätze im Sanitär- und Heizungsgroßhandel können herausgestellt werden:

- die Einhaltung des klassischen Vertriebsweges,
- die Kundenorientierung,
- die Handwerksorientierung,
- das Selbstverständnis als Vollsortimenter,
- die Kompetenz in den klassischen Aufgaben des Großhandels,
- die Übernahme von Verantwortung für die Umwelt,
- der Kundennutzen als Maßstab des Handelns,
- die bessere Ausschöpfung des Marktes.

Als Hauptziele nannten die Unternehmen des Sanitär- und Heizungsgroßhandels:

1. eine bessere Marktdurchdringung durch qualitative und technisch gute Angebote,
2. die Gewinnung von Neukunden mit umfassendem Service,
3. höhere Gewinne,
4. eine bessere Rendite,
5. bessere Zuschnitte der Verkaufsgebiete,

6. Modernisierungen in Fuhrpark und Lager oder in Ausstellung und EDV,
7. die Absicherung des Mitarbeiterstammes,
8. die Erschließung des ostdeutschen Marktes,
9. mehr Marktsegmentierung,
10. Wachstum durch Zukäufe,
11. Akquisition von Know-how durch Zukäufe,
12. interne Rationalisierung.

Im Bereich Heizungsbau ist aufgrund § 82 a ESt-Durchführungs-VO mit einer Begünstigung der Investitionen in schadstoffarme Heizungen bis zum Jahre 1991 ein beachtlicher Umsatzschub eingetreten, dessen Ausfall die Unternehmen bis heute durch intensiveren Personaleinsatz zu kompensieren versuchten.

Weitere Novellierungen der Bundesimmissionsschutzverordnung mit einer Verschärfung der Schadstoffgrenzwerte werden erwartet. Dies wird weitere Innovationen in der Produktentwicklung zur Folge haben, so die Ausrichtung an einer schadstofffreien Verbrennung, z. B. durch Spaltbrenner.

Im Bereich der Ökologie waren der Erlaß der Verpackungsverordnung und der Aufbau eines Entsorgungskonzeptes für Transportmaterial und Verpackungen mit der Entwicklung von Interseroh wichtige Meilensteine. Dazu kommt bei einigen Unternehmen die Mitgliedschaft in der Schutzgemeinschaft "Wasser und Leben".

Als ökologische Herausforderungen haben jedoch Interseroh und das Duale System ihre Bewährungsprobe noch nicht bestanden. Die Entsorgung hat zu höheren Kosten geführt, dazu kommt ein höherer Verhandlungsaufwand mit den Kunden. In Zukunft wird u. U. eine Beteiligung an der Baustellenentsorgung befürchtet. Die ökologisch begründeten Auflagen an die Lagertechnik mit getrennten Lägern für bestimmte Produktgruppen, so Farben und Lacke, lassen sich nur schwer erfüllen.

Als wichtige Beispiele des technischen Fortschritts mit Auswirkungen auf die Sortimente des Sanitär- und Heizungsgroßhandels seien genannt:

- die Niedertemperaturheizung,
- energiesparende Heizungselemente,
- die Acrylbade- und -duschwannen,
- mehr recyclingfähige Materialien,
- Rückkehr zu Holz als Rohstoff,
- mehr Verwendung von Naturstein,
- neue Installationstechniken, so Vorwandsysteme und Rohrvorschiebesysteme.

Die Warentechnik im Sanitärbereich wird sich durch neue Technologien und durch neue Materialien weiter verändern. Die Arbeitsleistung im Handwerk wird durch Materialaufwand ersetzt, dies bedeutet mehr Umsatz beim Großhandel.

Durch eine realistischere Beurteilung der Verwertungsproblematik wird von den Unternehmen des Sanitär- und Heizungsgroßhandels die Zunahme der thermischen Verwertung und damit eine Entspannung der Abfallproblematik erwartet. Zunehmend werden die Produkte dem Kriterium der Umweltverträglichkeit unterworfen.

Die Entsorgungsproblematik wird sich zunehmend verschärfen, insbesondere, da jetzt die ersten Badezimmer renoviert werden, bei denen umweltkritische Materialien, z. B. Acrylwannen, entsorgt werden müssen. Die Akquisition von Umwelt-Know-how gilt als unerläßlich.

Durch die Elektronik werden neue Produkte erwartet. Die Verbesserungen in der EDV haben zu PC-Unterstützung der Auftragsabläufe geführt. Die EDV eröffnet intern umfangreiche Rationalisierungspotentiale, auch durch die Verfügbarkeit von ISDN. Die Kommunikationstechniken sind jetzt auch wirtschaftlich gegenüber dem Handwerk einsetzbar. Dem wird vom Großhandel durch den Aufbau von Kommunikationsverbindungen zum Handwerk wie auch zum Hersteller Rechnung getragen. Weitere Initiativen sind der EDIFACT-Verbund zum Hersteller und der Übergang zur papierlosen Belegverarbeitung.

Zur Beschleunigung der Reaktionsfähigkeit haben einige Firmen Warenwirtschaftssysteme geschaffen, die weiter ausgebaut werden. Die Verbesserung der Warenwirtschaftssysteme hat eine Reorganisation des Lagers ausgelöst.

Multimedia wird als Informationstechnik innerbetrieblich und zur Präsentation von Sanitärlösungen gegenüber dem Kunden eingesetzt werden.

Einige Unternehmen haben für den Fuhrpark Logistikinformationsprogramme eingesetzt oder die Fahrzeuge mit Entladehilfen ausgestattet.

In der Branche Fliesen-Sanitär führt die Zusammenarbeit von Großhandelsfilialen mit den Handwerksunternehmen vor Ort zu einer starken Einzelhandelsausrichtung, die durch die großen Ausstellungsräume der Niederlassungen dokumentiert wird. Der Handwerker besucht mit seinen Kunden die Niederlassung, um dort ihre Auswahl zu treffen. Die Bestellung und Montage läuft dann über das Handwerksunternehmen.

Die hierarchische Lagerhaltung der Raab Karcher Sanitär-Heizung-Fliesen GmbH als Beispiel: Hier wird eine hierarchische Zentrallagerkonzeption mit einer Bündelung von Waren aus mehreren Filiallägern einer Region in einem Zentrallager praktiziert, von dem aus dann etwa sechs Standorte betreut bzw. beliefert werden. Aufgrund von veränderten Kundenwünschen wird dadurch dem Trend Rechnung getragen, die Fläche des Lagers zugunsten einer größeren Ausstellungsfläche zu verkleinern.

Die Kunden haben erhöhte Anforderungen an Dienstleistungen. Dem Wunsch nach schnellerer Lieferung kommen die Großhandelsunternehmen durch die Einführung des 24-Stunden-Service entgegen.

Die Verkehrsprobleme haben negative Rückwirkungen auf die Branche. Termine lassen sich nicht mehr wie bisher einhalten. Daher erfolgt auch ein Übergang auf Spediteure.

Auch wird eine Erhöhung des Lieferrhythmusses von teilweise zweimal pro Tag durch einen Großhändler unmöglich. Die Überlastung der Straßen und die Benzinpreiserhöhungen führten bei einigen Unternehmen jedoch zu einem dichteren Netz von Abhollägern.

Mit der Umorientierung von der Zentralität zur Dezentralität, auch unter Einsatz von EDIFACT und Lagerautomatisierung, wird eine optimale geographische Streuung der

Standorte angestrebt. Die Professionalität in der Organisation des Fuhrparks ist eine wichtige Herausforderung.

Von den Befragten wird erwartet und gefordert, daß die Logistikfähigkeit der Hersteller und Lieferanten zunimmt, damit die Warenannahme und Einlagerung im Großhandel rationalisiert werden kann. Einige Unternehmen erwägen ein Outsourcing der Vertriebs- und Warendistributionsleistungen.

Die strategische Formulierung von Logistikzielen, insbesondere von Effizienzsteigerungszielen, rückt in den Vordergrund.

Veränderungen der Einstellungen der Kunden

Das kaufmännische Denken beim Einkauf der Handwerker nimmt zu, dies jedoch bislang ohne gravierende Auswirkungen auf die Branche und die Unternehmenspolitik.

Die Kundenemanzipation, d. h. das Wissen um die Bedeutung als Kunde, nimmt zu.

Die Zunahme des Direktbezugs beim Hersteller und der daraus folgende Preisverfall bei diesen Artikeln treffen den Großhandel stark.

Die Voranfragen nach dem Preis durch Kunden nehmen zu. Auch die Ansprüche des Handwerks hinsichtlich Service, Lieferzeit und Lagerhaltung steigen. Dies erfordert im Großhandel den Lagerausbau und die Fuhrparkvergrößerung, dies verbunden mit Kostensteigerungen.

Die Qualität der Handwerksleistung ist stark gestiegen, die Qualität der Großhandelsleistung, insbesondere hinsichtlich der Betreuung durch den Außendienst, mußte angepaßt werden. Das Handwerk wird gegenüber der Großhandelsdienstleistung noch kritischer in bezug auf Qualität und Schnelligkeit werden.

Markenprodukte werden vermehrt nachgefragt. Die Sortimentsanpassung in Richtung Markenprodukt war die Folge.

Das Handwerk wird in Zukunft rationeller und vor allem schneller arbeiten, der Großhandel muß dabei Schritt halten. Für das Handwerk sind unterschiedliche Leistungspakete und Argumentationsansätze zu entwickeln. Grundsätzlich wird die Argumentation des Großhandels gegenüber dem Handwerk künftig stärker dessen Erlösorientierung berücksichtigen.

Die Tendenz zur Umgehung des Großhandels, d. h. Direktbezug beim Hersteller, durch das Handwerk wird zunehmen. Daher will der Großhandel das Handwerk deutlicher über den Wert der Großhandelsdienstleistungen aufklären.

Die Anzahl der Sortimente ist tendenziell rückläufig. Daher nimmt der Personaleinsatz bei der Akquisition zu, einmal wegen des erhöhten Beratungsaufwandes, zum anderen wegen der Zunahme der Preisaggressivität.

Kundenpotentialanalysen werden aufgebaut. Die Führungskräfte gehen verstärkt in die Akquisition.

Die Kunden ihrerseits stehen unter enormem Preisdruck und sehen sich gezwungen, unter Einsatz von Billigarbeitnehmern teilweise mit nicht legitimen Waffen zu kämpfen.

Teilweise streben die Kunden nach einer Abhebung von Konkurrenzware, die auch von Baumärkten angeboten wird, so durch Übergang auf höherwertigere Ware.

Kunden im Einzelhandel verlangen mehr Beratungsservice und mehr Installationsservice.

Veränderungen bei den Herstellern

Viele leitende Positionen in Herstellerunternehmen wurden mit Managern besetzt, die zuvor in konsumnahen Branchen gearbeitet haben. Dies führte zu einer stärkeren Konsumentenorientierung der Hersteller, aber auch zu einer Vernachlässigung der nachgelagerten Handelsstufen. Dadurch hat zwar die Programmbreite der Hersteller zugenommen, um differenzierteren Ansprüchen der Konsumenten gerecht zu werden, für den Großhandel bedeutet dies neben höherem Logistikaufwand bei geringerer Abverkaufsmenge je Artikel einen höheren Erklärungsbedarf und damit mehr Schulung.

Die Designorientierung der Hersteller hat zugenommen.

Das Know-how der Sachbearbeiter der Hersteller ist aus der Sicht der Befragten gesunken, auch habe sich die Reklamationsabwicklung verschlechtert.

Immer mehr Lieferanten verkaufen direkt an große Handwerker, an Einkaufsgemeinschaften der Handwerker und an Baumärkte.

Die Lieferanten streben an, die Bestände im Großhandel durch Gewährung von Zahlungszielen und Valutastellung zu stabilisieren oder zu erhöhen.

Generell werden die Beiträge der Lieferanten zur Qualitätssicherung wichtiger.

Die Lieferanten verstärken das Konzept des Systemangebotes. Dazu kommen weitere Produktverbesserungen.

Die Ansätze zum Kontraktmarketing weiten sich aus. Durch mehr Spezialisierung der Lieferanten ist der Großhandel gezwungen, mit mehr Lieferanten zusammenzuarbeiten. Dagegen steht der Trend zur Lieferantenselektion. Der Großhandel versucht, me-too-Sortimente abzubauen.

Die Unternehmen des Sanitär- und Heizungsgroßhandels versuchen, mehr international zu beschaffen. Dies erweist sich bei Anforderungen an die Einhaltung von DIN-Normen teilweise noch als sehr schwierig.

Veränderungen bei den Wettbewerbern

Im Wettbewerb versuchen viele Großhandlungen dem Trend zum Preiskampf durch Verbesserung von Qualität und Service zu entgehen. Dennoch zeigt sich eine Tendenz zum Verdrängungswettbewerb.

Die Gesprächsbereitschaft zwischen Großhändlern zur Absicherung gemeinsamer Interessen hat insgesamt zugenommen.

Das Generationsproblem gewinnt weiter an Bedeutung und fördert in der Branche die Konzentrationstendenzen einmal mehr.

Der Marktverdrängung durch aggressive Preispolitik versuchen Großhandlungen vermehrt durch Kooperation im Einkauf, durch Bildung von Schwerpunktlagern und Warenaustausch mit anderen mittelständischen Großhändlern zu entgehen. Dazu kommt die Forcierung des Größenwachstums, da das Überleben für kleinere Großhändler schwieriger wird.

Erwartet wird eine Reduktion der Anzahl der Großhändler in Deutschland auf fünf bis sechs sehr große Unternehmen und einige mittelständische Nischenanbieter.

Der Weg in die Oligopolisierung beginnt, da in Bayern sechs Firmen einen Anteil von knapp zwei Dritteln des Marktes halten. Dem Druck der Konzernwettbewerber versuchen die mittelständischen Betriebe durch Intensivierung der Kooperationen zu begegnen. Diese Maßnahmen beschränken sich teilweise auf die Gewinnung besserer Einkaufskonditionen.

Der Ausbau der Filialisierung wird sich fortsetzen. Der Großhandel wird sein Serviceangebot und seine Lieferbereitschaft ausbauen sowie die Ausstellungen vergrößern.

Teilweise werden neue Sortimente aufgenommen, deren Vorteile durch die damit verbundenen spezifischen Serviceanforderungen aber wieder aufgezehrt werden.

Vorteils- und Nachteilsfaktoren

Als wichtige strategische Vorteilsfaktoren nennen die Unternehmen des Sanitär- und Heizungsgroßhandels:

1. die Baukonjunktur,
2. das Vollsortiment,
3. die Kundennähe und bessere Kundenkontakte,
4. die Verstärkung und Spezialisierung des Außendienstes,
5. neue Produkte zum Energiesparen,
6. neue Produkte mit Umweltorientierung,
7. Kompetenz in Nischen.

Als wichtige strategische Nachteilsfaktoren stellen die Unternehmen des Sanitär- und Heizungsgroßhandels dar:

1. die Zahlungsmoral der Kunden,
2. die Ausschaltung durch Direktvertrieb der Hersteller,
3. die Konkurrenz der Baumärkte,
4. eigene Unbeweglichkeit in Logistik und Preisgestaltung,
5. der Wegfall der Zonenrandförderung,
6. mangelnde interne Kommunikation.

Diese Beispiele zeigen, daß die Unternehmen in der Lage sind, ihre Schwächen genau zu erkennen. Sie sind überdies sehr bewußt dabei, die Strukturen in der Organisation den veränderten Bedingungen anzupassen. So spüren Unternehmen genau, daß sie für ein bestimmtes organisatorisches Gerüst zu groß geworden sind.

Als wichtige strategische Herausforderungen gelten im Sanitär- und Heizungsgroßhandel:

1. das Marktpotential, z. B. über 5 Mill. Renovierungsfälle an Heizungsanlagen in den alten Bundesländern,
2. die Schaffung der Personalqualifikation, um im Lager mit EDV arbeiten zu können,
3. die Mitarbeiterausbildung und -weiterbildung.

Als wichtige Erfolgsfaktoren bewerten die Unternehmen des Sanitär- und Heizungsgroßhandels:

1. das breite Sortiment,
2. gute Außendienstmitarbeiter,
3. eine bessere technische Qualifikation der Mitarbeiter durch mehr Schulungen,
4. die gute Logistik,
5. die Aufnahme der Einzelhandelstätigkeit,
6. die Liefertreue,
7. Ausstellungen.

Als Nachteilsfaktoren erwähnen die Unternehmen des Sanitär- und Heizungsgroßhandels:

1. die fehlende Produktpflege mit Ladenhütern,
2. Probleme bei der Gewinnung von Fachpersonal.

Die Investitionsmaßnahmen als Konsequenz

Die befragten Unternehmen des Sanitär- und Heizungsgroßhandels nannten folgende Investitionsmaßnahmen:

- Neubau bzw. Umbau der Filialen, um arbeitssparende Arbeitsabläufe zu ermöglichen und arbeitssparende Techniken einzusetzen,
- Erwerb neuer oder Ausbau von EDV-Anlagen, um die Informationsverarbeitung zu rationalisieren und die Transparenz zu erhöhen,
- Erweiterung der EDV, um die Serviceleistungen gegenüber dem Handwerk zu verbessern,

- Erweiterung des Fuhrparks, um die Serviceleistungen gegenüber dem Handwerk zu verbessern,
- Ausbau der Ausstellungen, um die Bindung der Handwerker zu verstärken,
- Errichtung neuer Filialen in den neuen Bundesländern, um den Markt zu erschließen,
- Erweiterung des Lagers, um dem Handwerk einen besseren Service zu bieten,
- der Aufbau eines Netzes von Abhollägern, um dem Verkehrsinfarkt der Straßen zu begegnen,
- Entwicklung eines einheitlichen Corporate Designs, um dem Wettbewerbsdruck zu begegnen,
- Ausbau der Logistikkompetenz (EDIFACT), um die Kosten zu reduzieren und den Service zu verbessern.

Dazu kommen die Akquisition neuer Unternehmen, Investitionen in internes Wachstum und der Ausbau der EDV und Logistik, um sich auf den europäischen Markt vorzubereiten.

Die Personalmaßnahmen als Konsequenz

Die befragten Unternehmen im Sanitär- und Heizungsgroßhandel haben folgende Personalmaßnahmen ergriffen:

- die Erfolgs- und Kapitalbeteiligung leitender Mitarbeiter, um die Mitarbeiter dauerhafter zu binden und unternehmerische Eigeninitiative zu fördern,
- bessere Integration der Mitarbeiter durch mehr Teamorientierung,
- verstärkte Schulung der Mitarbeiter, um die Qualität der Beratungsleistung und die Motivation zu erhöhen,
- intensive Schulungen für leitende Mitarbeiter und Führungskräftenachwuchs durch externe Institutionen, um den Führungsnachwuchs abzusichern und die Persönlichkeit der Mitarbeiter weiterzuentwickeln,
- Intensivierung der Lehrlingsausbildung,
- Reorganisation des Unternehmens mit Personalumstrukturierungen.

Die dargestellten strategischen Maßnahmen im Sanitär- und Heizungsgroßhandel zeigen eine hohe Vitalität der Branche. Die Konkurrenzsituation für den Großhandel durch den Einzelhandel, vor allem durch Baumärkte, Badspezialfachmärkte und sonstige Anbieter, dürfte teilweise unterschätzt werden, zumal die Entwicklungsaussichten der Branche insgesamt positiv sind.

VI. Der Papiergroßhandel

Als Grundelemente der Unternehmensphilosophie im Papiergroßhandel lassen sich nennen:

1. die Kundenorientierung,
2. die Mitarbeiterorientierung,
3. das Leistungsstreben,
4. die Problemlösungsorientierung.

Als Ziele des Papiergroßhandels werden herausgestellt:

1. die Expansion,
2. bessere Leistungen für den Kunden,
3. die Rationalisierung,
4. die Attraktivität für Mitarbeiter,
5. ein kooperativer Führungsstil.

Die positiv wahrgenommenen Umsatzwirkungen als Folge der Wiedervereinigung und Ostöffnung werden zunehmend durch das Risiko von Kundenabwanderungen in Frage gestellt.

Die für den Papiergroßhandel relevanten Veränderungen durch den technischen Fortschritt beziehen sich auf neue Medien, Fortschritte bei der EDV und produktbezogen auf neue Bleichverfahren und neue Umwelttechniken.

Neue Kommunikationstechniken führen oft zum Angebot von kostenintensiveren Produkten durch die Lieferanten. Generell wird die Branche durch den Wandel zur Informationsintensivierung positiv beeinflußt.

Die Umweltschutzveränderungen haben zu Veränderungen im Sortiment und im Transport geführt. Zum einen wurden umweltverträgliche Produkte aufgenommen, zum anderen wurden Verpackungsmaterialien umgestellt. Zu diesen Veränderungen trug auch die Entwicklung chlorfrei gebleichter Zellstoffe bei. Erwartet wird eine Zunahme der Recyclingstoffe.

Der Papiergroßhandel beachtet bei der Lieferantenauswahl zunehmend deren Umweltkompetenz. Dies hat Lieferantenwechsel nach sich gezogen.

Als Probleme erweisen sich für den Papiergroßhandel weiter die Zahlung von Vergütungen an Kunden für die Entsorgung und die Umstellung der Verpackungsmaterialien.

Die Verkehrszunahme ist auch in dieser Branche mit spürbaren Zeit- und Kostensteigerungen verbunden. Die Sicherung einer hohen Lieferbereitschaft hat teilweise zur Dezentralisierung der Logistik geführt. Bei den Kunden entsteht eine Polarisierung mit mehr Großkunden und Kleinkunden und weniger mittleren Kunden. Die Bedeutung der persönlichen Bindungen wird für die Kunden rückläufig. Preis und Leistung zählen, auch die Qualität des Service.

Produzenten streben zunehmend nach Bindungskonzepten mit dem Papiergroßhandel. Gerade in Anbetracht der zunehmenden Konzentration werden die Qualitätsherausforderungen an den Papiergroßhandel eher größer. Durch den Konzentrationsprozeß mit bundesweiter Expansion weniger Firmen hat der Wettbewerb zugenommen. Der Weg in ein enges Oligopol mit einem kombinierten Preis-Service-Wettbewerb ist vorgezeichnet. Inhabergeführte Betriebe wechseln zu konzerngebundenen Betrieben. Mit einer weiteren Gruppenbildung ist zu rechnen. Vereinzelt werden Risiken einer Übernahme der Großhandelsfunktion durch die Hersteller befürchtet. Andererseits ist eine Tendenz zur zunehmenden Einschaltung des Großhandels festzustellen, weil die Anforderungen an Kundennähe und Liefergeschwindigkeit steigen. So strebt der Großhandel auch seinerseits nach Exklusivitätsvereinbarungen mit seinen Lieferanten.

Tendenziell herrscht bei den Herstellern das Marktanteilsdenken noch vor dem Ertragsdenken. Davon wird auch der Großhandel berührt.

Als Hauptrisikofaktoren gelten im Papiergroßhandel die neuen Medien und die Verkehrsprobleme, aber auch Schwächen der Mitarbeiter.

Als wichtige Erfolgsfaktoren im Papiergroßhandel gelten:

1. die Umstellung von der Lieferorientierung auf die Serviceorientierung,
2. die Lagerverbesserung mit 24-Stunden-Service,
3. die Mitarbeitermotivation,
4. die Qualität der Informationssysteme.

In Zukunft gilt ein Ausbau der Informationssysteme als Hauptherausforderung.

Der Mitarbeiterqualifikation durch Schulung und Weiterbildung wird ein hoher Stellenwert eingeräumt.

VII. Der Farben- und Lackegroßhandel

Als Unternehmensgrundsätze im Großhandel mit Farben und Lacken werden herausgestellt:

1. guter Kundenservice,
2. Zuverlässigkeit.

Als wesentliche Ziele formuliert der Großhandel mit Farben und Lacken:

1. die Rationalisierung,
2. die Erhöhung der Rentabilität,

3. die Erhöhung der Spannen,
4. die Verbesserung des Erscheinungsbildes beim Kunden,
5. die Expansion in die neuen Bundesländer,
6. die Personalentwicklung.

Die Ökologiekomponente konnte noch nicht zufriedenstellend in den technischen Fortschritt integriert werden. So sind umweltfreundliche Farben für den Handwerker noch nicht geeignet, z. B. Acryllacke. Bei den Biofarben zeigt sich nach einem kräftigen Aufschwung bereits wieder ein Abflauen des Interesses.

Weiter gelten ökologische Auflagen der Behörden als nicht praktikabel, z. B. die separate Lagerung oder Ladung von Gefahrengütern. Der Großhandel fühlt sich durch die neuen Verordnungen überfordert. Zusätzliche Probleme werden durch die Schadstoffverordnung erwartet.

Im Bereich der Logistik bereitet die Verschärfung der Gefahrgutverordnung Straße Probleme, an die sich die Farben- und Lackegroßhandlungen im Prinzip schwer anpassen können. Weitere Probleme der Logistik ergeben sich aus der Verlagerung auf die Schiene und aus Mineralölsteuererhöhungen.

In den letzten Jahren hat sich im Großhandel mit Farben und Lacken eine wesentliche Verstärkung der Inanspruchnahme der Services gezeigt, insbesondere verstärkte Herausforderungen hinsichtlich der Verkürzung der Lieferzeit.

Die Konzentration der Hersteller von Farben und Lacken hat stark zugenommen. In diesem Zusammenhang ist der Trend zur Belieferung von Leithändlern mit Gebietsschutz entstanden. Durch dieses Platzhirschprinzip ist eine Polarisierung zwischen den Händlern der wichtigsten Lieferanten eingetreten. Tendenziell begrüßt der Großhandel diese Sortimentsexklusivität und die damit verbundene Lieferantenkonzentration.

Als wichtigste strategische Vorteilsfaktoren werden von den Unternehmen des Großhandels mit Farben und Lacken genannt:

1. die gute Baukonjunktur,
2. die Zunahme der Dienstleistungen,
3. die Intensivierung der Dienstleistungen.

Als wichtige strategische Herausforderungen gelten:

1. der Wertewandel der Verbraucher in Richtung höherwertiger Produkte,
2. das zunehmende Kreditrisiko,
3. die Bewältigung der Lohnkostensteigerungen.

Die Unternehmen des Großhandels mit Farben und Lacken versuchen, die hohen Kostensteigerungen teilweise durch Schaffung neuer Entlohnungssysteme zu überwinden.

Als wichtige Erfolgsfaktoren im Großhandel mit Farben und Lacken wurden herausgestellt:

1. die Qualität der Mitarbeiter,
2. speziell die Außendienstqualifikation,
3. die Erhöhung der Serviceleistungen,
4. die Beratung,
5. die Kundennähe.

Als Nachteilsfaktoren nannten die Befragten des Großhandels mit Farben und Lacken:

1. die Abhängigkeit von großen Lieferanten,
2. der Rückgang der Flexibilität durch Wachstum.

Überdurchschnittliche Umsatzentwicklungen werden im Großhandel mit Farben und Lacken vor allem zurückgeführt auf

1. intensivere Kundenbindung,
2. Schwächen der Wettbewerber,
3. Ausbau des Fuhrparks,
4. Verbesserung der Kommunikationstechnik,
5. bessere Verkaufsmannschaft, vor allem durch Verjüngung.

Tendenziell hat die Branche eine kleinbetriebliche Struktur mit hoher Abhängigkeit von einzelnen Lieferanten. Es handelt sich um eine der Branchen, bei denen die ökologischen Einflüsse am größten sind.

VIII. Der Dentalbedarfsgroßhandel und der Großhandel mit medizinischem Bedarf

Als herausragender unternehmenspolitischer Grundsatz gilt im Großhandel mit Dentalbedarf die Kundenbindung für die gesamte Berufsdauer eines Zahnarztes.

Als Hauptziele im Großhandel mit Dentalbedarf und medizinischem Bedarf lassen sich herausstellen:

1. die Kundenpflege,
2. das Streben nach technisch einwandfreien Geräten, um Qualitätsprobleme beim Kunden zu vermeiden.

Als wichtigste Einflußgröße auf den Markt gilt die Gesundheitsstrukturreform. Als Folge der Gesundheitsreform sind die Einkommen der Zahnärzte und damit auch ihre Investitionsbereitschaft rückläufig, so daß ein Trend zu preisgünstigen Produkten besteht, so bei Behandlungsstühlen. Generell hat die Gesundheitsreform zu einer Spannenreduktion einerseits und zu gestiegenem administrativen Aufwand andererseits geführt.

Die Öffnung des Marktes der neuen Bundesländer hat die Branche beflügelt. Durch das teilweise durch die Großhandelsunternehmen verfolgte Konzept der Neugründungsausstattung ist ein erheblicher Umsatzschub erfolgt.

Als wichtigste Technologien der letzten Jahre werden im Großhandel mit Dentalbedarf die Lasertechnologie und die Lichttechnik an Bohrantrieben bezeichnet. In Zukunft wird ein Umsatzschub durch digitales Röntgen erwartet.

Im Bereich der Ökologie bringt die Rücknahme von Geräten bisher unbekannte Probleme mit sich. Mit einer Verschärfung der Entsorgungsbedingungen für ausgediente Behandlungsstühle wird gerechnet. Die Verpackungsverordnung hat kostentreibende Wirkungen, ohne daß die zusätzlichen Belastungen an die Kunden weitergegeben werden können.

Das Angebot an PVC-freier Ware nimmt zu, stößt aber wegen des höheren Preises bei den Zahnärzten nur bedingt auf Akzeptanz.

Die Verkehrsbelastungen wirken sich in der Branche weniger bei der Warenlieferung als vielmehr beim Zeitbedarf für den technischen Service je Kunde aus, damit einher gehen Kostensteigerungen. Daher wurde vom Dentalbedarfsgroßhandel eine PC-Vernetzung zu den Technikern geschaffen. Die Fahrzeuge der Servicetechniker wurden mit Autotelefon ausgestattet, um eine schnelle Reaktionsfähigkeit auf Defekte bei Kundeninstallationen sicherzustellen.

In der Branche wird über Verschlechterungen der Leistungsfähigkeit der Bahn geklagt, die zum Einsatz von Paketdiensten geführt hat.

Beim Einkaufsverhalten streben die Zahnarztkunden nach noch mehr Bequemlichkeit. Dies wird durch einen Trend weg vom Versand hin zum Dental-Depot dokumentiert. Bei Schaffung von Dental-Depots haben die Dentalbedarfsgroßhandlungen beachtliche Umsatzsteigerungen bei Verbrauchsmaterialien erreichen können. Ein Problem ist in diesem Zusammenhang eine gewisse Kundenschizophrenie. Auf der einen Seite streben Kunden nach mehr Service, auf der anderen Seite kaufen sie im Versandhandel. Bei medizinischem Bedarf wächst der Preisdruck der Kunden.

Die Lieferanten haben in der letzten Zeit Konzepte des Kontraktmarketing eingeführt, so mit Konditionenverbesserungen bei Mengenverpflichtungen des Großhandels im Rahmen von Jahresgesprächen. Andere Lieferanten wählen eine Gegenstrategie, und zwar durch Angebot von Billiggeräten mit der Tendenz zur Verschlechterung der Bedingungen, so auch der absoluten und teilweise auch der relativen Handelsspannen, im Großhandel. Tendenziell nimmt die Bindung des Großhandels an Hersteller zu. Hersteller verbinden das Kontraktmarketing meist mit einer Selektion von Großhandelskunden.

Der Wettbewerb im Dentalbedarfsgroßhandel wird zunehmend über den Preis und über die Außendienstqualifikation ausgetragen, hier vor allem auch auf dem Weg der Abwerbung von Außendienstmitarbeitern zwischen Konkurrenten.

Eine wichtige Tendenz, die Vorsprung gegenüber Wettbewerbern gewährt, ist der starke Lagerzentralismus mit elektronischem Informationsverbund der Kunden zum Zentrallager.

Als wichtige Erfolgsfaktoren im Großhandel mit Dentalbedarf und medizinischem Bedarf gelten:

1. das Fachwissen und die darauf beruhende fachliche Beratung,
2. die Sortimentsbreite,
3. der Lieferservice,
4. Exklusivprodukte,
5. innovative Produkte.

Die hohen Kosten der Serviceintensität werden als Nachteil empfunden.

IX. Der Lebensmittelgroßhandel

1. Der Lebensmittelspezialgroßhandel

Der Lebensmittelspezialgroßhandel ist in seinen Unternehmensgrundsätzen vor allem durch folgende Merkmale geprägt:

- intensive Marktorientierung,
- ausgeprägte Kundenorientierung,
- tendenziell hohe Serviceleistungen.

Als Ziele stehen im Lebensmittelspezialgroßhandel im Vordergrund:

1. die Marktanteilsausweitung,
2. die Ertragsstabilisierung - die Ertragssteuerung,
3. die Festigung der Eigenmarken,
4. die Effizienzsteigerung,
5. die Akquisition,
6. die Sicherung der Mitarbeiterqualität.

Wesentliche allgemeine Einflußgrößen auf den Lebensmittelspezialgroßhandel sind:

1. die Wiedervereinigung,
2. die Öffnung Osteuropas,

3. die neuen EU-Regelungen,
4. die GATT-Verhandlungen.

Beklagt wird teilweise die fehlende Mittelstandsförderung.

Branchenspezifisch wird über kostentreibende Einflüsse von Hygieneprüfungen und steigenden EU-Auflagen berichtet. Im Tabakwarenhandel hat die Tabaksteuererhöhung zu einer Zunahme im Einsatz neuer Automaten geführt. Ein Vorteil war dabei der Einsatz elektronischer Münzprüfer und damit mehr Sicherheit.

Im Bereich des technischen Fortschritts berichtet der Lebensmittelspezialgroßhandel über folgende Einflußgrößen:

1. den Einsatz von Warenwirtschaftssystemen,
2. das Qualitätsmanagement,
3. die Logistikoptimierung, so im Bereich der Fördertechnik,
4. die Einführung von Telefax,
5. die Ausstattung der Außendienstmitarbeiter mit Laptops.

Spezialaspekte sind die FCKW-freie Kühlung oder die Mikrowellentrocknung bei Tee und Kräutern.

Verteuernd wirken für den Lebensmittelspezialgroßhandel die Produktqualitäten bei Produkten nach ISO 9000.

Was die Dynamik der Warenqualitäten angeht, so wird bei Obst und Gemüse bereits ein Rückgang des Biotrends vermutet.

Im ökologischen Bereich haben die Verpackungsverdrängung und die Umweltschutzauflagen zu beachtlichen Kostensteigerungen geführt. Weitere Verschärfungen werden befürchtet. Im Fleischverarbeitungsbereich haben die Abwasserauflagen zum Bau eigener Abwasseranlagen geführt. Weitere Probleme bringt die Erfüllung von Entsorgungsauflagen mit sich. Begrenzungen bei Lebendviehtransporten haben beachtliche Kostensteigerungen zur Folge.

Teilweise leistet der Lebensmittelspezialgroßhandel Vergütungen an seine Kunden zur Abgeltung des Verwaltungsaufwandes im Zusammenhang mit der Entsorgung. Aus Hygienegründen erweisen sich Bestrebungen zur Rücknahme von Leerverpackungen als schwierig. Als Problem wird auch teilweise der Übergang von der Einstoffverpackung zur Mehrstoffverpackung genannt.

Der Spezialgroßhandel leidet in besonderem Maße unter den Verkehrsproblemen in einigen Regionen. Für die wünschenswerte Nachtanlieferung fehlen teilweise die Voraussetzungen. Teilweise fordern Kunden kleinere Lieferungen mit präziserer Lieferung - Just-in-time - mit der Konsequenz größerer Lagerbestände.

Weiter wird über Probleme des Finanzinfarktes bei den Kunden berichtet.

Die Handelskonzentration gilt als wichtigste Einflußgröße im Kundenmarkt.

Die Kunden werden tendenziell größer und anspruchsvoller, z. B. bei den Regelungen im Rahmen vertraglicher Bindungen oder bei den Zahlungszielen.

Wesentliche Veränderungen in der Branche ergeben sich durch die Zunahme von Ausländern als Kunden, vor allem in der Gastronomie.

Die Kunden legen ein polarisiertes Verhalten an den Tag, einerseits ein stetig steigendes Qualitätsbewußtsein, andererseits eine strikte Preisorientierung, beides mit Konsequenzen auf die Sortimentspolitik, teilweise mit der Folge von Spezialisierungen. Im allgemeinen wächst der Sortimentsanteil der hoch- und niedrigpreisigen Produkte zu Lasten der mittelpreisigen bei einer Tendenz zum Trading up. Teilweise akzeptiert der Kunde Preissteigerungen durch Serviceleistungen.

Die Bereitschaft von Kunden zur Realisierung von strategischen Allianzen mit dem Lebensmittelspezialgroßhandel wächst.

Der Spezialgroßhandel steht teilweise vor Beschaffungsproblemen, so bei Tee und Kräutern, wo die Landwirte die Produktion aufgeben. In anderen Fällen ist dagegen ein verstärkter Käufermarkt mit Verbesserung der Konditionen entstanden, so bei Obst und Gemüse.

Lieferanten aus den EU-Ländern versuchen, den einheimischen Importgroßhandel auszuschalten. Dieses Auftreten ausländischer Anbieter verstärkt im allgemeinen den Preisdruck.

Die Neigung zur vertraglichen Bindung an Hersteller nimmt zu, vor allem zur Qualitätssicherung.

Durch die Abnahme der Anzahl der Wettbewerber im Lebensmittelspezialgroßhandel ist der Verdrängungswettbewerb eher noch gestiegen.

Durch die zunehmende Konkurrenz verschärft sich der Preiskampf. Bei tendenziell fallenden Preisen werden starke Bemühungen unternommen, diesen Nachteil durch Kostenmanagement aufzufangen. In einigen Teilbereichen vollzieht sich zur Zeit eine Marktbereinigung.

Als wichtige strategische Vorteilsfaktoren im Lebensmittelspezialgroßhandel gelten:

1. die Aufnahme von naturbelassenen Produkten,
2. die Marktintensivierung,
3. die Nutzung moderner Techniken,
4. die Einführung des Controlling,
5. Informationsvorsprünge,
6. Strategienvielfalt.

Als Risikofaktoren werden im Lebensmittelspezialgroßhandel angesehen:

1. die Konzentration im Lebensmittelhandel,
2. die zunehmenden Umweltauflagen,
3. die Abkehr der Verbraucher von konservierten Waren.

Als Haupterfolgsfaktoren nennt der Lebensmittelspezialgroßhandel:

1. das adäquate Sortiments-Mix,
2. die Beteiligung an der Produktentwicklung,
3. der Ausbau des Niederlassungsnetzes,
4. die Kompetenz der Mitarbeiter,
5. die Flexibilität bei der Markterschließung,
6. Warenwirtschaftssysteme,
7. präzise Kundenbedarfsschätzungen.

Als wichtiger Nachteilsfaktor erweist sich der Spannendruck durch den zunehmenden Konkurrenzdruck.

2. Der Lebensmittelsortimentsgroßhandel

Die Unternehmensgrundsätze im Lebensmittelsortimentsgroßhandel richten sich nach der Größe der Unternehmen. So versuchen manche Großhändler, den mittelständischen Einzelhandel in ganz Bayern zu betreuen. Die anderen beschränken sich bewußt auf die Verteilerfunktion für kleine Läger, so daß sich eine gewisse Zweistufigkeit ergibt.

Als Ziele stehen beim Lebensmittelsortimentsgroßhandel im Vordergrund:

1. Umsatzsteigerungen,
2. Renditeerhöhungen,
3. Dienstleistungskompetenz,
4. Pflege der Kundenkontakte, insbesondere auch bei Kleinkunden.

Als wichtige allgemeine Ereignisse und Einflußgrößen werden vom Lebensmittelsortimentsgroßhandel angesehen:

1. die Öffnung des Ostens,
2. der europäische Binnenmarkt.

Teilweise werden mittelfristig wesentliche Importe aus Osteuropa erwartet, weil dort wegen geringer Löhne kostengünstig produziert werden kann.

Zu den wichtigsten technischen Neuerungen zählen für den Lebensmittelsortimentsgroßhandel:

1. die Entstehung von Warenwirtschaftssystemen,
2. neue Konzepte zur Logistiksteuerung, so EDV-gestützte Tourenplanung,
3. Bürorationalisierung,
4. Scanning beim Kunden mit mehr Logistikanforderungen an den Großhandel.

Die beiden letztgenannten Innovationen haben im Lebensmittelsortimentsgroßhandel den Effekt spürbarer Personalrationalisierungen.

Einige Unternehmen haben erst jetzt auf moderne Transportbehälter, so Rollbehälter oder Kühlrollbehälter, umgestellt.

Im ökologischen Bereich sind aus der Sicht des Lebensmittelsortimentsgroßhandels die Bestrebungen zur Verpackungsvermeidung zwar mit Kosteneinsparungen verbunden, auch durch geringere Transportgewichte, jedoch mit stark erhöhtem Finanzierungsrisiko. Zur Abgeltung der Rücknahmeverpflichtung von Verpackungen zahlt der Großhandel den Kunden Rückvergütungen von 0,1 bis 0,2 %.

Zur Lösung der Verkehrsprobleme sind die Anlieferungszeiten fast auf 24 Stunden ausgedehnt worden, dies auch in Verbindung mit Nachtarbeit im Lager. Es besteht teilweise die Tendenz, daß Hersteller nachts anliefern und an Kunden tags ausgeliefert wird. Ein früherer Arbeitsbeginn - vor 04.00 Uhr - und Umstellungen der Tourenplanung sind die Anpassungsmaßnahmen.

Die Huckepacklösung bei der Warendistribution der BLV - Bayerische Lagerversorgung, Dornstadt bei Ulm, als Beispiel: In immer stärkerem Maße verfügen Städte und Gemeinden, so Kurgemeinden, Verkehrsbeschränkungen. Die Anlieferung in Innenstadtgebiete mit Lkw wird verboten oder nur noch zu sehr beschränkten Zeiten erlaubt. Viele Einzelhändler, Gastronomiebetriebe, Kantinen und Anstalten haben jedoch innerhalb dieser Bannmeilen ihren Standort, auch die Kurkliniken, deren Ruhe mit solchen Beschränkungen abgesichert werden soll. Die Städte nehmen keine Rücksicht darauf, ob durch diese Restriktionen Probleme für die Anlieferung von Waren entstehen.

Um die Belieferung von Kunden in Innenstädten und Kurorten weiterhin zu gewährleisten, und dies mit dem gewünschten Lieferservice und der erforderlichen Lieferhäufigkeit, experimentiert die BLV mit einer Huckepacklösung: Sowohl in Dornstadt/Ulm als auch in Chieming/München wird ein Gespann eingesetzt. An einen 15 t Lkw mit einem Fassungsvermögen von 29 Rollcontainern wird ein Tiefladeanhänger gekoppelt, auf dem ein 7,49 t Lkw mit einem Fassungsvermögen von 14 Rollcontainern steht.

Der Fahrer benutzt die Autobahn oder Schnellstraßen, um in die Nähe seiner Kunden zu gelangen. Auf einem großen Parkplatz nimmt er den kleinen Lkw vom Anhänger. Anschließend werden die benötigten Rollcontainer umgeladen. Da beide Lkw Hebebühnen besitzen, sind die Rollcontainer nur zu schieben. Der große Lkw mit Anhänger bleibt auf dem Parkplatz stehen, der Fahrer führt mit dem 7,49 t Lkw die Belieferungen durch.

Zwar sind die Kosten höher als bei der konventionellen Belieferung. Optimierungen der Lkw-Größen und Vereinfachungen des Umladevorgangs ermöglichen weitere Rationalisierungen. Eine Umlage der Mehrkosten auf die Kunden wird bisher nicht durchgeführt. Die Huckepacklösung wird ab Entfernungen von ca. 80 km zu den Zielorten eingesetzt. Es bleibt abzuwarten, wie sich dieses Konzept durchsetzt.

Weiter berichten die Unternehmen des Lebensmittelsortimentsgroßhandels darüber, daß die Kunden ihre Ansprüche in mehrfacher Hinsicht steigern, so an

- Breite und Tiefe der Sortimente,

- Dienstleistungen,
- Preisgünstigkeit.

Kunden fordern überdies mehr Marktberatung und intensivere Beratung über Innovationen.

Die Verschiebung der Marktanteile der Kunden im Einzelhandel und Lebensmittelhandwerk hat die Bedingungen für den Lebensmittelsortimentsgroßhandel verschlechtert, für den Lebensmittelspezialgroßhandel jedoch teilweise verbessert. Dies gilt vor allem für Diskonter.

Teilweise haben die Einkaufsgenossenschaften, so die Edeka, und die freiwilligen Ketten, so die Spar, kleinere Kunden aufgegeben, die heute nur noch im mittelständischen Lebensmittelgroßhandel einen Partner finden. Nicht zuletzt daraus ergibt sich bei Kunden eine Solidarität gegenüber Konzernen und damit eine engere Bindung zum mittelständischen Großhandel. Zu erwähnen sind auch Dorfgemeinschaftsläden, die vom mittelständischen Lebensmittelgroßhandel beliefert werden.

Aus Kostengründen sieht sich der Lebensmittelsortimentsgroßhandel gezwungen, seinen Außendienst zu reduzieren, d. h. im gleichen Gebiet werden die Besuchsintervalle länger.

Die Lieferanten des Sortimentsgroßhandels versuchen, aus Kostengründen größere Mengen weniger oft zu liefern, mit Konsequenzen für die Qualität bestimmter Frischprodukte.

Einfluß hatten weiter Spezialisierungen von Lieferanten und der Übergang zu Logistikkonditionen, an denen auch der Lebensmittelgroßhandel partizipieren kann, wenn er die entsprechenden Faktoren erfüllt. Teilweise ergibt sich eine Rückverlagerung des Direktvertriebs auf den Großhandel.

Als Erfolgsfaktoren nennt der Lebensmittelsortimentsgroßhandel:

1. hohe Frischekompetenz,
2. Auftritt wie ein Spezialist in Teilsortimenten,
3. Lieferpünktlichkeit als zunehmend wichtiger Faktor,
4. Ausrichtung auf Mehrweg,
5. Kontinuität der Kundenbetreuung,
6. Erschließung von Kleinkundensegmenten im Großverbraucher-Bereich.

Dazu kommt nicht zuletzt

7. persönliches Unternehmerengagement.

Als Nachteilsfaktor hat sich im Lebensmittelsortimentsgroßhandel teilweise die Aufnahme bestimmter Sortimente oder Services mit der Folge von Kostensteigerungen erwiesen, die im Preis nicht abgegolten werden konnten. Weiter werden die Auswirkungen der sogenannten Lebensmittelskandale beklagt.

Als wichtige Herausforderungen gelten im Lebensmittelsortimentsgroßhandel die Bestrebungen zur Logistikkooperation zwischen Hersteller und Großhandel.

X. Der Textilgroßhandel

Im Großhandel mit Textilien und Bekleidung sind folgende Unternehmensgrundsätze dominant:

1. hohe Bedeutung der personalistischen Komponente,
    - dies sowohl im Hinblick auf Mitarbeiter
    - als auch im Hinblick auf Kunden,
2. Expansionsstreben, um durch Größe Unabhängigkeit zu erreichen.

Als wichtige Ziele im Textilgroßhandel gelten:

1. der Ausbau des Objektgeschäftes,
2. die Neukundengewinnung,
3. die Rationalisierung,
4. der Ausbau der Eigenmarken,
5. der Ausbau der Importe.

Als wichtige wirtschaftliche Einflüsse nennt der Textilgroßhandel:

- die Ostöffnung mit Erhöhung der Außendienstaktivitäten in Ostdeutschland,
- der europäische Binnenmarkt,
- die Osteuropaöffnung.

Nach einer Phase der Außendienstexpansion in vielen Unternehmen des Textilgroßhandels wird eine Erhöhung der Umsätze je Außendienstmitarbeiter angestrebt.

In Zukunft werden mehr Importe aus Südeuropa getätigt werden.

Im Bereich des technischen Fortschritts gilt im Textilgroßhandel eine Verbesserung der Ausstattung mit EDV-Kapazitäten als Grundlage für weitere Rationalisierungen. Der Großhandel profitiert nicht nur von besseren Informationssystemen, sondern auch durch CAD (Computer Aided Design). Die verstärkte Automatisierung der Produktion führt zu einer immer größeren Nähe der Produktionsstätten und kürzeren Angebotsintervallen.

Die ökologische Ausrichtung des Sortimentes gilt als eine wichtige Einflußgröße, bis hin zur Erwartung einer Spaltung der Sortimente. In Verbindung damit entsteht ein neuer Trend zur Natur - mit einer Ablehnung von Kunstfasern.

Als ökologischer Einfluß steht im Textilgroßhandel die Verpackungsverordnung im Mittelpunkt. Als eine Maßnahme gilt die Mehrfachbenutzung von Kartons zur Erzielung von Einsparungen bei Neuanschaffungen und bei den Entsorgungskosten.

Bei weiteren Einschränkungen im Straßenverkehr und Verteuerungen der Fahrzeugnutzung wird vom Textilgroßhandel einerseits die Bereitschaft der Kunden zum Besuch der Läger erwartet, aber andererseits auch eine Rückbesinnung der Industrie im Hinblick auf den Großhandel mit Rückgang der eigenen Direktbelieferung.

Die Textilgroßhandlungen bedienen sich zunehmend der Dienste von Spediteuren und schaffen den eigenen Auslieferungsfuhrpark ab, um die Logistikkosten zu senken. Mit dieser Ausgliederung geht auch die Übertragung weiterer Aktivitäten, so des Etikettierens und der Preisauszeichnung, auf Speditionen einher.

Einem Rückgang der Bindungsbereitschaft der Kunden und geringerer Lieferantentreue entspricht im Textilgroßhandel eine geringere Rücksichtnahme auf den Kunden, z. B. durch Verzicht auf Kundenschutz und Stärkung der Eigenmarkenpolitik. Teilweise bedeutet die geringere Bindungsbereitschaft auch eine höhere Akzeptanz des Großhandels, da der Hersteller nicht bereit ist, Kleinstmengen ohne Vororder zu liefern. In Verbindung mit der Stärkung von Eigenmarken wächst auch die Neigung zur Kooperation mit anderen Großhandelsunternehmen.

Die Grenzen der Modeausrichtung der Kunden gelten seitens des Textilgroßhandels als noch nicht erschöpft, so daß mit noch mehr Zwischenprogrammen gerechnet wird.

Die Lieferanten neigen tendenziell zu mehr Direktvertrieb, dies mit negativen Wirkungen auf die Kundenbindungsbestrebungen des Textilgroßhandels.

Selbst kleinere Einzelhändler wurden direkt beliefert, dies mit hoher Akzeptanz durch die Kunden, die sich Vorteile aus den Herstellerkonditionen versprechen. Die Hersteller ihrerseits vernachlässigen bei dieser Politik die hohen Kosten, die ihnen bei der Betreuung kleiner Kunden entstehen, so daß - wie erwähnt - wieder eine Umkehr zu erwarten ist.

Außerdem versuchen die inländischen Lieferanten, durch wesentliche Erhöhung des Handelsmarkenanteils ein interessanterer Partner für den Einzelhandel zu werden. Gegen diese Tendenz schützt sich der Textil- und Bekleidungsgroßhandel durch mehr Importe.

Der Druck der Hersteller hat innerhalb des Textil- und Bekleidungsgroßhandels zu mehr Kooperationsbereitschaft geführt, mit den Schwerpunkten bei gemeinsamem Einkauf und bei Erfa-Gruppen.

Die früher wiederholt gescheiterten Ansätze zu Stützpunktgroßhändlern mit nationaler Abdeckung und Gebietsaufteilung leben erneut auf. Dies bedeutet generell ein Konzept der Gebietsintensivierung.

Als strategische Vorteilsfaktoren gelten im Textil- und Bekleidungsgroßhandel:

1. intensive Kundenbetreuung durch den Außendienst,
2. persönliche Kundenansprache und damit Ausbau der Kundensteuerung,
3. hohe Lagerhaltung und damit hoher Servicegrad für die Kunden,
4. rasche Belieferung,
5. Wahrung der Kreditfunktion.

Als strategische Risikofaktoren werden vom Textilgroßhandel wahrgenommen:

1. der Herstellerdirektvertrieb,
2. die Lieferantenkonzentration,
3. die Kundenkonzentration,
4. die Nachfolgeprobleme bei den Kunden und damit die Kundenabschmelzung.

Als wichtigste Erfolgsfaktoren gelten im Textilgroßhandel:

1. die Eigenmarkenpolitik,
2. die Eigenimporte,
3. die Logistikfremdvergabe,
4. die Bewältigung kürzerer Angebotszyklen,
5. generell: die Expansion,
6. die Diversifikation, auch in andere Branchen, z. B. Schreibwaren.

Als wichtigste Nachteilsfaktoren werden vom Textilgroßhandel betrachtet:

1. die hohen Personalkosten,
2. die Stagnation des Bekleidungsbedarfs.

Daher stehen Maßnahmen zur Erhöhung der Personalproduktivität im Vordergrund.
Als wichtige Herausforderungen gelten im Textilgroßhandel :

1. teilweise der Zwang zur Spezialisierung,
2. teilweise der Druck zur Sortimentserweiterung,
3. die Bewältigung der Forderungsausfälle mit der Tendenz zur Kreditversicherung,
4. EDV-Erweiterungen und damit besserer Informationsverbund,
5. intensive Mitarbeiterschulung,
6. die Verbesserung der Warenpräsentation,
7. die Aufnahme der Einzelhandelstätigkeit mit eigenem Geschäft.

Dem Kostenmanagement wird hohe Aufmerksamkeit gewidmet.

XI. Der pharmazeutische Großhandel

Zu den Unternehmensgrundsätzen im Pharmagroßhandel gehören:

1. die Sicherung der Gesundheitsversorgung,
2. die Flexibilität,
3. die hohe Lieferbereitschaft.

Im genossenschaftlichen Bereich treten weitere Kriterien hinzu, so z. B. die Förderung von Gemeinsamkeit und die Apotheke mit Unternehmergeist.

Als Ziele werden vom pharmazeutischen Großhandel genannt:

1. die Ertragssicherung,
2. die Stabilisierung und Erhöhung des Marktanteils,
3. die Vorbereitung auf den Markt in den neuen Bundesländern.

Im genossenschaftlichen Bereich treten weitere Aspekte hinzu, so die Einbindung von Mitgliedern in die Entscheidungen des Unternehmens, z. B. durch Dialogabende und Vertreterversammlungen.

Die Gesundheitsreformen der letzten Jahre haben das früher im Vordergrund stehende Marktanteilsziel zugunsten von Ertragszielen in den Hintergrund treten lassen.

Konsequenzen der Gesundheitsreformen sind vor allem Sortimentseinengungen. Erwartet wird eine Positivliste, in der genau abgegrenzt wird, welche Wertstoffe durch Krankenkassen noch ersetzt werden.

Im Bereich des technischen Fortschritts stellen aus der Sicht der Unternehmen des pharmazeutischen Großhandels die Realisierung von automatischen Lagersystemen, auch Kommissionierautomaten, und die PC-Vernetzung mit der Pharmaindustrie die wichtigsten Neuerungen dar. In Zukunft werden ISDN und weitere Lagerautomatisierungen erneute Rationalisierungsschübe bewirken.

Spürbare Veränderungen in der Branche werden bereits mittelfristig durch die Gentechnik erwartet. Im Ökologiebereich hat die Verpackungsverordnung Kostensteigerungen zur Folge gehabt, die nicht aufgefangen werden konnten. Durch zusätzliche Herausforderungen an die Abfalltrennung und Entsorgung wird mit weiteren Kostenbelastungen gerechnet.

Die Auslastung des Fuhrparks hat sich im pharmazeutischen Großhandel durch Maßnahmen der Verkehrsberuhigung in den Innenstädten, durch die zunehmende Verkehrsdichte und durch Kraftstoffpreissteigerungen verschlechtert. Bei den Maßnahmen zur Optimierung der Auslieferung wird zunehmend auch an eine Zusammenlegung von Touren mit einer Reduzierung der Servicegrade gedacht.

Die Auswirkungen der Gesundheitsreformen auf die Apotheken haben zu einem nochmals verstärkten Wettbewerbsdruck und der Forderung nach höheren Konditionen geführt. Dies geht einher zu zusätzlichen Forderungen an die Lieferschnelligkeit. Vermutlich wird bei Abwägung der Preisdruck stärker sein als die Lieferanforderungen, so daß die Lieferhäufigkeit tendenziell rückläufig wird.

Bei den Lieferanten zeigt sich teilweise eine Tendenz zur Ausschaltung des Großhandels, vor allem auch als Folge der zunehmenden Konzentration.

Der pharmazeutische Großhandel befindet sich in einem Investitionswettbewerb, der durch die hohen Serviceanforderungen bestimmt wird.

Die Pharmaindustrie ist bestrebt, sich stärker in die Logistik des Pharmagroßhandels zu integrieren. Als Beispiel sei Ciba Geigy, Basel, erwähnt. In dem Projekt Resource Requirement Planning (RRP) wurde eine konsequente Ausrichtung auf die Kunden angestrebt, dies durch ein ganzheitliches Logistikkonzept. Ein Kernstück bildet das Pharma-Labor-Informations- und Management-System (PLIMS) mit mehreren Zielen, so

1. einer Verbesserung der Informationen über den Qualitätsstandard,
2. einer Verbesserung der Kommunikation mit den Kunden und Lieferanten durch Datenaustausch (EDIFACT),
3. Vereinbarungen mit Lieferanten und Kunden über die künftigen Bedarfe.

Dazu kommt die Integration der Ökologie. So hat die Ciba Geigy GmbH in Wehr, Baden-Württemberg, im Jahre 1993 das Mehrweg-System Pharma-Box eingeführt, eine voll wieder verwertbare Polyprophylan-Klappbox, die für 50 Umläufe eingesetzt wird. Dieses Konzept hat zu einer Einsparung von 54 000 kg Wellpapier geführt.

Das Team-Konzept der Ferd. Schulze GmbH, Mannheim, als Beispiel zur Kundenbindung: Pharmagroßhändler versuchen, Kundenbindungen durch das Club-Konzept zu erreichen, so durch Fortbildungsveranstaltungen, Reisen, Sonderrabatte und VIP-Service. Der Apotheken-Management-Club der Ferd. Schulze GmbH bietet den Mitgliedern eine Fülle von Geschäftsideen und Freizeitangeboten. Zunächst sind die regionalen Team-Clubabende wegen hochkarätiger Gastredner Treffpunkte der Kunden. Das Team-Scheckbuch enthält individuell einsetzbare Wertschecks, durch die die Mitglieder an Vergünstigungen teilhaben. Team-Wettbewerbe vermitteln den Teilnehmern in Zusammenarbeit mit der Universität Mannheim, Fachbereich Marketing, Wissen im Bereich Management und Marketing. Die Kontinuität der Information und Kommunikation wird durch eine Clubzeitschrift gewährleistet.

Als wichtige strategische Vorteilsfaktoren nannten die befragten Unternehmen des pharmazeutischen Großhandels die vorwiegend altersbedingten Nachfragesteigerungen und die Möglichkeiten zur Aufnahme der Tätigkeit in den neuen Bundesländern und im EU-Ausland. Die Selbstmedikation und die weitere Verschiebung der Alterspyramide gelten als Chancen. Als wichtigste strategische Herausforderung gilt die Beibehaltung der Marktpartner in Anbetracht der Konzentration im Großhandel und bei den Lieferanten.

D. Allgemeine strategische Konsequenzen

I. Zu den Zielen der Großhandelsunternehmen

Das Zielgefüge der Großhandelsunternehmen in Bayern wird einmal durch die derzeitige Struktur bestimmt, die auf früheren Rahmenbedingungen und auf der Realisierung von früher verfolgten Zielen beruht, und zum anderen durch die Beurteilung der Marktbedingungen durch Unternehmer und Manager in den Unternehmen.

Auch in Zukunft werden sich die Großhandelsunternehmen den harten Wettbewerbsbedingungen nicht entziehen können. Im System der Marktwirtschaft haben Unternehmen beachtliche Freiheitsgrade bei der Wahl und Formulierung ihrer Ziele. Gerade im Mittelstand bestehen jedoch oft illusionäre Vorstellungen über die Schutzinteressen gegenüber Unternehmen in der sozialen Marktwirtschaft.

Die Leistungsanforderungen im Großhandel werden in den meisten Branchen eher wachsen, dies auch durch eine hochdifferenzierte Dynamik der allgemeinen Rahmenbedingungen und der spezifischen Veränderungen bei Lieferanten und Kunden.

Die Großhandelsunternehmen in Bayern streben an erster Stelle nach Rationalisierung und damit Kostensenkung zur Erhaltung und Steigerung ihrer Gewinne. Dazu kommt an zweiter Stelle die Verbesserung der Marktposition durch Gebietsintensivierung, d. h. durch bessere Ausschöpfung der Kundenpotentiale. Dies soll vor allem durch eine Ausweitung des Serviceangebotes erreicht werden. Weiter gehen die Unternehmen davon aus, daß sie dabei auf beachtliche Preisaktivitäten angewiesen sind.

Ein weiteres Zielbündel betrifft die Ostinternationalisierung. Dabei wird der bayerische Großhandel Aktivitäten der Produktionssteigerung wahrnehmen und als Systemkopf absichern müssen, daß gleicherweise in den osteuropäischen Staaten benötigte, aber auch für den Westexport geeignete Waren hergestellt werden.

So wird der Großhandel Teile sowie Roh-, Hilfs- und Betriebsstoffe aus dem Westen zu osteuropäischen Produktionsstätten leiten, soweit diese vor Ort nicht verfügbar sind oder nicht produziert werden können. Weiter wird der Großhandel auch zum Lieferanten des Einzelhandels und Gewerbes in Osteuropa, dies mit Waren aus Ost und West.

Strukturell ähnliche Aufgaben, wie soeben für Osteuropa dargestellt, hat der Großhandel im übrigen auch in den neuen Bundesländern.

II. Zur Zukunft der Hersteller-Handels-Beziehungen (1)

Aus der Sicht des Handels lassen sich für die Beziehungen zur Industrie mehrere Entwicklungstendenzen herausstellen:

1. die Industrie als Auftragnehmer des Handels für eigene Produktentwicklungen und für eigene Marken mit Systemträgerschaft beim Handel,
2. der Aufbau von Großhandelssystemen durch die Industrie mit vollen Sortimenten, teils als nochmalige Weiterentwicklung der Werkhandelsgesellschaften,

---

1) Vgl. hierzu auch Tietz, Bruno: Die Rückkehr zur Händlergesellschaft, (Nomos Verlagsgesellschaft) Baden-Baden 1994 (in Vorbereitung).

3. die Ausgliederung von Logistik-/Serviceleistungen und des Vertriebs von der Industrie auf den Handel,
4. die Rückintegration von Logistik und Service vom Großhandel auf die Industrie,
5. neue Gegenseitigkeitskonzepte in Form des Relationship Marketing mit lockerer oder straffer Kooperation,
6. isolierte Strategien ohne Koordination mit Konkurrenz und Preiskampf zwischen Industrie und Handel.

Die Ausweitung der supranationalen Marktverbindungen wird zu einer Ausdehnung der Beschaffungsreichweite führen, zusätzliche Anforderungen an die Dispositionstätigkeit des Handels stellen und Wandlungen der Bindungen zu Herstellern zur Folge haben. Die Exklusivbindungen werden zwischen Hersteller und Großhandel zunehmen und zwischen Hersteller und Einzelhandel abnehmen.

Die informatorischen Konzepte mit einer sich weiter konzentrierenden Zentralregulierung werden mit neuen Formen der Logistik, vor allem einer Vereinheitlichung der Industrie- und Handelslogistik, bis hin zu einer regionalen Systemlogistik einhergehen. Diese Logistikkomplexe werden gemeinsam von Industrie und Handel finanziert werden. Industrie und Handel werden künftig auch die Standorte optimieren.

Zu erwarten ist darüber hinaus ein integriertes Rechnungswesen von Industrie- und Handelsbetrieben mit einer dynamischen Aufteilung der Gewinne zwischen Industrie und Handel einerseits, aber auch mit den eingeschalteten Logistik- und Servicespezialisten andererseits. Es werden zwar Basispreise und Basiskonditionen ausgehandelt, jedoch mit dem flexiblen Leistungsspektrum aller in die Handelskette eingeschalteten Partner, so daß die Überprüfung und endgültige Orientierung über institutionenübergreifende Erfolgs- und Prozeßrechnungen erfolgen wird.

Die Durchvertikalisierung von der Industrie über den Großhandel bis zum Einzelhandel oder zum gewerblichen Verbraucher wird zunehmen.

Fünftes Kapitel

Die Funktionen und Institutionen des modernen Großhandels

A. Der Gegenstand

Mit den nachfolgenden Überlegungen wird versucht, das vielfältige und differenzierte Leistungsbündel des Großhandels zu erfassen und zu systematisieren. Dabei zeigt sich eine zunehmende Hybridisierung der rein transaktionellen und kommerziellen Aktivitäten mit Serviceaktivitäten aller Art.

Aus diesen Überlegungen ergeben sich Anregungen, die Abgrenzungen des Großhandels für Belange der amtlichen Statistik, der Wirtschaftspolitik und auch der Verbandspolitik neu zu fassen.

Zu unterscheiden sind in Zukunft zunächst

1. der Warengroßhandel,
2. der Dienstleistungsgroßhandel.

Neben dem traditionellen Warengroßhandel gewinnt der Dienstegroßhandel, z. B. im Bereich des Handels mit Software oder mit Marktforschungsergebnissen, zunehmend an Bedeutung.

Dienstleistungshandelsunternehmen und Dienstleistungsunternehmen

Der Übergang zwischen Dienstleistungshandelsunternehmen und "reinen" Dienstleistungsunternehmen ist fließend. Das händlerische Element tritt um so deutlicher zutage, je höher der Fremdbezug nicht selbst hergestellter Dienste ist, z. B. beim Handel mit fremder Software durch ein Softwarehaus.

In vielen Bereichen des Großhandels mit Dienstleistungen ist ein hoher Anteil des Fremdbezugs üblich, so bei Reiseveranstaltern, die Flugtransportdienste oder Hotel- und Gastronomieleistungen in großem Umfang und im Rahmen der von ihnen entwickelten Produkte an die Reisebüros als Dienstleistungseinzelhandel absetzen.

B. Ein komplexes Erscheinungsbild des Großhandels (1)

I. Zur Akzeptanz und Verdrängung des Großhandels

Tendenziell werden bisherige klassische Großhandelsaktivitäten zugunsten neuer, durch die Medien-, Ökologie- und Dienstleistungsgesellschaft erst aufkommende Aktivitäten zurückgedrängt werden. Dabei zeigen sich mehrere Alternativen:

1. *Substitution:* Ein typisches Beispiel ist die Beibehaltung oder sogar die Steigerung von Anforderungen in der Sortimentspolitik, die durch automatisierte Beschaffungs- und Warenwirtschaftssysteme erleichtert werden.
2. *Komplementarität:* Hier werden bereits bestehende Aktivitäten durch neue Facetten angereichert, z. B. eine Systematisierung und Ergänzung der Markt- und Konkurrenzinformationen für Kunden und Lieferanten.
3. *Additivität:* Hier kommen neue Aktivitäten hinzu, die nicht unbedingt mit bereits ausgeübten in Beziehung stehen, z. B. Übergang von Einbranchen- zum Mehrbranchengroßhandel oder Einführung von Kooperationskonzepten mit Lieferanten oder Kunden.
4. *Wegfall:* Hier wird auf nicht mehr gewünschte Aktivitäten verzichtet, z. B. Papierbelegprozesse.

Im Großhandel sind die Akzeptanzbedingungen differenzierter als im Einzelhandel. Im Großhandel wird die Akzeptanz teilweise wesentlich von den Lieferanten bestimmt, die über die Ein- und Ausschaltung aufgrund von Entscheidungen über die Selbstwahrnehmung oder Ausgliederung von Großhandelsaufgaben entscheiden.

In vielen Bereichen ist die Akzeptanz jedoch vorrangig von den Kunden - hier von gewerblichen Kunden - bestimmt. Der Kunde entscheidet zwischen Direktbelieferung durch den Hersteller oder Großhandelsbelieferung aufgrund der Vorteile beider Lösungen.

---

1) Dieser Abschnitt stützt sich zu einem erheblichen Teil auf Tietz, Bruno: Großhandelsperspektiven für die Bundesrepublik Deutschland bis zum Jahre 2010, (Deutscher Fachverlag) Frankfurt a. M. 1993.

Übersicht 5.1: Aktivitätenwandel im Großhandel durch Ausgliederung, Angliederung, Schöpfung und Fortfall

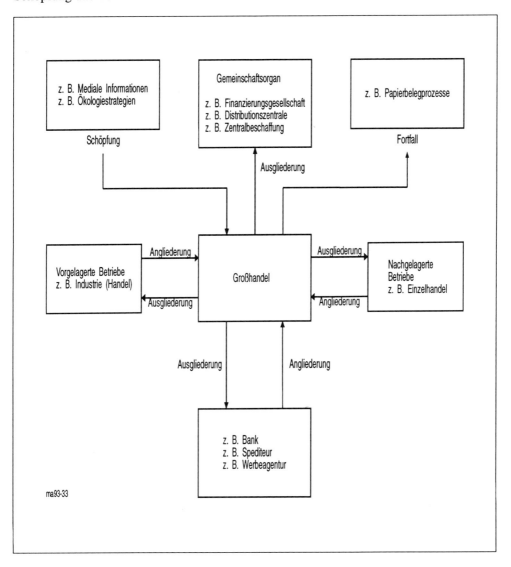

Quelle: erweitert nach Barth, Klaus: Betriebswirtschaftslehre des Handels, (Betriebswirtschaftlicher Verlag Dr. Th. Gabler) Wiesbaden 1988, S. 49.

Zunehmend werden die Vertriebsabteilungen bei Industrieunternehmen rechtlich verselbständigt. Da diese Unternehmen auch in zunehmendem Umfang Waren zukaufen, entstehen Großhandlungen.

Übersicht 5.2: Beispiele der Aktivitätenverlagerung

Art der Aktivitätenverlagerung	ausgewählte Aktivitäten
völlige Übernahme der Aktivität durch den Hersteller	- technischer Kundendienst - Abrufaufträge - Streckengeschäfte - Regalpflege bei Regalmiete
Aufteilung der Aktivitätenausführung	- Einschaltung von Vertragshändlern und Werkstätten zur Kundendienstabwicklung - Lagerung und Übernahme von Lagerrisiken durch Bestellung ohne Kundenauftrag - gemeinsame Logistiksysteme - Unterstützung bei der Regalpflege - gemeinsam entwickelte Handelsmarken
völlige Übernahme der Aktivität durch den Handel	- volle Übernahme des technischen Kundendienstes - Abholung der Waren - volle Übernahme der Regalpflege - Eigenproduktion

Die Ein- und Ausschaltung als Akzeptanzkriterium für den Großhandel

Bei einer zukunftsorientierten Betrachtung der Akzeptanz interessieren

1. die Tendenzen zur Spezialisierung oder Diversifikation,
2. die Tendenzen zur horizontalen und vertikalen Integration und Desintegration.

Für den Großhandel hat die Vertikalisierung eine große Bedeutung, d. i. die Neuordnung der Arbeitsteilung zwischen klassischen Wirtschaftsstufen und damit auch eine Rückwärtsdiversifikation und -integration beim Einzelhandel und eine Vorwärtsdiversifikation bei der Industrie bis zur Angliederung an die Industrie oder an den Einzelhandel, u. U. in rechtlich ausgegliederter Form.
  Daraus lassen sich Ein- und Ausschaltungstendenzen des Großhandels ableiten, so

1. die vertikale Einschaltung oder Ausschaltung durch Lieferanten,
2. die vertikale Einschaltung und Ausschaltung durch Kunden,
3. die horizontale Ein- und Ausschaltung von und durch Spezialisten.

II. Die Vertikalisierung

Im Großhandel gibt es sowohl eine Rückwärtsvertikalisierung, so die starke Zunahme von Anarbeiten und Zuarbeiten im Stahlhandel, oder die Vorwärtsvertikalisierung, so die Aufnahme von Baumärkten durch den Baustoffgroßhandel.

Ein weiteres Beispiel ist der Autoteilegroßhandel. Dem traditionell betriebenen Großhandelsgeschäft wurde sehr erfolgreich eine Endverbraucher-Linie angegliedert. Die Vertikalisierung im Autoteilegroßhandel wird stark zunehmen. Alle Verbundgruppen versuchen, Autozubehörfachmärkte zu etablieren, nachdem ATU-Auto-Teile-Unger mit über 100 Fachmärkten bereits 500 Mill. DM Umsatz erzielt.

Die Autoteile-Einkaufskooperation Ad-Augros in Filderstadt ist mit ihrem Autofachmarkt-Konzept auch in Ostdeutschland aktiv. Die Maxauto-Servicestellen umfassen Verkaufsflächen von 800 bis 1 000 qm sowie sechs bis neun Autoboxen für den Einbau von Sonnendächern und Mobiltelefonen, für Ölwechsel und Reifendienst. Der Umsatz pro Fachmarkt dürfte zwischen 2 und 5 Mill. DM im Jahr liegen.

Bei Maxauto handelt es sich um ein europaweites Franchisesystem des französischen Augros-Partners Adedis. In Frankreich betreibt Adedis rd. 75 Autofachmärkte, in Italien sind zehn Standorte besetzt. Zusammen mit Adedis hat Augros 1992 mit je 50 % Beteiligung die Gemeinschaftsunternehmen Maxauto Franchise-Systemzentrale GmbH und Maxauto Fachmarkt Betriebs GmbH für Augros-Regiemärkte gegründet.

Neue Wege im Autofachmarkt-Bereich will der Kraftfahrzeug-Großhändler Wessels, Osnabrück, ein Augros-Wettbewerber, beschreiten. Bislang beschränkte sich Wessels auf Fachmärkte für Betreiber wie Edeka "Auto und Rad" oder Marktkauf (AVA AG). Anfang 1992 eröffnete Ratio mit Wessels einen Fachmarkt unter der Bezeichnung Cabrio auf 1 500 qm Verkaufsfläche im Fachmarktzentrum Grohfeld-Löhne. (2)

Dem Reifenhandel gelang es, die Bemühungen von branchenfremden Anbietern abzuwehren. Die Sortimentserweiterung mit Breitreifen konnte weder von den Großbetriebsformen noch von den Tankstellen in gleicher Vielfalt und mit der erforderlichen Kompetenz durchgehalten werden. Der Reifenhandel hat mit einem Vertriebsanteil von rd. 60 % eine marktbeherrschende Stellung inne.

Vertikalisierungstendenzen der Handelsstufen Werkvertreter/Großhandel/Einzelhandel werden sich fortsetzen.

Die Automobilindustrie ist ebenfalls bemüht, durch ihre Vertragswerkstätten an dem Aftermarket verstärkt zu partizipieren. Der steigende Marktanteil der Vertragswerkstätten deutet bereits die ersten Erfolge der Kfz-Hersteller an. Bei dieser Vertikalisierung wird der Großhandel ausgeschaltet.

Insbesondere große Handwerkskunden streben überdies an, den Großhandel von der Belieferung auszuschalten. Ursachen der Unzufriedenheit liegen in der mangelnden

---

2) Vgl. o. V.: Ad-Augros startet mit "Maxauto", in: Lebensmittel-Zeitung, 45. Jg., Nr. 2, 15. Januar 1993, S. 10.

Schnelligkeit und Flexibilität des Großhandels und der eingeschränkten Service- und Beratungsbereitschaft sowie -qualität.

III. Die Leistungserweiterung

Die Leistungen von Handel und Diensten gehen oft eine Symbiose ein, so im Automobilbereich.

Das Leistungsangebot der Vertriebs- und Servicestützpunkte wird sich erhöhen. Automobilbezogene Leistungsprogrammaspekte könnten sein:

- Automobilverkauf (Neu- und Gebrauchtwagen),
- Inspektion, Wartung,
- Reparaturen,
- Spezialbetriebe: Lackieren, Auspuff, Bremsen, Automobilaufbereitung,
- Pflege, Fahrzeugreinigung,
- Reifen, Felgen,
- Zubehör, z. B. Car-Hifi, Autotelefon,
- Service-Verträge,
- Service-Kompaktpakete,
- Abschleppdienste,
- Stellung eines Ersatzfahrzeuges,
- Bring- und Holservice,
- Reststoffannahme,
- Recycling-Autogenerationsvertrag,
- Finanzierungsleistungen,
- Autovermietung,
- Car-Clubs.

Bei den Car-Club-Konzepten mieten Konsumenten auf Tages- bis Jahresbasis zu festen Preisen Automobile, die von Servicestationen gepflegt werden.

Das Leasing oder vergleichbare Vermiet- und Finanzierungssysteme lassen sich weiterentwickeln:

- Beim "Full-Service-Leasing" wird in erster Linie der Servicecharakter dieser Finanzierungsform betont. Beispielsweise werden die während der vereinbarten Laufzeit anfallenden Wartungs- und Reparaturkosten übernommen.
- Es kann die Lieferung eines Neuwagens gleicher Stufe nach einer bestimmten Zeit oder nach einer bestimmten Laufleistung vereinbart werden.

Das Leasing oder die Langzeitmiete werden weiterhin stark an Bedeutung zunehmen.

Die Zeitverfügbarkeit der Leistungen, insbesondere im Werkstattbereich, könnte erheblich ausgedehnt werden. Bei der Leistungsprogrammerweiterung ist die zunehmende Bedeutung des Zubehörgeschäftes zu berücksichtigen. Der Wunsch nach der Individualisierung des Kraftfahrzeuges führt zu einer hohen Nachfrage nach optischem Tuning. Die Betriebstypen und das Produktprogramm werden sich diesen Konsumentenanforderungen anpassen.

Insbesondere in den Vertriebsstützpunkten ist eine Erweiterung des Angebotes durch automobilfremde Leistungsangebote zu erwarten, um einerseits den Aufenthalt im Autohaus so angenehm wie möglich zu gestalten und andererseits eine erhöhte Kundenfrequenz zu erzielen. Beispiele für mögliche automobilfremde Leistungsangebote im Autohaus bzw. auf dessen Gelände sind:

- Cafeteria,
- Bankschalter,
- Reisebüros,
- Kioske,
- Getränke,
- Lebensmittel,
- Fast-food-Restaurants,
- Reinigung usw.

In großen Städten entwickeln sich auch Selbstreparatur-Werkstätten, in denen Ersatzteile verkauft werden und in denen die Konsumenten Reparaturen selbst oder auch mit fachlicher Hilfe durchführen können.

In Großbritannien, Frankreich und den Niederlanden nimmt die Bedeutung großer Werkstattzentren stark zu. Diese Zentren sind wie folgt zu charakterisieren:

- extrem lange Öffnungszeiten, auch am Wochenende,
- Reparatur aller Fabrikate,
- extrem hohe Verfügbarkeit sämtlicher Ersatzteile,
- Stadtrandlage,
- Festpreispolitik,
- persönlicher Service,
- besondere Aufmerksamkeit gegenüber speziellen Zielgruppen, wie z. B. Frauen.

Es wird eine räumliche Bündelung von mehreren, nicht herstellergebundenen Spezialwerkstatt- und Servicebetrieben geben, möglicherweise in Franchiseform.

Die Entstehung von "Auto-Malls", d. i. eine gezielte Ansiedlung mehrerer Automobilhändler in unmittelbarer Nachbarschaft, zeigt eine weitere Entwicklung auf. Die Anziehungskraft geht hier zum einen von der hohen Angebotskonzentration und zum anderen von den unterschiedlichen Angebots-/Erlebniskonzepten der verschiedenen Händlerbetriebe aus. Das weitestentwickelte deutsche Beispiel ist die Automeile in Hamburg.

Außerdem werden auch Auto-"Showrooms" in Innenstadtlagen errichtet. Auf stark eingeschränkter Fläche in direkter Nachbarschaft zu exklusiven Geschäften können Neufahrzeuge präsentiert und verkauft werden. Der eigentliche Betrieb ist in einer kostengünstigeren Lage angesiedelt.

Europäische Verteilzentren

Als funktionaler Großhandel gelten auch die neuen europäischen Verteilzentren amerikanischer und japanischer Unternehmen in Europa. Verteilzentren gibt es in den Branchen Automobile, Kautschuk, Metallprodukte, Computer, Büroausstattung, Haushaltselektrik, Maschinen, Instrumente und Pharmazeutika.

Interessanterweise sind hier die Niederlande der bevorzugte europäische Standort. Von 400 europäischen Verteilzentren haben 170 ihren Standort in den Niederlanden. Sie beschäftigen über 20 000 Mitarbeiter. Die Marktanteile der Verteilzentren erreichten nach Angaben der Stiftung Nederland Distributie Bund im Jahre 1993:

Land	Anteile in %	
	US-amerikanische Unternehmen	japanische Unternehmen
Niederlande	49	42
Deutschland	11	31
Belgien	19	18
Großbritannien	17	3
Frankreich	13	5

Bei dem Bestreben, die Logistikzentren weiter zu zentralisieren, nennen 89 % der japanischen und 71 % der amerikanischen Firmen die Niederlande als Standort. Als Hauptstandortkonkurrent gilt Deutschland. Für die Niederlande spricht die räumliche Nähe der Verkehrsknotenpunkte Rotterdam als Seehafen und Amsterdam als Flughafen.

C. Zur Abgrenzung des Großhandels nach der Unternehmensgröße

Ein erstes Abgrenzungskriterium für den Großhandel ist die Unternehmensgröße. Es spricht vieles dafür, daß mittelfristig unter 5 Mill. DM Jahresumsatz keine tragfähige und wettbewerbsfähige Großhandelsleistung - auch bei Konzentration auf Spezialsegmente und -funktionen - zu erringen ist. Nach den Ergebnissen der letzten Handels- und Gaststättenzählung gab es in Bayern folgende Struktur des Großhandels nach Umsatzgrößenklassen:

Umsatzgrößenklasse in DM	Anzahl der Großhandelsunternehmen
5 bis 10 Mill.	1 659
10 bis 25 Mill.	1 278
25 bis 50 Mill.	436
50 bis 100 Mill.	188
100 bis 250 Mill.	116
250 bis 1 Mrd.	26
über 1 Mrd.	3
über 5 Mill.	3 706

Diese 3 706 von 23 228 Unternehmen oder 16,0 % tätigten rd. 85 % des Umsatzes.

Ein nicht unwesentlicher Teil der unter 5 Mill. DM Jahresumsatz operierenden Großhändler übt zweifelsohne eine wichtige, spezifische Intermediärfunktion aus und wird auch über Größenwachstum, die organisatorische Einbindung in Verbund- und Kooperationssysteme sowie eine Funktionsspezialisierung seine Marktposition erhalten können.

Daneben sind aber zahlreiche kleinere Großhandelsunternehmen oft nur Anhängeunternehmen an Hersteller-, Handwerks- und Einzelhandelsbetriebe, um Preisvorteile zu erreichen. Von vielen dieser Unternehmen werden Großhandelstransaktionen in üblicher Abgrenzung nicht wahrgenommen. Diese Betriebe prägen nur statistisch, aber nicht funktionell das Leistungsbild dieses Wirtschaftsbereiches.

Es wäre anzuraten, in einer vertiefenden Analyse speziell das Leistungsspektrum dieser Kleinbetriebe zu analysieren, um daraus zusätzliche Anregungen für die Abgrenzungsfragen sowie zukunftsträchtige Leistungs- und Organisationsmodelle des Großhandels zu finden.

D. Eine Typologie des Großhandels

Der Großhandel läßt sich nach zahlreichen Merkmalen differenzieren. Mit der folgenden Übersicht 5.3 wird eine Typologie des Großhandels vorgelegt, deren Merkmale nach den Teilbereichen der Leistungsprogrammpolitik differenziert sind: (3)

1. die Grundstrukturpolitik,
2. die Marktbearbeitungspolitik,
3. die Faktorkombinations- und Kostenpolitik,
4. die Finanzierungspolitik,
5. das Leistungsprogramm-Mix.

Warengroßhändler und Dienstegroßhändler

Bei den Warengroßhändlern steht nach wie vor der Absatz oder im Agrarhandel die Erfassung von Waren im Vordergrund.

Dienstegroßhändler verkaufen selbsterstellte, aber auch zugekaufte Dienstleistungen, z. B. Software, Marktforschungsergebnisse, Beratungs- und Schulungsleistungen wie auch Garantie- und Reparaturleistungen.

Schwerpunkte der Warengroßhändler: Der Vorteil der Warengroßhändler liegt darin, daß sie im Gegensatz zu Herstellerbetrieben Sortimente vielfältiger Provenienz führen und sich damit differenziert auf die Kunden einstellen können. Interessanterweise sind manche Hersteller heute jedoch durch ihre Importaktivitäten eher Großhändler als Produzenten, da sie weitaus weniger Waren selbst produzieren, als sie insgesamt absetzen.

---

3) Vgl. auch Tietz, Bruno: Der Handelsbetrieb, 2. Aufl., (Verlag Franz Vahlen) München 1993.

Übersicht 5.3: Die Erscheinungsformen des Großhandels

Gliederungskriterium	Erscheinungsform
\- Grundstrukturpolitik -	
1. Funktionsstufe	Zentralgroßhandel nationaler Großhandel regionaler bzw. lokaler Großhandel
2. Stufigkeit	einstufiger Großhandel zweistufiger Großhandel dreistufiger Großhandel
3. Verbindung mit anderen Wirtschaftsstufen	reiner Großhandel Großhandel mit Produktion Großhandel mit Einzelhandel Großhandel mit Handwerk Großhandel mit Dienstleistungen Kombinationen
4. Bindung an andere Unternehmen	Werkhandelsgesellschaft Konzerngroßhandlung ungebundene Großhandlung
5. Räumliches Aktionsfeld	lokaler und regionaler Großhandel nationaler Großhandel supranationaler Großhandel internationaler Großhandel globaler Großhandel
6. Überschreitung nationaler Grenzen	Binnenhandel Außenhandel - Export - Import - Transit - Kombinationen
7. Marktausrichtung auf Be-	Aufkauf-, Erfassungsgroßhandel Absatz-, Vermarktungsgroßhandel, kombinierter Aufkauf- und Vermarktungsgroßhandel

8. Warenverwendungszweck	a) Konsumgütergroßhandel
	    Produktionsgütergroßhandel
	b) Konsumtionsverbindungshandel
	    Produktionsverbindungshandel

9. Verwertungszustand der Waren	Rohstoffgroßhandel Halbwarengroßhandel Fertigwarengroßhandel
10. Branchenbezogenheit	Einbranchengroßhandel Mehrbranchengroßhandel Vielbranchengroßhandel

\- Fortsetzung -

Fortsetzung Übersicht 5.3

Gliederungskriterium	Erscheinungsform
11. Branchengliederung	z. B. Lebensmittelgroßhandel z. B. Landhandel z. B. Stahlhandel z. B. technischer Handel z. B. Autozubehör- und Ersatzteilegroßhandel
12. Standort	zentrenfreier Standort Standort in Dispositionszentren Standort in Lager- oder Umschlagszentren
13. Filialisierung	Einbetriebsgroßhandlung filialisierende Großhandlung
14. Unternehmensform	einzelwirtschaftlicher Großhandel ohne Bindungen / mit Bindungen Ein- und Verkaufsgemeinschaften genossenschaftlicher oder sonstiger Rechtsform
15. Wareneigentum	Eigenhändler Handelsvermittler, Handelsvertreter, Kommissionär, Kommissionsagentur, Handelsmakler
16. Kooperation	Mitgliedschaft in Großhandelsverbundgruppen Mitgliedschaft in Kontoren Kontraktmarketing mit Herstellern Verbundgruppen mit Kunden Kooperation mit komplementären Service- und Handwerksunternehmen
17. Zahl der Leistungsprogramme und Betriebstypen	Ein-Programm-Unternehmen Mehr-Programm-Unternehmen
- Marktbearbeitungspolitik -	
18. Funktionsausübung	Vollfunktionsgroßhandel Teilfunktionsgroßhandel
19. Dienstleistungsintensität	Systemkopfgroßhandel Servicegroßhandel preisorientierter, servicereduzierter Großhandel
20. Sortimentsausrichtung	Sortimentsgroßhandel Spezialgroßhandel Postenhandel
21. Kontaktform	direkte Außendienstorientierung Unterkundengeschäft Versandgroßhandel, Katalog mediale Kontaktformen: Telefon, Telefax, Btx

- Fortsetzung -

Fortsetzung Übersicht 5.3

Gliederungskriterium	Erscheinungsform
22. Verkaufsform	Zustellgroßhandel Selbstbedienungsgroßhandel (Cash-and-carry) Rack Jobber Thekengeschäft
23. Kundenbetreuung	ubiquitärer Großhandel selektiver Großhandel segmentierter Großhandel
24. Warenzustand	Neuwaren Altwaren
25. Vertragskategorien	Verkauf Vermietung Leasing Sonstiges
26. Austauschprinzip	Ware-Geld-Prinzip Ware-Ware-Prinzip, Barter Trade
- Faktorkombinationspolitik -	
27. Dispositionsfähigkeit über Waren	Streckengeschäftsgroßhandel Lagergroßhandel
28. Logistikintensität	Logistikspezialist Großhandelsspediteur logistikfreier Großhandel
- Finanzierungspolitik -	
29. Finanzielle Abhängigkeit	starke Lieferantenabhängigkeit schwache Lieferantenabhängigkeit keine Lieferantenabhängigkeit
30. Finanzielle Bindung	starke Kundenbindung schwache Kundenbindung keine Kundenbindung
- Leistungsprogramm-Mix -	
31. Schwerpunkttyp der Kontaktpolitik	dominierende schriftliche Werbung dominierende persönliche Werbung dominierender Außendienst
32. Kundenkontakt und Tätigkeitsschwerpunkt	Abholgroßhandel Bemusterungsgroßhandel Ausliefergroßhandel reiner Streckengroßhandel
33. Marktbearbeitungsdominanz	Platzhirschunternehmen Nischengroßhandel

Schwerpunkte der Dienstegroßhändler: Die Spielarten der Dienstegroßhändler sind noch keineswegs ausgelotet. Es ist jedoch zu erwarten, daß sie sich mehr und mehr auch an der Produktentwicklung beteiligen werden.

Die Dienstleistungsintensität

Zu einem spezifischen Kriterium der Differenzierung der Großhandlung hat sich die Dienstleistungsintensität entwickelt. So gibt es Großhandlungen mit Verzicht auf Dienstleistungen und Großhandlungen mit hoher Dienstleistungsintensität. Die zentralen anerkannten Funktionen und Aktivitäten des Servicegroßhandels sind:

1. die kompetente Wahrnehmung der Sortimentsfunktion,
2. die kurzfristige Lieferfähigkeit,
3. die gute Präsentation der Waren,
4. die persönliche Kommunikation,
5. die Sachmittelkommunikation.

Dabei können Services hinsichtlich der Vielfalt und Intensität unterschiedlich angeboten werden. Beispiele sind:

- die Außendienstintensität und Beratungsintensität,
- die warenbezogene Dienstleistungsintensität,
- die Intensität der logistischen Dienstleistungen,
- die Intensität der Reparatur- und Garantiedienste,
- die Intensität der Finanzdienste,
- die Intensität der Marktforschung.

Die Sortimentsausrichtung

Der *Sortimentsgroßhändler* orientiert sich an den Sortimenten seiner Zielgruppe und versucht, die Kundenbindung durch ein breites und oft auch tiefes Lieferprogramm einer Branche zu erreichen.

Das Beispiel Automobilteile: Tendenziell geht der Weg eher zum Vollsortimentsgroßhändler als zu Spezialisten. Er führt

- Verschleißteile der Zulieferer,
- Werkstattausrüstungen und Werkzeuge,
- Zubehör und Accessoires

und praktiziert eine Beteiligung am Entsorgungsprogramm.

Dies bedeutet aber auch, daß in jeder Großhandlung für etwa ein Dutzend von Kundentypen Sortimentsmodule oder Profit-Center mit spezifischen Marktbearbeitungs- und Außendienstprogrammen entwickelt werden. Die Voraussetzungen dafür verbessern sich durch neue Konzepte im innerbetrieblichen Rechnungswesen mit einer kundenorientierten Erfolgsträgerrechnung.

Spezialgroßhändler beliefern einmal Kunden, die eine ähnliche Spezialisierung aufweisen, z. B. im Süßwaren- oder Getränkehandel. Sie sind jedoch wegen ihrer Sortimentstiefe oft auch Lieferanten des Fach- oder Mehrfachsortimentseinzelhandels, vielfach jedoch nur für Spezialitäten, die die Sortimenter nicht führen.

Der Aktualitäten- und Postengroßhändler: Ein weiterer Typ des Spezialgroßhändlers ist der Aktualitäten- und Postengroßhändler. Er versorgt den Einzelhandel kurzfristig und schnell mit hochaktueller Ware. Durch gute Kontakte zu zahlreichen Herstellern von primär modischer Ware sowie einem breiten Abnehmerkreis ermöglicht er einen schnellen Absatz, meist als Streckengeschäft.

Die Kontaktform

Die typische Kontaktform des Großhandels ist der Einsatz von Außendienstmitarbeitern. Zunehmend gibt es in technischen und büroorientierten Branchen Großhandelskataloge, die den Außendienst teilweise ergänzen oder substituieren. Hier entsteht oft eine Verbindung zum Telefonverkauf. Vom Großhandel werden überdies mediale Ordertechniken, so MDE, PC oder Btx genutzt. Auch Telefax hat sich zur Auftragserteilung durchgesetzt.

Die Verkaufsform

Die nach wie vor typische Großhandelsverkaufsform ist die Warenzustellung im Sinne des *Auslievergroßhandels* an die Kunden. In einer Reihe von Branchen haben auch unterschiedliche Spielarten des Abholgroßhandels Bedeutung.

Der Selbstbedienungsgroßhandel: Cash-and-carry-Läger haben sich in den letzten Jahrzehnten auf mehrere Betriebstypen aufgefächert:

1. Allroundanbieter für Lebensmittel und gewerbliche Nichtlebensmittel,
2. Spezialanbieter für bestimmte Branchen, so Gastronomie und Betriebsverpflegung oder Bäckereien,
3. Spezialanbieter für Büroausstattung und Bürobedarf mit dem Charakter von Fachmärkten.

Das Thekengeschäft: In technischen Branchen hat das Thekengeschäft als Ab-Lager-Abholgeschäft Bedeutung. Der Unterschied zum Cash-and-carry-Großhandel besteht dabei nicht primär in dem Bezahlungsmodus oder der Zustellform, sondern darin, daß die Kommissionierung durch das Großhandelsunternehmen erfolgt.

Der Großhandelsversand gewinnt an Bedeutung. So ist z. B. der Großhandel mit Verpackungsmaterialien im Versand teilweise mit flächendeckenden Partnern tätig. Dabei werden die Aktivitäten teils zentral, teils dezentral erledigt:

zentral	dezentral
Schulungen	Versand, Kataloge
Telefonmarketing	Telefonmarketing
Fakturierung	Lagerhaltung
Katalogerstellung	Versand

Über Kataloge wird auch der Profi-Packservice angeboten. Dies ist die Übernahme der Dienstleistung der Verpackung und des Versandes von Geschenken, z. B. für Verlage im Zusammenhang mit der Neukundenwerbung oder bei Jubiläen und vor Festen.

Die Kundenbetreuung - Die Kundenselektion

Hinsichtlich der Kundenbetreuung des Großhandels lassen sich die in allen Wirtschaftssektoren anzutreffenden Alternativen unterscheiden:

1. der ubiquitäre Großhandel, d. h. Lieferung an jeden,
2. der selektive Großhandel,
3. der segmentierte Großhandel.

Dabei schließen sich ubiquitärer und segmentierter Vertrieb nicht gegenseitig aus. Die Branchenstrukturen im Großhandel sind sehr unterschiedlich und werden in besonderem Maße durch das Verhalten der Abnehmer und Anbieter bestimmt. Oft hat der Großhandel für einen Hersteller Exklusivitätsrechte als alleiniger Partner.

Der Warenzustand - Neuwaren und Gebrauchtwaren

Im Großhandel gibt es neben dem Neuwarengroßhandel in vielen Branchen einen selbständigen oder in Abteilungen als Profit-Center ausgegliederten Altwarengroßhandel, so bei Automobilen und allen sonstigen technischen Aggregaten, aber auch bei Rohstoffen. In vielen Branchen muß der Großhandel gebrauchte Waren zurücknehmen, um neue Produkte verkaufen zu können.

Die Entstehung neuer Branchen - Neue Tätigkeitsbereiche

Mit der Knappheit von Rohstoffen und dem zunehmenden Umweltbewußtsein entwickelt sich ein Recycling-Großhandel, z. B. für Eisen und Stahl, Buntmetalle, Glas, Kautschuk, Öl und Chemikalien.

In diesem Bereich des Aufbereitens und Wiederverwertens, gefördert vom Trend nach mehr Umwelt- und Lebenshygiene, sind zahlreiche Ansatzpunkte neuer Großhandelsaktivitäten zu sehen. Neben Gebrauchtwaren werden vor allem Wertstoffe in Zukunft vermutlich eine wichtige Ware für Großhandlungen werden.

Die Vertragskategorien - Kauf versus Leasing und Vermietung

Neben dem Kauf finden im Handel zunehmend Leasing- und Vermietkonzepte Anwendung. Typische Beispiele für Leasing oder darüber hinausgehende Serviceverträge sind das Flottengeschäft des Automobilhandels und die Vermietung von Baumaschinen und landwirtschaftlichen Maschinen.

Das Austauschprinzip

Das in einer Geldwirtschaft übliche Austauschprinzip besteht im Verkauf von Waren und Dienstleistungen gegen Geld. Im internationalen Handel, aber zunehmend auch im nationalen Handel gibt es außerdem den Tauschhandel, Countertrade und Barter Trade.

Diese Tauschgeschäfte werden direkt zwischen zwei Geschäftspartnern, z. B. Röhren gegen Erdgas, oder unter Einschaltung einer Tauschzentrale oder Barterorganisation abgewickelt. Ein Beispiel ist der Tausch von Büromöbeln oder Computern gegen Automobile als Tauschgeschäft zwischen einem Bürogroßhändler und einem Autohändler.

Die Beratungs- und Serviceaktivitäten

Das Warenprogramm wird beim Großhandel zunehmend durch ein Diensteprogramm ergänzt. Man spricht in diesem Zusammenhang auch von der Service- oder Problemlösungsorientierung des Großhandels. Früher wurden Serviceleistungen teilweise nur übernommen, weil sie branchenüblich waren oder - oft auch nur vermeintlich - aus Konkurrenzgründen erbracht werden mußten. Serviceleistungen sind heute Instrumente zur Kundenpflege, zur Gewinnung neuer Kunden wie auch zur Absatzförderung.

Großhandlungen versuchen, teilweise Serviceleistungen zu reduzieren oder auch als Spezialunternehmen auszugliedern. Häufig werden die Services zur Abrundung des Leistungsprogramms und Absicherung der Einschaltung jedoch auch ausgedehnt.

Neben den klassischen Serviceleistungen, so Produktinformation und -beratung oder Erleichterungen bei der Auftragserteilung und im Einkauf, werden in das Leistungsprogramm des Großhandels zunehmend integriert:

- die Kontrolle der Sortimentspolitik der Kunden,
- die Durchführung von Ausbildungsmaßnahmen, so die Schulung des Verkaufspersonals für Kunden,
- die Beratung und Unterstützung von Lieferanten und Kunden bei betriebswirtschaftlichen Problemen, insbesondere bei standort-, lager- und transportpolitischen Entscheidungen,
- die Beratung und Schulung in der EDV-Anwendung.

Die Abgrenzung der Beratungsleistungen von anderen Dienstleistungen ist schwierig. Man wird jedoch mindestens dazu rechnen können:

- die Projektierung,
- die Sortimentsberatung,
- die betriebswirtschaftliche Beratung,
- Submissionsservices für Kunden,
- technische Berechnungen,
- die Montage,
- Versicherungsberatungen,
- Lieferserviceleistungen,
- der Notdienst,
- Reklamationsleistungen.

Die Lieferantenberatungs- und Lieferantenserviceleistungen

Der Großhandel ist auch zunehmend gefordert, für Lieferanten Services zu erbringen. Zu den klassischen Serviceleistungen für Lieferanten gehören Ausstellungen für Lieferanten, Lieferanteninformationen, Anregungen für neue oder verbesserte Produkte. Moderne Lieferantendienste sind:

- die Bereitstellung von Informationen über Kunden oder den Markt,
- der Einbau in Warenwirtschaftssysteme,
- die Übernahme der Marktdurchsetzung von Neuprodukten.

Der Nachkauf-Service - Die Reparaturen

Nachkaufdienste oder After-Sales-Services erstrecken sich auf Wartung, Reparatur und Kundendienst. Insbesondere im Investitionsgüterbereich und bei der Lieferung von schlüsselfertigen Anlagen sind intensive Dienste nach Kaufabschluß erforderlich.

Vom Konsumgütergroßhandel werden die Reparatur-, Installations- und Wartungsaufgaben meist an die Einzelhandels- und Handwerkskunden übertragen.

Nicht in allen Branchen übernimmt der Großhandel auch die Ersatzteillagerung. Häufig wird auf die Ersatzteillogistik der Hersteller zurückgegriffen. Eigene Ersatzteilläger im Elektro- und Landmaschinenhandel gelten als wichtiges Instrument einer Kundenbindung.

Für Importwaren unterhält der Großhandel in enger Verbindung zum Lieferanten oft eigene Reparaturwerkstätten. Teils arbeitet der Großhandel auch mit handwerklichen Vertragswerkstätten zusammen, so der Cash-and-carry-Handel.

Die technische Beratung

Der Großhandel übernimmt zahlreiche zusätzliche Leistungen, wenn die qualitative Begrenzung der Kapazität der Abnehmer zusätzliche Serviceanstrengungen der Großhandelsunternehmen erfordert.

In technischen Branchen unterhält der Großhandel für Kunden und Lieferanten eigene Engineering-Abteilungen. Die gleichen Aufgaben können auch selbständige Servicespezialisten wahrnehmen.

Bei starken Kundenbeziehungen stützt sich der Großhandel auf die Kunden im Handwerk, z. B. im Sanitärbereich. In neu aufgenommenen Sortimentsbereichen und Gewerken werden dagegen künftig eigene Handwerkskolonnen eingesetzt.

Die Logistikintensität

Großhandlungen sind oft selbst in die Logistik eingeschaltet, teilweise mit Speziallagern und weiter regionaler Differenzierung der Niederlassungen, teilweise organisieren sie die Anwesenheit in der Fläche durch Zusammenarbeit mit Spediteuren und Logistikdienstleistern.

Die Optimierung von zentraler und dezentraler Lagerhaltung ist eine ständig neu zu lösende Aufgabe, da die Verkehrsbedingungen einerseits und die Anforderungen der Kunden und Lieferanten an Liefertempo und -zuverlässigkeit andererseits starken Wandlungen unterliegen.

Die Umstrukturierungen seien am Beispiel einer Elektrogroßhandlung erläutert:

1. Eine neue Artikelphilosophie wurde geschaffen, die auf der Zuordnung der Warengruppen in A-, B-, oder C-Artikel und der Bestimmung des Lagerstandortes beruht.

Die A-Artikel, d. h. die Schnelldreher, muß jede Filiale auf Lager haben. Dabei handelt es sich um ca. 4 500 Artikel. Die B-Artikel gehören zum Pflichtsortiment der Zentrale und werden im Zentrallager gelagert, nicht in den Filiallägern. Bei den C-Artikeln, d. h. den Langsamdrehern, liegt weder eine zentrale Lagerung noch eine regionale Lagerung vor. Diese Artikel müssen beschafft werden und können dann entweder an das Zentrallager oder auch direkt an die Filiale geliefert werden.

Mehrere Warengruppen wurden im Rahmen der Umstrukturierung von A-Artikeln zu B-Artikeln, so
- große Hausgeräte,
- braune Ware (Fernseher, Videogeräte),
- Haustechnik.

2. Die Lagerkapazität im Zentrallager mußte erweitert werden. Entschieden wurde für ein Außenlager von 5 000 qm in der Nähe des Zentrallagers.
3. Zusätzlich zu der Belieferung der Filialen am Tage wurde eine Nachtbelieferung eingeführt, um die Waren am nächsten Morgen in den Filialen vorrätig zu haben und den 24-Stunden-Service beibehalten zu können.
4. Die EDV wurde erweitert, um die Warenverschickungen zwischen den Filialen erfassen und bearbeiten zu können.
5. Der Einsatz einer externen Spedition wurde begonnen, die für die Warentransporte zwischen den Filialen verantwortlich ist, so daß der eigene Fuhrpark ausschließlich zur Belieferung der Kunden eingesetzt wird.
6. Die internen Abläufe wurden überarbeitet. Organigramme wurden erstellt, genaue Stellenbeschreibungen angefertigt und klare Kompetenzzuweisungen vorgenommen. Diese Maßnahmen sollen auch zur Mitarbeitermotivation beitragen.

Das Beispiel eines Pharmarohstoffgroßhändlers: Das Unternehmen mietet oftmals Läger von Spezialisten an, um die ständige Lieferbereitschaft sicherzustellen, da in bestimmten Bereichen Just-in-time-Lieferungen mit gleicher Produktqualität zwingend notwendig sind. Die Lagerhaltung wird teils dem externen Spediteur überlassen, teils nimmt das Unternehmen Einfluß auf die Lager- und Kommissioniertechnik sowie die Lagergestaltung.

Die Qualitätssicherung

Häufig werden vom Großhandel Qualitätsgarantien gegeben. Die Qualitätssicherung wird oft von externen Spezialisten wahrgenommen, die darüber Zertifikate ausstellen. Die Qualifikation der Zertifikate ist maßgebend für die Selektion der Qualitätsspezialisten.

Die Garantieübernahme

Teilweise verbindet der Großhandel die Lieferung von Maschinen mit Absatzgarantien der darauf gefertigten Produkte.

Das Beispiel Seidensticker: Im Jahre 1992 wurden 97 % aller in der Bundesrepublik Deutschland nachgefragten Hemden im Ausland hergestellt. Allein die Textil-Kontor Walter Seidensticker GmbH & Co. KG produziert jährlich in 25 Ländern um 20 Mill. Hemden. Der Anteil der deutschen Produktion liegt bei 3 %, in Europa werden 10 % hergestellt. Die Seidensticker Overseas Ltd., Hongkong, hat folgende Aufgaben:

- das Sourcing, d. h. die Suche nach Bezugsquellen,
- die Auftragsplanung,
- die Auftragsabwicklung,
- die Terminüberwachung,
- die Qualitätsüberwachung,
- die Vorfinanzierung.

Die Leistungen im Bereich Fachkommunikation und Fachdokumentation

Voraussetzungen für einen Handel mit Telekommunikationsleistungen sind Liberalisierungen des Dienstleistungsmarktes, die durch das Grünbuch der Europäischen Kommission aus dem Jahre 1987 angeregt wurden, z. B. Liberalisierungen im innergemeinschaftlichen Sprachverkehr, Satelliten, offene Netzwerke (ONP = Open Network Provision), Mobilfunk und Kabelfernsehen.

In Verbindung mit Rechenzentren oder Hardwareherstellern oder auch durch selbständige Unternehmen entstehen neue Fachinformationszentren, die Datenbanken unterhalten.

Der Großhandel stellt Handwerks- und Einzelhandelskunden Hardware und Software zur Verfügung. Teilweise wird den Kunden, so im Elektrogroßhandel, ein spezifischer Artikelstamm zur Verfügung gestellt, der Artikelbeschreibungen und Bezugspreise sowie vorgeschlagene Verkaufspreise enthalten kann. Solche Datenträger werden als Pendeldiskette, die immer aktuell gehalten wird, gegen geringe Gebühren zur Verfügung gestellt.

Zu Einsatz und Vermarktung von Rechenzentren und Telekommunikation

Viele der bisher erwähnten Aktivitäten werden in den Rechenzentren des Großhandels abgewickelt, deren Ausstattung und Bedeutung immer größer geworden ist. Oft werden Rechenzentren von Großhandlungen oder Verbundgruppen des Großhandels rechtlich ausgegliedert, so das Interpares-Rechenzentrum in Karlsruhe, in dem die Warenwirtschaftssysteme für den Groß- und Einzelhandel betreut werden. Bisweilen sind neben den

Rechenzentren auch noch informationsorientierte Organisationszentren entstanden, so bei Stinnes, Mülheim a. d. R.

Daneben gibt es großhandelsorientierte Softwarehäuser wie Obermeit, Hamburg, z. B. mit folgendem Programm:

1. Export-Dialog: komplette Exportabwicklung von der Proforma bis hin zur Backorderverwaltung und Nachkalkulation,
2. Import-Dialog: Ein- und Verkaufskontraktverwaltung, Partieabrechnung, Waren- und Devisenengagement,
3. FIBU-Dialog: ausgefeilte Finanzbuchhaltung mit Kostenstellenrechnung und Währungsbuchhaltung mit Integration in die genannten Programme,
4. Formulargenerator: ein Modul zur Erstellung von Ausfuhrpapieren mit Schnittstellen zu anderen Programmpaketen.

Die Marktforschung

Ein wichtiger Bereich der Informationsleistungen betrifft die Marktforschung für Kunden und Lieferanten einschließlich der Konkurrenzforschung. Der Großhandel kann eine starke Rolle im Bereich der strategischen Marktforschung gewinnen.

Gefordert werden Marktinformationen, die neben klarer Analyse und Bewertung auch Entscheidungspotentiale aufzeigen und ausweiten.

Die Schulungsspezialisten

Der Großhandel betreibt für seine Kunden selbst oder in Verbindung mit Lieferanten Schulung. Bei Haniel ist die Franz-Haniel-Akademie, bei Würth die Würth-Akademie die zentrale interne Schulungsstätte.

Der Großhandel schaltet jedoch oft auch Schulungsinstitutionen ein. Hier ist die Baumarktservice Fliesenhandels GmbH ein Beispiel. In Seminaren und Schulungen werden Verkäufer der Baumärkte ausgebildet und mit Produkten vertraut gemacht, um eine qualifizierte Fachberatung anbieten zu können. Zum Schulungsprogramm gehört auch die optimale Präsentation der Waren in den Baumärkten.

Auch Sicherheits- und Umweltschutzbeauftragte der Kunden werden weitergebildet. Zusätzlich werden für alle im Chemiehandel und in der chemischen Weiterverarbeitung tätigen Unternehmen Umweltgutachten erstellt.

Häufig werden Schulungen vom Großhandel nicht nur Kunden, sondern auch Nichtkunden angeboten, so durch den Büromaschinengroßhändler Bierbrauer & Nagel in Stuttgart.

Zur Organisation der Services

Im Großhandel wie auch in der Industrie gibt es für die Serviceorganisationen zwei Grundsatzentscheidungen, und zwar die Eingliederung in den Verkauf oder eine ausgegliederte Serviceorganisation als Service- und Profit-Center. Die Wahl dieser Lösungen ist branchenabhängig.

Mediale Servicekonzepte

Durch die neuen Kommunikationsmittel entstehen neue Servicebedingungen. Die Ferndiagnose im EDV-Bereich oder bei Maschinen bietet neue Möglichkeiten, Kundennähe zu praktizieren, ohne vor Ort präsent zu sein.

Dazu ein Beispiel: Bei CNC-gesteuerten Maschinen können sich Kundendienstspezialisten in den Computer der Maschine einschalten, eine Fehlerdiagnose vornehmen und dem mit einem tragbaren Telefon ausgerüsteten Bediener an der Maschine telefonische Reparaturanweisungen geben. Diese Fern- oder Telereparatur wird von Herstellern, Großhandel und speziellen Serviceeinrichtungen praktiziert.

E. Die Kooperation und Konzentration im Großhandel

Der Großhandel geht teilweise eine Symbiose mit Systemköpfen des Einzelhandels ein. Dies bedeutet, daß die klassische Gegnerschaft von Einkaufsgemeinschaft und Großhandel nicht mehr existiert, da sich die Einkaufsgemeinschaften bei speziellen Sortimenten auch der Dienste des Großhandels bedienen.

Auch im Großhandel dürfte sich in allen Branchen innerhalb der nächsten 20 Jahre die Tendenz zu einer verstärkten Systembildung und Konzentration zeigen, die die Konsumgüterindustrie zu stärkerer Rücksichtnahme auf die Anforderungen des Handels veranlassen wird.

Die Kooperation der Großhändler

Die Kooperationen der Großhändler dürften in Zukunft erstarken. Zunächst muß man sich fragen, warum Unternehmen kooperieren. Hier gilt die sehr einfache und klare Grundregel, daß man davon überzeugt sein muß, bestimmte Aufgaben gemeinsam besser zu bewältigen als allein.

Daraus ergibt sich das Grundgesetz der unternehmerischen Kooperation: Das ökonomische Anliegen der Kooperation muß tragfähig sein, um eine Kooperation zu begründen.

Die Kooperation muß allen Partnern wirtschaftliche Vorteile bringen. Aus reiner Emotion, ohne ein geeignetes Produkt, ohne eine geeignete Dienstleistung oder ohne eine geeignete Betriebstypenformel, kann aus einer Kooperation nie etwas Gutes werden.

Die Kooperation mit Herstellern

Gründe für Kooperationsstrategien gegenüber Herstellern sind u. a.:

1. der Abbau des vorhandenen Konfliktpotentials zwischen den Marktpartnern;
2. die Rationalisierungseffekte;
3. die Vermeidung von Doppelaktivitäten, die zum Teil einander entgegenlaufen, z. B. in der Werbung;
4. die bessere Ausschöpfung des Gesamtmarktes;
5. die bessere Informationspoolung.

Ein Handelsunternehmen wird die Kooperation mit seinen Lieferanten u. a. von folgenden Kriterien abhängig machen:

- Produktprogrammkompetenz,
- Innovationskraft,
- Marktbearbeitungskraft,
- Logistikkompetenz,
- Informationskompetenz,
- Kostengünstigkeit.

Gefördert werden Lieferanten mit Systemangeboten.
Beispiele der Kfz-Zulieferer: Die Firma Teves, Erstausstatter der Automobilindustrie, hat ein Konzept zur Unterstützung des Kfz-Handwerks unter der Bezeichnung "Automeister" entwickelt. Ziel dieses Konzeptes ist es, den Informationsvorsprung, den die fabrikatsgebundenen gegenüber den -ungebundenen Werkstätten haben, zu reduzieren. Der AKZO Unternehmensbereich Farben und Lacke hat für Lesonal ein Servicepaket vorbereitet, das seit 1993 angeboten wird.
Die Kooperation eines Herstellers mit Händlern richtet sich nach folgenden Kriterien:

- Zahl und Qualität der Standorte,
- Marktanteile,
- Sortiment,
- qualitativer Gesamtstandard,
- Verfahrens- und Prozeßkompetenz,
- Informationssysteme,
- Organisation,

- Innovationskraft,
- Höhe der Kosten,
- Höhe der Gewinne.

Das Beispiel Autozubehör: Autoreparaturlack ist das einzige Halbzeug unter den Autoteilen. In der Regel muß der Lack bei einem auftretenden Schaden farbtongenau über eine Mischmaschine ausgemischt werden. Daher werden Lacke über einen eigenen Profit-Center-Bereich mit kaufmännischen und insbesondere technischen Spezialisten in der Werkvertretung und im Großhandel vertrieben, um die zweite Großhandelsstufe, z. B. die fast 1 000 Color-Center, erfolgreich bedienen und beraten zu können und zum anderen zu größeren Lackierbetrieben unmittelbaren Direktkontakt aufnehmen und pflegen zu können.

Funktionsfähige Profit-Center nehmen im Großhandel zu. Dabei werden Produktgruppen und Mitarbeiter eng verzahnt und gewinnorientiert geführt. Möglichst spezialisierte Innen- und Außendienste identifizieren sich bei diesem Konzept mit ihrer Warengruppe.

F. Die Konsequenzen der zunehmenden Serviceorientierung

Die veränderten Marktbedingungen auf den dem Großhandel vor- und nachgelagerten Ebenen und auch die umfangreichen und wesentlichen Änderungen in der internationalen Arbeitsteilung haben zu einer erheblichen Vermischung der ursprünglich deutlich trennbaren Tätigkeitsbereiche Produktion, Handel und Vertrieb sowie Services und Dienstleistungen geführt. Deutlich wird dies in der immer öfter erforderlichen Präzisierung und Differenzierung in eine institutionelle und funktionale Sichtweise bei der Beschreibung von Aktivitäten in der Empirie.

Als Ursache ist dafür neben der Ausdehnung der Aktivitäten der Produktionsunternehmen in wesentlichem Maße die intensive Service- bzw. Dienstleistungsorientierung des Großhandels zu nennen.

Es ist davon auszugehen, daß sich die Serviceaktivitäten des Großhandels wie folgt weiterentwickeln werden:

1. Der Großhandel wird auch in Zukunft bestrebt sein, Services nach Kundenzielgruppen gebündelt in Paketlösungen anzubieten.
2. Wie bereits bei Verbundgruppen festzustellen ist, werden auch im Großhandel Preise für Waren, Dienste und Finanzleistungen differenziert werden.
3. Die Serviceaktivitäten werden zu einem Servicesortiment gebündelt und sichern dadurch die Einschaltung des Großhandels.

4. Durch die unterschiedlichen Servicebedarfe der Kunden werden sich Großhandelsunternehmen nach der Intensität der Serviceleistungen differenzieren. So ist für Großkunden mit einem Wachstum servicefreier Angebote, bei Kleinkunden eher mit einer Serviceintensivierung zu rechnen. Dadurch entsteht eine Servicepolarisierung im Großhandel.
5. Der Großhandel wird spezifische Serviceleistungen und Warenabteilungen, die spezifische Services benötigen, institutionell ausgliedern. Relevante Bereiche dieser Entwicklung sind z. B. Schulungseinrichtungen, Labors, Planungs- und Projekteinrichtungen oder Montageeinrichtungen.
6. Zu den wichtigsten Herausforderungen bei den Großhandlungen im Bereich der Dienstleistungen zählt eine Standardisierung oder Vereinheitlichung der Services mit dem Ziel, dem Kunden gegenüber ein individualisiertes Servicepaket zu bieten, das aus Standardelementen rationell gefertigt wird.
7. Services werden in zunehmendem Umfang über Service- und Wartungskontrakte langfristig abgesichert. Dieser Trend wird sich mit abgeschichteten Serviceangeboten, wie sie z. B. im EDV-Bereich und in der Anlagenwartung Verbreitung haben, fortsetzen.
8. Die Betreuung der Services im Großhandel wird durch ein institutionalisiertes Servicemanagement erfolgen. In vielen Großhandelsunternehmen wird die Position des Servicemanagers geschaffen werden, um der Bedeutung des Servicebereiches Rechnung zu tragen.

Als Konsequenzen lassen sich für den Großhandel festhalten:

1. Die Optimierung der Serviceerstellung durch Zuordnung auf den Großhandel, auf Lieferanten und Kunden wird weiter an Bedeutung gewinnen.
2. Serviceaktivitäten werden vom Hersteller und vom Handwerk bzw. Einzelhandel auf den Großhandel übertragen. Kooperative Serviceinstitutionen mit Trägerschaft von Großhandel sowie Lieferanten oder Kunden werden entstehen.
3. Durch die Hybridisierung der Aufgaben bilden sich an allen Teilaspekten des Waren- und Dienstehandels orientierte Transaktionäre heraus, die aufgrund ihrer Handelsausrichtung eher dem Sektor Handel zuzurechnen sind.

G. Ein neuer und erweiterter Definitionsansatz des Großhandels

Dem traditionellen institutionellen Abgrenzungsverständnis der amtlichen Statistik entspricht es, Wirtschaftsbereiche nach ihrem Leistungskern zu beschreiben und Unternehmen nach dem sogenannten Schwerpunktprinzip, d. h. der überwiegend ausgeübten Tätigkeit, diesen Bereichen zuzuordnen.

So stellt der Großhandel aus dem großen Bereich der dienstleistungserbringenden Unternehmen einen durch die Warenhandelsfunktion und die gewerbliche Kundenstruktur dominant geprägten Sektor dar. Unternehmen, die dieses Funktionsprofil im Schwerpunkt erfüllen, werden ihm zugeordnet.

Zur Erbringung einer marktadäquaten Großhandelsleistung werden über die engen Warentransaktionsaktivitäten hinaus eine Reihe von Funktionen erbracht. Diese Funktionen werden integriert, kombiniert oder komplementär eingesetzt

1. zur Vorbereitung und Absicherung der unternehmerischen Entscheidungen,
2. zur Umsetzung der Handelsleistung und zur Absicherung der Marktpositionierung.

Als Funktionen und Aktivitäten, die der Vorbereitung und Absicherung von unternehmerischen Entscheidungen dienen, sind z. B. zu nennen:

- Marktforschung,
- Unternehmensberatung,
- Werbung,
- technische Fachplanung,
- Kommunikation,
- Immobilienmanagement.

Funktionen und Aktivitäten, die zur Umsetzung der Handelsleistung und zur Absicherung der Marktpositionierung dienen, sind insbesondere:

- Transport,
- Lagerung,
- Versicherung,
- Montage,
- Finanzierung,
- Wartung, Reparatur,
- Entsorgung.

Mit der Intensivierung des Wettbewerbs, der Vergrößerung der Markträume sowie der Differenzierung und Spezialisierung der Kundenanforderungen haben diese entscheidungs- und marktprozeßbegleitenden Funktionen gerade im Großhandel erheblich an Bedeutung gewonnen. Aus der Sicht eines Großhandelsunternehmens handelt es sich dabei um Dienstleistungen, die zum Teil unternehmensintern verwendet werden, zum Teil aber für den intermediären Absatz bestimmt sind.

Soweit diese Funktionen innerhalb eines im Schwerpunkt dem Großhandel zugeordneten Unternehmens erbracht werden, sind sie integrierter Bestandteil der Großhandelsleistung und damit Leistungsoutput des Großhandels.

Solche Dienstleistungen können auch betrieblich oder unternehmerisch verselbständigt erbracht werden. Die marktfunktionelle Zielsetzung und Einbettung werden dadurch nicht geändert. Sie werden dann jedoch als Leistungsoutput anderer Dienstleistungssektoren betrachtet und erfaßt. Teilweise werden sie zum Leistungsinput des Großhandels, soweit dieser sie nachfragt.

Die bisher übliche Differenzierung von intermediären Handels- und Dienstleistungen - im Sinne der engen Sektorenbetrachtung - kann unverändert statistisch zweckmäßig sein, z. B. um die volkswirtschaftliche Verflechtungsintensität von Unternehmen und Branchen nach Leistungskategorien unabhängig von den spezifischen Kunden- und Lieferantenbeziehungen zu dokumentieren.

Für eine umfassende Bewertung der Funktionen und Aktivitäten eines Wirtschaftssektors, z. B. des Großhandels, ist dagegen eine neue Abgrenzung von Sektoren unter neuer Zuordnung von Branchen zweckmäßig. Die wesentlichen Zuordnungsprinzipien von Unternehmen zu einem Wirtschaftssektor werden die Affinität und die Konstitutivität der Funktionen für diesen Wirtschaftsbereich. Damit sind die Leistungen, die die Effizienz zentraler Wirtschaftssektoren prägen, das geeignete Differenzierungskriterium.

Neben der Produktion mit den Leistungskernen Bergbau, Landwirtschaft und Warenfertigung und dem konsumentenverbundenen Transaktionssektor mit dem Leistungskern Waren- und Diensteversorgung der Konsumenten stellt der intermediäre Transaktionsbereich mit dem Leistungskern der Waren- und Diensteversorgung im gewerblichen und institutionellen Bereich einen der zentralen Sektoren in der Volkswirtschaft dar.

Der Großhandel befaßt sich primär mit der intermediären Transaktion, d. h. der Warenversorgung gewerblicher und institutioneller Kunden. Im Sinne eines neuen institutionellen Zuordnungsprinzips sind über die Großhandelsunternehmen in bisheriger statistischer Abgrenzung hinaus aber auch alle Dienstleistungsunternehmen,

- deren Leistungsorientierung im wesentlichen intermediär bestimmt ist,
- die eine Affinität zur zentralen Warentransaktionsleistung des Großhandels aufweisen und
- deren Leistungen für die Qualität der gewerblichen Versorgung konstitutiv sind,

dem intermediären Transaktionsbereich zuzuordnen.

Der intermediäre Transaktionssektor in der Volkswirtschaft umfaßt somit neben dem Großhandel im engeren Sinne, als dem von der Warentransaktion dominierten Dienstleistungsbereich, alle Dienstleistungsbranchen, die intermediär orientiert sind und - integriert, kombiniert oder komplementär in bezug auf die Großhandelskernleistung - Serviceaufgaben im Rahmen der gewerblichen Versorgung übernehmen.

Der Großhandelssektor im Sinne eines kategorialen volkswirtschaftlichen Sektorensystems ist somit der Gesamtbereich der intermediären Transaktion von Waren und Diensten.

Ein derartiges neues funktionssektorales Konzept hat wirtschaftspolitische wie verbandspolitische Auswirkungen. So werden sektorale Struktur- und Leistungsstatistiken nicht mehr (nur) nach der vom historischen Leistungsschwerpunkt abgeleiteten Zuordnung gegliedert, sondern nach der Art des Leistungsempfängers, für den die Leistungen in erster Linie erbracht werden. Ein Wirtschaftssektor wie der Großhandel kann somit in seiner volkswirtschaftlichen Bedeutung nicht mehr nur aufgrund der erbrachten Warentransaktionen und Lieferungen gemessen werden, sondern aufgrund der Gesamtheit der transaktionellen Dienstleistungen zur intermediären Versorgung.

Zum Großhandel gehören nach diesem Konzept künftig nicht mehr nur die Unternehmen des Warentransaktionstyps, sondern in umfassender Form die intermediär ausgerichteten Dienstleistungsbranchen. Über den institutionellen Großhandel hinaus gehören auch die industriellen Vertriebseinrichtungen sowie die bei einstufigen Handelssystemen vorhandenen funktionalen Großhandelseinrichtungen zum Großhandel, weiter auch die intermediär transaktionsvorbereitenden, -begleitenden und -fördernden Dienstleistungsunternehmen mit Leistungsschwerpunkt bei Diensten wie Marktforschung, Versicherung, Logistik, Montage, Werbung, Kommunikation, Finanzierung, Entsorgung, Umwelttechnik und Recycling. Dadurch ergibt sich auch ein erweiterter betreuungs- und funktionspolitischer Vertretungsbereich von Großhandelsverbänden.

Als weiterer eigenständiger Sektor ist der Konsumentenbereich und damit die Gesamtheit der privaten Haushalte einzubeziehen.

In einem weiteren Wirtschaftsbereich sind im übrigen die übergreifenden Leistungen in den Bereichen Bildung, Kultur, Gesundheitswesen, Verkehr, Verwaltung zusammenzufassen.

Sechstes Kapitel

Herausforderungen und strategische Konsequenzen für die Wirtschafts- und Verbandspolitik

A. Wirtschaftssektorale Rahmenbedingungen (1)

I. Die Probleme

Unrealistische Vorurteile und Paradigmen

Aus der Dynamik des Handels - und somit auch aus den hier dargestellten Veränderungen des Großhandels - läßt sich ableiten, daß zahlreiche Vorstellungen darüber, wie der Handel strukturiert ist und funktioniert, von den Bedingungen in der Realität abweichen. Dazu einige Beispiele:

1. Die Funktionsprofile von Großhandels- und Einzelhandelsunternehmen, aber auch von Waren- und Serviceproduktions- und -handelsunternehmen unterliegen weitreichenden Wandlungen. Die neue Arbeitsteilung hat eine institutionelle und rechtliche Ausgliederung von Vertriebsabteilungen aus Herstellerunternehmen oder von Einkaufsbüros aus Handelsunternehmen zur Folge. Die Gegenentwicklung ist eine Hybridisierung mit Funktionsmischungen von warenbezogenen Funktionen mit zugehörigen oder affinen Dienstleistungen, z. B. die Integration von Serviceagenturen und Informationsdienstleistern. Dieser Struktur- und Funktionswandel ist im Wirtschaftsrecht bisher nicht berücksichtigt.

---

1) Vgl. hierzu auch Tietz, Bruno: Die Rückkehr zur Händlergesellschaft, Ein Beitrag zur Prosperität und Integration von Volkswirtschaften, Vortrag anläßlich des Kolloquiums "Wettbewerb und Unternehmensführung" am 21. Oktober 1993 in Dresden.

2. Die Funktionen des Binnenhandels im Sinne von Inlandshandel und Binnenmarkthandel einerseits und Außenhandel in Länder außerhalb der EU andererseits werden im Großhandel zunehmend bedeutender und kombiniert eingesetzt. Vor allem durch den Binnenmarkt, aber auch durch die weitere Internationalisierung wird der Großhandel stärker eingeschaltet als in der Vergangenheit. Es spricht vieles dafür, daß die bisherige Unterscheidung in Binnenhandel und Außenhandel ungeeignet ist und obsolet wird.
3. Die konjunkturpolitische Bedeutung von Handel und Dienstleistungen wird aufgrund der aus der aquinischen Sozialethik und der physiokratischen Kreislauftheorie stammenden normativen Abwertung der kommerziellen Transaktionen mißdeutet und unterschätzt. Die Marktschaffung und Markterweiterung durch Handel wird zu wenig beachtet. Die Konzepte der Marketingtheorie werden bisher fast ausschließlich unter dem Blickwinkel des Vertriebs der Produktionsbetriebe rezipiert.
4. Die Arbeitsbedingungen im Handel sind in erheblichem Umfang durch Teilzeitarbeit und in einigen Bereichen durch Nebentätigkeitsverhältnisse geprägt. Die steuerrechtliche und arbeitsrechtliche Behandlung dieser Arbeitsbedingungen ist unzulänglich.
5. Der Rechtsrahmen für den Handel und die zugehörigen sowie affinen Dienstleistungen ist nicht harmonisiert und teilweise nicht kompatibel. Dadurch können mögliche Synergien nicht ausgeschöpft werden.
6. Die Bündelung der Interessenvertretungen in Verbänden und Institutionen der Lobby entspricht nicht der faktischen Interessenlage der betroffenen Unternehmen im Handel und in den verwandten Dienstleistungsbereichen.
7. Die Behandlung von Handel und affinen Dienstleistungen in der Politik berücksichtigt nicht die derzeitigen Struktur- und Funktionsraster.

Strukturelle und organisatorische Veränderungen - Konsequenzen der Systemsteuerung

Das Volumen der interinstitutionellen Transaktionen von Waren und Diensten wird stark ansteigen. Dies bedeutet, daß das Zentrum der Steuerung der Wirtschaft, das im Rahmen der Industrialisierung auf die Hersteller übergegangen ist, wieder auf den Handel rückverlagert wird. Dies äußert sich besonders deutlich in der Ausgliederung von Vertriebsgesellschaften aus den Produktionsunternehmen, so von IBM, durch gemeinsame Vertriebsgesellschaften von Herstellern im Rahmen des symbiotischen Marketingkonzeptes und in der zunehmenden Neuorientierung der Industrie in Richtung auf eine vertriebsdominierte oder marktdominierte Steuerung. Dies heißt nicht, daß die Produktion in Landwirtschaft, Bergbau und Industrie für den Wohlstand in der Volkswirtschaft unwichtig würde, es bedeutet jedoch, daß der Handel und dabei insbesondere der intermediäre Handel weit mehr Systemkopffunktionen wahrnehmen wird als bisher.

Daher kann man mit Recht davon ausgehen, daß die postindustrielle Gesellschaft (2) zwar Elemente der Informations- und Ökologiegesellschaft umfassen, jedoch im Grunde eine Händlergesellschaft sein wird.

Der Übergang von der Industrie- in die Händlergesellschaft, der sich gerade zur Zeit vollzieht, wird bedeutende Konsequenzen für die heute bestehenden Unternehmen haben. Zum einen nehmen die Marktchancen sowohl im Bereich der intermediären als auch der konsumverbundenen Transaktionen beachtlich zu. Anderseits werden der Wettbewerbsdruck sowie die strukturelle und organisatorische Umschichtungsgeschwindigkeit in überdurchschnittlichem Maße steigen und zu verstärkter Reaktion bei den bisherigen Führungs- und Organisationsmustern der etablierten Unternehmen führen.

Schätzungen in den Vereinigten Staaten wie auch in Westeuropa gehen davon aus, daß innerhalb eines Jahrzehnts im Großhandel und Einzelhandel bereits etwa die Hälfte der Umsätze nicht mehr von den heute existierenden Groß- und Einzelhandelsunternehmen in den bisherigen Struktur-, Organisations- und Leistungsformen getätigt werden.

Im übrigen ist die Wiederkehr der Händlergesellschaften ein erneutes Aufleben der wirtschaftlichen Dominanzstrukturen, wie sie seit Jahrtausenden vorgeherrscht haben. So hat Japan auch während der Industrialisierung das Konzept der Händlergesellschaft beibehalten und verstärkt. (3)

Mit diesen Umschichtungen wird zu einer wie auch immer gestalteten Industriepolitik nicht Stellung genommen. Auch zu Erhaltungsinterventionen und auf die Industrieproduktion ausgerichteten Förderprogrammen sowie zur Technologie- und Innovationsförderung wird somit nicht Stellung bezogen.

Zum Ausdruck gebracht werden soll jedoch, daß der Großhandel in Zukunft mehr als bisher auch in die Produktionssteuerung und den Absatz von Industrieprodukten eingeschaltet sein wird.

Institutionelle Konsequenzen

Aus diesen Überlegungen folgt, daß sich auch bei den Institutionen, die von der neuen Sektorengliederung betroffen werden, weitreichende Änderungen ergeben können, so bei Parteien, Verwaltung, Verbänden oder Gewerkschaften.

Neue Aufgaben des Großhandels

Der Großhandel ist mehr als andere Wirtschaftsbereiche dazu geeignet, moderne Systemkopffunktionen wahrzunehmen.

---

2) Begriff nach Bell, Daniel: The Coming of Post-Industrial Society, (Heinemann Educational Books) London-Edinburgh-Melbourne-Auckland 1974.
3) Tietz, Bruno: Systemdynamik und Konzentration im Handel, in: Tagungsband zur Pfingsttagung des Verbandes der Hochschullehrer für Betriebswirtschaft e. V. am 27. Mai 1994 an der Universität in Passau, (Schäffer-Poeschel-Verlag) Stuttgart 1994 (in Vorbereitung).

Dabei sind Systemkopfaufgaben zum einen innerhalb Bayerns zu erbringen; darüber hinaus können Systemkopfaufgaben erfüllt werden, die auf grenzüberschreitenden Waren- und Diensttransaktionen beruhen oder die außerhalb Bayerns liegende Filialen oder Kooperationspartner betreffen.

Auf jeden Fall erfüllt der bayerische Großhandel für alle über die Landesgrenzen von Bayern hinausgehenden Aufgaben dann Basisfunktionen, die hinsichtlich der Struktur und der Beschäftigung dem Grundleistungsbereich zuzurechnen sind. Der Grundleistungsbereich induziert Beschäftigung und damit Wirtschaftswachstum in den Folgeleistungsbereichen.

Der Großhandel ist mindestens in seinen Außenhandelsaktivitäten und in seiner Systemkopffunktion mit überregionaler Leitfunktion anderen sekundären Basisbereichen gleichzusetzen.

Die Systemkopffunktion setzt voraus, daß die Konzentration teilweise eine Neubewertung erfährt und Kooperationserleichterungen geschaffen werden.

Aufgrund seiner Drehscheiben- und Systemkopffunktion wird der bayerische Großhandel eine ganz ausgeprägte Rolle für die Restrukturierung von Produktions- und Distributionssystemen in den osteuropäischen Märkten spielen. Je schneller er auch kommunikationstechnisch auf diese Herausforderung eingestellt ist, um so effizienter und rascher kann die angestrebte Qualität der Funktionserfüllung erreicht werden.

Zur Beurteilung der Konzentration

Die bisherigen Analysen haben gezeigt, daß die langfristige Überlebensfähigkeit von Großhandlungen an Mindestgrößen für Betriebe und für Unternehmen gebunden ist.

Aus den Größenklassenuntersuchungen der Handels- und Gaststättenzählung und der Umsatzsteuerstatistik ist zu entnehmen, daß die durchschnittliche Größe der Unternehmen in Bayern beträchtlich unter dem Durchschnitt der alten Bundesländer liegt.

Auch wenn man davon ausgeht, daß - wie in anderen Bundesländern - eine beachtliche Anzahl der statistisch ausgewiesenen Kleinbetriebe keine echte intermediäre Leistung erbringt, sondern weitgehend unspezifische Absatzmittlerfunktionen wahrnimmt, so verbleibt doch die Notwendigkeit der Strukturanpassung. Vor diesem Hintergrund sind die Unterstützung und die Förderung des Entstehens schlagkräftiger Unternehmenseinheiten, so z. B. durch Kooperation bzw. durch internes oder externes Unternehmenswachstum, angeraten. Zunehmend internationalisierte und vertikalisierte Marktgegebenheiten erfordern von der Marktpositionierung her starke Großhandelspartner, dies sowohl im Binnenhandel wie im Außenhandel.

Der Exporthandel

Nach Angaben des Bundesverbandes des Deutschen Exporthandels wickelt der Exporthandel 28 % der Exporte der deutschen Industrie ab.

Die Bedeutung des Exporthandels liegt wesentlich höher, da diese Werte nur einen Teil der Leistungen enthalten. So fehlen

- die Umsätze, die der Exporthandel nicht als Eigenhändler, sondern als Vertreter deutscher Industriefirmen bewirkt,
- die Geschäfte, die von im Ausland selbständig operierenden Tochterfirmen der Exporthändler direkt mit der deutschen Industrie getätigt werden,
- der Transithandel, d. h. die Exporte nicht von deutscher, sondern von ausländischer Ware durch den Exporthandel. (4)

Es wäre anzuregen, bei den in den Export eingeschalteten Großhandelsfirmen in Bayern die hier erwähnten Umsätze, und dabei auch die Einschaltung in das unter Transit erwähnte Off-Shore-Geschäft, zu ermitteln, um daraus Förderungsmöglichkeiten ableiten zu können.

Von der Industrie werden die Schwierigkeiten beim Aufbau eigener Export- und Außenorgane unterschätzt, zumal die Kosten für die Errichtung einer eigenen Exportorganisation nur für umsatzstarke Gebiete tragbar sind. Auch die Großindustrie setzt trotz eigener Exportabteilungen auf die Einschaltung von spezialisierten Handelsfirmen, so daß Direktexport und Exporthandel ergänzt werden.

Hier wären weitere Untersuchungen anzuregen, inwieweit die Hersteller in Bayern direkt oder indirekt exportieren und welche Entwicklungstendenzen sich dabei aus der Sicht der exportierenden Industrie ergeben. Man kann erwarten, daß hier neuartige Jointventures entstehen.

Exportgeschäfte sind wegen der Devisenschwächen in Käuferländern nur realisierbar, wenn Zahlungsziele gewährt werden.

Hier besteht eine Arbeitsteilung zwischen Hersteller und Exporteur. Oft trägt der Hersteller das technische Risiko und der Exporteur die speziellen finanziellen Exportrisiken.

Auch wenn der Exporteur nicht selbst einen Lieferantenkredit einräumt, sondern einen objektgebundenen Bankkredit (Käuferkredit) arrangiert, bleibt das finanzielle Engagement beachtlich.

Hier wäre es wichtig, den Umfang der Einschaltung von Hersteller und Großhandel in diese spezifische Finanzierungsfunktion zu kennen und zu überprüfen, ob und in welchem Umfang Finanzierungsrestriktionen Exporte aus Bayern beeinträchtigen. Weiter wäre zu eruieren, welche Maßnahmen zur Überwindung von Finanzierungsrestriktionen gefunden werden können. Gleicherweise wäre zu ermitteln, ob und in welchem Umfang verwaltungsmäßige Hemmnisse bei der Abwicklung von Exporten bestehen.

---

4) Vgl. Bundesverband des Deutschen Exporthandels e. V. (BDEx) (Hrsg.): Leistungsverzeichnis, Hamburg 1993, S. 6-9.

II. Wettbewerbsleitbild und Regulierungsnormen

Zur Systembildung

Das faktische Geschehen in Unternehmen und auf den Märkten hat sich in den letzten Jahrzehnten weit über die einfachen einstufigen und mehrstufigen nationalökonomischen Modellfiguren für Unternehmen und Wettbewerb hinaus entwickelt, dies durch konzentrative und kooperative Strategien der Unternehmen. Durch Konzentration und Kooperation entstehen Unternehmenssysteme und Verbundsysteme, in denen meist gleicherweise eine Horizontalisierung und Vertikalisierung erfolgt. (5)

Aus einzelwirtschaftlicher Sicht spricht man bei der Systempolitik (6) von Horizontalisierung und Vertikalisierung. Die Horizontalisierung kennzeichnet Beziehungen auf der gleichen Wirtschaftsstufe, die Vertikalisierung auf unterschiedlichen Stufen.

Diese Bindungen können sich als Intrasektoralisierung und Intersektoralisierung gestalten. Im ersten Fall werden die Bindungen im gleichen Wirtschaftssektor geschaffen, z. B. in der Automobilindustrie, im zweiten Fall zwischen Wirtschaftssektoren, z. B. Automobilen und Bankgeschäft oder Dienstleistungsgeschäft bei der Flottenvermietung oder beim Flottenleasing.

Die mikroökonomische Analyse der mehrstufigen Märkte und der struktur- und wettbewerbspolitischen Bewertung dieser Märkte hat bisher zu eher unbefriedigenden einzel- und gesamtwirtschaftlichen Erkenntnissen geführt.

Lineare Strategien, die klassischen Modellfiguren zugrunde liegen, werden mehr und mehr durch Vernetzungskonzepte abgelöst.

Von weitreichender Bedeutung ist die Systembildung zwischen Zulieferern und Fertigprodukteherstellern sowie zwischen Konsumgüterindustrie und Handel, aber insbesondere auch im Handel zwischen mehreren Handelsstufen und durch Reverse Marketing mit Herstellern. Das Systemdenken ist seit Jahrzehnten im Handel kräftiger ausgeprägt als in weiten Bereichen der Industrie. Dabei hat die Komplexität der Systeme durch Leistungsprogrammerweiterungen und Divisionalisierungen sowie die Internationalisierung stark zugenommen.

Systemüberlegungen im Handel haben zunächst bei Kooperationssystemen eine Rolle gespielt. In den letzten Jahren sind durch die Konzern- und Mega-Konzernbildung im Handel Systemüberlegungen auch im konzentrativen Bereich zu verzeichnen gewesen. Dadurch hat die Systembildung im Handel in den letzten Jahren neue Dimensionen erreicht.

---

5) Vgl. Tietz, Bruno: Einzelhandelsperspektiven für die Bundesrepublik Deutschland bis zum Jahre 2010, (Deutscher Fachverlag) Frankfurt a. M. 1992; vgl. Tietz, Bruno: Großhandelsperspektiven für die Bundesrepublik Deutschland bis zum Jahre 2010, (Deutscher Fachverlag) Frankfurt a. M. 1993.
6) Vgl. dazu Tietz, Bruno: Der Handelsbetrieb, 2. Aufl., (Verlag Franz Vahlen) München 1993.

In der bisherigen Wettbewerbspolitik haben konzentrative und kooperative Systeme, weil sie schwerpunktmäßig auch durch den intermediären Handel gestaltet werden, unzulängliche Integration gefunden.

Zum Güterverkehr im Groß- und Außenhandel

Durch die Vollendung des europäischen Binnenmarktes ergab sich die Notwendigkeit, die bisherige "kontrollierte Marktordnung" im Güterverkehr in der Bundesrepublik Deutschland aufzulockern. Mit dem Gesetz zur Aufhebung der Tarife im Güterverkehr vom 13. August 1993 (BGBl I, S. 1489 ff.) ist ein wesentlicher Schritt auf dem Weg zur Herstellung voller marktwirtschaftlicher Bedingungen eingeleitet worden. Mit dem Ende der administrierten Preise im Güterverkehr und dem Wegfall der Tarifüberwachung und Frachtenprüfung wird der gewerbliche Straßengüterverkehr administrativ und kostenmäßig erheblich entlastet.

Das Leasing-Verbot für größere und schwerere Fahrzeuge ist rückwirkend ab 1. Januar 1994 aufgehoben worden.

Eine vergleichbare Deregulierung für den Werkverkehr, vor allem im Werkfernverkehr, zeichnet sich jedoch nicht ab. So gelten beispielsweise folgende Regelungen:

- Beförderungsverbot für Dritte,
- vollständige statistische Überwachung mit monatlichen Meldungen.

Das Beförderungsverbot für Dritte behindert einen ökonomisch und ökologisch sinnvollen und effizienten Einsatz des Transportmittels Lkw im Werkverkehr. Es bedingt damit nicht nur Leerfahrten, sondern verhindert auch eine Bündelung von Waren- und Verkehrsströmen, wie z. B. bei Konzernunternehmen und Kooperationssystemen oder bei der Rücknahme von recyclierbaren Wertstoffen.

Vielfach wird die Auffassung vertreten, daß das Beförderungsverbot für Dritte nicht aufgehoben werden kann, solange die Anzahl der deutschen Güterfernverkehrsunternehmen durch Kontingent noch beschränkt ist, weil es sonst zu leicht wäre, außerhalb des Kontingents nominellen Werkverkehr durchzuführen, der tatsächlich nichts anderes ist als gewerblicher Güterfernverkehr. Das Problem dürfte sich aller Voraussicht nach in wenigen Jahren dadurch lösen, daß die Kontingente für den Güterfernverkehr aufgehoben werden müssen, sobald die Kabotage (Transporte zwischen zwei inländischen Orten durch ein ausländisches Fuhrunternehmen) zum 1. Juli 1998 vollständig freigegeben sein wird. Sobald es keine zahlenmäßige Beschränkung der Güterfernverkehrsunternehmen mehr gibt, kann jedes Handelsunternehmen, das auch Beförderungen für Dritte durchführen will, selbst ein Güterfernverkehrsunternehmen anmelden.

Die Forderung nach Wegfall des Beförderungsverbots für Dritte beschränkt sich nicht nur auf den Werkfernverkehr, sondern sie umfaßt auch den Werknahverkehr. Es erscheint als verkehrspolitischer, volks- und betriebswirtschaftlicher und schließlich auch ökologischer Widersinn, daß es Großhandelsunternehmen innerhalb eines Konzerns oder einer Kooperation oder auf demselben Betriebsgelände angesiedelt untereinander nicht gestattet ist, gemeinsame Lkw-Beförderungen durchzuführen, ohne gleichzeitig alle rechtlichen und administrativen Voraussetzungen, die für den gewerblichen Güterkraftverkehr gelten, erfüllen zu müssen, wie:

- Nahverkehrserlaubnis,
- Fernverkehrsgenehmigung,
- KVO-Versicherung,
- Fahrtenbuch oder Fahrtenberichtsheft,
- Beförderungs- und Begleitpapiere.

Im Jahre 1990 hatten 33 400 Unternehmen insgesamt 156 500 Lastkraftwagen mit mehr als 4 t Nutzlast, Zugmaschinen mit einer Leistung von mehr als 40 KW sowie die dazugehörigen Anhänger für den Werkfernverkehr angemeldet. Im gewerblichen Straßengüterfernverkehr waren zum gleichen Zeitpunkt 10 150 Unternehmen tätig, die insgesamt 83 000 Fahrzeuge und Anhänger einsetzten.

Die durchschnittliche Versandweite des Werkfernverkehrs beträgt 185 km, rd. 80 % aller Transporte im Werkfernverkehr liegen in dem Entfernungsbereich unter 250 km. Der gewerbliche Straßengüterfernverkehr weist eine durchschnittliche Versandweite von 286 km auf und führt über die Hälfte seiner Beförderungen über Entfernungen von 250 km und mehr durch. Dies bedeutet, daß der Werkfernverkehr überwiegend zur regionalen Flächenversorgung eingesetzt wird - eine Tatsache, die im Freistaat Bayern besonders zu berücksichtigen ist.

Die Unternehmen des Groß- und Außenhandels sind am gesamten Werkfernverkehr leistungsmäßig zu rd. 50 % beteiligt. Schwerpunkte liegen in den Güterbereichen Nahrungs- und Genußmittel, Baustoffe, Eisen und Stahl, Holz sowie Mineralöle und Chemikalien. Die hohen Spezialisierungsanforderungen an die Art und die Ausrüstung der Fahrzeuge des Werkfernverkehrs sprechen dafür, daß die Unternehmen des Groß- und Außenhandels auch in Zukunft in einem hohen Maße mit eigenen Fahrzeugen die Warentransaktion vornehmen.

Die Tätigkeit des Großhandels ist von einer Freizügigkeit im Personenverkehr wie im Güterverkehr abhängig. Konkrete Beispiele zeigen, daß Veränderungen der Verkehrsbedingungen die Rentabilität des Großhandels stark beeinflussen, vor allem durch zusätzliche verkehrsbedingte Investitionen in Läger und Fuhrpark, die keinen Ausgleich durch Erhöhung der Verkaufspreise erfahren.

Über die Nutzung nichtautomobiler Verkehrsmittel durch den Großhandel bestehen teilweise unrealistische Vorstellungen. Für den Großhandel ist der öffentliche Personenverkehr nur in Ausnahmefällen ein Ersatz für Pkw. Die Bundesbahn gilt im Bereich des Güterverkehrs als nicht leistungsfähig genug. Die Verlagerung von Logistikleistungen auf Spediteure ändert die Probleme nicht grundsätzlich.

Eine Gesprächsrunde über Verkehrsprobleme des Großhandels erscheint unerläßlich, um überprüfen zu können, wo Erleichterungen und Sondergenehmigungen geschaffen werden müssen.

Die Arbeitsflexibilisierung und die Teilzeitarbeit

Im Gespräch mit den in die Erhebung einbezogenen bayerischen Großhandelsunternehmen wurde immer wieder auf den Bedarf an flexiblen Arbeitszeitregelungen hingewiesen. Bereits bestehende tarifliche Regelungen, insbesondere im bayerischen Großhandel, haben Modellcharakter. Hinzuweisen ist in diesem Zusammenhang auf den § 8 Nr. 2 Manteltarifvertrag für die Arbeitnehmer in den bayerischen Betrieben des Groß- und Außenhandels.
Konzepte für eine Flexibilisierung der Arbeitszeiten sind ein Problem der Tarifparteien.
Modellversuche zur Analyse der Auswirkungen von Arbeitsflexibilisierung und Teilzeitarbeit auf den bayerischen Großhandel sind unter binnenhandelspolitischem Aspekt zu fördern.

Neue Medien

Die künftige Wettbewerbsposition von Unternehmen und Systemen des Großhandels wird ganz entscheidend von ihrer informationellen Vernetzungsqualität geprägt. Der Wettbewerb wird verstärkt ein Informations- und Kommunikationswettbewerb sein. Zu überprüfen sind daher Möglichkeiten zur Erleichterung der Beteiligung an modernen Kommunikationsmethoden, vor allem an neuen Medien.
Es ist anzuregen, Pilotprojekte des Informationsverbundes des Großhandels mit Kunden, Lieferanten und Serviceanbietern zu überprüfen und Möglichkeiten zu ihrer u. U. branchenübergreifenden Expansion und Multiplikation zu eröffnen.

Förderung von Weiterbildung und Schulung

Die Mitarbeiterqualifikation behält für alle Branchen des Großhandels ihren hohen Stellenwert für die Behauptung im Wettbewerb. Hier sind die bestehenden Aktivitäten fortzusetzen und vor dem Hintergrund der aktuellen Herausforderungen durch neue Modelle anzureichern.
Dabei ist der Beherrschung und Bewältigung der modernen Informationstechnologien wie der Internationalisierung (Sprachen, Management-, Führungsverhalten) noch breiterer Raum zu geben. Zu denken ist hierbei auch an neue Partnerschaftsmodelle zwischen Hochschulen (Universitäten, Fachhochschulen, Business Schools) und der Wirtschaft, in denen praxisbezogene Ausbildungs- und Schulungsprogramme in neuen Lehrmodellen unter beidseitiger Beteiligung umgesetzt werden.

Analyse der EU-Auflagen auf den Großhandel

Die Analyse der Auswirkungen von EU-Auflagen auf den Großhandel, die teilweise noch nicht wirksam sind, ist wichtig.

Vor allem hat dabei auch Bedeutung, ob ausländische Anbieter im Inland bestehende Auflagen einhalten bzw. einhalten müssen oder nicht und ob dadurch eventuell Diskriminierungen für inländische Unternehmen auftreten.

Großhandelsmonitoring oder neue Großhandels-Schnellberichterstattung

Zur Ermöglichung rascher wirtschaftspolitischer Reaktionen erscheint ein Monitoring auf Expertenbasis, das frühzeitig auf Entwicklungen und Probleme des Großhandels aufmerksam macht, angeraten. Zu denken ist z. B. an die Installierung eines Expertenpanels, das dem Bayerischen Staatsministerium für Wirtschaft und Verkehr halbjährlich einen Positionsstatus des intermediären Bereiches und handelspolitische Empfehlungen erstattet.

B. Die Grundlagen der Verbandspolitik

I. Die Abgrenzungen

Die Handelsverbände sind in Deutschland nach dem Matrixprinzip gegliedert. Den Spitzenverbänden gehören Fachverbände und Regionalverbände an. Teilweise weisen auch Fachverbände eine Regionalgliederung auf.

Die Fachverbände verfügen jeweils über einen Bundesfachverband als Spitzenorgan. Die regionale Untergliederung in Landesfachverbände oder Landesgruppen hängt von der wirtschaftlichen Größenordnung der jeweiligen vertretenen Branchen in den Bundesländern ab.

Die Arbeitgeber- bzw. Unternehmensverbände sind regional gegliedert und haben die Tarifhoheit für die Beschäftigten des Groß- und Außenhandels im jeweiligen Bundesland. Zusätzlich zur Tarifpolitik nehmen alle Arbeitgeber- bzw. Unternehmensverbände die Sozialpolitik, die arbeitsrechtliche Betreuung und die Berufsbildung für die angeschlossenen Unternehmen wahr. Darüber hinaus sind die Landesverbände des Groß- und Außenhandels in unterschiedlicher Intensität auch Wirtschaftsverbände, die als solche wirtschaftspolitische Aufgaben wahrnehmen. Der Landesverband des bayerischen Groß- und Außenhandels ist in seiner Verbandsstruktur der am breitesten gefächerte Arbeitgeber- und Unternehmensverband in der Bundesrepublik Deutschland.

II. Die Verbandsaufgaben des Landesverbandes des Bayerischen Groß- und Außenhandels

In der Satzung des Landesverbandes des Bayerischen Groß- und Außenhandels (LGA) ist der Verbandszweck wie folgt niedergelegt:

"Der Zweck des LGA ist die Förderung der Interessen des Bayerischen Groß- und Außenhandels im Rahmen der deutschen Volkswirtschaft. Insbesondere bezweckt er:

1. Die gemeinsamen Interessen des bayerischen Groß- und Außenhandels im Rahmen der Gesamtwirtschaft zu vertreten;
2. die staatlichen und kommunalen Institutionen in allen den Groß- und Außenhandel berührenden Fragen sachverständig zu beraten;
3. bei der Bekämpfung unlauteren Wettbewerbs mitzuwirken;
4. die berufliche Aus- und Fortbildung im bayerischen Groß- und Außenhandel zu fördern;
5. die Öffentlichkeit über die Aufgaben des Groß- und Außenhandels im Rahmen der Gesamtwirtschaft aufzuklären und unbegründete Angriffe auf den Berufsstand des Groß- und Außenhandels abzuwehren;
6. die Mitglieder in allgemeinen Wirtschafts- und Steuerfragen sowie in Fragen des Arbeits- und Tarifrechts und in allen spezifischen Großhandelsfragen zu informieren und volkswirtschaftlich berechtigte Anträge und Wünsche des Großhandels bei den zuständigen Stellen zu unterstützen;
7. die Aufgaben nach § 11 Arbeitsgerichtgesetz wahrzunehmen;
8. zur Wahrung des sozialen Friedens beizutragen, insbesondere mit den Gewerkschaften Tarifverträge abzuschließen.

Der Zweck des Verbandes ist nicht auf einen wirtschaftlichen Geschäftsbetrieb gerichtet. Die Verfolgung parteipolitischer sowie konfessioneller Ziele ist ausgeschlossen." (7)

Der LGA nimmt damit neben den Aufgaben der Tarifpolitik sowohl wirtschaftspolitische als auch sozialpolitische Aufgaben für die Mitglieder wahr.

Der LGA vertritt rd. 1 200 Betriebe in Bayern als Einzelmitglieder sowie weitere ca. 2 500 Betriebe in korporativ angeschlossenen Fachverbänden.

Die Fachzweige für Mitglieder des LGA sind die folgenden Großhandelsbranchen:

- technische Chemikalien,
- Heil- und Gewürzkräuter,
- Heim und Farbe,
- Elektro, Rundfunk, Fernsehen,

---

7) Landesverband des Bayerischen Groß- und Außenhandels e. V. (Hrsg.): Satzung des Landesverbandes des Bayerischen Groß- und Außenhandels, Fassung vom 18. April 1978, S. 4.

- Schreib-, Papierwaren und Bürobedarf,
- Textil,
- Feuerwehrbedarf.

Die Unternehmen dieser Branchen verfügen jeweils nicht über eine eigene Verbandsadministration in Bayern.

Weitere Großhandelsbranchen unterhalten in Bayern eigene Regionalverbände, von denen sich die folgenden Fachverbände dem LGA in Bayern korporativ angeschlossen haben:

- Fachverband des Bayerischen Baustoffhandels e. V.,
- Verband des Bayerischen Frucht-Import- und Großhandels e. V.,
- Vereinigter Holzhandelsverband e. V. Landesgruppe Bayern,
- Verband der Hopfenkaufleute und Hopfenveredler e. V.,
- Berufsverband des Bayerischen Käse- und Fettwarengroßhandels e. V.,
- Landhandelsverband Bayern e. V.,
- Landesvereinigung des Bayerischen Lebensmittelgroßhandels und seiner Großbetriebsformen e. V.,
- UNITI Bundesverband mittelständischer Mineralölunternehmen e. V. Landesgruppe Bayern.

Weiterhin übernimmt der LGA die Betreuung

- des Gesamtverbandes des Deutschen Spielwaren-Groß- und Außenhandels e. V. (GSG) und
- des Bundesverbandes Kunstgewerbe, Geschenkartikel & Wohndesign e. V. (BKG).

Zur Wahrnehmung seiner Aufgaben wirkt der LGA auf Landesebene in Bayern in den folgenden Institutionen mit:

- VAB Vereinigung der Arbeitgeberverbände in Bayern mit Informationszentrale der Bayerischen Wirtschaft (ibw) und Bildungswerk der Bayerischen Wirtschaft (bbw),
- Landesplanungsbeirat beim Bayerischen Staatsministerium für Landesentwicklung und Umweltfragen,
- Messeausschuß beim Bayerischen Staatsministerium für Wirtschaft und Verkehr,
- Bürgschaftsausschuß der Kreditgarantiegemeinschaft für den Handel in Bayern,
- Garantieausschuß der Bayerischen Garantiegesellschaft für mittelständische Beteiligungen,
- Beirat bei der Landeszentralbank im Freistaat Bayern,
- Münchner Bildungsforum (MBF).

Zudem ist der LGA an den folgenden Institutionen beteiligt bzw. in die Trägerschaft eingebunden:

- Kreditgarantiegemeinschaften für den Handel in Bayern GmbH, München,
- Kapitalbeteiligungsgesellschaft für die mittelständische Wirtschaft Bayerns mbH,
- Verein für Berufsförderung im Handel e. V., München und Nürnberg,
- Bundesbetriebsberatungsstelle für den Deutschen Groß- und Außenhandel mbH, Bonn,
- mbw Mediengesellschaft der Bayerischen Wirtschaft mbH.

C. Konsequenzen für die Verbandspolitik

I. Die kategoriale Neuorientierung

Es gibt Arbeitgeberverbände mit breiter und enger Orientierung. Die breite Orientierung umfaßt die Bereiche Wirtschafts-, Sozial- und Tarifpolitik. Der Großhandelsverband in Bayern ist breit orientiert und muß sich daher dem weiten Aufgabenspektrum der Verbandspolitik stellen.

In Zukunft muß der Verband seine Mitgliederpotentiale und Funktionen entsprechend der Definition des intermediären Sektors mit Waren- und Dienstleistungsbereichen neu strukturieren. Einzubeziehen wären mindestens folgende Bereiche:

- der industrielle Vertrieb,
- Großhandelsaktivitäten zweistufiger Handelssysteme,
- affine Dienstleistungen.

Zu den neuen Aufgaben gehört auch die Erweiterung des Katalogs der Tätigkeitsmerkmale, die für die tarifliche Zuordnung innerhalb von Gruppen relevant sind. Diese neuen Tätigkeitsmerkmale müssen formuliert werden. Es geht um Interessenbündelung und um Vertretung der Unternehmen, die Intermediäre in dem bisher definierten Sinn sind. Dadurch wird auch das wirtschaftspolitische Gewicht positiv beeinflußt.

Dies kann ohne Beeinträchtigungen des bisherigen Kerns der Großhandelsmitglieder erfolgen.

Die Neuordnung muß durch eine aktive und effiziente Öffentlichkeitsarbeit begleitet werden.

Die Bayern übergreifende Herausforderung

Die neue Sicht des Großhandels ist kein regionales Phänomen. Vielmehr muß national und international eine neue Organisation des intermediären Verbandsbereiches erfolgen.

II. Die Öffentlichkeitsarbeit für den Handel

Der Handel hat beachtliche Kompetenz bei der Werbung für seine Waren und Dienste. Er hat keine Kompetenz bei der Werbung für sich selbst entwickelt. Hier scheint eine neuartige Zusammenarbeit zwischen allen Handelsverbänden über alle bisherigen Gremien hinweg unerläßlich.

Der Großhandel nimmt als Motor und Gestalter der intermediären Transaktionen von Waren und Diensten eine wirtschaftspolitische Schlüsselstellung ein. Gerade in dem schon eingeleiteten Zeitalter der postindustriellen Phase, die nicht mehr eine industriedominierte, sondern eine waren- und dienstetransaktionsgeprägte Gesellschaft sein wird, steht die Öffentlichkeitsarbeit der Handelsverbände vor einer neuen Herausforderung. Dabei sind die Adressaten dieser neuen Öffentlichkeitsarbeit in erster Linie in den wirtschaftspolitischen Entscheidungsbereichen, daneben aber auch bei Kommunen und Landkreisen sowie in der Gesellschaft schlechthin zu suchen.

Nur wenn es gelingt, die dem gesamten intermediären Tertiärsektor, für den der Großhandel als Systemkopf steht, zukommenden und zunehmend wichtigeren Versorgungs-, Entwicklungs-, Vernetzungs- und Qualifizierungsfunktionen intensiv und entscheidungsrelevant zu verankern, wird der gesamte intermediäre Tertiärsektor den an ihn gestellten Aufgaben gerecht und kann die bayerische Wirtschaft im Produktions- und Konsumgüterbereich weiterhin prosperieren.

III. Die Abschichtung der Mitgliedschaft

Die Grundlagen

Bei der Mitgliederpolitik hat ein Großhandelsverband im Prinzip zwei Abschichtungsmöglichkeiten:

1. die Selektion,
2. die Segmentierung.

Bei der Selektion erfolgt ein bewußter Ausschluß des Zugangs von Unternehmen, die hinsichtlich des rechtlichen Status bzw. der regionalen Ansiedlung einem Verband zugehörig wären. Kriterien der Selektion durch den Verband können Umsatz- oder Beschäftigtengröße einerseits oder Nichterfüllung von Aufgaben andererseits sein.

Bei der Segmentierung von Mitgliedern werden unterschiedliche Mitgliedskategorien geschaffen, um wirtschafts-, sozial- und tarifpolitisch eine differenzierte, aber umfassend repräsentative Betreuung unterschiedlicher Unternehmen vornehmen zu können.

Neugruppierungen von Verbänden

Im Großhandel entstehen durch die Marktdynamik neue Verbandsgruppierungen, so auch Kombinationen selbständiger Großhandlungen und Handelsvertretungen.

Die Herausforderungen für eine segmentierte Verbandspolitik

Aus der Differenzierung von Warenhandels- und Dienstleistungshandelsunternehmen ergeben sich neue Potentiale für Mitglieder aus dem Bereich des Dienstleistungshandels. Großhandelsverbände müssen daher überprüfen, ob und in welchem Umfang strukturell unterschiedliche großhandelsaffine Mitglieder integrierbar sind oder nicht.

Durch eine veränderte Mitgliederpolitik mit einer u. U. mehrschichtigen Differenzierung sind auch die Verbandsaufgaben neu zu fixieren.

Die organisatorische Konsequenz

Die institutionelle Trennung von Verbandsaufgaben könnte sich ändern. Für eine differenzierte Wahrnehmung der Verbandsaufgaben kann es zweckmäßig sein, den Verband in Funktions-Center zu zerlegen.

Zur personellen Ausstattung

Die personelle Ausstattung muß dem neuen Verbandskonzept Rechnung tragen. Auch ist ein Verbands-Service-Netzwerk zu schaffen.

Schlußbemerkungen

Aus den Ergebnissen dieser Untersuchung lassen sich mehrere Folgerungen ableiten:

1. Die veränderten Marktbedingungen bei den direkten und indirekten Lieferanten und Kunden des Großhandels haben in Verbindung mit den Änderungen der internationalen Arbeitsteilung zu einer erheblichen Vermischung der Tätigkeitsbereiche von Produktions- und Handelsunternehmen geführt.
Die ursprünglich deutlich getrennten Bereiche Produktion, Handel und Vertrieb sowie Services und Dienstleistungen haben im Rahmen der neuen Welle der Institutionalisierung teils eine Spezialisierung, teils eine weitere Integration erfahren. Konsequenzen sind neben der Spezialisierung der Aktivitäten der Produktionsunternehmen mit einer Ausgliederung von Vertriebsgesellschaften einerseits eine intensive Service- bzw. Dienstleistungsorientierung des Großhandels andererseits.
2. Die bisher übliche enge institutionelle Abgrenzung des Großhandels - sowohl bei der quantitativen Erfassung als auch bei der qualitativ funktionalen Bewertung - wird als erhebliches Problem gesehen und schränkt die wirtschaftspolitische Aussagefähigkeit der bisherigen Großhandelsstatistik ein. Da großhandelsaffine Dienstleistungen, soweit sie nicht vom institutionellen Großhandel erbracht werden, hierbei keine Berücksichtigung finden, weisen die Aussagen über die gesamtwirtschaftliche Bedeutung von Großhandelsfunktionen beachtliche Defizite auf.
Mit der Intensivierung des Wettbewerbs, der Vergrößerung der Markträume sowie der Differenzierung und Spezialisierung der Kundenanforderungen haben gerade im Großhandel jedoch die entscheidungs- und marktprozeßbegleitenden Dienstleistungsfunktionen erheblich an Bedeutung gewonnen.
3. Daraus abgeleitet, wird eine Neugliederung der Wirtschaftssektoren gefordert. Neben der Produktion mit den Leistungskernen Bergbau, Landwirtschaft und Warenfertigung und dem konsumentenverbundenen Transaktionssektor mit dem Leistungskern Waren- und Diensteversorgung der Konsumenten stellt der *intermediäre Transaktionsbereich* mit dem Leistungskern der Waren- und Diensteversorgung im gewerblichen und institutionellen Bereich einen eigenständigen zentralen Sektor der Volkswirtschaft dar.
4. Der Großhandel befaßt sich primär mit der intermediären Transaktion, d. h. der Warenversorgung gewerblicher und institutioneller Kunden. Im Sinne eines neuen sektoralen Zuordnungsprinzips sind über die Großhandelsunternehmen in bisheriger statistischer Abgrenzung hinaus auch alle Dienstleistungsunternehmen,
    - deren Leistungsorientierung im wesentlichen intermediär bestimmt ist,
    - die eine Affinität zur zentralen Warentransaktionsleistung des Großhandels aufweisen und
    - deren Leistungen für die Qualität der gewerblichen Versorgung konstitutiv sind,

    dem intermediären Transaktionsbereich zuzuordnen.

5. Ein derartiges neues funktionssektorales Konzept hat wirtschaftspolitische und verbandspolitische Auswirkungen. So werden sektorale Struktur- und Leistungsstatistiken nicht mehr (nur) nach der vom historischen Leistungsschwerpunkt abgeleiteten Zuordnung gegliedert, sondern nach der Art des Leistungsempfängers, für den die Leistungen in erster Linie erbracht werden. Ein Wirtschaftssektor wie der Großhandel kann somit in seiner volkswirtschaftlichen Bedeutung nicht mehr nur aufgrund der erbrachten Warentransaktionen und Lieferleistungen gemessen werden, sondern aufgrund der Gesamtheit der transaktionellen Dienstleistungen zur intermediären Versorgung.

Zum Großhandel gehören nach diesem Konzept künftig nicht mehr nur die Unternehmen des Warentransaktionstyps, sondern in umfassender Form die intermediär ausgerichteten Dienstleistungsbranchen. Zu den Unternehmen des Warentransaktionstyps zählen über den institutionellen Großhandel hinaus auch die industriellen Vertriebseinrichtungen sowie die bei einstufigen Handelssystemen vorhandenen funktionalen Großhandelseinrichtungen.

6. Es ist daher zweckmäßig, diesen intermediären Bereich der Waren- und Dienstetransaktionen und die selbständigen intermediären Dienstleistungen strukturell als Einheit zu begreifen und in einen intermediären Transaktions- und Servicebereich und einen konsumentenverbundenen Versorgungsbereich zu differenzieren. Dadurch entsteht folgender neuer Denkansatz für die Abgrenzung der Wirtschaftssektoren:

   a) *Produktionsbereich*: Bergbau, Landwirtschaft, Industrie, produzierendes Handwerk, Bauhauptgewerbe, produktionsaffine Dienste.

   b) *Intermediärer Bereich/intermediärer Transaktions- und Servicebereich*: Großhandel und ein erheblicher Teil gewerblicher Dienstleistungen sowie intermediär affine Dienste einschließlich intermediärer Verkehr, Banken und Versicherungen.

   c) *Konsumentenverbundener Versorgungsbereich*: Einzelhandel, Gastronomie, Hotellerie, konsumnahe Dienstleistungen, Handelsbereich des Lebensmittelhandwerks, konsumentenaffine Dienste einschließlich konsumentenverbundener Verkehr, Banken und Versicherungen.

   d) *Konsumentenbereich*: Bereich der privaten Haushalte.

   e) *Übergewerbliche Servicebereiche*: Kunst, Kultur, Gesundheitswesen, öffentliche Verwaltung, Bildung.

Dieses Konzept kann neben weiterzuentwickelnden bestehenden Ansätzen auch zur Basis definitorischer und statistischer Neuabgrenzungen werden.

Wenn sich diese Auffassung über die Vorteilhaftigkeit veränderter Gliederungskriterien der Wirtschaft national wie international durchsetzen sollte, würden sich daraus erhebliche Konsequenzen für Politik, Wirtschaftspolitik, Wirtschaftsrecht und Verbandspolitik ergeben. Beispiele sind veränderte Zuständigkeiten, Gremien und Institutionen in den politischen Parteien und deren Ausschüssen, in der Verwaltung, so die Gliederung der Ministerien und deren Abteilungen, insbesondere im Wirt-

schaftsministerium, sowie in allen Verbänden, insbesondere auch in den Spitzenverbänden.
7. Der Großhandel im umfassenden Sinne wird als Träger der intermediären Warentransaktion, noch mehr aber als Träger eines umfassenden intermediären Dienstleistungssystems, ein für die Funktionsfähigkeit und Effizienz der Volkswirtschaft zentraler Wirtschaftsbereich.
Mit der Ausweitung der Markträume in den Binnenmarkt und nach Osteuropa werden der intermediäre Transaktions-, Dienstleistungs- und Kommunikations- sowie Redistributionsbedarf und damit auch die Funktionsanforderungen an den Großhandel progressiv zunehmen.
8. Es spricht alles dafür, daß in der Zukunft insbesondere der intermediäre Bereich zur tragenden Säule der wirtschaftlichen Dynamik werden wird und damit das Schlagwort der postindustriellen Gesellschaft eine nachvollziehbare Konkretisierung erhält.
Weiter kann davon ausgegangen werden, daß in der augenblicklichen Phase der Internationalisierung, Informatisierung und Ökologisierung eine veränderte Sichtweise der Vernetzung in der Wirtschaft Produktivitätsvorsprünge bewirken kann.

Eine Wirtschaftspolitik, die der Vollständigkeit und Komplexität der Transaktionsfunktionen und oft auch der Systemkopffunktionen des Großhandels nicht die entsprechende politische Aufmerksamkeit und sachliche Offenheit entgegenbringt, läuft Gefahr, prozeß- und strukturpolitisch suboptimale Ergebnisse zu erzielen.

Die Verbandspolitik muß vor dem Hintergrund des zunehmenden Gewichts des Großhandels für die Qualität der volkswirtschaftlichen Versorgung die Positionierung dieses Bereiches in seiner Vielfalt in Öffentlichkeit und Politik stabilisieren und verbessern. Noch nie in der Nachkriegszeit war die Chance für eine Positionierungsverbesserung und -neuordnung des Großhandels besser als jetzt. Noch nie war der Zeitpunkt für einen Aufbau eines die Gesamtheit der intermediären Transaktions- und Dienstleistungsfunktionen umspannenden Großhandelsverbandswesens günstiger als heute.

Die Unternehmenspolitik der Großhandelsunternehmen, die die Chance und Notwendigkeit für eine funktionelle und organisatorische Neuausrichtung der intermediären Leistungen in einer veränderten und mit vergrößerten Chancen ausgestatteten Marktlandschaft nicht erkennt und umsetzt, unterliegt der Gefahr, vom intrasektoralen oder intersektoralen Wettbewerb ausgegrenzt zu werden.

Anhang

Die Regionalstruktur des Großhandels nach Regierungsbezirken in Bayern

Nachfolgend sind die Angaben über die regionale Verteilung der Einwohner, der Arbeitsstätten und der Beschäftigten nach Regierungsbezirken, Kreisen und kreisfreien Städten Bayerns dargestellt.

Tabelle A.1: Die Grunddaten über den Großhandel in Bayern nach Regierungsbezirken nach der Arbeitsstättenzählung von 1987

Gebiet		Einwohner 1990	Arbeitsstätten			Beschäftigte	
			insgesamt	einzige Niederlassung	Zweigniederlassung	insgesamt	weiblich
- Regierungsbezirk Oberbayern -							
161	Ingolstadt	105 489	151	107	-	1 616	560
162	München	1 229 026	4 215	2 967	892	48 804	18 123
163	Rosenheim	56 340	170	118	38	1 650	554
171	Altötting	98 633	128	.	.	679	222
172	Berchtesgadener Land	95 397	268	.	.	1 187	429
173	Bad Tölz-Wolfratshausen	104 918	171	137	.	990	341
174	Dachau	112 150	192	151	28	1 216	445
175	Ebersberg	101 937	193	159	24	2 035	928
176	Eichstätt	104 330	108	.	.	759	271
177	Erding	94 803	186	.	.	968	359
178	Freising	128 906	296	215	.	3 781	1 355
179	Fürstenfeldbruck	180 436	391	316	50	2 665	1 014
180	Garmisch-Partenkirchen	83 342	171	140	.	873	290
181	Landsberg a. Lech	90 322	166	.	.	595	234
182	Miesbach	86 250	168	144	17	796	260
183	Mühldorf a. Inn	99 003	196	150	.	1 362	398
184	München	266 629	1 074	761	228	12 667	4 491
185	Neuburg-Schrobenhausen	80 343	140	100	.	882	295
186	Pfaffenhofen a. d. Ilm	95 771	182	145	.	1 152	425
187	Rosenheim	206 284	457	374	.	2 207	698
188	Starnberg	114 597	330	279	.	1 434	597
189	Traunstein	154 146	282	210	.	1 985	589
190	Weilheim-Schongau	112 396	201	160	.	1 702	665
- Regierungsbezirk Niederbayern -							
261	Landshut	59 066	106	77	19	1 412	450
262	Passau	50 328	93	.	.	1 440	384
263	Straubing	41 715	128	.	.	1 613	422
271	Deggendorf	106 653	207	145	48	1 539	479
272	Freyung-Grafenau	78 890	83	.	.	323	85
273	Kelheim	95 063	189	150	.	1 102	365
274	Landshut	122 638	236	.	43	1 710	521
275	Passau	171 479	215	167	.	1 388	445
276	Regen	79 946	102	.	.	688	277
277	Rottal-Inn	107 938	247	.	.	1 392	487
278	Straubing-Bogen	84 792	145	117	23	534	183
279	Dingolfing-Landau	79 602	121	91	.	753	222

- Fortsetzung -

Fortsetzung Tabelle A.1

Gebiet		Einwohner 1990	Arbeitsstätten			Beschäftigte	
			insgesamt	einzige Niederlassung	Zweigniederlassung	insgesamt	weiblich
			- Regierungsbezirk Oberpfalz -				
361	Amberg	43 111	82	.	.	757	208
362	Regensburg	121 691	334	221	.	3 368	1 142
363	Weiden i. d. Oberpfalz	42 234	116	77	.	1 156	336
371	Amberg-Sulzbach	99 749	90	.	.	468	137
372	Cham	126 073	204	.	.	1 031	289
373	Neumarkt i. d. Oberpfalz	111 989	169	131	.	1 223	374
374	Neustadt a. d. Waldnaab	96 153	105	75	.	444	97
375	Regensburg	153 294	231	175	44	1 383	412
376	Schwandorf	135 254	189	131	45	1 229	424
377	Tirschenreuth	79 451	92	.	.	656	253
			- Regierungsbezirk Oberfranken -				
461	Bamberg	70 521	173	120	.	2 485	661
462	Bayreuth	72 345	188	125	45	1 978	703
463	Coburg	44 246	91	72	14	959	283
464	Hof	52 913	133	93	25	1 293	357
471	Bamberg	126 133	176	141	25	1 033	312
472	Bayreuth	101 942	132	97	.	667	212
473	Coburg	85 833	104	.	.	661	228
474	Forchheim	103 374	127	.	.	680	212
475	Hof	108 314	159	.	.	898	268
475	Kronach	76 670	128	.	.	784	243
477	Kulmbach	75 326	151	110	.	1 059	345
478	Lichtenfels	67 832	107	.	.	595	229
479	Wunsiedel/Fichtelgebirge	89 418	177	127	.	1 290	401
			- Regierungsbezirk Mittelfranken -				
561	Ansbach	37 893	70	.	.	783	237
562	Erlangen	102 440	136	.	.	1 078	351
563	Fürth	103 362	224	181	.	2 387	1 091
564	Nürnberg	493 692	1 656	1 089	465	20 076	6 754
565	Schwabach	35 514	80	70	.	449	166
571	Ansbach	165 301	269	.	.	1 404	416
572	Erlangen-Höchstadt	114 492	155	125	.	1 433	569
573	Fürth	98 621	185	156	19	708	287
574	Nürnberger Land	157 408	318	252	42	2 026	691
575	Neustadt/Aisch-Bad Windsheim	89 186	199	.	.	1 280	381
576	Roth	110 597	203	172	21	870	347
577	Weißenburg-Gunzenhausen	90 363	170	126	32	859	319

- Fortsetzung -

317

Fortsetzung Tabelle A.1

Gebiet		Einwohner 1990	Arbeitsstätten			Beschäftigte	
			insgesamt	einzige Niederlassung	Zweigniederlassung	insgesamt	weiblich
			- Regierungsbezirk Unterfranken -				
661	Aschaffenburg	64 098	219	154	.	2 818	1 037
662	Schweinfurt	54 483	117	.	.	1 452	363
663	Würzburg	127 777	283	177	.	4 969	1 646
671	Aschaffenburg	161 225	276	.	.	2 066	792
672	Bad Kissingen	104 602	138	.	.	659	227
673	Rhön-Grabfeld	81 430	116	.	.	680	187
674	Haßberge	83 287	145	120	17	719	252
675	Kitzingen	82 627	178	.	28	1 376	538
676	Miltenberg	120 328	177	153	.	994	324
677	Main-Spessart	126 754	165	122	.	1 047	373
678	Schweinfurt	108 032	152	.	.	1 278	406
679	Würzburg	144 354	204	144	.	1 761	469
			- Regierungsbezirk Schwaben -				
761	Augsburg	256 877	540	374	114	7 219	2 678
762	Kaufbeuren	40 432	133	.	.	1 027	479
763	Kempten (Allgäu)	61 906	162	103	.	1 672	527
764	Memmingen	39 333	130	.	.	1 355	415
771	Aichach-Friedberg	107 748	222	178	.	1 294	451
772	Augsburg	205 606	325	242	.	1 811	593
773	Dillingen a. d. Donau	83 421	134	.	.	774	212
774	Günzburg	111 344	217	.	.	1 096	391
775	Neu-Ulm	146 922	288	202	.	3 561	1 070
776	Lindau (Bodensee)	73 151	146	.	.	854	288
777	Ost-Allgäu	121 743	210	.	38	820	285
778	Unterallgäu	121 157	262	205	.	1 364	413
779	Donau-Ries	121 116	245	172	.	2 503	941
780	Oberallgäu	136 777	250	.	.	1 350	495

. keine Angaben aus Gründen der Geheimhaltung.
1) Beschäftigte : Einwohner.
2) Beschäftigte im Großhandel : Einwohner.
3) Beschäftige im Großhandel : Beschäftigte insgesamt.

Quelle: Bayerisches Landesamt für Statistik und Datenverarbeitung (Hrsg.): Arbeitsstätten in den Regierungsbezirken, kreisfreien Städten und Landkreisen Bayerns - Ergebnisse der nichtlandwirtschaftlichen Arbeitsstättenzählung am 25. Mai 1987, Heft 499 der Beiträge zur Statistik Bayerns, München 1990, S. 2-143; Angaben des Bayerischen Landesamtes für Statistik und Datenverarbeitung; eigene Berechnungen.

Tabelle A.2: Die Kennzahlen über den Großhandel in Bayern nach Regierungsbezirken nach der Arbeitsstättenzählung von 1987

Gebiet		Beschäftigungs-quotient insgesamt[1]	Beschäftigungs-quotient Großhandel[2]	Anteil Beschäf-tigungsquotient Großhandel[3]
\multicolumn{5}{c}{- Regierungsbezirk Oberbayern -}				
161	Ingolstadt	0,669	0,015	2,3
162	München	0,692	0,040	5,7
163	Rosenheim	0,622	0,029	4,7
171	Altötting	0,444	0,007	1,5
172	Berchtesgadener Land	0,387	0,012	3,2
173	Bad Tölz-Wolfratshausen	0,352	0,009	2,7
174	Dachau	0,283	0,011	3,8
175	Ebersberg	0,272	0,020	7,3
176	Eichstätt	0,243	0,007	3,0
177	Erding	0,280	0,010	3,6
178	Freising	0,370	0,029	7,9
179	Fürstenfeldbruck	0,251	0,015	5,9
180	Garmisch-Partenkirchen	0,429	0,010	2,4
181	Landsberg a. Lech	0,292	0,007	2,3
182	Miesbach	0,377	0,009	2,4
183	Mühldorf a. Inn	0,336	0,014	4,1
184	München	0,512	0,048	9,3
185	Neuburg-Schrobenhausen	0,331	0,011	3,3
186	Pfaffenhofen a. d. Ilm	0,314	0,012	3,8
187	Rosenheim	0,310	0,011	3,5
188	Starnberg	0,343	0,013	3,6
189	Traunstein	0,385	0,013	3,3
190	Weilheim-Schongau	0,363	0,015	4,2
\multicolumn{5}{c}{- Regierungsbezirk Niederbayern -}				
261	Landshut	0,614	0,024	3,9
262	Passau	0,712	0,029	4,0
263	Straubing	0,556	0,039	6,9
271	Deggendorf	0,383	0,014	3,8
272	Freyung-Grafenau	0,337	0,004	1,2
273	Kelheim	0,340	0,012	3,4
274	Landshut	0,267	0,014	5,2
275	Passau	0,317	0,008	2,6
276	Regen	0,361	0,009	2,4
277	Rottal-Inn	0,326	0,013	4,0
278	Straubing-Bogen	0,223	0,006	2,8
279	Dingolfing-Landau	0,506	0,009	1,9
\multicolumn{5}{c}{- Regierungsbezirk Oberpfalz -}				
361	Amberg	0,611	0,018	2,9
362	Regensburg	0,773	0,028	3,6
363	Weiden i. d. Oberpfalz	0,592	0,027	4,6
371	Amberg-Sulzbach	0,292	0,005	1,6
372	Cham	0,336	0,008	2,4
373	Neumarkt i. d. Oberpfalz	0,337	0,011	3,2
374	Neustadt a. d. Waldnaab	0,327	0,005	1,4
375	Regensburg	0,207	0,009	4,3
376	Schwandorf	0,347	0,009	2,6
377	Tirschenreuth	0,369	0,008	2,2

- Fortsetzung -

Fortsetzung Tabelle A.2

Gebiet		Beschäftigungs-quotient insgesamt[1]	Beschäftigungs-quotient Großhandel[2]	Anteil Beschäftigungsquotient Großhandel[3]
\multicolumn{5}{c}{- Regierungsbezirk Oberfranken -}			
461	Bamberg	0,779	0,035	4,5
462	Bayreuth	0,637	0,027	4,3
463	Coburg	0,705	0,021	3,1
464	Hof	0,568	0,024	4,3
471	Bamberg	0,216	0,008	3,8
472	Bayreuth	0,293	0,007	2,2
473	Coburg	0,397	0,008	1,9
474	Forchheim	0,263	0,007	2,5
475	Hof	0,400	0,008	2,1
475	Kronach	0,435	0,010	2,7
477	Kulmbach	0,410	0,014	3,4
478	Lichtenfels	0,464	0,009	1,9
479	Wunsiedel/Fichtelgebirge	0,474	0,014	3,0
\multicolumn{5}{c}{- Regierungsbezirk Mittelfranken -}			
561	Ansbach	0,682	0,021	3,0
562	Erlangen	0,754	0,011	1,4
563	Fürth	0,530	0,023	4,4
564	Nürnberg	0,660	0,041	6,2
565	Schwabach	0,450	0,013	2,8
571	Ansbach	0,322	0,008	2,6
572	Erlangen-Höchstadt	0,276	0,013	4,5
573	Fürth	0,229	0,007	3,1
574	Nürnberger Land	0,400	0,013	3,8
575	Neustadt/Aisch-Bad Windsheim	0,320	0,014	4,5
576	Roth	0,274	0,008	2,9
577	Weißenburg-Gunzenhausen	0,360	0,010	2,6
\multicolumn{5}{c}{- Regierungsbezirk Unterfranken -}			
661	Aschaffenburg	0,730	0,044	6,0
662	Schweinfurt	1,051	0,027	2,5
663	Würzburg	0,721	0,039	5,4
671	Aschaffenburg	0,333	0,013	3,9
672	Bad Kissingen	0,363	0,006	1,7
673	Rhön-Grabfeld	0,372	0,008	2,2
674	Haßberge	0,331	0,009	2,6
675	Kitzingen	0,351	0,017	4,7
676	Miltenberg	0,383	0,008	2,2
677	Main-Spessart	0,348	0,008	2,4
678	Schweinfurt	0,181	0,012	6,5
679	Würzburg	0,210	0,012	5,8

- Fortsetzung -

Fortsetzung Tabelle A.2

Gebiet		Beschäftigungs-quotient insgesamt[1]	Beschäftigungs-quotient Großhandel[2]	Anteil Beschäftigungsquotient Großhandel[3]
		- Regierungsbezirk Schwaben -		
761	Augsburg	0,620	0,028	4,5
762	Kaufbeuren	0,526	0,025	4,8
763	Kempten (Allgäu)	0,603	0,027	4,5
764	Memmingen	0,655	0,034	5,3
771	Aichach-Friedberg	0,284	0,012	4,2
772	Augsburg	0,289	0,009	3,0
773	Dillingen a. d. Donau	0,353	0,009	2,6
774	Günzburg	0,390	0,010	2,5
775	Neu-Ulm	0,401	0,024	6,1
776	Lindau (Bodensee)	0,417	0,012	2,8
777	Ost-Allgäu	0,341	0,007	2,0
778	Unterallgäu	0,338	0,011	3,3
779	Donau-Ries	0,393	0,021	5,3
780	Oberallgäu	0,364	0,010	2,7

. keine Angaben aus Gründen der Geheimhaltung.
1) Beschäftigte : Einwohner.
2) Beschäftigte im Großhandel : Einwohner.
3) Beschäfige im Großhandel : Beschäftigte insgesamt.

Quelle: Bayerisches Landesamt für Statistik und Datenverarbeitung (Hrsg.): Arbeitsstätten in den Regierungsbezirken, kreisfreien Städten und Landkreisen Bayerns - Ergebnisse der nichtlandwirtschaftlichen Arbeitsstättenzählung am 25. Mai 1987, Heft 499 der Beiträge zur Statistik Bayerns, München 1990, S. 2-143; Angaben des Bayerischen Landesamtes für Statistik und Datenverarbeitung; eigene Berechnungen.

Literaturverzeichnis

Batzer, Erich: Großhandel, in: Tietz, Bruno: Handwörterbuch der Absatzwirtschaft, (C. E. Poeschel Verlag) Stuttgart 1974, Sp. 682-693

Batzer, Erich: Großhandelsbetriebsformen, in: Marketing Enzyklopädie, 3. Bd.: Absatzkennzahlen - Investitionsgütermarketing, (Verlag Moderne Industrie) München 1974

Batzer, Erich; Greipl, Erich: Marketingperspektiven des Großhandels, (Duncker & Humblot) Berlin-München 1975

Batzer, Erich; Lachner, Josef; Meyerhöfer, Walter: Die handels- und wettbewerbspolitische Bedeutung der Kooperationen des Konsumgüterhandels, Teile I - III, hrsg. v. Ifo-Institut für empirische Wirtschaftsforschung e. V., München 1989

Batzer, Erich; Lachner, Josef; Meyerhöfer, Walter; Seyler, Hermann (Hrsg.): Der Handel in der Bundesrepublik Deutschland - Strukturelle Entwicklungstrends und Anpassungen an veränderte Markt- und Umfeldbedingungen, Teil I: Der Handel in der Gesamtwirtschaft, Großhandel, Handelsvermittlung, hrsg. v. Ifo-Institut für Wirtschaftsforschung e. V., München 1991

Batzer, Erich; Lachner, Josef; Seyler, Hermann: Chancen und Entwicklungsmöglichkeiten des deutschen Großhandels im europäischen Binnenmarkt, hrsg. v. Ifo-Institut für Wirtschaftsforschung e. V., München 1990

Batzer, Erich; Lachner, Josef; Täger, Uwe Chr.: Der Großhandel in den neuen Bundesländern - Anpassung an die Erfordernisse einer modernen Marktwirtschaft, hrsg. v. Ifo-Institut für Wirtschaftsforschung e. V., München 1991

Bundesverband des Deutschen Groß- und Außenhandels e. V. (BAG) (Hrsg.): BGA Bericht '93 (BGA-Dienstleistungs- und Verlags-GmbH i. G.) Bonn 1993

Bundesverband des Deutschen Groß- und Außenhandels e. V.; Bundesverband des Deutschen Exporthandels e. V. (Hrsg.): Unternehmen im Kompensationshandel, 3. Aufl., Bonn 1992

Mathieu, Günter: Kooperative Marktbearbeitungsstrategien des Großhandels, in: Zentes, Joachim (Hrsg.): Strategische Partnerschaften im Handel, (C. E. Poeschel Verlag) Stuttgart 1991, S. 133-160

Pfohl, Hans-Christian: Logistiksysteme: Betriebswirtschaftliche Grundlagen, 4. Aufl., (Springer-Verlag) Berlin-Heidelberg-New York-Tokyo 1990

Schenk, Hans-Otto: Marktwirtschaftslehre des Handels, (Betriebswirtschaftlicher Verlag Dr. Th. Gabler) Wiesbaden 1991

Seyffert, Rudolf: Wirtschaftslehre des Handels, 5. Aufl., hrsg. v. Edmund Sundhoff, (Westdeutscher Verlag) Köln-Opladen 1972

Strothe, Alfred: Agrarwirtschaft im Umbruch, 4. Aufl., (Buchedition Agrimedia im Verlag Alfred Strothe) Frankfurt a. M. 1992

Tietz, Bruno: Euromarketing - Unternehmensstrategien für den Binnenmarkt, 2. Aufl., (Edition mi-Poller im Verlag Moderne Industrie) Landsberg a. L. 1990

Tietz, Bruno: Die Dynamik des Euromarktes - Konsequenzen für die Neupositionierung der Unternehmen, 2. Aufl., (Edition mi-Poller im Verlag Moderne Industrie) Landsberg a. L. 1991

Tietz, Bruno: Optionen für Deutschland - Szenarien und Handlungsalternativen für Wirtschaft und Gesellschaft, 2. Aufl., (Verlag Moderne Industrie) Landsberg a. L. 1991

Tietz, Bruno: Einzelhandelsperspektiven für die Bundesrepublik Deutschland bis zum Jahre 2010, (Deutscher Fachverlag) Frankfurt a. M. 1992

Tietz, Bruno: Großhandelsperspektiven für die Bundesrepublik Deutschland bis zum Jahre 2010, (Deutscher Fachverlag) Frankfurt a. M. 1993

Tietz, Bruno: Zukunftsstrategien für Handelsunternehmen, (Deutscher Fachverlag) Frankfurt a. M. 1993

Tietz, Bruno: Binnenhandelspolitik, 2. Aufl., (Verlag Franz Vahlen) München 1993

Tietz, Bruno: Der Handelsbetrieb, 2. Aufl., (Verlag Franz Vahlen) München 1993

Tietz, Bruno; Schoof, Heinrich: Handbuch für Großhandelszentren und Industrieparks, Die ökonomische und technische Planung von Dispositions- und Lagerzentren in Industrie und Handel, (gdi-Verlag, Gottlieb Duttweiler-Institut für wirtschaftliche und soziale Studien) Rüschlikon-Zürich 1970

Zentes, Joachim (Hrsg.): Moderne Distributionskonzepte in der Konsumgüterwirtschaft, (C. E. Poeschel Verlag) Stuttgart 1991

Stichwortverzeichnis

Abgrenzungsprobleme 7
Aktivitäten-
- verlagerung 272
- wandel 271
Aktualitäten- und Posten-
großhändler 282
Akzeptanz 270
Anpassungen, strategische 203
Apotheken 230
Arbeitsflexibilisierung 305
Arbeitsstätten(-) 30, 32, 35
- zählung 11, 30
Arbeitsteilung 297
Ausfuhrhandel 10
Ausliefergroßhandel 282
Ausschaltung 272
Austauschprinzip 284
Auswertung
- nach der Unternehmensgröße 144, 177
- nach Schwerpunktkunden-
  gruppen 142, 164
- nach Schwerpunktwaren-
  gruppen 137, 147
Außenhandel 10
Auto-
- mobilindustrie 273
- teilegroßhandel 273
- zubehör 292

Barsortiment 232
Bayern(s)
-, Infrastruktur in 25
-, Großhandel 28, 29
-, Wirtschaftskraft 16
Beratung, technische 286
Beratungs- und Serviceaktivitäten 284
Beschäftigte 30, 32, 35
Bevölkerungsentwicklung 15
Binnengroßhandel 10
Bruttoinlandsprodukt 18, 24
- je Einwohner 19

Bruttowertschöpfung 24
- nach Wirtschaftsbereichen 20
Buchgroßhandel 232

Dentalbedarfsgroßhandel 218, 254
Dienstegroßhändler 277
Dienstleistungs-
- großhandel 269
- handelsunternehmen 269
- intensität 281
- unternehmen 269

Einfuhrhandel 10
Einkaufs-
- kooperation 121, 125
- volumen 123
Einschaltung 272
Elektrogroßhandel 213, 237
Entwicklungsstrategien 233
Erhebungsgrundlagen 45
Erwerbstätigkeit nach Wirtschafts-
bereichen 25
Export-
- handel 300
- orientierung 52

Fachkommunikation 288
Faktorkombinationspolitik 280
Farben- und Lackegroßhandel 217, 252
Finanzierungs-
- leistungen 117, 201
- leistungen, Bedeutung von 117
- leistungen, Wahrnehmung von 117
- politik 280
Fuhrparknutzung 63
Funktionen 47, 269
-, Über- und Untererfüllung
  ausgewählter 136
-, Vergleich der Bedeutung
  ausgewählter 147

Funktions-
- bedeutung nach Warengruppen 187
- wandel 297

Garantieübernahme 288
Gebrauchtwaren 283
Globalhandel 10
Großhandel(s)(-) 10
- Bayerns 29
- in Bayern, Grunddaten über den 317
- in Bayern, Kennzahlen über den 320
- in der bayerischen Wirtschaft 28
- mit Baustoffen 212
- mit einem Jahresumsatz von unter 50 Mill. DM 144, 177
- mit einem Jahresumsatz von 50 bis 250 Mill. DM 145, 180
- mit einem Jahresumsatz von mehr als 250 Mill. DM 145, 183
- mit medizinischem Bedarf 219, 254
- mit Metallen, Eisenwaren, Werkzeugen und Maschinen 209
- mit Nahrungsmitteln 139, 153, 188
- mit Papier und Verpackung 141, 159, 192
- mit Rohstoffen 137, 147, 188
- mit Schwerpunktbelieferung der Industrie 143, 171
- mit Schwerpunktbelieferung der sonstigen Kunden 174
- mit Schwerpunktbelieferung des Handwerks 142, 164
- mit Schwerpunktbelieferung des Groß- und Einzelhandels 143, 167
- mit technischem Bedarf 137, 150, 188, 211
- mit technischen Chemikalien und Mineralöl 204
- mit Textilien und Heimbedarf 140, 156, 190
-, Akzeptanz und Verdrängung des 270
-, pharmazeutischer 230, 264
-, Abgrenzungen des 9, 276
-, Arbeitsstätten des 30, 32, 35
-, Bedeutung und Stellung des 15

-, Beschäftigten des 30, 32, 35
-, Definitionsansatz des 293
-, Erscheinungsformen des 278
-, neue Aufgaben des 299
-, Regionalstruktur des 43, 316
-, Strukturkennzahlen des 49
-, Typologie des 277
- berichterstattung 13, 41
- monitoring 306
- sektor 296
- umsatz 51, 53 ff.
- unternehmen, Ziele der 266
- versand 283
Grundstrukturpolitik 278
Güterverkehr 303

Handels- und Gaststättenzählung 9, 31
Händlergesellschaft 299
Handlungsbedarf 48
Hauptwettbewerbsfaktoren 203
Herausforderungen, strategische 204
Hersteller(-) 247
- Handels-Beziehungen 267
Horizontalisierung 302

Informations-
- leistungen, Wahrnehmung von 127
- verbund 127, 201
- verbund, Bedeutung des 131
Infrastruktur(-)
- in Bayern 25
- ausstattung 27
Institutionen 269
Internationalisierung(s-) 201
- tendenzen 134
Investitionsmaßnahmen 249

Kfz-Zulieferer 291
Kommunikationsleistungen 94, 200
-, Bedeutung der 97
-, Wahrnehmung der 94
Konsequenzen, strategische 266
Konsumgütergroßhandel 45
Kontaktform 282

Konzentration 290
-, Beurteilung der 300
Kooperation 290
- der Großhändler 290
- mit Herstellern 291
Kunden(-)
-, Einstellungen der 246
-, Herausforderungen der 203
- betreuung 283
- selektion 283
Kurzauswertung 203

Landesverband des Bayerischen Groß- und Außenhandels 307
Landhandel 206
Landmaschinenhandel 207, 233
Langauswertung 204
Lebensmittel-
- großhandel 224, 256
- sortimentsgroßhandel 226, 259
- spezialgroßhandel 224, 256
Leistungs-
- profile 45
- programm-Mix 280
- programmanforderungen 203
Lieferanten-
- beratungsleistungen 285
- bindung 121
- serviceleistungen 285
Liefergroßhandel 10
Logistik-
- aktivitäten 57
- dienstleistungen 67
- funktionen 57, 58
- funktionen, Bedeutung der 66
- intensität 286
- leistungen 199

Marken, unternehmenseigene 127
Markt-
- bearbeitungspolitik 279
- bedingungen 203
- forschung 289
- forschungsleistungen 111, 200

- forschungsleistungen, Bedeutung der 113
- forschungsleistungen, Wahrnehmung der 111
Mitgliederpolitik 310

Nachkauf-Service 286
Neue Medien 305
Neuwaren 283

Öffentlichkeitsarbeit für den Handel 310

Papiergroßhandel 220, 251
Paradigmen 297
Personalmaßnahmen 250
Pharmarohstoffgroßhändler 287
Postengroßhändler 282
Pressegrosso 231
Produktionsverbindungshandel 45
Produktmanipulationsleistungen 106, 200
-, Bedeutung der 108
-, Wahrnehmung der 106

Qualitätssicherung 287

Rahmen-
- bedingungen, wirtschaftssektorale 297
- daten 7
Rechenzentren 288
Regionalstruktur des Großhandels 43, 316
Regulierungsnormen 302
Reparaturen 286

Sanitär- und Heizungsgroßhandel 215, 243
Schulung(s-) 305
- spezialisten 289
Selbstbedienungsgroßhandel 10, 282
Service-
- anforderungen 203
- konzepte, mediale 290
- leistungen 78, 200

327

- leistungen, Bedeutung der 83
- leistungen, Wahrnehmung der 79
- orientierung 292
Services 290
Sortiments-
- anforderungen 203
- ausrichtung 281
- funktion, Bedeutung der 103
- funktion, Wahrnehmung der 101
- großhändler 281
- leistungen 101, 200
Spezialgroßhändler 282
Stahlhandel 208, 235
Statistik, amtliche 9
Struktur(-)
- und Leistungsprofile 45
- kennzahlen 49
- wandel 297
System-
- bildung 302
- kopffunktionen 299
- steuerung 298

Teilzeitarbeit 305
Telekommunikation 288
Textilgroßhandel 228, 262
Thekengeschäft 282
Transaktion, intermediäre 295
Typologie 277

Umsatz(-)
- des Großhandels 32, 35, 40
- nach Unternehmensgrößenklassen 29
- steuerstatistik 12, 39
- struktur nach der Kundenbedeutung 54
- verteilung auf Vertriebstypen 49
- verteilung, regionale 52
Unternehmen(s-) 40
- nach Unternehmensgrößenklassen 29
- größe 276
- grundsätze 233

Veränderungen, strukturelle und
organisatorische 298
Verbände, Neugruppierungen von 311

Verbands-
- aufgaben 307
- politik 297, 306
- politik, Konsequenzen für die 309
- politik, segmentierte 311
Verbundmarken 126
Verdrängung 270
Verkaufsform 282
Verpackungsmittelgroßhandel 221
Verschuldung 28
Verteilzentren 275
Vertikalisierung 273, 302
Vertragskategorien 284
Vorurteile 297

Waren-
- großhandel 269
- großhändler 277
- zustand 283
Weiterbildung 305
Werkverkehr 303
Wert- und Reststoffgroßhandel 222
Wettbewerber 247
Wettbewerbs-
- bedingungen 233
- leitbild 302
Wirtschafts-
- kraft Bayerns 16
- politik 297

Zeitvergleich 49
Zukunfts-
- chancen 203
- risiken 203
- strategien 201
- strategien des bayerischen
  Großhandels 193, 196